"十四五"职业教育国家规划教材

"十三五"职业教育国家规划教材
教育部高职高专规划教材
全国普通高等学校优秀教材

新编21世纪高等职业教育精品教材·法律类

宪法

(第九版)

主编◎韩大元　李元起

中国人民大学出版社
·北京·

出版说明

教材建设工作是整个高职高专教育教学工作中的重要组成部分。改革开放以来，在各级教育行政部门、学校和有关出版社的共同努力下，各地已出版了一批高职高专教育教材。但从整体上看，具有高职高专教育特色的教材极其匮乏，不少院校尚在借用本科或中专教材，教材建设仍落后于高职高专教育的发展需要。为此，1999年教育部组织制定了《高职高专教育基础课程教学基本要求》（以下简称《基本要求》）和《高职高专教育专业人才培养目标及规格》（以下简称《培养规格》），通过推荐、招标及遴选，组织了一批学术水平高、教学经验丰富、实践能力强的教师，成立了“教育部高职高专规划教材”编写队伍，并在有关出版社的积极配合下，推出一批“教育部高职高专规划教材”。

“教育部高职高专规划教材”计划出版500种，用5年左右时间完成。出版后的教材将覆盖高职高专教育的基础课程和主干专业课程。计划先用2～3年的时间，在继承原有高职高专和成人高等学校教材建设成果的基础上，充分汲取近几年来各类学校在探索培养技术应用型专门人才方面取得的成功经验，解决好新形势下高职高专教育教材的有无问题；然后再用2～3年的时间，在《新世纪高职高专教育人才培养模式和教学内容体系改革与建设项目计划》立项研究的基础上，通过研究、改革和建设，推出一大批教育部高职高专教育教材，从而形成优化配套的高职高专教育教材体系。

“教育部高职高专规划教材”是按照《基本要求》和《培养规格》的要求，充分汲取高职高专和成人高等学校在探索培养技术应用型专门人才方面取得的成功经验和教学成果编写而成的，适用于高等职业学校、高等专科学校、成人高校及本科院校举办的二级职业技术学院和民办高校使用。

教育部高等教育司

2000年4月3日

总 序

曾宪义

中国是一个具有悠久历史和灿烂文化的国度。在数千年传承不辍的中国传统文化中，尚法、重法的精神一直占有重要的位置。中国古代虽然崇尚“礼治”，如《礼记·礼运》所说“圣人之所以治人七情，修十义，讲信修睦，尚辞让，去争夺，舍礼何以治之?”，但从《法经》到《唐律疏议》《大清律例》等数十部成文法典的存在，充分说明了成文制定法在中国古代社会中的突出地位，只不过这些成文法所体现出的精神旨趣与现代法律文明有较大不同而已。时至20世纪初叶，中国社会开始由古代文化文明和传统社会体制向近现代文明过渡，建立健全的、符合现代理性精神的法律文化体系方成为现代社会的共识。正因为如此，近代以来在西方和东方各主要国家里，伴随着社会变革的潮起潮落，法律改革运动也一直呈方兴未艾之势。

法律的进步和法制的完善，一方面取决于社会的客观条件和客观需要，另一方面取决于法学研究的深入和法律教育的发展。而法治观念的普及、法治素质的培养则有赖于法学教育和法学人才的培养。

中国古代社会素有法律研究和法学教育的传统。先秦时期，百家争鸣，商鞅、韩非好“刑名之学”。逮至秦汉，律学滥觞。秦朝“以吏为师”。中国传统律学的勃兴始自汉代。自一代硕儒董仲舒开“引经注律”之先河，律学遂成为一门显学。南齐崔祖思曰：“汉来治律有家，子孙并世其业，聚徒讲授，至数百人。”(《南齐书·崔祖思传》) 东汉以后，律学不限于律文的语义注释和儒经考据，领域拓展至法典名词术语和编纂体例。西晋张斐、杜预将中国古代律学发挥到私家注律之空前高度——“张杜律”为国家认可，具有法律效力。魏晋以后，律家流派纷呈，至唐而集大成。《唐律疏议》之“疏议”为传统中国律学之完备结晶。自宋至元，律学渐至衰落，直至清末西方外来法律文化的传入。

中国近代意义上的法学教育和法学研究，肇始于清代末年。清光绪二十一年(1895年)开办的天津北洋大学堂，首开法科并招收学生。是谓“开一代风气之先”，为中国最早的近代法学教育机构。三年后，中国近代著名启蒙思想家、戊戌维新运动著名领袖、自号“饮冰室主人”的梁启超先生在湖南《湘报》发表宏文《论中国宜讲求法律之学》，号召国人重视法学、发明法学、讲求法学。数年之后，清政府被迫变法修律、实施“新政”。以修订法律大臣沈家本、伍廷芳为首的一批有识之士，艰难地在固有体制中运作、推行变法修律，同时不忘培植法治之基——引介法学译著、倡导法学研究、开展法学教育。20世纪初，中国最早设立的三所大学——北洋大学堂、京师大学堂、山西大学堂均开设法科或法律学科目，以期“端正方向、培养通才”。1906年，应修订法律大臣沈家本、伍廷芳之奏请，清政府在京师正式设立专门的法律教育机构——京师法律学堂。次年，另一所专门法律教育机构——隶属清政府学部的京师法政学堂亦正式开科招生。

自清末以降，在外族入侵、民族危亡的紧急关头，中国人民上下求索，寻求实现民族独立和民主政治的发展道路。客观言之，政治社会变迁和长期社会动荡导致了法制建设的荒废、法律文化进步的中断。新中国成立以来，民主法治建设在艰难中曲折前进。以党的十一届三中全会的召开为标志，中国社会开始从政治阵痛中苏醒，转换思路进入法治轨道。中国的法学研究和法律教育事业迎来了春天。

回顾改革开放以来的法治建设，中国的法学教育事业取得了辉煌的成就。首先，社会主义法治理念确立并深入人心。中国法学界摆脱了“法律虚无主义”和苏联法学模式的消极影响，建设社会主义法治国家已成为国家民族的共识。1999年，第九届全国人民代表大会第二次会议通过的宪法修正案第一次确认“依法治国”的国家治理模式和“建设社会主义法治国家”的宏伟目标，从而为法学教育事业的发展奠定了稳固的思想基础和法律基石。其次，法学研究不断深入，法律科学渐成体系。老中青法学家组成一个前后相继、以帮带进的学术群体，基础法学、部门法学和国际法学形成较为成熟的理论体系和学术框架，边缘法学渐次成型。1997年，国家教育主管部门调整原有专业目录，决定从1999年起法学类本科只设一个单一的法学专业，按一个专业招生，研究生专业目录新定为10个二级学科（含军事法学），从而使法学学科的布局更加科学和合理。同时，确定了法学专业本科教学的14门核心课程，加上其他必修和辅修课程，形成一个传统与更新并重、基本适应国家和社会需要的教学体系。再次，法学教育规模迅速扩大，层次日趋全面，结构日臻合理。据初步统计，目前中国有300余所普通高等院校设置了法律院系和法律专业，在校学生达6万余人。除本科生外，在国内一些重点大学和全国的知名法律院系，法学硕士研究生和博士研究生已成为培养重点。高职高专法律教育日益受到教育主管部门的重视，成为高等法学教育的重要组成部分。

高职高专教育是社会经济发展和高新技术发展的必然结果，是促进经济、社会发展和劳动就业的重要途径。作为高等教育的一个重要组成部分，高职高专教育对于调整教育结构、广开成才之路、促进义务教育的普及、提高教育整体效益、全面落实教育方针、增进教育与经济的紧密结合，具有重要作用。加强法律教育，除了建设一流的法学院，还需要实现多元化模式和拓展多角度的渠道。高职高专法律教育是高等法学教育不可或缺的重要组成部分。高职高专法律教育，培养目标应当是“基础理论知识适度、技术应用能力强、知识面宽、素质高的专门人才”。换言之，即培养适应社会需要的应用型人才。因此，高职高专法律教育的专业设置、办学模式和办学思想都应当主动适应区域经济和社会发展的需要。高职高专法律教育的落实，对于我国目前法治观念的普及、群体法律意识的提高以及正在进行的司法制度改革均具有非同寻常的意义。

鉴于高职高专法律教育与高等院校法律本科教育的差异，高职高专法律教育教学科目的设置、教学体系的安排以及教学层次的选定均体现了培养目标的不同。但从目前看来，不少高职高专院校法律教育借用法律本科或中专教材，教材建设滞后于高职高专法律教育的发展需要。我们编写并出版这套适合高职高专教育的专门教材，期望能够既照顾到高职高专的教学层次，又能满足“高水准”“高质量”的要求。本套教材约请全国各高等院校、科研机构的优秀学者参加，形成颇具实力的学术阵容。在编写这套教材时，我们吸收了改革开放以来我国法学界的最新研究成果，密切关注国内外学术发展动态，力争使教材基点立足于法学前沿。为了适应高职高专教学的实际需要，我们将教材定位于“应用性”层次，强调了高职高专法学教育培养应用能力的特色。

我们期冀，经过组织者、编写者和出版者的不断努力，高职高专法律系列教材能以“高质量、高水准、应用性强”的特色满足莘莘学子的求知渴望，为中国的法学教育和法治建设略尽绵薄之力。

是为序。

第九版前言

受教育部委托，我们组织专家按照教育部高职高专宪法课程教学基本要求编写了本教材。

自 2000 年 8 月本教材第一版出版以来，我国的宪法学理论和实践有了新的发展。为了及时反映宪法学理论的新成果和实践的变化，本教材于 2003 年 11 月、2005 年 5 月、2008 年 8 月、2011 年 8 月、2014 年 3 月、2018 年 7 月和 2021 年 7 月进行了七次修订。本次修订为第九版。

2018 年 3 月 11 日，第十三届全国人大第一次会议通过了 21 条宪法修正案。2018 年 7 月的第七版以宪法修正案的精神为指导，在修订过程中主要做了以下四个方面的工作：第一，调整、补充了各章节的内容。把关于国家发展指导思想、发展目标、党的领导、“五个文明”建设等宪法最新修改内容补充进教材，以体现新时代依宪治国、依宪执政的新理论、新主张和新观点。第二，调整了原有的部分章节安排。在第六章“中央国家机构”和第七章“地方国家机构”中各增加一节，分别介绍国家监察委员会和地方各级监察委员会的相关制度；增加第八章“人民法院和人民检察院”，专门介绍国家审判机关和国家法律监督机关的相关制度，以突出国家机构体系的发展。第三，调整了部分教学辅助材料。根据我国国家和社会制度建设的发展情况，增加了一些新的宪法资料和事例，调整了部分习题，以保持教材的新颖性和与现实社会联系的紧密性。第四，调整了部分文字表述，订正了一些文字、标点的错讹，以保持教材的准确性。

2021 年在第七版的基础上，我们结合党的十八大以来全面依法治国理论和建设实践的新发展，以习近平法治思想为指导，以全国人大通过的相关法律、决定以及决议为依据，对宪法基本理论和精神，尤其是对宪法规定的党在国家中领导地位的体现、人民代表大会制度建设、“五个文明”建设和国家其他重要制度，以及国家机构和特别行政区制度的相关内容做了调整和补充，使之依据更加充分、表述更加准确，能够全面反映我国社会主义现代化建设的新理念、新发展。

2022 年 10 月党的二十大胜利召开，二十大报告对十九大以来五年的工作和新时代十年的伟大变革进行了全面总结，为我国宪法制度的完善和发展指明了新的方向。此后，我国国家制度和社会制度依据党的二十大精神作出了多方面的改革，相关法律作出了相应的修改，宪法研究也提出了一些新的理念和观点。本次修订，就是为了体现和落实党的二十大精神，适应国家和社会新的发展需要，吸收新的宪法学研究成果，反映法律规范的最新变化，同时也更新了部分案例和习题。

本教材由韩大元教授和李元起副教授担任主编，并约请部分宪法学专家撰写。全书撰写及修订分工如下（按撰写章节顺序）：

韩大元（中国人民大学法学院教授）：宪法学导论、第一章（除第二节）

李元起（中国人民大学法学院副教授）：第二章、第三章

傅思明［中共中央党校（国家行政学院）政法部教授］：第四章

王晓林（北京政法职业学院副教授）：第一章第二节、第五章

张宝贵（北京联合大学法律系副教授）：第六章、第七章

王贵松（中国人民大学法学院教授）：第八章

全书由韩大元教授、李元起副教授统一审校定稿。

本教材的修订得到了中国人民大学出版社的大力支持，在此表示诚挚的谢意。教材难免存在不足之处，敬请广大读者批评指正。

编者

目　录

宪法学导论

一、宪法学的基本特点

在法学理论体系中通常被人们称为“入门容易，深造难”的学科是宪法学。具有一定文化水平的人阅读宪法典，是比较容易的，但掌握宪法知识，感悟宪法精神，真正要把握宪法学体系、功能与逻辑等专业知识，特别是在丰富多彩的法律世界中正确地区分宪法问题与法律问题、基本权利与一般法律权利、宪法救济与法律救济之间的界限，就不是一件容易的事情。如果没有一定的宪法理论和宪法思维的训练，人们很难准确分析生活中的宪法问题。

从公民与宪法的关系看，宪法是一部公民生活的教科书，宪法与我们每个人的生活息息相关。所以说宪法学是一门“入门容易，深造难”“越学越觉得自己无知”的学科，它给人们展示的是充满智慧的知识宝库，不断满足着人类追求幸福生活的内在需求，回应人类美好生活的期待。因此，学习宪法学，首先要把握宪法学的性质，培育宪法思维，从宏观上把握宪法学的基本特点。

宪法学是法学知识体系的重要组成部分，具有社会科学的性质。所谓宪法学，是指以宪法现象为研究对象的一门法律科学，是研究宪法发展的内在原理与规律的知识体系。宪法现象通常包括宪法规范、宪法制度、宪法意识与宪法秩序等。

概括地讲，宪法学具有如下基本特点。

（一）宪法学是综合性的知识体系

宪法学是研究各种宪法现象的性质与存在形态的知识体系，内容的综合性是宪法学首要的特点。在分析各种宪法现象时我们经常发现各种综合的宪法问题，需要从不同的角度分析与宪法有关的现象。如基本权利问题中包含着各种价值与事实的认定与判断，权利冲突的背后存在着不同的社会事实与社会背景，需要在不同的价值平衡中作出选择。这种综合性既表现为宪法学内容的综合，也表现为宪法学研究方法的多样性。由于宪法学调整范围十分广泛，宪法现象存在形式各异，因此宪法学的学习要运用综合的方法，并从跨学科的视角思考与解释社会生活中出现的宪法问题。

（二）宪法学是以问题为导向的实践性学问

在学习宪法学时，容易对宪法学的实践性功能产生怀疑，有些人认为比起刑法学、民法学等学科，宪法学似乎缺乏实践功能。长期以来，由于对宪法学性质存在着不正确的认识，有的学生对宪法学的实践功能缺乏必要的关注，把宪法视为远离日常生活的抽象的规范，并以怀疑的眼光评价宪法学知识的实践性。

其实，宪法学是富有实践性、创造性与挑战性的知识，是有关宪法的各种知识、事实与经验的总和。宪法学的知识与理论来源于社会实践，又指导社会实践，其价值具体体现为规范、指导与引领社会生活，即严格规范国家权力的运作程序，保护公民的权利与自由。因此，实践性是宪法学的本质属性之一，它强调对事实与经验性的认识。比较法学者波格旦在《比较法》一书中曾指出，宪法中的规定仅提供一个背景，仿佛是一块白的画布，需要画家在上面作画。每个法律专家，不管他的专业是刑法、商法或税法，必须牢牢记住宪法。也许人们在日常生活中会遇到很多法律问题，首先需要面对合法性，但合法性并不是正义价值的最高判断标准与依据，在合法性的名义下也会发生各种侵害人权的现象，任何法律和其他规范性文件都可能因与宪法相抵触而受到挑战。

因此，对于公民来说，合法性价值并非唯一和最高的价值选择，它需要接受合宪性价值的检验。当人们通过合法性途径不能解决权利救济或对合法性本身产生怀疑时，可以通过宪法途径寻求救济。从这种意义上来说，宪法是人们在日常生活中不可或缺的价值体系与规则。特别是，在社会生活中发生各种宪法争议后，公民可以通过宪法程序提起宪法诉讼，以获得宪法救济。而要提起宪法诉讼或寻求宪法救济，首先要了解和掌握有关国家制度与救济程序方面的宪法学知识，把宪法作为公民生活的基本方式。

（三）宪法学是由规则构成的专业性知识体系

一门学科的生命力在于它所具有的独立的基本范畴与科学的学科体系。宪法实践的多样性为人们提供了丰富的宪法学理论信息与理论成果。随着宪法实践的发展，宪法学体系所容纳的知识总量不断呈扩大趋势。在特定的时代，特定国家宪法体制的发展中，宪法学体系与知识并不是处于无序的状态，它是按照一定的范畴与体系建立的，不同宪法学范畴之间存在着内在逻辑。如国家与社会、宪法与法律、法律权利与基本权利、主权与人权等几对范畴是宪法学的基本范畴，其中最核心的范畴是宪法与法律、法律权利与基本权利。规范性是宪法学作为一门科学的基本特征，也是其主要标志。宪法学固然要重点研究宪法典，但宪法典并不是宪法学的唯一研究对象。在具体研究宪法典时，我们不能仅仅满足于对宪法典结构的学理解释，应根据宪法实践中积累和形成的宪法理论，积极地挖掘宪法典结构形成的社会背景与实体内容，尊重宪法学所体现的学科规律。宪法学的规范性是宪法学成为一门独立科学体系的基础，集中体现了宪法学专业化的特色。

（四）宪法学是有未来指向性、开放性的知识体系

宪法学的内容、研究方法和体系并不是固定不变的，它需要与社会生活的变迁保持协调，以理论的影响力推动社会的发展与进步。宪法学的内容与研究方法不仅涉及现实的社会关系，对未来的社会发展也起到回应合理期待的功能。掌握基本的宪法学知识，有助于构建合理的知识结构与树立开放的宪法思维，使我们善于从宪法角度观察社会问题，思考具有前瞻性的理论命题。

（五）宪法学是知识整合和学术对话的纽带与平台

在信息化时代，不同领域知识的相互整合是学术发展与完善的基本条件。宪法学以其价值的多样性、结构的开放性特点发挥着知识对话与整合的功能，使各种知识体系的发展建立在维护人的尊严的基本理念上，体现了人类追求自由、幸福与正义的基本要求。随着全面依法治国的推进，宪法学的知识整合功能将得到进一步加强，宪法学在全面依法治国进程中发挥着越来越重要的作用。

二、我国宪法学的历史发展

宪法学是人类在治理国家中积累的智慧与丰富经验的结晶，集中体现了人类的理性与追求幸福生活的期待。英国是近代宪法学的诞生地，在不同国家的社会发展进程中，宪法学以宪法实践为基础，逐步发展为各具特色的知识体系。

（一）旧中国宪法学的发展

我国宪法学的历史起点是 19 世纪末 20 世纪初。旧中国宪法学的发展可分为如下三个阶段。

1. 宪法学的“输入”与文化冲突时期（1902—1911 年）

我国早期的宪法学理论是在西方国家宪法文化的介绍、传播过程中形成的。资产阶级改良派系统地介绍了西方国家的议会制度，比较了西方各国的政体，主张在我国采用君民共主政体。维新变法运动的主要领导人康有为、梁启超、严复等人的宪法思想主要受西方国家法律思想的影响，反映了当时宪法学发展的水平。这一时期，清政府派五大臣考察西方国家宪法发展的做法，尽管是迫于当时的政治形势而作的统治政策的权宜之计，但客观上对于宪法知识的普及起到了一定的推动作用。

2. 宪法学的形成期（1911—1930 年）

辛亥革命以后，我国宪法学在动荡不安的社会环境中进入了形成期。在宪法学体系的形成过程中，孙中山先生的五权宪法学说是具有特色的一种理论，标志着我国宪法学的初步形成。经过 20 多年的发展，在急剧变化的社会环境中，宪法学已从分散的、不成熟的理论与知识发展为初步体系化的宪法学知识。

3. 宪法学的成长期（1930—1949 年）

进入 20 世纪 30 年代后，研究新民主主义宪法理论的有关成果，进一步丰富了我国宪法学的体系与内容。在新民主主义时期，我国的一些进步学者在极端困难的环境下，发展了新民主主义宪法理论。

（二）新中国宪法学的发展

中华人民共和国成立后，作为社会科学重要组成部分的宪法学，在内容、体系、方法等方面有了新的发展，其理论价值受到社会的普遍关注与重视。新中国宪法学的发展可以分为如下五个阶段。

1. 初创时期（1949—1957 年）

1949 年《中国人民政治协商会议共同纲领》及 1954 年《宪法》的制定为宪法学的研究与发展提供了良好的环境。人民民主专政政权的建立、新中国第一部社会主义宪法的颁布，推动了我国宪法学的发展。这一时期宪法学发展的主要特点是：出版了大量宣传、介绍 1954 年《宪法》的论文和著作；初步建立了宪法学课程体系；宪法学基本范畴与原理主要参照了苏联宪法学的成果，对旧中国宪法学的遗产采取否定的态度等。尽管这一时期的宪法学研究存在客观的局限性，但初创时期的宪法学研究成果初步奠定了我国现代宪法学的基本理论框架。

2. 曲折发展时期（1957—1966 年）

1957 年“反右”给我国宪法学研究带来了消极的影响，刚刚起步的宪法学研究在法律虚无主义思想的影响下受到冲击，宪法学研究实际上失去了必要的社会基础。当然，这一时期宪法学研究在某些领域仍取得了一定的进展，如学者们发表了有关宪法学研究对象、国体、政体、宗教信仰自由等方面的论文。但总体而言，这一时期宪法学的发展缺乏科学性与学术性，具有浓厚的政治色彩。

3. 停滞时期（1966—1976 年）

“文化大革命”期间，宪法学研究处于完全停滞状态，1954 年《宪法》确定的基本原则没有得到遵守，宪法失去了调整社会生活的功能。

4. 恢复与发展时期（1976—2018 年）

1976 年“文化大革命”结束，1978 年后，尤其是 1982 年《宪法》全面修改后，我国宪法学研究进入了恢复与发展时期。1982 年《宪法》的颁布是我国宪法学走向繁荣的重要契机。这一时期，宪法学家们结合我国社会发展实际，一方面为修宪提供有益的建议，另一方面开始系统地研究我国宪法学理论与实践问题。在社会转型时期，我国宪法学的传统体系与理论遇到了实践的挑战，出现了许多新的课题。

20 世纪 90 年代以来，针对改革开放和社会主义现代化建设过程中出现的大量宪法问题，宪法学界解放思想，实事求是，推出了一大批研究成果，为党和政府的决策提供了依据，宪法学价值获得了较为广泛的认同。

进入 21 世纪，中国宪法学研究强调树立历史意识、中国意识、问题意识和学术共同体意识，在研究思路上重视研究对象的专题性与规范性，在研究内容上注重中国特色和现实关切，并加强了对宪法学基本范畴、基本权利理论、宪法文本与宪法事例等问题的研究，努力构建有中国特色的社会主义宪法学理论体系。

5. 新时代的宪法学发展（2018 年至今）

党的十八大以来，特别是 2018 年宪法修正案将“习近平新时代中国特色社会主义思想”和“中国共产党领导是中国特色社会主义最本质的特征”载入宪法之后，中国宪法学研究坚持以习近平新时代中国特色社会主义思想为指导，贯彻习近平法治思想，对依宪治国、加强宪法实施、推动宪法发展等重大理论与实践问题进行了深入研究。如重视宪法实践与宪法学理论的现实适应性；从单纯的注释宪法学走向动态宪法学；既强调宪法理论的开放性，又重视宪法理论的实践性；从宪法原理的宏观研究逐步走向专题性研究；宪法学开始成为知识整合的基本形式与平台。同时，加强外国宪法、比较宪法的理论研究等。

习近平法治思想是习近平新时代中国特色社会主义思想的重要组成部分，是全面依法治国的根本遵循和行动指南，是中国宪法学研究的行动指南。党的二十大报告关于法治建设的新理念和新提法，进一步丰富和发展了习近平法治思想的内涵。宪法学研究要在习近平法治思想指导下，深刻把握新时代的主要矛盾和社会发展特征，加强宪法学基本理论研究，关注宪法现实，为构建中国特色社会主义宪法制度提供理论支撑。

总之，在建设社会主义法治国家的进程中，宪法学理论价值日益受到社会的广泛关注，宪法学的理论成果直接为社会主义法治国家的建设服务。

三、宪法学分类

（一）广义宪法学和狭义宪法学

从宪法学所容纳知识总量的角度，宪法学可分为广义宪法学与狭义宪法学。所谓广义宪法学，是指研究宪法规范、宪法制度、宪法意识与宪法秩序的一门学科，主要包括宪法哲学与宪法科学。所谓狭义宪法学，是指研究宪法规范与社会现实关系的一门知识体系，其研究的重点领域是宪法解释学与宪法社会学。

（二）马克思主义宪法学与资产阶级宪法学

宪法学是有关宪法知识与理论逻辑的体系，具有意识形态性。在不同的社会制度下，宪法学体现其与经济基础相适应的意识形态。马克思主义宪法学与资产阶级宪法学在宪法产生、宪法发展及宪法作用等根本问题上有完全不同的主张。马克思主义宪法学是在辩证唯物主义和历史唯物主义指导下建立并形成的科学的理论体系，它深刻揭示了宪法与经济基础的辩证关系，指出作为政治上层建筑的宪法是由经济基础决定的，并反过来为赖以产生的经济基础服务。同时，在宪法学理论体系中客观上存在人类在治理国家中所积累的共同经验，宪法学体系之间也存在一定的可比性与借鉴性。

（三）实质宪法学与形式宪法学

从规范与现实价值的角度，宪法学可分为实质宪法学和形式宪法学。实质宪法学重视规范与现实相互协调的条件，既要关注规范的价值，同时也要考虑现实生活本身的价值，以保持宪法学的生命力。形式宪法学通常把规范与现实分离开来，片面强调规范本身的价值，忽视宪法现实存在的意义与价值，以消极的方法解决规范与现实之间的冲突。

（四）近代宪法学与现代宪法学

从宪法学发展历史阶段的角度，宪法学还可以分为近代宪法学与现代宪法学。近代宪法学的发展经历了如下三个阶段：近代资产阶级革命时期的宪法学、近代宪法确立时期的宪法学和从近代宪法向现代宪法转型时期的宪法学。近代宪法学向现代宪法学转型的标志是 1919 年德国《魏玛宪法》的制定。《魏玛宪法》不仅为现代宪法的产生提供了丰富的宪法学理论，而且标志着近代宪法学原理的重大变革。

四、宪法学的研究对象

宪法学的研究对象是宪法现象，包括宪法典、宪法制度及宪法具体运行的过程。

宪法学研究对象的确定不仅受宪法制度本身发展水平的限制，同时也受社会变迁与时代的影响。不同的历史发展向宪法学研究提出了不同的课题，宪法学研究对象也需要与时俱进。从现代各国宪法学发展情况看，研究对象的确定方法与具体标准具有鲜明的时代特征。

各国宪法学根据本国社会的历史与所面临的具体问题确立宪法学体系和具体研究对象。如日本宪法学的研究对象主要包括宪法意识、宪法规范、依据宪法建立的宪法制度；法国宪法学的研究对象主要包括政治权力、国家、宪法体制、民主制度等；美国宪法学的研究对象中，宪法判例与司法审查居于主导地位。

在我国，宪法学的研究对象主要包括宪法学理论与宪法实践。宪法学理论主要是指说明和解释宪法现象的基本原理与基本理念，具体包括宪法概念、制宪权、宪法功能、宪法适应社会生活的形式、宪法实施以及宪法发展的一般途径等。宪法实践主要指宪法的具体制度和运行形式，反映宪法的实践过程，研究如何将宪法文本转化为具体的宪法实践，使宪法保持生命力。当具体涉及特定国家宪法学研究对象时，宪法学研究自然以本国宪法的研究为中心，同时涉及其他国家宪法制度的比较，但其核心部分是对本国宪法原理与制度运行过程的分析。这里所讲的本国宪法不仅指宪法典，还包括宪法性法律、宪法判例、国家权力的运作及人权保障等广泛的内容。

五、宪法学体系

宪法学体系是指有关宪法知识与理论的组合方式，即以一定的框架建立宪法学内部体系中的各种知识与范畴。

在学习宪法学体系时，首先要区分宪法学体系与宪法结构的关系。宪法学是以宪法现象为研究对象的，宪法结构的内容自然成为宪法学体系的部分。宪法结构的确定与调整实际上以宪法实践与宪法理论发展的成果为基础，宪法学体系不能脱离宪法结构所确定的特定内容。但是，宪法学体系与宪法结构在其研究内容上并不是完全重合的。因此，在确定宪法学体系时，不能把宪法学体系与宪法结构简单地等同起来，应注意区分两者的界限与不同的功能。

自 20 世纪 80 年代以来，随着宪法实践的发展，我国形成了具有代表性的宪法学体系。从一般意义上讲，宪法学是一门综合的知识体系，包括本国宪法学、外国宪法学、比较宪法学三个部分。本国宪法学是以本国宪法为研究对象的知识体系；外国宪法学是以外国宪法为研究对象的知识体系；而比较宪法学是在本国宪法学和外国宪法学的基础上，对不同国家宪法现象进行比较的知识体系。因此，中国宪法学是以我国宪法现象为研究对象的理论体系，主要研究我国宪法产生、发展及演变的规律。

六、宪法学研究方法

学习与研究宪法学的目标是为人们认识与解释各种宪法现象提供学理与方法论基础，以完善宪法制度体系。科学的宪法学知识与研究方法有助于人们正确地理解社会生活中存在的各种宪法现象，树立宪法观念。从规范层面上，宪法学目标要侧重于提供宪法价值的认识基础，从事实层面上，宪法学目标更侧重于建构社会成员信任宪法的文化与价值体系。

中国宪法学是以习近平法治思想为指导，系统阐述宪法学的基本理论、基本制度与实践的课程，它是中国特色社会主义宪法理论体系的重要内容。因此，要学好中国宪法学，首先要认真学习习近平法治思想，特别是习近平法治思想所包含的一系列关于宪法的重要论述，深刻认识习近平法治思想与宪法在精神实质上的一致性。

（一）宪法学的研究方法

1. 历史分析

历史分析，是研究宪法现象的基础性方法，向人们提供特定宪法制度产生与发展的丰富的历史背景资料，特别是提供制宪过程的完整的背景资料，有助于我们理解宪法是历史发展的产物。只有从具体的历史背景与事实中才能认识宪法产生与演变的历史与社会价值，客观地评价特定宪法制度的功能。

2. 系统分析

系统分析，有助于人们从宪法制度内部各个要素的相互联系中分析宪法运行的特点与基本框架。宪法制度的形成与具体运行过程是相互联系与相互影响的，各要素之间存在内在的一体性。在分析宪法现象时，应从整体上揭示其特点，不能孤立地看问题。

3. 比较分析

比较分析，向人们提供解释宪法现象的比较方法，即在对不同国家宪法制度、不同宪法文化的相互比较中寻求宪法制度之间的共性与个性，从而获得完善现有宪法制度的有益经验。不同性质的宪法制度之间仍存在一定的共性，这种比较方法本身构成独立的一门学科——比较宪法学。

4. 功能分析

功能分析，有助于我们对宪法发挥的社会效果进行分析，从动态中把握宪法发展规律，以揭示宪法本体价值与实践规律。它是对宪法实践价值的一种社会评价方法。

5. 文本分析

宪法文本是研究宪法学的基础和基本依据，二者是“源”与“流”的关系。宪法学的基本概念和基本范畴多来自宪法文本。从某种意义上说，宪法学的基本任务是解释宪法文本内涵，以回应实践的发展。因此，学习宪法学，首先以宪法文本为基础，要立足于文本的精神与含义，不能脱离宪法文本。

（二）要综合运用宪法学研究方法

在分析具体的宪法现象时，我们需要把宏观与微观、规范与事实、价值与现实有机结合起来，以综合的思考方式分析社会生活中存在的宪法现象。特别要关注实践中出现的个案或者案例，善于发现部门法中的宪法问题，将部门法宪法化，将宪法部门法化，通过个案构建宪法与部门法之间对话的平台，使部门法更好地体现宪法精神。近年来，在宪法学研究中宪法案例或事例分析日益受到社会的关注，它已成为宪法学研究中经常运用的方法，集中体现了宪法思维的特点。

七、宪法学的作用

宪法学作为一门研究宪法现象的知识体系，在整个法学体系中居于重要地位，发挥重要功能。

（一）宪法学是进行现代公民教育的基础

我们知道，现代社会的发展与公民素质的培养有着密切的关系，而是否具有宪法意识是评价公民素质的重要尺度。我们要加强公民意识教育，树立社会主义民主法治、自由平等、公平正义理念。而进行公民意识教育的基本途径是培养公民宪法意识，提高政治认知能力、参与能力和交流能力，将社会共同体的核心价值贯彻到宪法教育之中。宪法是一个社会共同体的基本价值观与目标，构成社会生活的基本需求，通过宪法人们可以获得社会基本价值观的支持，并形成维护社会核心价值的力量。在法治社会，宪法规定公民基本权利与义务，并提供进行公民教育的基本依据。因此，宪法首先是公民生活的教科书，是每个公民需要掌握的基本知识。

（二）宪法学是进行法学教育的基础

宪法是国家的根本法，居于各部门法之首，宪法学的基本原理、原则直接影响各部门法的发展。无论是在公法领域还是在私法领域，宪法学为各部门法学提供价值引导与理论依据，构成国家法律体系与法学体系的基础。法学教育的基本目标是培养优秀的法律人才，而法律人才首先要树立公平与正义观念，以宪法的正义观为基础，分析各种法律现象。

在学习其他法学课程时，我们经常发现部门法学课程中所体现的宪法学原理和精神。实际上，具体部门法的基本原则是宪法原则的具体化。宪法学与其他部门法学之间存在各种价值与原理上的内在联系，成为学好其他法学课程的基础。

（三）宪法学在国家立法中的作用

依法治国首先是依宪治国，依法执政首先是依宪执政。宪法学的发展及宪法学所提供的理论依据，对于法治国家建设产生重要影响。从宪法和法治的关系看，重视宪法学的理论价值，建立科学的宪法学体系，是全面依法治国的内在要求，而立法又是依法治国的前提。

在现代社会，立法的基本理念是民主化与科学化，只有遵循民主与科学的原则，才能制定出良法，实现立法的民主价值。宪法学的原理与原则对整个立法过程产生直接的影响。首先，立法理念应体现宪法的规定、原则与精神，以宪法的价值体系为基础，确立立法的目标与方向；其次，宪法学的研究成果为立法模式的选择提供可参考的理论依据与方案；再次，宪法学体系，特别是比较宪法学研究成果，为立法者借鉴国外有益的立法经验提供了各种素材；最后，运用宪法学知识，有助于协调各种利益关系，使立法者以及立法的参与者按照宪法的统一价值体系，认识和判断立法过程中可能出现的各种冲突与矛盾。

（四）宪法学在执法活动中的作用

宪法学作为研究宪法现象的知识体系，直接影响执法活动与效果。法律的生命力不仅在于规定内容的合理性，关键是在社会生活中得到实施。宪法学在执法过程中的功能首先表现在法律人的宪法意识培养，即以宪法学的理念与知识为基础培养法官、检察官、律师等法律人的宪法思维。在法律人的培养过程和法律人活动准则的确立过程中，宪法学知识发挥着重要的作用。对于法官、检察官、律师来说，宪法教育是法律职业共同体掌握一切法律知识的前提，应学会在复杂的社会现象中把握宪法问题的能力，并以宪法思维为基础解释和解决各种法律问题。

宪法思维是所有法律人应具备的基本素质之一，直接影响适用法律的执法人员的执法水平。在国家统一法律职业资格考试中，宪法学是一门重要的考试内容，其基本知识要求是：理解和掌握宪法的基本理论，把握宪法的精神实质；了解和掌握我国的基本制度，把握国家基本国策；了解和掌握公民基本权利和义务的内容与特点，以及国家机构的基本知识等。这几年的法律职业资格考试强调了宪法学基本知识的具体运用能力，采取客观题主观化的方式考查考生的综合判断能力。从今后法律职业共同体发展的趋势看，宪法学理念与知识将成为评价法律人综合素质的重要指标之一。

（五）宪法学在司法活动中的作用

审判机关和检察机关在行使审判权和检察权时，要严格遵守宪法和法律，使司法活动符合宪法要求，以维护社会公平与正义。宪法是审判权和检察权的来源，是人民法院和人民检察院活动的基本准则，宪法规定了司法机关进行活动的基本原则。法官和检察官在履行宪法和法律赋予的职权时，宪法意识产生重要影响。由于宪法判断和法律判断的方法不同，在分析宪法问题时法官不能简单地采用刑法、民法等法律规范的分析方法。法官要善于发现各种法律问题或各类案件中适用的法律、法规及其他规范性文件中可能存在的违宪问题。如发现有违宪嫌疑的法律、法规时，应通过法律程序请求有解释权的机关作出必要的解释。按照宪法和法官法的规定，法官的基本义务是不适用违宪的法律、法规，为公民的基本权利提供司法救济。可以说，忠于宪法、遵守宪法是一切法律人的职业道德和行为准则。

（六）宪法学对公民日常生活产生重要影响

在现代社会中，宪法一方面是国家基本法律秩序的基础，另一方面又是公民的基本生活规范。如前所述，公民在日常生活中经常面对各种法律问题或合法性问题，但当法律或法规侵犯公民基本的权利与自由时，公民只有借助于宪法，才能获得有效的保护。比如，当公民基本权利与自由受到来自法规范或行为的侵害，在合法性范围内得不到有效保护时，仍可以通过合宪性途径主张自己的权利。宪法作为公民基本权利的保护神，始终站在民众的立场上，实现着人类尊严的基本价值。为了通过宪法保护人的尊严与价值，公民需要掌握与了解宪法学的知识，了解基本权利的救济程序，善于运用宪法维护自己的合法权益，将抽象的宪法价值转化为现实生活的常识与基本规则。

（七）宪法学对国家制定对外政策产生重要影响

随着经济全球化的发展，宪法在国家对外政策的制定中发挥着越来越重要的作用。在国际化时代，国与国之间的交往越来越多，迫切需要通过宪法学的研究获得各种信息，为本国对外政策的制定提供理论依据。2023 年 6 月 28 日，第十四届全国人民代表大会常务委员会第三次会议通过的《中华人民共和国对外关系法》第 30 条规定："国家依照宪法和法律缔结或者参加条约和协定，善意履行有关条约和协定规定的义务。国家缔结或者参加的条约和协定不得同宪法相抵触。"从现代宪法学发展的趋势看，对外政策不仅成为宪法学研究的重要内容，而且对外政策的制定对宪法学知识的需求不断扩大。可以说，宪法学在维护国家主权、安全与发展利益以及维护世界和平方面发挥着越来越重要的作用。

第一章　宪法基本原理

【本章引言】

在一国的法律体系中，宪法具有最高的法律效力，是制定各种法律、法规的最高依据，构成国家法律体系和法制统一的基础。宪法基本原理，是关于宪法的概念、特征、本质、制定、修改、解释、规范、效力、作用以及宪法与社会、宪法运行等问题的观点和理论。从第二章开始介绍的宪法基本制度、公民基本权利和义务、国家机构等内容，实际上是宪法基本原理在不同宪法制度或者运行中的具体体现，以不同的形式体现了以人的尊严为核心价值的宪法原则。

【本章学习目标】

本章是学好宪法学的基础，能否学好本章的内容直接关系到对整个宪法学知识的把握与分析。通过本章的学习，你应该能够：

1. 掌握宪法与社会的一般关系，并从国家与社会的角度理解宪法成为国家根本法的历史与社会基础，掌握宪法的基本特征。

2. 了解宪法规范与宪法结构的内容与特点，把握宪法规范与一般法律规范的区别与联系，学会从法律角度评价宪法的功能与社会效果。

3. 了解宪法运行过程的一般原理，重点分析我国宪法监督与实施保障制度的特点、问题及未来的发展趋势。

第一节　宪法的词源与概念

一、宪法的词源

近代西方国家的“宪法”一词，源于拉丁文中的 constitutio 一词，原本为“组织”“确立”“结构”“政体”等含义。到罗马帝国时代，它又被用来指称皇帝的“诏令”“谕旨”“敕令”等，以区别于市民会议通过的法律文件。到中世纪，宪法主要用来指封建主的各种特权和部分城市、团体有关权利的书面规定。这一时期，欧洲社会的根本法观念继续存在，并出现了早期的代议制。通常意义上“宪法”一词由两部分内容组成，即社会共同体结构意义上的宪法和国家最高法意义上的宪法。由于当时英国人将代议制称为constitution，人们便把规定代议制度的法律也称为constitution，即汉语所说的“宪法”。通过不同时期的历史变迁，“宪法”一词逐步演变为规定国家机构或权力体系等基本内容的规则。

在我国古代文献中，也有“宪法”“宪”之类的说法，如《尚书》中的“监于先王成宪”，《国语》中的“赏善罚奸，国之宪法”，《管子》中的“故能出号令，明宪法矣”，《康熙字典》中的“悬法示人曰宪”。但这类“宪法”或“宪”等，只具有律令等含义。19世纪60年代，西方宪法观念传入明治维新时期的日本，日本学者最初将constitution译为“建国法”“根本律例”“朝纲”“国家法”等，后来才参照我国古代文献译为“宪法”。19世纪80年代，我国近代维新派人士郑观应、康有为等先后提出了“立宪法”“设议院”“开国会”等主张，要求改君主专制政体为君主立宪政体。1905年清政府派五大臣去日本、美国、法国、英国等国家考察宪法制度，1908年，清政府颁布了《钦定宪法大纲》。这一时期，“宪法”一词在我国开始具有根本法的含义，但当时尚未形成系统的宪法概念。

同constitution关系密切但又有所不同的一个词组是constitutional law，汉语一般将其译为宪法性法律，它是指国家最高法意义上的宪法。在不成文宪法国家，它包括宪法惯例、宪法判例和一切有关宪法内容的制定法。在成文宪法国家，它指规定宪法内容的普通法律，如有关选举的法律、国家机构组织的法律等。这类宪法性法律和宪法典共同构成了部门法意义上的宪法。

二、宪法的概念

“宪法”是多义词，在社会发展的不同历史时期具有不同的内涵，集中反映了人们对宪法现象的认识水平，体现人们不同的宪法观。

宪法概念在我国经历了长期的发展与演变过程。孙中山先生曾认为，宪法就是把一国的政权分作几部分，每部分都是各自独立、各有专司的。在20世纪二三十年代，我国学者围绕宪法概念进行了研究，形成了具有一定代表性的宪法概念，如张友渔教授提出：宪法是规定国家体制、政权组织，以及政府和人民相互之间的权利义务关系的基本法。

新中国成立后，宪法概念在一定程度上受到苏联宪法学的影响，但在概念的表述上仍具有我国的学术特色，如吴家麟教授在20世纪50年代出版的《宪法基本知识讲话》一书中对宪法概念作了如下表述：宪法是国家的根本法，它表现统治阶级的意志，巩固统治阶级的专政，规定社会结构和国家结构的基本原则，规定国家机关的组织、活动原则以及公民的基本权利和义务。1978年以后学界对宪法概念的认识发生了一些变化，形成了普遍公认的宪法定义，认为宪法是集中体现统治阶级意志的国家根本法。

所谓宪法，就是规定国家的根本制度和根本任务、集中体现各种政治力量对比关系、保障公民基本权利的国家根本法。作为国家根本法，宪法具有最高的法律地位、法律权威与法律效力。

宪法概念的基本特点是：（1）宪法是历史的概念，在不同的历史时代具有不同的内涵，表现出鲜明的时代特征；（2）宪法概念具有阶级性，体现不同时期的社会意识形态性质，同时具有一定的社会公共性价值；（3）宪法概念是普遍性与特殊性的统一，既要分析不同文化背景下宪法概念存在的多样性特点，也要分析宪法概念的共性，避免宪法概念与宪法实践相互脱节的现象；（4）宪法概念是价值与事实的统一，需要在价值与事实关系中把握宪法概念的意义。

第二节　宪法的产生与发展

宪法的观念最早可以追溯到亚里士多德，但从历史发展的进程看，宪法是诸法中产生较晚的，这是由于宪法的产生需要一个客观前提，即民主事实的存在。奴隶社会、封建社会虽也出现过一定形式的民主政体，但只是昙花一现，并非典型。人类历史上最早产生的具有典型意义的民主是资本主义民主，因此近代宪法是伴随着资产阶级革命取得胜利和资本主义国家纷纷建立而产生的。

一、近代宪法的产生与发展

近代宪法最早产生于资本主义国家，其中英、美、法等国家的宪法尤为典型。

（一）英国宪法

英国是世界上最早产生宪法的国家，但是英国是一个不成文宪法国家，在法律表现形式上没有一部完整、统一的宪法典。因此所谓英国宪法，是以英国历史上不同时期颁布的宪法性文件作为基本内容，同时包含大量的宪法惯例及宪法判例。这些宪法性文件的颁布过程反映了英国宪法的产生与发展过程。

（二）美国宪法

美国宪法是世界上第一部成文宪法。独立战争期间，北美13个殖民地于1776年在费城会议上通过了《独立宣言》。宣言根据卢梭等资产阶级启蒙思想家“天赋人权”的理论及“社会契约”的学说，宣告了资产阶级民主共和国的政治纲领，为美国宪法的制定打下了基础，被马克思称为世界上“第一个人权宣言”。1777年，13个殖民地的代表又制定了《邦联条例》并组成邦联，作为走向统一的美国联邦国家的一种过渡形式。1787年5月，55名代表聚集费城召开制宪会议，至1787年9月17日，由坚持到最后的39名代表签署了宪法草案，经三分之二以上州批准后于1789年3月正式生效。美国宪法所确立的分权与制衡原则、总统制政体等为后来许多资本主义国家所效仿。美国宪法颁布以来，一直采取修正案方式修改，迄今已有27个修正案，是世界上历史最悠久的宪法之一。

（三）法国宪法

1789年法国爆发著名的资产阶级大革命，并且制定了法国历史上第一个宪法性文件《人权和公民权宣言》，简称《人权宣言》。《人权宣言》吸收了资产阶级启蒙思想家的理论精华，提出了诸如“法律面前人人平等”“国民主权”“罪刑法定”“权力分立”等一系列民主与法治原则，具有划时代的历史意义。1791年法国制定了欧洲大陆第一部成文宪法，该宪法将《人权宣言》作为序言，是一部君主立宪制的宪法。法国历史上政局动荡剧烈，反映在宪法上至今已颁布过14部宪法，现行宪法为1958年宪法。

（四）其他资本主义国家的宪法

在英、美、法三国资产阶级革命和制宪活动的影响下，许多国家纷纷制定了本国宪法，其中影响比较深远的是日本宪法和德国宪法。日本 1889 年的《大日本帝国宪法》是亚洲第一部宪法。日本现行宪法是第二次世界大战后于 1946 年制定的《日本国宪法》，这是一部深受美国影响的君主立宪制宪法。在世界宪法史上产生重要影响的德国宪法是 1919 年制定的《魏玛宪法》（全称为《德意志国宪法》），其突出贡献是把公民基本权利和义务以完整的形式正式纳入宪法之中。此前的宪法对公民权利与自由虽有规定，但仅限于人身权利和参政权利而不成体系。《魏玛宪法》将公民权利范围扩大到社会、经济、文化权利，奠定了公民权利的宪法地位。《魏玛宪法》还规定限制私有财产，扩大行政权力，在制宪史上具有从近代宪法向现代宪法转变的划时代意义。1918 年《苏俄宪法》是世界上第一部社会主义类型的宪法。

二、旧中国宪法的产生和发展

19 世纪末，以郑观应为代表的改良主义思想家最早提出了立宪主张，而真正付诸立宪行动的即人们熟知的“戊戌变法”，从此揭开了旧中国立宪的序幕。

（一）清朝末期的立宪活动

康有为、梁启超等领导的“维新运动”虽然失败了，孙中山领导的资产阶级民主革命又开始兴起。迫于压力，清政府于 1905 年派大臣出国考察各国宪法，后于 1908 年 9 月颁布《钦定宪法大纲》，这是我国历史上第一部宪法性文件。《钦定宪法大纲》确认了皇帝的绝对权力，具有浓厚的封建色彩，因而不得人心。1911 年辛亥革命爆发，清政府又匆忙颁布了《宪法重大信条十九条》（简称《十九信条》），它较大地削减了皇帝的权力，基本上属于一部君主立宪制的宪法性文件，但因其落后于时代潮流，所以仍然摆脱不了灭亡的命运。1912 年清帝退位，清朝末期的立宪活动也随之结束。

（二）中华民国的立宪活动

1912 年孙中山领导的南京临时政府成立，标志着中华民国的诞生。为了保护辛亥革命的成果，约束袁世凯的政治野心，1912 年 3 月 11 日，孙中山以临时大总统身份颁布了《中华民国临时约法》。这是我国历史上第一部具有资产阶级共和国性质的宪法性文件，宣告“中华民国之主权，属于国民全体”，规定了人民享有的各项权利和自由，依据三权分立原则确立了国家各机关的权力和地位。袁世凯上台后，1913 年 10 月 31 日国会通过了《中华民国宪法（草案）》，史称《天坛宪草》。《天坛宪草》没有按照袁世凯的提议实行总统制，而是采取对总统权力限制较多的责任内阁制，于是袁世凯在 1914 年 1 月 10 日下令解散国会，另行组织“约法会议”，于 1914 年 5 月 1 日制定出《中华民国约法》，史称《袁记约法》。它规定总统独揽大权，实行独裁统治。袁世凯死后，军阀混战，曹锟于 1923 年 10 月 10 日就任总统，同时颁布《中华民国宪法》，史称《贿选宪法》。曹锟于 1924 年 10 月被冯玉祥赶下台后，段祺瑞把持政权，于 1925 年 12 月制定了“胎死腹中”的《中华民国宪法草案》。

随着北伐战争的胜利，1927 年 4 月 18 日蒋介石重建国民政府，依据“以党治国”的方针和孙中山先生的建国三时期学说，于 1928 年颁布了《训政纲领》。在《训政纲领》的基础上制定了《中华民国训政时期约法》，并于 1931 年 6 月 1 日颁布实施，确立了国民党一党专政和蒋介石个人独裁制度，其有效性一直持续到 1946 年《中华民国宪法》公布，是旧中国时期实施时间最长的宪法性文件。1936 年 5 月 5 日国民党宪法起草委员会公布了新的宪法草案，史称《五五宪草》。抗战胜利后，内战爆发，1946 年 12 月 15 日国民党召开“制宪国大”，通过了《中华民国宪法》并于 1947 年元旦正式实施。

（三）革命根据地时期的宪法性文件

1927 年中国共产党确立了农村包围城市、武装夺取政权的道路，开始创建革命根据地，建立民主政权，制定宪法性文件。1931 年 11 月，在江西瑞金召开了第一次全国苏维埃代表大会，宣告中华苏维埃共和国成立并通过了《中华苏维埃共和国宪法大纲》。大纲规定了工农民主专政的政权性质，实行民主集中制，确认工农群众民主权利，是我国历史上第一部由人民政权颁布的宪法性文件。抗日战争爆发后，陕甘宁边区于 1941 年 11 月在第二届参议会上通过了《陕甘宁边区施政纲领》，为团结一致共同抗日，确立了著名的“三三制”政权组织原则。抗日战争胜利后，政治形势发生了重大变化，1946 年 4 月陕甘宁边区第三届参议会通过了《陕甘宁边区宪法原则》，规定了人民代表会议制度、人民权利保护、独立行使司法权力等内容。革命根据地时期的宪法性文件是根据地民主经验的总结，为新中国成立后制定宪法和政权建设提供了宝贵的历史经验。

三、中华人民共和国宪法的产生与发展

（一）《中国人民政治协商会议共同纲领》

1949 年中华人民共和国成立，阶级力量对比关系发生了根本性转变，需要以根本法的形式确认已经取得的胜利成果。然而由于全国解放战争尚未结束，人民群众参加普选经验不足等原因，召开普选的人民代表大会并制定宪法的条件尚不成熟，因此，新中国成立前夕中国共产党邀请各民主党派、各人民团体、各地区、各民族、人民解放军和华侨等各界人士，通过协商、推举方式产生代表 635 人，组成中国人民政治协商会议，临时行使国家最高权力。1949 年 9 月 29 日，中国人民政治协商会议第一届全体会议通过了《中国人民政治协商会议共同纲领》(以下简称《共同纲领》)。

《共同纲领》除序言外共 7 章 60 条，规定了我国国体为人民民主专政，政体为人民代表大会制度，规定了人民的权利和自由以及国家在经济、文化、教育、军事、外交和民族等各方面的基本政策。《共同纲领》尽管不是一部正式宪法，但是无论从内容上还是形式上都具有国家根本法的特征，起到了临时宪法的作用。

（二）1954 年《宪法》

《共同纲领》颁布后，经过几年的发展，国家生活的各方面都发生了巨大变化，人民群众的政治素质得到了提高，具备了制定正式宪法的成熟条件。1953 年初中央人民政府委员会颁布《中华人民共和国全国人民代表大会及地方各级人民代表大会选举法》并逐步召开地方各级人民代表大会，同时成立以毛泽东同志为首的宪法起草委员会。宪法草案经 8 000 多人讨论提出 8 900 多条意见，修改后于 1954 年 6 月 14 日公布交付全国人民再次讨论。历时两个多月，约 1.5 亿人提出 100 多万条意见，又经多次修改后，于 1954 年 9 月 20 日第一届全国人民代表大会第一次全体会议以无记名投票方式一致通过，中华人民共和国的第一部宪法终于诞生了。1954 年《宪法》除序言外，分为 4 章共 106 条。它确认我国是“工人阶级领导的、以工农联盟为基础的人民民主国家”，规定实行民主集中制的人

民代表大会制度是我国基本政治制度，规定单一制为我国国家结构形式，确认了过渡时期的四种所有制形式——全民所有制、合作社所有制、个体劳动者所有制和资本家所有制，规定了公民基本权利和义务，以及国家机构体系。1954 年《宪法》的最大特点是既坚持了原则性，又具有极大的灵活性。比如在坚持社会主义的前提下，规定“逐步实现”社会主义工业化和“逐步完成”对农业、手工业和资本主义工商业的社会主义改造，并且在改造的步骤和方法上采取灵活多样的形式。

自 1954 年制定新中国第一部社会主义宪法以来，我国根据国家政治、经济与文化发展的需要，先后进行了三次全面修改、七次局部修改。

（三）1975 年《宪法》

1975 年 1 月 17 日召开的第四届全国人民代表大会第一次会议通过了 1975 年《宪法》。1975 年《宪法》的产生背景决定了它是一部存在严重缺点和错误的宪法，这部宪法在内容上作了极左的规定，大幅度缩小了公民权利和自由的范围，条文数量及文字也锐减，全文仅 30 条、4 300 余字，法律用语逻辑含混，政治宣传色彩浓厚。

（四）1978 年《宪法》

1978 年 3 月 5 日，第五届全国人民代表大会第一次会议通过了 1978 年《宪法》。1978 年《宪法》共 4 章 60 条，它在一定程度上纠正了 1975 年《宪法》中带有极左色彩的内容，如取消了“全面专政”的规定等，比 1975 年《宪法》前进了一步。但当时国家从“文化大革命”的影响中刚刚复苏，许多被颠倒的政治理论和是非观念尚未拨乱反正，还不能完全正确地总结“文化大革命”的经验教训。这就决定了 1978 年《宪法》不可能完全摆脱 1975 年《宪法》的影响，在内容上仍然不乏极左色彩的规定，表现形式上全文共 60 条、8 000 余字，仍显过简，宣传口号和语录式的词句依然存在。因此，可以说 1978 年《宪法》仍然是一部有明显缺点和错误的宪法。1978 年《宪法》曾进行过两次局部修正。1979 年 7 月 1 日第五届全国人民代表大会第二次会议通过了《关于修正〈中华人民共和国宪法〉若干规定的决议》，规定县级及县级以上各级人民代表大会设常务委员会，改地方各级革命委员会为各级人民政府，将县级人民代表大会代表由间接选举改为直接选举，将上下级人民检察院的关系由监督改为领导。1980 年 9 月 10 日第五届全国人民代表大会第三次会议作出《关于修改〈中华人民共和国宪法〉第四十五条的决议》，取消了有关“大鸣、大放、大辩论、大字报”即“四大自由”的规定。

（五）1982 年《宪法》

1. 1982 年《宪法》的产生

1978 年 12 月党的十一届三中全会的召开是我国历史的转折点，1981 年 6 月党的十一届六中全会《关于建国以来党的若干历史问题的决议》总结了过去 32 年来正反两方面的经验教训，1982 年 9 月党的十二大确定了全面开创社会主义现代化建设新局面的战略决策。为适应新时期的形势发展，必须对 1978 年《宪法》进行全面修改。1980 年 9 月 10 日，第五届全国人民代表大会成立宪法修改委员会，于 1982 年 2 月提出《中华人民共和国宪法修改草案》讨论稿，经交付全民讨论广泛征求意见并多次修改后，于 1982 年 12 月 4 日第五届全国人民代表大会第五次会议获得通过。这是新中国成立后我国颁布的第四部宪法，也是现行宪法。

2. 1982 年《宪法》的特点

1982 年《宪法》除序言外，分为总纲，公民的基本权利和义务，国家机构，国旗、国徽、首都，共 4 章 138 条。其特点主要是：

（1）总结了历史经验，以“四项基本原则”作为指导思想。

（2）进一步完善了国家机构体系，表现在扩大了全国人民代表大会常务委员会职权，恢复了国家主席设置，设立国家中央军事委员会等。

（3）加强了民主与法制建设，表现在扩大了公民权利和自由，恢复了法律面前一律平等原则等。

（4）确认了经济体制改革已经取得的成果，如发展多种经济形式，扩大企业自主权，重视市场调节作用等。

（5）维护了国家统一和民族团结，表现在规定“国家在必要时得设立特别行政区”，扩大民族自治地方自治权限等。

1982 年《宪法》并没有以 1978 年《宪法》为基础，而是继承和发展了 1954 年《宪法》，是一部较为完善并具有中国特色的宪法，推动了我国民主政治的发展。

3. 1982 年《宪法》的修改

1982 年《宪法》颁布实施后，全国人大总结了 1978 年以来宪法局部修改的经验，改变了过去基本上修改一次就重新颁布一次的做法，转而采取修正案的方式修改宪法。其最大特点是比较灵活，有助于维护宪法的稳定性。迄今我国对 1982 年《宪法》已经进行了五次修改，形成了 52 条宪法修正案。

1988 年 4 月 12 日，第七届全国人民代表大会第一次会议通过了宪法修正案第 1 条和第 2 条，确立了私营经济的合法地位和土地使用权可以依照法律规定转让。

1993 年 3 月 29 日，第八届全国人民代表大会第一次会议通过了宪法修正案第 3 条至第 11 条，确立了社会主义初级阶段理论和建设有中国特色社会主义理论的宪法地位；将农村集体经济的内容确定为“农村中的家庭联产承包为主的责任制”；将国营经济修改为国有经济；宣布“国家实行社会主义市场经济”；县级人民代表大会代表的任期由三年改为五年。

1999 年 3 月 15 日，第九届全国人民代表大会第二次会议通过了宪法修正案第 12 条至第 17 条，确立了邓小平理论的宪法地位；明确宣布“中华人民共和国实行依法治国，建设社会主义法治国家”；确立“农村集体经济组织实行家庭承包经营为基础、统分结合的双层经营体制”；确立非公有制经济是“社会主义市场经济的重要组成部分”；将“反革命的活动”修改为“叛国和其他危害国家安全的犯罪活动”。

2004 年 3 月 14 日，第十届全国人民代表大会第二次会议通过了宪法修正案，共 14 条，主要内容是：在宪法序言中写进“三个代表”思想，作为国家的指导思想；在宪法序言中规定政治文明建设，增加规定“社会主义事业的建设者”；规定合法的私有财产不受侵犯原则，完善了征收、征用制度；增加规定“国家建立健全同经济发展水平相适应的社会保障制度”；规定“国家尊重和保障人权”；把“戒严”改为“紧急状态”；扩大国家主席的职权，规定“中华人民共和国主席代表中华人民共和国，进行国事活动”；把乡镇人大的任期由三年改为五年；增加规定国歌。

2018 年 3 月 11 日，第十三届全国人民代表大会第一次会议通过宪法修正案第 32 条至

第 52 条。修改的主要内容包括：（1）序言第 7 自然段增加“科学发展观、习近平新时代中国特色社会主义思想”，“健全社会主义法制”修改为“健全社会主义法治”，写入“贯彻新发展理念”和“社会文明、生态文明”，写入“把我国建设成为富强民主文明和谐美丽的社会主义现代化强国，实现中华民族伟大复兴”；（2）序言第 10 自然段中“在长期的革命和建设过程中”修改为“在长期的革命、建设、改革过程中”，在爱国统一战线的组成中增加“致力于中华民族伟大复兴的爱国者”；（3）序言第 11 自然段有关社会主义民族关系增加“和谐”，第 4 条各民族关系也增加“和谐”；（4）序言第 12 自然段中“中国革命和建设”修改为“中国革命、建设、改革”，在对外政策中增加“坚持和平发展道路，坚持互利共赢开放战略”“推动构建人类命运共同体”；（5）第 1 条增加规定“中国共产党领导是中国特色社会主义最本质的特征”；（6）第 24 条增加规定“国家倡导社会主义核心价值观”；（7）第 27 条增加规定“国家工作人员就职时应当依照法律规定公开进行宪法宣誓”；（8）第 79 条关于国家主席、副主席任期删去“连续任职不得超过两届”；（9）第 100 条增加规定“设区的市的人民代表大会和它们的常务委员会，在不同宪法、法律、行政法规和本省、自治区的地方性法规相抵触的前提下，可以依照法律规定制定地方性法规，报本省、自治区人民代表大会常务委员会批准后施行”；（10）在第 3 章“国家机构”中增加“监察委员会”作为第 7 节，并对第 3 条、第 62 条、第 63 条、第 65 条、第 67 条、第 89 条、第 101 条、第 103 条、第 104 条、第 107 条进行相应修改，各级监察委员会是国家的监察机关，依照法律规定独立行使监察权，监察机关由人民代表大会产生，对它负责、受它监督，各级人大常委会组成人员不得担任监察机关的职务；（11）将第 70 条规定的全国人大专门委员会“法律委员会”更名为“宪法和法律委员会”。

通过对现行宪法的五次修改，进一步协调了宪法与社会生活的关系，推动了我国新时代中国特色社会主义制度的发展。

第三节　宪法基本特征与本质

一、宪法基本特征

（一）宪法与法律的共性

在分析宪法基本特点时，我们首先需要对宪法与法律的共性进行分析，确立“宪法是法律”的基本理念。法律是调整社会关系的规范体系，由具有不同功能的规范构成。任何国家的法律，都有各种不同的表现形式。无论是形式意义上的法律，还是实质意义上的法律，宪法与法律首先具有共性：一是宪法与法律体现国家意志；二是宪法与法律具有共同的经济基础，其性质主要取决于社会的物质文化条件；三是宪法与法律由国家制定并以国家强制力保障实施；四是宪法与法律通过规定社会关系参加者的权利义务来确认和保护社会秩序和法律秩序；五是宪法与法律都具有制裁性。

（二）宪法与法律的区别

尽管宪法具有法律的属性，与法律在本质上相同，但与其他法律相比，宪法又具有自身的一些特征，这些特征标志着宪法在法秩序内的特殊地位和在国家生活中的根本法地位。从法律形式看，宪法是国家的根本法，其特征表现在：

第一，在内容上，宪法规定一个国家最根本、最重要的制度，诸如国家的性质、国家的政权组织形式、国家的基本国策、公民的基本权利和义务、国家机构的组织和职权等。我国《宪法》序言中明确指出："本宪法以法律的形式确认了中国各族人民奋斗的成果，规定了国家的根本制度和根本任务，是国家的根本法，具有最高的法律效力。"

第二，在法律效力上，宪法具有最高法律效力。法律效力是指法律所具有的约束力和强制力。宪法的法律效力高于普通法律，在国家法律体系中处于最高地位。宪法的最高法律效力包括三个方面的含义：（1）宪法是普通法律的制定依据，普通法律是宪法的具体化。（2）任何普通法律都不得与宪法的内容、原则和精神相抵触。我国《宪法》第5条第3款规定："一切法律、行政法规和地方性法规都不得同宪法相抵触。"（3）宪法是一切国家机关、社会团体和全体公民的最高行为准则。我国《宪法》序言规定："全国各族人民、一切国家机关和武装力量、各政党和各社会团体、各企业事业组织，都必须以宪法为根本的活动准则，并且负有维护宪法尊严、保证宪法实施的职责。"

第三，在制定和修改的程序上，宪法比普通法律更加严格。在成文宪法国家中，宪法是具有最高法律效力的国家根本法，这必然要求维护宪法的最高权威和尊严。我国《宪法》第64条第1款规定："宪法的修改，由全国人民代表大会常务委员会或者五分之一以上的全国人民代表大会代表提议，并由全国人民代表大会以全体代表的三分之二以上的多数通过。"

二、宪法是实现民主价值的基本形式

宪法与民主是密不可分的。在人权观念普遍化以后，随之产生了人民主权观念。根据人民主权的原理，国家的一切权力属于人民。因此，人民可以通过各种形式去管理国家事务。宪法就是确认人民管理国家的方式和程序的根本法。宪法产生与存在的前提之一是民主事实与民主制度的产生。

我国宪法对民主制度的规定主要表现在：以根本法的形式确认人民当家做主的地位和公民的宪法地位；规定人民代表大会制度的基本原则；通过规定选举制度、基层政权组织形式等，不断扩大社会主义民主的基础；等等。随着社会主义民主制度的发展，宪法在内容和形式上将不断得到完善。

在理解宪法与民主关系时，我们需要分析两者价值之间可能出现的冲突与矛盾问题。宪法在实现民主价值方面只能提供基本形式，它并不是实现和发展民主的唯一形式。宪法与民主之间有时会出现冲突或者张力。对于多数人意志可能存在的非理性因素，要通过宪法程序加以预防或解决，既要以民主程序确认多数人的合法利益，同时也要依据宪法尊重少数人的合法权益。

三、宪法的本质

宪法作为法，在本质上同一般法律一样反映政治力量对比关系，并依国家强制力保障实施。但作为国家根本法，在反映政治力量对比关系的内容和形式方面，宪法具有自身的特点，主要表现在：反映政治力量对比关系更为全面和集中，而政治力量中又存在着不同的阶层和社会集团，体现了利益之间的合理协调与妥协。

因此，宪法反映了政治力量之间利益对比关系，并随着政治力量对比关系的变化而不断地调整和完善。总之，宪法是确认国家民主制度，通过规范和控制国家权力以保障公民权利的具有最高效力的国家根本法。

第四节　宪法渊源与宪法分类

一、宪法渊源

宪法渊源，是宪法的表现形式，是宪法发挥效力的重要基础。宪法渊源主要包括以下几种。

（一）宪法典

在成文宪法国家，宪法典是宪法的主要渊源。在我国，1949 年 9 月通过的《中国人民政治协商会议共同纲领》虽然不是一部正式的宪法，但因其确定了新中国的政治制度和发展目标，作为一部宪法性文件，在新中国成立初期起到了临时宪法的作用。1954 年第一届全国人大通过了新中国的第一部宪法，后经过 1975 年、1978 年和 1982 年三次全面修改。1982 年《宪法》分别于 1988 年、1993 年、1999 年、2004 年和 2018 年以修正案的形式进行了五次修改，形成 52 条宪法修正案。

（二）宪法性法律

宪法性法律是指与宪法有着密切关系的、效力仅次于宪法的规范性文件。全国人民代表大会和全国人大常委会依据宪法制定了一系列调整宪法关系的法律，如《国旗法》《国徽法》《戒严法》《选举法》《全国人民代表大会和地方各级人民代表大会代表法》《全国人民代表大会组织法》《国务院组织法》《全国人民代表大会议事规则》《全国人民代表大会常务委员会议事规则》《地方各级人民代表大会和地方各级人民政府组织法》《人民法院组织法》等。这些宪法性法律是我国部门法意义上的宪法重要组成部分。

（三）宪法惯例

宪法惯例是指虽没有宪法明文规定但经过长期实践形成，并为社会广泛认可的习惯。宪法惯例通常属于政治惯例，但并非所有政治惯例都成为宪法惯例，只有符合宪法精神的政治惯例才能成为宪法惯例。违反宪法明文规定或者宪法精神的政治惯例不能成为宪法惯例。宪法惯例可能通过宪法修改进入宪法典。

（四）宪法解释

宪法解释是指宪法解释机关根据宪法的精神和基本原则对宪法规定的含义、界限及其相互关系所作出的具有宪法效力的说明。根据我国《宪法》第 67 条的规定，全国人大常委会有权解释宪法，是我国的宪法解释机关。在实践中，全国人大常委会的宪法解释权还没有具体实践。党的十八届四中全会通过的《中共中央关于全面推进依法治国若干重大问题的决定》强调“坚持依法治国首先要坚持依宪治国，坚持依法执政首先要坚持依宪执政”，明确提出“完善全国人大及其常委会宪法监督制度，健全宪法解释程序机制”的具体目标。健全宪法解释程序机制是完善宪法监督制度的当务之急，也是全面推进依法治国、建设社会主义法治国家的基本任务。

二、宪法分类

从比较宪法学的角度看，对不同形式的宪法进行分类的目的，是加深对宪法概念、性质、功能的认识，客观地认识宪法价值的普遍性与特殊性。

（一）传统宪法分类

在宪法学发展史上，19 世纪末以前传统宪法分类学的内容主要包括：成文宪法和不成文宪法；钦定宪法、民定宪法和协定宪法；刚性宪法和柔性宪法。这种分类方法对于人们认识不同形式的宪法提供了方法论基础。成文宪法和不成文宪法是以是否具有统一的法律文件为标准划分的：具有统一的法律文件形式的宪法称为成文宪法；不具有统一的法律文件形式的宪法称为不成文宪法。英国是典型的不成文宪法国家。钦定宪法、民定宪法和协定宪法是以制定宪法主体的不同为标准划分的。所谓钦定宪法，是指君主自上而下地制定并颁布的宪法；所谓民定宪法，是指以民选议会、制宪会议等形式制定并颁布的宪法；所谓协定宪法，是指由君主与人民（或议会）进行协商共同制定的宪法。刚性宪法和柔性宪法是以制定和修改宪法程序是否特殊为标准划分的。所谓刚性宪法，是指制定和修改的程序比一般法律严格的宪法。所谓柔性宪法，是指在制定和修改程序上与一般法律相同的宪法。

但传统的分类方法在实践中出现不少逻辑上的矛盾。如成文宪法与不成文宪法是以宪法存在的方式为标准划分的，但存在以下矛盾：一是容易使人产生误解，认为只有不成文宪法才承认惯例或习惯，成文宪法不承认宪法惯例；二是宪法典中没有规定的内容（宪法性法律）得不到应有的重视；三是片面强调宪法成文化的必要性，忽略习惯或宪法惯例的重要功能。在宪法发展过程中，成文和不成文宪法出现相互融合趋势。一方面，成文宪法日益与不成文宪法、宪法惯例相结合；另一方面，不成文宪法日益和成文宪法相结合，具有混合性的特点。

（二）马克思主义宪法学的分类

马克思主义宪法学以国家的类型和宪法的阶级本质为标准，把宪法分为资本主义类型的宪法和社会主义类型的宪法。这种分类方法揭示了宪法的本质，反映了宪法的阶级属性。

与本质分类相联系，列宁曾经指出："当法律同现实脱节的时候，宪制是虚假的；当它们是一致的时候，宪制就不是虚假的。"① 这一论断被宪法学者概括为以宪法是否与现实相一致为标准对宪法进行的分类。

从宪法学发展趋势看，宪法分类的意义主要在于为宪法现象的分析提供认识的工具。随着宪法实践的发展和人们认识宪法现象的能力的提高，将会出现更加多样化的宪法分类。

第五节　宪法效力与基本功能

宪法作为国家根本法，在社会生活的各个领域发挥着统一调整和规范功能。在宪法实践中，我们可以从不同的角度分析宪法的功能。

---

① 列宁．列宁全集：第 17 卷．2 版．北京：人民出版社，2017：320.

一、宪法效力

宪法效力是指宪法作为法律规范所发挥的约束力与强制性。宪法主要调整国家与公民的关系，其效力范围直接涉及国家权力的活动领域。宪法之所以具有最高法律效力，是因为宪法是社会共同体的基本规则，是社会多数人共同意志的最高体现。

宪法效力具有最高性、直接性与强制性。在整个法律体系中，宪法效力是最高的，不仅成为立法的基础，同时对立法行为与依据宪法进行的各种行为产生直接的约束力。中华人民共和国宪法适用于所有中国领土与公民。《宪法》第 33 条第 1 款规定："凡具有中华人民共和国国籍的人都是中华人民共和国公民。"国籍的取得与丧失制度的确立是一个国家主权范围内的事情，由国内立法具体规定。宪法效力体现在对领土的效力。

领土是国家的构成要素之一，是国家行使主权的空间，也是国家行使主权的对象。领土条款是宪法效力的重要表现。我国《宪法》序言规定："台湾是中华人民共和国的神圣领土的一部分。完成统一祖国的大业是包括台湾同胞在内的全中国人民的神圣职责。"这一规定明确了台湾是中国领土的一部分，宪法效力涉及包括台湾在内的所有中国领土。

二、宪法发挥功能的基本条件

宪法功能是宪法内容和原则在社会生活中产生的社会效果。宪法要发挥功能，首先其内容要符合社会发展的客观要求，反映社会民意，即具备正当性。正当性是宪法在社会生活中发挥功能的前提，宪法需要在内容、程序与形式上具备正当性。

宪法确定其正当性基础后，其功能的发挥还要靠社会成员的宪法意识。宪法发挥功能很大程度上取决于社会成员对宪法的信仰，由此形成尊重宪法、维护宪法、运用宪法的社会环境。没有社会成员成熟的宪法意识，即使具备正当性的宪法也难以发挥功能。

从宪法发挥功能的过程看，建立有效的宪法保障制度是宪法内容转化为现实生活的基本条件之一。

三、宪法的基本功能

（一）确认功能

宪法作为国家根本法，首先发挥确认的功能。具体表现在：确认宪法赖以存在的经济基础，宪法的性质和内容取决于经济基础的性质；确认国家权力的归属，使统治阶级的统治地位合法化，并标志国家主权的独立；确认国家法制统一的原则，为法律体系的有机统一和协调发展提供统一的基础；确认社会共同体的基本价值目标与原则，为社会共同体的发展提供共同遵循的价值体系。

（二）保障功能

宪法对民主制度和人权的发展提供有效的保障。宪法是民主事实、民主制度的法律化，对宪法上规定的各种民主原则、民主程序与民主生活规则，宪法提供了各种有效的保障。没有宪法的确认和保障，民主制度不能转化为具有国家意志的制度。在宪法的保障功能中，人权保障是核心的命题与原则。各国宪法以不同的形式规定了人权的内容、人权保障体制、限制人权的标准等，从宏观上确立了公民与国家的相互关系，明确了公民的宪法地位。我国 2004 年《宪法修正案》第 24 条增加一款："国家尊重和保障人权"，使人权从政治原则上升为为宪法原则，标志着国家价值观的根本性转变。

（三）限制功能

宪法首先是一种授权法，确立合理地授予国家权力的原则与程序，使国家权力的运行具有合宪性。同时宪法又是限权法，规定限制国家权力行使的原则与程序，确定所有公权力活动的界限。宪法的限制功能与宪法对人权的保障功能有着密切的联系，如果不对国家权力的行使进行有效的限制，人权保障就会失去基础。宪法以其特殊功能规定了国家机构的产生程序、职权的具体行使以及职责的具体履行等。从这种意义上说，宪法主要调整公权力活动，一般情况下私人活动主要受私法的约束，不受宪法规范的调整。

（四）协调功能

为了实现确认、保障与限制的功能，宪法在运行过程中需要解决大量的利益冲突与矛盾，合理地协调不同主体的利益关系。在制定和实施宪法的过程中，由于利益分配的不平衡和主体价值观的不同，人们可能产生不同的利益需求。宪法的特殊功能在于，能够以合理的机制平衡利益，寻求多数社会成员普遍认可的规则，以此作为社会成员普遍遵循的原则，使宪法成为社会共识。对少数人利益的保护，宪法也规定了相应的制度，如宪法诉讼制度在保护少数人利益方面发挥着重要作用。在我国，宪法的利益协调功能在人民代表大会制度的运行中得到充分体现。人民代表大会民意的广泛性、职权的广泛性与活动方式的多样性集中体现了宪法的利益协调功能。

第六节　宪法结构与宪法规范

一、宪法结构

（一）宪法制定权与宪法结构概念

宪法制定权是指制宪主体按照一定原则制定作为国家根本法的宪法的一种权力。制宪权是制宪行为的前提。从一般意义上讲，主权是一种国家统治形态的最高决定权，制宪权作为最高的政治决断权，实际上包含在主权范畴之内。在一个特定的国家，民族独立与国家政权的取得是制定宪法的基本前提和条件。1954 年《宪法》是新中国成立后制定的第一部社会主义宪法，表明中国人民成为国家主人的基本事实，其制宪权具有合法性与正当性。由于各国历史传统、政治体制不同，制定的宪法具有不同的特点与结构。

宪法结构是指宪法内容的具体组织和排列形式。同样的宪法内容因排列方式不同有可能形成不同的宪法结构。宪法结构的确定既涉及宪法的实体性内容，同时也涉及程序性内容。由于不成文宪法没有统一的法律表现形式，故宪法结构主要是指成文宪法的表现形式。我们在学习宪法时会遇到不同国家的宪法结构，实际上很难找到在结构形式方面完全相同的宪法典。这是因为各国宪法受不同政治、经济、文化等各种因素的影响，特别是公民的宪法意识和立宪技术对宪法结构的形成与发展产生重要影响。

各国不同的宪法结构集中反映了一个国家宪法文化的历史与现实，是社会变迁的产物。宪法结构一般分为形式结构和内容结构。形式结构主要指将宪法规范的内容加以编排的方式；内容结构是指将具有相同性质的宪法规范编排在同一内容之中，使宪法关系中的相同规范具有合理的表现形式。形式与内容结构反映了特定社会宪法的基本体系与价值。比如在宪法内容上，各国宪法结构的表现形式是多样化的，有些国家的宪法由篇、章、节、条组成，而有些国家的宪法则由章、条组成等。在具体内容的安排上，有些国家的宪法有序言，而有些国家的宪法则无序言。从各国宪法发展的历史看，宪法结构反映了不同时期人们的宪法思想和宪法实践的经验。

（二）宪法结构内容

现代宪法结构一般由宪法序言、宪法正文和附则三部分组成。

1. 宪法序言

宪法序言就是写在宪法条文前面的陈述性的表述，以表达本国宪法发展的历史、国家的基本政策和发展方向等。

据对世界上 193 个国家宪法的统计，多数国家的宪法有序言，体现不同的宪法文化。从形式上看，宪法序言的长短各国不尽相同，序言较短的国家有美国、意大利、加拿大、韩国等，而中国、德国、印度等国家的宪法序言则较长。各国宪法序言规定的内容是多种多样的，但都体现了宪法基本理念和精神，有助于人们从整体上把握宪法的内容和基本精神。

宪法序言的内容通常涉及制宪权的来源、宪法性质、国家独立、正义与和平价值的阐述、社会和公共利益的维护、民族主义价值等。简言之，宪法序言是宪法内容的高度概括，其内容大体包括：揭示制定宪法的机关和依据；揭示制定宪法的基本原则；揭示制定宪法的目的和价值体系等。经过 2018 年第五次宪法修改，我国宪法序言的内容更加丰富。（1）历史发展的叙述。序言以叙述性的语言回顾了自 1840 年以来我国社会发展进程，明确规定工人阶级领导的、以工农联盟为基础的人民民主专政的国体。（2）规定国家的根本任务是集中力量进行社会主义现代化建设，逐步实现工业、农业、国防和科学技术的现代化，“把我国建设成为富强民主文明和谐美丽的社会主义现代化强国，实现中华民族伟大复兴”。（3）规定国家的指导思想。宪法序言第七自然段中规定“在马克思列宁主义、毛泽东思想、邓小平理论、‘三个代表’重要思想、科学发展观、习近平新时代中国特色社会主义思想指引下”，这就是对国家发展的指导思想的规定。（4）国家发展目标的规定。推动物质文明、政治文明、精神文明、社会文明、生态文明协调发展。（5）社会主义的建设事业必须依靠工人、农民和知识分子，团结一切可以团结的力量。在长期的革命、建设、改革过程中，已经结成由中国共产党领导的，有各民主党派和各人民团体参加的，包括全体社会主义劳动者、社会主义事业的建设者、拥护社会主义的爱国者、拥护祖国统一和致力于中华民族伟大复兴的爱国者的广泛的爱国统一战线，这个统一战线将继续巩固和发展。（6）规定了宪法的根本法地位和最高效力。序言最后的自然段规定：本宪法以法律的形式确认了中国各族人民奋斗的成果，规定了国家的根本制度和根本任务，是国家的根本法，具有最高的法律效力。

宪法序言的效力具有统一性、整体性与具体性的特点。宪法序言包含有关历史发展叙述、总任务的规定，这些规定所表现的法律效力与规定根本法地位的法律效力形式是不同的。前者的法律效力主要体现为人们对宪法的信仰、宪法价值观的认识以及从历史发展进程中形成的社会主体的宪法意识。后者的效力则更直接、明确地表明了宪法规范的具体效力。

参考资料

我国宪法序言集中地体现了党的基本主张和人民的根本意志，是宪法的灵魂，同宪法条文一样，具有最高法律效力。违反宪法序言，就是在最重要的问题上违反了宪法。改革开放以来，历次党的代表大会确定的重大方针政策，党中央都及时向全国人大提出修改宪法的建议，按照法定程序变成国家意志，其中最重要的内容写入宪法序言，具体内容写入宪法条文。比如，根据党的十一届三中全会和十二大确定的摒弃"以阶级斗争为纲"，坚决把党和国家的工作重点转移到社会主义现代化建设上来这一重大战略方针。1982年宪法在序言中明确规定："今后国家的根本任务是集中力量进行社会主义现代化建设。"把集中力量进行社会主义现代化建设作为国家的根本任务，就是以经济建设为中心。1992年党的十四大对建设有中国特色社会主义理论进行了全面阐述，提出经济体制改革的目标是建立有中国特色社会主义市场经济，1993年八届全国人大一次会议再次对宪法进行了修改，将我国正处于社会主义初级阶段、建设有中国特色社会主义理论、国家实行社会主义市场经济等内容写入宪法。1997年党的十五大对邓小平理论的历史地位和指导意义作了全面论述，1999年九届全国人大二次会议又及时对宪法进行了修改，将邓小平理论等重要内容写入宪法。2004年宪法修改将"三个代表"重要思想写入宪法。2018年宪法修改将科学发展观和习近平新时代中国特色社会主义思想写入宪法，使宪法与时俱进，进一步明确国家发展的指导思想。

2. 宪法正文

宪法正文是宪法典的主要部分，具体规定宪法基本制度和权力体系的安排。因此，正文是宪法的主体部分。正文中规定的内容一般包括：社会制度和国家制度基本原则；公民与国家的相互关系，即公民的基本权利与义务；国家机构；国家标志等。我国现行《宪法》正文的排列顺序是：总纲、公民的基本权利和义务、国家机构和国家标志（国旗、国歌、国徽、首都）。

宪法总纲部分主要规定宪法制度的基本原则和基本国策。在整个宪法结构中，宪法总纲起着指导性、原则性与统一性的作用。我国《宪法》总纲规定的主要内容包括：（1）国家制度的规定，即规定人民民主专政制度和人民代表大会制度；（2）规定国家结构形式，即实行单一制的国家结构形式、实行民族区域自治制度；（3）社会主义法治的基本原则；（4）国家的基本经济制度和经济政策；（5）社会主义精神文明建设等。

公民的基本权利和义务是宪法的核心内容，体现宪法的基本价值和存在目的。随着社会的发展和法治的成熟，宪法规定的公民基本权利的内容将更加丰富和多样化。我国现行《宪法》改变了前几部《宪法》的结构，将"公民的基本权利和义务"一章提到"国家机构"之前，使国家与公民的关系得到了合理的调整，强化了对公民基本权利的保障。宪法根据法治原则和我国社会发展的实际，规定了公民在政治、经济、社会和文化生活等方面享有的广泛的权利和自由，并规定了相应的保障措施。

国家机构是宪法调整的重要内容之一。现代各国宪法以不同的形式规定各类国家机关在宪法体制中的不同地位，以规范权力运行过程。一般先规定国家机构运作的基本原则，然后依其性质具体规定统治机构的产生、职权与活动程序等。我国宪法具体规定了全国人民代表大会及其常务委员会、国务院、国家主席、中央军事委员会、监察委员会、审判机关和检察机关、地方国家机构等的产生、职权与活动程序，确立了以宪法为基础的完整的国家机构体系。

国家标志部分包括国旗、国歌、国徽和首都的规定。国旗、国歌、国徽是主权、独立和尊严的象征。我国《宪法》第四章“国旗、国歌、国徽、首都”对国家标志作出明确规定，《国旗法》《国歌法》《国徽法》等对相应制度作出更具体的规定。2020 年 10 月 17 日，第十三届全国人大常委会第二十二次会议表决通过关于修改《国旗法》《国徽法》的决定，决定自 2021 年 1 月 1 日起施行。

3. 附则

宪法附则是指宪法对于特定事项而作出的附加条款，其名称不一。由于宪法在调整社会生活中经常遇到临时性、特定性的事项，有可能造成宪法规范与社会生活的冲突。为了发挥宪法调整社会生活的功能，有些国家宪法以附加条款的方式规定一些特定的事项。附则作为宪法的一部分，其法律效力与宪法正文相同。但在内容的规定上有其自身的特点：一是内容的特定性，即只对特定事项以附则形式加以规定；二是附则的法律效力在时间上通常具有临时性。我国现行《宪法》没有规定附则。

二、宪法规范

理解了宪法结构的基本概念后，我们需要进一步掌握宪法规范的基本知识。宪法是由各种不同的规范组成的，不同的规范体系与内容构成宪法存在的完整形态。宪法作用于社会生活的基本形式是通过宪法规范的具体运用。

（一）宪法规范的概念

作为法的一种形态，宪法规范是一种法律规范，同刑法规范、民法规范等一样具有法的约束力，构成社会生活中人们一体遵行的普遍性规则。在规范的性质、规范内容与具体运作程序等方面，宪法规范与其他法律规范并没有本质上的区别。但由于规范所调整的社会关系的内容不同，法律规范内部又存在着不同的层次。由宪法的根本法地位所决定，宪法规范表现为根本性的法律规范，具体调整宪法关系，并不是调整所有的社会关系。

所谓宪法规范，是指调整宪法关系的各种规范的总和。这里所讲的“各种规范”指的是宪法典规定的规范。通过宪法规范的调整，社会关系中涉及政治、经济与文化的重要领域便成为宪法调整的社会关系。宪法关系的基本特点是：（1）涉及的社会生活领域十分广泛；（2）在宪法关系中国家或国家机关始终是重要的参与者，宪法关系既包括社会、国家与个人之间的关系，同时也包括国家机关之间的相互关系；（3）宪法关系是法治国家中最根本的法律关系。稳定而和谐的宪法关系有利于维护宪法秩序，有利于建立国家与公民之间的平衡关系。以宪法关系的主体为标准，通常可以把宪法关系分为如下类型：一是国家与公民之间的关系，它是最基本的宪法关系，是民主与法治发展的基石；二是国家与国内各民族的关系；三是国家与政党之间的关系；四是国家机关之间的关系。

（二）宪法规范的特点

宪法规范是一种根本性的法律规范，与其他法律规范相比，具有自身的特点。

1. 宪法规范的政治性

宪法是调整国家权力运行与人权保障的法律规范，制宪及行宪过程中不可避免地表现其政治性。宪法规范既来自政治的现实，又是限制政治权力的最高规范。宪法规范的政治性主要表现在以下几个方面：

（1）制宪过程是一种政治意志的选择，制宪的社会背景、制宪力量、制宪程序与一定的政治力量联系在一起，反映了特定的政治利益。

（2）宪法规范具体内容的确定反映一种政治决断。在一个国家制宪过程中，宪法规范的内容与所调整的宪法关系体现国家的基本政策与政治理念。

（3）宪法规范的调整方式与调整过程受一定政治利益的约束。尽管宪法规范调整有客观的准则与客观事实，但其具体调整过程又受调整主体政治倾向性的影响，使调整过程具有浓厚的政治色彩。

2. 宪法规范的授权性与限制性

宪法规范是一种组织国家权力的规范。国家权力通过宪法规范的运用得到合理的组织和分配。国家机关活动的基础与依据，首先是宪法规范的确认。现代各国宪法对各种不同形式的国家机构组织与运行形式作了具体的规定。没有宪法规范的授权，任何一种国家权力的行使都是无效的。宪法规范的授权性主要表现为授权性规范，它构成确定国家机构活动的宪法基础。我国宪法通过宪法规范的授权性功能，规定了国家主席、副主席，全国人大常委会委员长、副委员长，国务院总理、副总理、国务委员，最高人民法院院长，最高人民检察院检察长等国家最高领导职位的产生、职权及其行使程序。宪法规范的授权性功能一方面通过宪法典中具体规定的宪法规范来实现，另一方面还可以通过如《法院组织法》《选举法》等宪法性法律来实现。

宪法规范的授权性的主要功能是合理地确定国家机关组成与体系，为权力运行提供合宪性基础。为了保证权力运行的合宪性，宪法规范不仅要发挥组织国家权力的功能，同时要发挥其限制功能。宪法规范的授权性与限制性是同一问题的两个方面，由于权力本身的属性，即使是合理地组织起来的权力体系，并不一定按照法律规定的原则和程序运行，不可避免地存在滥用权力现象。

3. 宪法规范的最高性

宪法规范作为一种根本性的、具有法律效力的规范，在法律规范体系中居于最高的地位，制约和控制其他规范的存在。宪法规范的最高性是宪法特征的必然反映，构成宪法价值体系的基础。宪法规范的最高性是指在时间和空间上与其他事物相比较具有优位性、妥当性与实效性，约束一切国家机关、社会团体与政党的活动。

宪法规范的最高性具体表现为：（1）宪法规范是社会生活中具有最高价值的准则，构成法治社会的基础。（2）宪法规范的法律效力最高，即一切法律、行政法规等规范性文件不得同宪法相抵触，否则会失去效力。（3）宪法是调整社会生活的最高依据，是判断政治行为是否合法、合理的标准。（4）宪法诉讼等制度的建立与运作的根据也源于宪法规范的最高性。

4. 宪法规范的稳定性

宪法规范作为最高的法律规范和法律秩序的基础，其本质特征是稳定性，不得轻易变动。由宪法规范的最高性价值所决定，宪法在调整社会生活中应保持其内容的科学性与运行程序的规范性。宪法规范的稳定性的价值主要在于：

（1）宪法规范构成一国法律规范体系的基础，规范的稳定性程度直接关系到国家法制统一。

（2）宪法规范的稳定性直接关系宪法秩序的稳定。宪法秩序是整个法律秩序的基础，稳定的宪法规范为宪法秩序的发展提供必要的基础。

（3）宪法规范的稳定性是树立全社会宪法信仰的基本条件。作为民意的最高体现，宪法的长期稳定，对于社会成员树立宪法信仰，形成宪法意志，从而维护宪法尊严具有重要的意义。

5. 宪法规范的制裁性

从本质上讲，宪法制裁与刑事制裁、民事制裁、行政制裁一样，其效力应得到社会的普遍承认，具有内在的制裁结构与形式。宪法制裁既包括积极的制裁，也包括消极的制裁，有着不同于其他制裁的特殊形式。在现代的宪法运行中，宪法的制裁功能主要是通过司法实践来实现的。司法审查制度的建立与发展只是宪法制裁功能的基本表现形式，但它并不是唯一的形式。维护宪法规范力的形式还有公民对政治过程的监督与对宪法的确信。公民对政治过程的监督是宪法制裁的重要表现形式，构成宪法特有的制裁模式，如选举过程、罢免制度、规范性文件的审查、组织活动原则与程序等都属于宪法制裁的范围。宪法存在的合理基础主要由两个要素组成：一是宪法作为法具有的自然的制裁功能；二是社会主体对宪法的一种确信与内在信念。对宪法的确信表现为对宪法效力的社会承认，如支持宪法的社会力量、学者的宪法理念、公民的宪法意识、基于宪法的社会舆论监督、宪法惯例等因素。通过上述各种要素的有机统一与活动，宪法在不同的社会领域获得社会承认，形成有效的制约功能。

（三）宪法规范的种类

由宪法规范的广泛性特点所决定，宪法规范存在的形式是多样化的，我们可以从不同的角度对宪法规范进行分类。

1. 确认性规范

确认性规范是对已经存在的事实的认定，其主要意义在于根据一定原则和程序，确立具体宪法制度和权力关系，以肯定性规范的存在为其主要特征。我国现行《宪法》第 1 条规定：中华人民共和国是工人阶级领导的、以工农联盟为基础的人民民主专政的社会主义国家。《宪法修正案》第 36 条规定，《宪法》第 1 条第 2 款“社会主义制度是中华人民共和国的根本制度。”后增加一句，内容为：“中国共产党领导是中国特色社会主义最本质的特征。”《宪法》第 2 条第 1 款规定：中华人民共和国的一切权力属于人民。这类规范从宏观角度确立了国家制度的基本原则和国家权力运行的基本原则。确认性规范依其作用的特点，又可分为宣言性规范、调整性规范、组织性规范、授权性规范等形式。如调整性规范主要涉及国家基本政策的调整，组织性规范主要涉及国家政权机构的建立与具体的职权范围等。宪法中有关国家机构部分主要体现组织性规范的要求。

2. 禁止性规范

禁止性规范是指对特定主体或行为的一种限制，也称为强行性规范。这类规范对于宪法的实现起着十分重要的作用，集中表现宪法的法律属性。在我国宪法中，禁止性规范主要以“禁止”“不得”等形式加以表现，这类规范虽数量不多，但发挥着重要的功能。如我国《宪法》第 65 条规定，全国人民代表大会常务委员会的组成人员不得担任国家行政机关、监察机关、审判机关和检察机关的职务；第 12 条规定，国家保护社会主义的公共财产，禁止任何组织或者个人用任何手段侵占或者破坏国家的和集体的财产。禁止性规范有时还表现为对某种行为的要求规范，如《宪法》第 140 条规定，人民法院、人民检察院和公安机关办理刑事案件，应当分工负责，互相配合，互相制约，以保证准确有效地执行法律。这里所说的“应当”是一种要求性规范，如不按照这一规范的要求去做，要承担相应的法律责任。

3. 权利性规范与义务性规范

这类规范主要是在调整公民基本权利与义务的过程中形成的，同时为行使基本权利与履行义务提供依据。从我国宪法的规定看，权利性与义务性规范具体有下列三种形式：

（1）权利性规范。宪法赋予特定主体权利，使之具有权利主体资格。如我国《宪法》第 35 条规定，中华人民共和国公民有言论、出版、集会、结社、游行、示威的自由。《宪法》第二章规定的公民基本权利中权利性的规范占很大的比重。

（2）义务性规范，集中表现在公民应履行的基本义务上。《宪法》第 52 条规定，中华人民共和国公民有维护国家统一和全国各民族团结的义务。这类义务在宪法中的规定是比较清楚的。

（3）权利性与义务性规范相互结合为一体。如我国《宪法》第 42 条规定，中华人民共和国公民有劳动的权利和义务；第 46 条规定，中华人民共和国公民有受教育的权利和义务。在这类规范中，权利与义务互为一体，表现其特殊的调整方式。

在宪法运行中，权利性规范与保障性规范是相互结合在一起的。特定的宪法规范既是对权利的保障，也是对特定国家权力活动的一种限制。

4. 程序性规范

程序性规范具体规定宪法制度运行过程的程序，主要涉及国家机关活动程序方面的内容。程序性规范主要有两种表现形式：一是直接的程序性规范，即宪法典对有关国家权力运行的程序作了具体规定，如全国人大召开临时会议的程序、全国人大延长任期的规定、宪法修改程序的规定、全国人大代表质询权的规定等。二是间接的程序性规范，即宪法典本身对程序性规范不作具体规定，而通过法律保留形式规定具体程序。比如，法律的具体制定程序、国家机关领导人的选举程序等，宪法只作原则性的规定，具体程序由部门法规定。无论是直接性还是间接性程序规范，都具有法律效力，违反其程序要求的行为是无效的。从宪法发展趋势看，程序性规范的功能将进一步得到强化，以保证宪法的权威性。

第七节　宪法解释与宪法修改

制定宪法的目的是在实际生活中运用宪法，实现宪法规定的基本原则与内容。由于宪法规范具有高度概括性、开放性与原则性等特点，在调整社会生活中必然出现规范与现实之间的矛盾，需要以灵活的机制解决冲突与矛盾。宪法解释与宪法修改制度是解决宪法规范与社会现实之间发生的冲突，有效地运用宪法的基本形式。

一、宪法解释

（一）宪法解释的概念

所谓宪法解释，是指一定主体对宪法内容、含义及界限所作的一种说明。宪法解释一般分广义和狭义两种。广义的宪法解释主体比较广泛，除有权机关解释外，还包括政府、社会团体、学者等对宪法的解释。狭义的宪法解释专指有权机关依法对宪法规范内涵所作的说明。

宪法解释的必要性取决于宪法规范的结构与特点。宪法规范与宪法条款的模糊性、抽象性、开放性与广泛性决定了宪法解释的客观必要性与可能性。这一特点同时决定了宪法解释与法律解释的不同性质与功能。

宪法解释与法律解释的主要区别在于：

（1）宪法解释是把宪法规范适用于现实生活的过程与活动，解释过程与国家的政治共同体和社会基本价值体系有着密切的联系，而一般的法律解释并不必然与社会共同体和价值体系有关。

（2）就规范的结构与性质而言，一般法律规范的结构是具体而明确的，在现实生活中进行解释或解释的空间是比较有限的。而宪法规范中包含着大量原则性与抽象性的内容，几乎所有的宪法条文客观上都存在解释的空间，需要通过经常性的解释活动补充和调整社会价值体系。

（3）宪法解释与法律解释具有不同的思维模式。法律解释通常是通过具体的规范分析方法解决法律与社会的冲突，而宪法解释思维是一种宏观的思维模式，从宪法价值体系的宏观角度揭示宪法的意义与内涵。

（二）宪法解释的主体

由于宪法解释在宪法实践中居于十分重要的地位，各国宪法通常把宪法解释权赋予专门机关或特定的机关行使。这里讲的宪法解释机关是指狭义宪法解释主体。从目前世界各国宪法解释的体制看，主要有以下三种类型。

1. 立法机关解释制

立法机关解释制指立法机关依照一定的程序解释宪法。最初由英国采用，由于英国采用不成文宪法，宪法和法律没有实际上的区别，当出现对宪法性条款的理解产生歧义的情况时，自然由议会作出解释，其基本的理论基础是议会至上的政治哲学。目前实行立法机关解释制的国家有 20 多个。

2. 司法机关解释制

司法机关解释制指司法机关按照司法程序解释宪法。在 1803 年马伯里诉麦迪逊一案中，美国联邦最高法院首席法官马歇尔确立违宪法律无效的宪法规则，开创了美国司法审查制度的先河。目前，世界上有近 80 个国家采用司法机关解释宪法的制度。其基本做法是：法院在审理案件时，附带性地审查其所适用的法律是否违宪，如果认为违宪可宣布其违宪，并拒绝在本案审理中适用。在司法审查中，法院采取司法抑制或消极主义原则，不能抽象地作出违宪判断。

参考资料

1800年美国总统大选揭晓，联邦党人约翰·亚当斯总统落选，民主党候选人托马斯·杰弗逊当选。1801年，亚当斯为了使联邦党人长期控制司法，便先是任命他的国务卿约翰·马歇尔为联邦最高法院首席法官，后又在2月通过国会立法，提名一批联邦党人任联邦法院法官。在3月3日参议院批准后，亚当斯总统就连夜颁发委任状。但有些委任状还没来得及送出去，3月4日新总统上任了。杰弗逊一上台便命令他的国务卿麦迪逊扣发这些委任状，以减少联邦党人对司法的控制。马伯里就是被任命为治安法官而又未拿到委任状的人中的一个。为此，马伯里等人请求联邦最高法院向执行部门颁发执行命令，发给委任状。

1803年，首席法官马歇尔在判决书中，先是承认马伯里被任命为法官是合法的，是有权得到委任状的，而总统和国务卿不予颁发是没有理由的，马伯里的正当权利由此而遭到侵犯，是有权得到补偿的。但是，他接着又说，最高法院不能颁发这样的执行命令，因为它超出了宪法第三条关于最高法院管辖权的规定。责成最高法院对公职人员颁发执行命令的1789年《司法条例》第十三条规定是同宪法相违背的。最后，他明确宣布“违宪的法律不是法律”“阐明法律的意义是法院的职权”。从此，开创了美国联邦最高法院审查国会法律的先例。

3. 特定机关解释制

为了使宪法解释程序更加规范化、程序化，提高解释的专业化水平，设立特定机关解释宪法，主要有宪法法院、宪法委员会等。目前实行宪法法院体制的国家有70多个，实行宪法委员会体制的国家有20多个。特定机关是专门负责解释宪法的、具有权威性的机关，能够有效地解决宪法实施中出现的各种违宪问题，在解决的方式上普遍采用司法积极主义原则。特定机关解释宪法的内容主要包括：法律、法规的违宪与否；违宪审查时涉及的宪法条文含义的解释。

我国宪法解释采用了立法机关解释制，即全国人民代表大会常务委员会行使宪法解释权。采用这种解释体制的原因主要有：

（1）全国人民代表大会常务委员会是最高权力机关的常设机关，根据宪法规定享有立法权。从理论上讲，由制定法律的机关解释宪法有利于全面、准确地把握法律的含义，保证宪法解释的权威性。

（2）根据宪法规定，全国人民代表大会常务委员会是宪法监督机关，大量的宪法解释问题是在宪法实践过程中出现的，监督权与解释权的统一有利于保证宪法解释的权威性。

（3）宪法解释是一项经常性的工作，作为常设机关的全国人民代表大会常务委员会是经常开展立法活动的专门性机关，其组成人员具有丰富的政治和社会经验，具有合理的知识结构，其中也有法律专家，可以承担根据社会发展需求解释宪法的任务。

当然，这种权力机关的解释体制在实践中也暴露出体制和程序上的问题。如启动宪法解释的机制不完善，宪法解释权基本上处于虚置状态，没有成为经常性的、有效的制度；宪法解释的程序不完备，没有具体规定宪法解释的提出与审议程序、宪法解释的效力、宪法解释的表决程序、宪法解释功能的评价系统等。从发展趋势看，我国的宪法解释机关需要进一步强化其解释功能，要善于运用宪法解释权解决宪法与社会生活的冲突，规范宪法解释的程序，提高宪法解释的效能。

（三）宪法解释的原则与类型

1. 宪法解释的原则

各国根据本国的特点，确定了适应本国宪法实践的宪法解释原则。在我国，宪法解释的基本原则主要有：

（1）解释宪法应符合制宪目的与基本精神。宪法是特定阶段社会生活需求的综合性反映，每部宪法都具有自身的制宪目的和基本精神。因此，解释宪法时应尊重制宪目的，按照宪法的基本精神解释宪法条文的含义。特别是，当宪法条文与社会生活发生冲突时，更应该注意宪法条文解释所反映的制宪背景。规定人民当家做主的宪法地位，实现一切权力属于人民的宪法原则是我国宪法的基本精神，也是制宪的目的。宪法解释机关具体解释宪法时需要充分反映制宪目的，以保证解释结果与宪法精神的一致性。

（2）解释宪法必须遵循依法解释原则。宪法解释是主观性与客观性的统一，其中客观性的因素占主导地位。为了保证宪法解释的公正性、科学性，各国宪法普遍规定了宪法解释的严格程序，对解释主体、解释界限、解释程序及解释效力等作了具体规定。只有按照法定程序解释宪法，才能保证解释的客观性，防止解释宪法中可能出现的主观随意性。

（3）解释宪法要反映社会发展需求。宪法是对已经获得的民主事实的确认，同时宪法要不断地适应社会发展需求，要以社会发展需求为基础不断完善。由于制宪者或修宪者主观认识的局限性，宪法规定的内容不可能是完美无缺的，规定得再好的宪法在具体实施过程中也会表现出一定的滞后性，需要以解释的方式加以弥补。客观地判断社会生活中出现的变化，并以合理的方式把社会的需求反映在宪法中，是宪法解释发挥功能的重要条件。

（4）解释宪法要反映宪法规范力。宪法解释过程受各种利益关系的影响，政治本身对解释活动带来各种不确定的因素。在各种可能的解释形式中，有必要选择有利于宪法规范发挥效力的形式，进一步强化宪法的规范力。

2. 宪法解释的类型

宪法解释是宪法实施的中心环节，在调整不同的社会生活中表现为不同的形式。根据不同的标准，宪法解释可进行以下几种分类：

（1）根据解释的主体与效力不同，宪法解释可分为有权解释和学理解释。有权解释是指有权的国家机关根据宪法赋予的职权对宪法条文的含义、界限等所作出的具有法律效力的解释。这种解释对所有的国家机关、社会团体、企事业单位和个人都有约束力。在我国，全国人民代表大会常务委员会进行的宪法解释属于有权解释，具有法律效力。学理解释是一种非正式解释，是指社会组织、学术团体或学者对宪法条文所作的解释，其特点是没有法律效力，不能作为适用宪法的依据。但合理的学理解释在正确理解宪法、宣传宪法、开展宪法理论研究、提高全民的宪法意识等方面会产生积极的影响，是宪法实施不可缺少的环节。

（2）根据宪法解释目的的不同，宪法解释可分为违宪解释和补充解释。违宪解释是指违宪审查机关对法律、法规等规范性文件是否同宪法相一致作出解释，确认其违宪或合宪。补充解释是指宪法解释机关为保证宪法内容和原则在社会生活中得到实施，而对宪法规范作出的必要说明和补充。

参考资料

1990 年 4 月 4 日通过的《全国人民代表大会关于〈中华人民共和国香港特别行政区基本法〉的决定》，对《中华人民共和国香港特别行政区基本法》（以下简称《香港基本法》）作出了其符合宪法的解释。该决定指出：第七届全国人民代表大会第三次会议通过《中华人民共和国香港特别行政区基本法》，包括附件一《香港特别行政区行政长官的产生办法》，附件二《香港特别行政区立法会的产生办法和表决程序》，附件三《在香港特别行政区实施的全国性法律》，以及香港特别行政区区旗和区徽图案。《中华人民共和国宪法》第 31 条规定："国家在必要时得设立特别行政区。在特别行政区内实行的制度按照具体情况由全国人民代表大会以法律规定。"《香港基本法》是根据《中华人民共和国宪法》，按照香港的具体情况制定的，是符合宪法的。香港特别行政区设立后实行的制度、政策和法律，以《香港基本法》为依据。

（3）根据宪法解释的方法不同，宪法解释可分为语法解释、逻辑解释、系统解释和历史解释。语法解释是指根据语法规则具体分析宪法条文的句子结构、文字排列和标点符号等，从而对宪法的内容进行解释。逻辑解释是指运用逻辑的方法分析宪法的结构、内容及相关概念之间的界限，统一说明宪法目的和要求，寻求对宪法的统一理解。系统解释是指分析某一宪法规范与其他宪法规范的联系，以说明宪法规范的内容和意义。历史解释是指从宪法制定的特定背景的分析入手，对不同时期的宪法内容进行比较，揭示宪法发展的历史事实和背景，向人们提供认识宪法的方法与历史知识。

（4）根据宪法解释的尺度不同，宪法解释可分为字面解释、限制解释和扩充解释。字面解释是指根据宪法条文的字面含义所进行的解释。限制解释是指对宪法规范作窄于其文字表述的解释，也称从严解释。扩充解释是指对宪法规范作大于其文字表述的解释，也称从宽解释。

（四）宪法解释的功能

宪法解释的基本功能主要表现在以下几个方面。

1. 阐释宪法基本精神

当宪法实施中出现宪法与社会生活不一致现象时，通过宪法解释说明制宪者的原意与条文的含义，为统一人们对宪法的认识提供法律基础。

2. 弥补规范缺陷

由于制宪的社会环境与制宪者认识水平的局限性，宪法中的有些内容存在缺陷，或存在制宪者当时预料不到的事情；有些宪法内容由宪法根本性特点所决定，在制宪时授权其他规范来具体表现宪法内容。因上述各种原因而造成的宪法内容与存在方式的不确定性，需要通过宪法解释予以弥补。

3. 维护国家法制统一

维护宪法权威是法制统一性的重要条件。对宪法条文的不同理解有可能造成对国家法制统一性的破坏，直接损害社会成员对法治的信仰。通过宪法解释可以统一人们对宪法的认识，维护法制的统一。

4. 提高公民宪法意识

在宪法实施中公民宪法意识起着重要作用，没有成熟的公民宪法意识，宪法实施就会遇到各种障碍。而提高公民宪法意识的重要途径是及时地作出宪法解释，使公民在具体的宪法解释案例中感受到宪法的存在，在实际生活中关注宪法问题，实现自己的利益。

二、宪法修改

宪法的稳定性与适应性是辩证统一的，宪法与社会生活既存在冲突，又存在协调，冲突是绝对的，协调是相对的。当运用宪法解释权无法解决或不能有效地解决宪法与社会生活的矛盾时，应适度地运用宪法修改权。

（一）宪法修改的概念

宪法修改是指宪法正式施行后，随着社会生活的发展与变化，出现宪法规范与社会生活冲突时，特定机关依据宪法的程序，以明示的方法对宪法典的条文或文句进行补充、调整的活动。

宪法修改一般有两个方面的原因：

（1）在主观上，由于制宪者或修宪者认识能力的限制，对宪法内容的设计与原则的确定方面存在一定局限性，造成宪法规定内容的不确定性，影响宪法权威的维护。对因主观能力的局限性而导致的宪法与社会生活的重大矛盾，有时难以通过宪法解释权予以解决。

（2）在客观上，宪法是在调整社会生活中不断发展和完善的，社会的变化不断向宪法规范提出新的课题，要求宪法适应社会生活的变化。宪法修改是保持宪法与社会生活的协调，解决违宪问题的基本形式之一。

（二）宪法修改的形式

宪法修改主要有全面修改和部分修改两种形式。

1. 全面修改

全面修改是指在原有宪法基础上对宪法内容进行全面更新，实际上是以新宪法代替旧宪法。全面修改既涉及宪法基本原则和内容的调整，同时也涉及宪法结构的变更，实际上是对宪法文本的全面更新。全面修改一般是在国家政治、经济、文化生活等发生重大变化，用部分修改方式不能解决社会冲突时采用。

2. 部分修改

部分修改是对宪法原有的一些内容或特定条款加以改变、调整或增加若干新的条款的修改方式。部分修改是比较灵活的一种方式，能够在保持宪法稳定性的前提下，及时地协调宪法与社会生活的矛盾，消除影响宪法权威的不利因素，为宪法的顺利实施创造条件。在社会发展处于正常状态时，我们需要运用部分修改的方式解决宪法与社会的矛盾。部分修改的方式包括修改条文、宪法修正案等具体方式。修改条文的形式主要包括增减、补充、修改文句等。修改以后一般重新颁布新的宪法文本。宪法修正案是指在不触动宪法原文的情况下，把依特定程序通过的修正内容按前后顺序分条附于原文之后。宪法修正案中有些内容是增补性的，有些内容是变更性的，其功能主要在于既能灵活地适应社会的变化，又能保持宪法的稳定性。

参考资料

宪法修正案是在宪法实践中逐步发展出的一种修改方式，最初在美国产生，对其他国家宪法实践产生了重要影响。在我国，1975 年《宪法》、1978 年《宪法》采取了全面修改方式，对宪法内容进行了全面的更新与调整。从 1979 年开始，我国在实践中认真研究，开始选择部分修改，尤其是选择以宪法修正案的方式进行宪法修改。自 1982 年《宪法》颁布实施以来，分别于 1988 年、1993 年、1999 年、2004 年和 2018 年进行的五次宪法修改都采用了宪法修正案的方式，取得了良好的效果。宪法修正案的基本特点是：在保持宪法条文稳定的前提下，增加或减少相关条文，以保证宪法规范的稳定性。

（三）宪法修改的程序

宪法修改是按照一定的法定程序进行的，一般包括提案、公告、审议、通过、国民投票和公布等阶段。

1. 提案

提案是启动宪法修改程序的第一阶段。如何规定修宪提案权的主体直接关系到修宪的社会效果。从各国的规定看，议会、政府或公民个人可以成为修宪提案权主体。公民个人成为修宪提案权主体的制度只在少数国家实行，如在瑞士，公民个人可以行使提案权，有表决权的十万以上瑞士公民可以要求全部修改联邦宪法。

我国《宪法》第 64 条对宪法修改作了如下规定："宪法的修改，由全国人民代表大会常务委员会或者五分之一以上的全国人民代表大会代表提议，并由全国人民代表大会以全体代表的三分之二以上的多数通过。法律和其他议案由全国人民代表大会以全体代表的过半数通过。"在我国，只有全国人民代表大会常务委员会或五分之一以上的全国人民代表大会代表有权提出修宪提议。

参考资料

1993 年 2 月 14 日，中共中央向七届全国人大常委会提出了修宪建议，全国人大常委会讨论后接受该建议，并形成了宪法修正案（草案），提请八届人大一次会议审议。在七届人大常委会讨论中共中央修宪建议过程中，委员们提出了一些新的意见，反馈到中共中央。中共中央讨论后认为这些意见有必要写入宪法，于 1993 年 3 月 14 日提出了《关于修改宪法部分内容的补充建议》。由于当时全国人大已经召开，中共中央遂将该补充建议直接提交全国人大主席团，请八届全国人大一次会议主席团将该建议印发大会。在此过程中，有代表提出把中共中央的修宪建议直接提交全国人大不符合宪法规定的程序。中共中央的上述补充建议遂由北京市等 32 个代表团的 2 383 名代表签名，于 3 月 23 日以代表提案的方式，向八届人大一次会议提出了《对中华人民共和国宪法修正案草案的补充修正案》。该修宪提案提交全国人大后，全国人大主席团将其列入会议议程，并将其和全国人大常委会的修宪提案合并，形成了一份修宪提案，交付大会表决，形成了我国《宪法修正案》的第 3 条至第 11 条。

2018 年 1 月 18 日至 19 日，中国共产党第十九届中央委员会第二次全体会议审议并通过了《中共中央关于修改宪法部分内容的建议》。1月26日，中共中央向全国人大常委会提出《中国共产党中央委员会关于修改宪法部分内容的建议》。1月29日至30日，十二届全国人大常委会召开第三十二次会议，会议讨论了中央修宪建议。受委员长会议委托，全国人大常委会法制工作委员会以中央修宪建议为基础，拟订了《中华人民共和国宪法修正案（草案）》和《全国人民代表大会常务委员会关于提请审议〈中华人民共和国宪法修正案（草案）〉的议案》，经会议审议和表决，决定将宪法修正案（草案）提请十三届全国人大一次会议审议。

2. 公告

提出的修正案以公告的形式公布，以征求社会各界的意见。如在韩国，提出修宪案以后，由总统公布20日以上。公告程序的意义在于广泛听取社会不同主体的意见，在公布正式修宪案以前形成社会共同体意志，消除因修宪可能引起的社会冲突与矛盾。

3. 审议

修正案在公告期过后，便进入审议程序。对审议程序，各国的规定不一。有的国家规定，审议修正案必须二读或三读，有的要求两次审议通过，而且两次审议之间要间隔一定的时间等。也有国家规定，对不同的修改采取不同的审议程序，如西班牙对全部修改与部分修改采取不同的审议程序。

4. 通过

经过有权机关审议后决定修改的内容，经过一定程序通过。

5. 国民投票

有的国家在宪法修改程序中规定，经议会通过的修宪案通过国民投票方式进行复决。

6. 公布

公布修正案是宪法修改的最后一道程序，是修正案发挥法律效力的前提。公布的具体机关各国规定不尽相同。如在意大利、葡萄牙、韩国等国家由总统公布，而有的国家由议会公布，也有一些国家由行政机关公布等。在公布的具体时间上，各国作出了不同的规定。有的国家规定，修正案通过后立即公布；有的国家规定，修正案通过后一定时间内公布等。公布的宪法修正案通过一定形式在官方公报上刊登。在我国，宪法修正案由全国人民代表大会会议通过，并由全国人民代表大会以公告形式公布施行。如2018年3月11日第十三届全国人民代表大会第一次会议表决通过了《中华人民共和国宪法修正案》。大会主席团当日发布公告，予以公布施行。

第八节 宪法监督与保障制度

一、宪法实施的概念和意义

宪法实施是指宪法规范在实际生活中的具体落实，是宪法颁布后的运行状态。宪法实施通常包括宪法的遵守、宪法的适用和宪法实施的保障三个方面：宪法的遵守既是宪法实施基本的要求，也是宪法实施基本的方式。宪法的适用与宪法的遵守相对应，是为宪法实施所进行的有目的的活动。通过宪法解释消除分歧，保证宪法规范的准确适用，及时纠正违宪行为，维护宪法秩序。宪法实施的保障是为了实施宪法而建立的制度和活动的体系。

现行《宪法》第 62 条第 2 项规定全国人大有监督宪法实施的职权，第 67 条第 1 项还规定，全国人大常委会有权“监督宪法的实施”。宪法是国家的根本法，是每个社会成员及其社会团体、企事业组织、政党活动的根本行为准则。只有宪法得到切实有效的实施，公权力才能得到正常有序的运行，公民权利才能得到切实有效的保障，国家才能长治久安，人民才能安居乐业。如此，文本上的宪法就成为“活的宪法”。反之，如果宪法颁布后即被束之高阁，不仅本身变得无意义，而且会伤害法律的权威性。宪法能否得到实施，以及实施的效果如何，取决于完善的宪法保障制度。

二、宪法保障制度的概念和基本功能

宪法保障制度是在宪法程序中预设的一种保证宪法实施的内容广泛的制度。目前，几乎所有国家宪法都规定了该制度。宪法保障制度的基本功能是及时地预防与有效地解决各种违宪现象，以实现宪法价值，具体表现在以下几个方面。

（一）维护宪法秩序功能

宪法是国家的根本法，具有最高的法律效力，是一切组织和个人进行活动的根本活动准则。为了保证宪法的最高地位和权威，稳定宪法秩序，需要建立宪法保障制度，以审查法律、法规等规范性文件是否与宪法相一致。对于与宪法相抵触的法律、法规等规范性文件，予以改变、撤销或者在具体案件中拒绝适用，以保证宪法最高法律效力的实现。

（二）人权保障功能

我国现行《宪法》对公民的基本权利和自由作了比较全面的规定，任何法律、法规等规范性文件应当据此作出具体化的规定，以保证公民基本权利和自由的实现。如果法律、法规等规范性文件的规定违背宪法，必然会侵犯宪法规定的公民基本权利和自由。宪法保障制度的建立，从客观上保证了法律、法规等规范性文件与宪法规定的一致性，对人民主权原则与公民的基本权利和自由的实现提供了统一的基础。

（三）权力制约功能

民主政治发展到现阶段，多数人的利益基本上能够得到制度保护，多数民主已取得了合法的权威和地位。但是，自由和平等同样是民主国家不可动摇的价值追求。

在民主日趋成熟的今天，其含义已日臻完整，它不仅意味着在社会生活和政治生活中遵循多数决原则，同时还意味着对少数人的平等保护。克服多数人统治下对少数人利益保护的弱化现象，需要从制度层面上去寻求解决，而宪法保障制度的建立无疑是一种合理选择。它使立法机关组织既代表多数又不受多数的摆布，实现了二者的合理配置，宪法实践已证明了这一点。

（四）利益协调功能

如前所述，宪法规范是在政治性与法律性的紧张关系中得到发展的，宪法不得不面对复杂而多元化的政治现实。宪法保障制度实质上是对政治生活的制约与控制，把政治生活纳入宪法程序之内，以实现宪法精神。这种政治功能表现为：在现代政党政治的背景下，通过宪法保障制度的运作，提供政治体制平衡发展的途径，以宪法裁判为平台，合理地协调政党之间的利益关系；通过宪法保障制度，为解决政治生活中发生的各种争议提供标准与解决机制；以宪法保障制度为中介，提供评价政治生活的依据，使政治矛盾与纠纷通过司法或其他法律途径得到解决；为政权的和平交替与政治改革提供合法性基础等。

（五）社会和谐功能

从功能分析的角度看，宪法是一个社会共同体存在的基础和最高的价值目标，对社会整合和统一价值的实现起着重要的作用。社会和谐首先以人的尊严与价值的维护为出发点，其过程与效果取决于人在社会生活中的地位与发挥的功能。

三、宪法保障的基本形式

宪法保障方法的多样性取决于宪法受到侵害形式的多样性。对不同的侵害形式应采用不同的保障方法，以维护宪法价值体系的完整性。由于违宪形式呈现出不同的形态，破坏宪法的力量既来自宪法体系内部，也来自外部国家权力的活动。实际上，违宪主体是特定的，即国家权力活动是构成违宪的基本内容。因此，宪法保障方法主要是针对国家权力活动而选择的，同时也起到限制国家权力活动的功能。

（一）宪法保障的方法

1. 政治保障

由于宪法规范具有政治性，在具体实现宪法价值的过程中政治保障起到重要的作用。宪法体制的合理配置很大程度上取决于政治保障的设立与具体运作。政治保障主要通过权力分立、议会制、宪法修改程序、政党制度、公务员制度等得到实现，其中权力制约是宪法保障的核心与基础。宪法对国家权力的合理配置与运行程序的规定，实际上为宪法保障建立了政治基础。

2. 司法保障

现代各国的宪法保障制度体系中司法保障是最基本的、经常性的保障方法。司法保障一般包括违宪审查制度和弹劾审判制度等，其中核心是宪法诉讼制度。从行使违宪审查权的体制看，除法院行使违宪审查权外，还有宪法法院、宪法委员会审查等不同的模式。

法院行使违宪审查权，又称司法审查制，是指由普通法院通过司法程序，依照司法原则，对正在审理的各类案件所涉及的作为该案件审理依据的法律、法规等规范性文件的合宪性进行审查的监督制度。

宪法法院或宪法委员会等机构行使违宪审查权，一般称为特设机关制，指由特设机关根据特定程序审查法律、法规及行政命令等规范性文件的合宪性，并有权撤销违宪的法律、法规及行政命令等规范性文件的监督制度。特设机关独立于普通法院系统，其法官的产生也有别于普通法院法官的产生。特设机关既具有司法性，又具有一定的政治性。一般行使的职权有宪法监督权、宪法解释权、权限争议审判、弹劾审判等。这种保障制度主要实行于大陆法系国家，其基本特点是：特设机关不以发生具体的诉讼案件为要件，也不以侵害自身利益为前提，在法律规定的特定主体的申请下，可以抽象地对法律、法规等规范性文件的合宪性进行审查。

（二）国家紧急状态与宪法保障

当国家处于紧急状态或者出现重大危机，运用平常的宪法保障手段难以解决可能出现的宪法危机时，需要采用特别而紧急的宪法保障方法，即国家紧急状态制度。为了及时控制已出现的宪法危机，尽快恢复宪法秩序，各国宪法规定了不同形式的紧急状态法律制度。在紧急状态下，宪法规定的基本权利受到一定的限制，这种限制的原则、方法等不同于正常情况下的限制，具有紧急性、全面性和命令性的特点。

在国家紧急状态下，正常的宪法秩序难以得到维持。从宪法与基本权利保障的关系看，国家紧急状态有两种类型：一是紧急命令、戒严等事先可以预见的非常事态下的紧急状态；二是宪法上完全无法预见的紧急状态，在这种状态下国家有权采取宪法和法律上没有确认的非常手段。国家紧急权只能作为恢复正常宪法秩序的一种手段，不能以此作为限制基本权利的目的。

我国《戒严法》《国防法》《突发事件应对法》等法律对紧急状态和国防行为中限制和保护公民基本权利问题给予了必要的重视。《戒严法》第 4 条规定："戒严期间，为保证戒严的实施和维护社会治安秩序，国家可以依照本法在戒严地区内，对宪法、法律规定的公民权利和自由的行使作出特别规定。"根据《戒严法》的规定，戒严实施机关有权禁止或限止集会、游行、示威。在戒严期间拘留、逮捕的程序和期限，可以不受刑事诉讼法有关规定的限制。但同时《戒严法》规定了保障基本权利的措施，如因临时征用所造成的损失，由县级以上人民政府按照国家有关规定给予适当补偿。

四、我国的宪法保障体系与程序

我国现行宪法在宪法保障体系上实行最高国家权力机关监督制，形成了以最高国家权力机关为主体的宪法监督制度。

（一）宪法序言明确规定根本法地位

我国《宪法》序言最后一段规定："本宪法以法律的形式确认了中国各族人民奋斗的成果，规定了国家的根本制度和根本任务，是国家的根本法，具有最高的法律效力。"这一规定为我国的宪法保障制度的建立提供了统一的法律基础，并为完善宪法监督制度提供了依据。

（二）宪法保障基本原则

现行宪法在宪法保障制度上，体现了民主与法治原则。《宪法》第 5 条规定"中华人民共和国实行依法治国，建设社会主义法治国家"的基本目标的同时，规定："国家维护社会主义法制的统一和尊严。一切法律、行政法规和地方性法规都不得同宪法相抵触。一切国家机关和武装力量、各政党和各社会团体、各企业事业组织都必须遵守宪法和法律。一切违反宪法和法律的行为，必须予以追究。任何组织或者个人都不得有超越宪法和法律的特权。"这一规定为全国人民代表大会及其常务委员会行使宪法监督权提供了基本原则。

（三）宪法保障机构体系

在我国的宪法保障机构中，专门的宪法监督机构是全国人大及其常委会。

首先，根据《宪法》第 62 条的规定，全国人大对全国人大常委会立法行为有权进行控制，即有权"改变或者撤销全国人民代表大会常务委员会不适当的决定"。全国人大常委会"不适当的决定"中自然包括违宪的法律和决定。从我国宪法监督制度的基本内容看，全国人大对全国人大常委会立法行为的严格限制是一项重要的内容与活动形式，反映了我国宪法监督制度的基本特色。

其次，全国人大常委会行使的宪法监督权具有经常性、权威性与现实性特点。在1954年《宪法》和1978年《宪法》规定全国人民代表大会监督宪法实施的基础上，现行《宪法》第67条规定，全国人民代表大会常务委员会也有权监督宪法的实施。其宪法监督权主要包括违宪审查权、宪法解释权和法律解释权。

再次，各专门委员会的审议活动属于预防性原则审查，既可在规范性文件颁布前进行，也可以在实施以后进行。各专门委员会主要协助全国人民代表大会及其常务委员会行使宪法监督权，承担大量事务性的准备工作。2018年3月第五次宪法修改中，为了加强宪法监督与实施，将全国人大“法律委员会”更名为“宪法和法律委员会”。这不仅仅是专门委员会名称的调整，而是开展合宪性审查工作的具体举措。它对建立立法与宪法监督职能综合协调、整体推进机制，提高合宪性审查的实效性，将产生积极的影响。同时宪法规定，全国人民代表大会及其常务委员会认为必要时，可以组织特定问题的调查委员会。

（四）建立规范性文件的监督体系

为了保障宪法实施和对规范性文件的监督，宪法规定了比较完整的规范性文件监督体系，主要包括以下内容：

（1）全国人民代表大会有权改变或者撤销全国人民代表大会常务委员会不适当的决定。

（2）全国人民代表大会常务委员会有权撤销国务院制定的同宪法、法律相抵触的行政法规、决定和命令，有权撤销省、自治区、直辖市国家权力机关制定的同宪法、法律和行政法规相抵触的地方性法规和决议。

（3）国务院有权改变或者撤销各部、各委员会发布的不适当的命令、指示和规章，有权改变或者撤销地方各级国家行政机关的不适当的决定和命令。

（4）县级以上的地方各级人民代表大会有权改变或者撤销本级人民代表大会常务委员会不适当的决定。

（5）县级以上地方各级人民代表大会常务委员会有权撤销本级人民政府的不适当的决定和命令，撤销下一级人民代表大会的不适当的决议。

（6）县级以上的地方各级人民政府有权改变或者撤销所属各工作部门和下级人民政府的不适当的决定。

全国人民代表大会及其常务委员会对一切违宪行为进行监督，同时，上级国家机关对下级相应国家机关进行监督。上述对规范性文件进行监督的体系，是我国宪法保障制度的重要组成部分，也是我国现行宪法实行的最高国家权力机关监督宪法实施的重要特征。

此外，《宪法》第100条规定：省、直辖市的人民代表大会和它们的常务委员会，在不同宪法、法律、行政法规相抵触的前提下，可以制定地方性法规，报全国人民代表大会常务委员会备案。《宪法修正案》第47条规定，《宪法》第100条增加一款，作为第2款：“设区的市的人民代表大会和它们的常务委员会，在不同宪法、法律、行政法规和本省、自治区的地方性法规相抵触的前提下，可以依照法律规定制定地方性法规，报本省、自治区人民代表大会常务委员会批准后施行。”《宪法》第116条规定：自治区的自治条例和单行条例，报全国人民代表大会常务委员会批准后生效；自治州、自治县的自治条例和单行条例，报省或者自治区的人民代表大会常务委员会批准后生效，并报全国人民代表大会常务委员会备案。现行宪法规定的备案或批准制度，有助于宪法监督机关在备案或者批准过程中，及时地发现和解决违宪问题。

参考案例

2001 年 5 月 22 日，伊川县种子公司（简称伊川公司）委托汝阳县种子公司（简称汝阳公司）代为繁殖“农大 108”玉米杂交种子，并约定全部收购，但后者繁殖了种子后前者没有收购，汝阳公司遂要求伊川公司赔偿损失。对于赔偿的数额到底应该依据市场价还是按政府指导价来计算，双方在法庭上提出了不同的看法。伊川公司认为，应当按照《河南省农作物种子管理条例》的规定按政府指导价计算。而汝阳公司方面则认为，应依据《中华人民共和国种子法》的立法精神，按市场价格定价。最后，法院的判决采纳了汝阳公司的观点，参照当年“农大 108”玉米种子在两地的批发价格，确定了伊川公司赔偿汝阳公司经济损失的数额。判决后双方均不服，上诉至河南省高级人民法院。

此案本身并不复杂，但其中涉及的一个宪法性问题却有意义。洛阳市中级人民法院在判决书中写道：“《种子法》实施后，玉米种子的价格已由市场调节，《河南省农作物种子管理条例》作为法律位阶较低的地方性法规，其与《种子法》相冲突的条文自然无效。”对于人民法院能否对权力机关的规范性文件作出无效判决的问题，引起了人们的普遍关注。当年 7 月 15 日，洛阳市人大常委会就该案所涉有关问题向河南省人大常委会发出一份请示。三个月后，10 月 13 日，河南省人大常委会法制室发文明确答复表示，《河南省农作物种子管理条例》第 36 条关于种子经营价格的规定与《种子法》没有抵触，继续适用。同时，该答复重点指出：洛阳中院判决书中宣告地方性法规无效的有关内容无效，这种行为的实质是对省人大常委会通过的地方性法规的违法审查，违背了我国的人民代表大会制度，侵犯了权力机关的职权，是严重违法行为，并责成洛阳市人大常委会依法行使监督权，纠正洛阳市中级人民法院的违法行为，对直接负责人员和主管领导依法作出处理。

（五）对规范性文件的合法性、合宪性审查程序

由于我国没有建立宪法诉讼制度，宪法监督还没有统一的启动程序、审查程序和具体的决定程序。但根据《宪法》和《立法法》的规定，可以概括现阶段合法性与合宪性审查的基本程序和方式，尽管这一程序是以法律以下的规范性文件的审查为内容，但仍可作为违宪审查内容来进行分析。

《立法法》第 110 条第 1 款规定，国务院、中央军事委员会、国家监察委员会、最高人民法院、最高人民检察院和各省、自治区、直辖市的人民代表大会常务委员会认为行政法规、地方性法规、自治条例和单行条例同宪法或者法律相抵触，或者存在合宪性、合法性问题的，可以向全国人民代表大会常务委员会书面提出进行审查的要求，由全国人民代表大会有关的专门委员会和常务委员会工作机构进行审查、提出意见。该条第 2 款还规定，其他国家机关和社会团体、企业事业组织以及公民个人认为行政法规、地方性法规、自治条例和单行条例同宪法或者法律相抵触的，可以向全国人民代表大会常务委员会提出进行审查的建议。其意义在于：赋予了一般社会团体和公民个人提出违宪审查的建议权，从制度上把公民和宪法联系在一起，有助于进一步健全宪法监督制度，并在实践中不断完

善。公民个人行使违宪审查的建议权拓宽了我国宪法监督的途径，提供了制度创新的依据与途径。公民个人向全国人民代表大会常务委员会提出的违宪审查的建议范围涉及公民社会生活的各个方面。

自 2017 年起，全国人大常委会法制工作委员会每年向全国人大常委会报告当年备案审查工作情况。自 2018 年十三届全国人大以来的五年间，全国人大常委会接收报送备案的行政法规、监察法规、地方性法规、自治条例和单行条例、经济特区法规、司法解释以及香港、澳门两个特别行政区本地法律共 7 261 件，其中，行政法规 157 件，监察法规 1 件，省级地方性法规 2 935 件，设区的市级地方性法规 2 977 件，自治条例和单行条例 372 件，经济特区法规 242 件，司法解释 346 件，香港、澳门特别行政区法律 231 件。五年来，公民、组织提出审查建议 17 769 件，其中 2018 年 1 229 件，2019 年 226 件，2020 年 5 146 件，2021 年 6 339 件，2022 年 4 829 件。对其他备案审查工作机构通过衔接联动机制移送的 500 多件法规、司法解释认真进行审查研究，提出处理意见。将不属于全国人大常委会审查范围的 2 500 多件审查建议，根据不同情况，分送中央办公厅、司法部、最高人民法院、最高人民检察院和省级人大常委会研究处理。

参考资料

据 2003 年 11 月 26 日《南方都市报》报道，全国各地不一的公务员招考体检标准，尤其是将乙肝病毒携带者拒之门外的做法，遭到公众越来越多的质疑。2003 年 11 月 20 日，一封由 1 611 位公民签名的，要求对全国 31 个省（自治区、直辖市）公务员录用限制乙肝（病毒）携带者的规定进行违宪审查和加强乙肝（病毒）携带者立法保护的建议书，被送到了全国人大常委会。“全国 31 个省（自治区、直辖市）的《公务员体检标准》将携带乙肝病毒判为不合格，将我国 1.2 亿乙肝病毒携带者排除在公务员队伍之外，剥夺了我国 1.2 亿乙肝病毒携带者从事公务员这一职业的权利。这严重侵犯了《中华人民共和国宪法》赋予我们的劳动权，也侵犯了我们的平等权。”在这份建议书的第一部分，这 1 600 多人提请全国人大常委会关注我国 1.2 亿乙肝病毒携带者的权益问题。在建议书中，他们的主张明确：“我们建议全国人大要求国务院修改《公务员暂行条例》，统一全国公务员的体检标准，并删去将携带乙肝病毒判为不合格的规定。”此后，人事部和部分省政府对《公务员体检标准》作了修改，删除了限制乙肝病毒携带者权利的部分内容，放宽了报考公务员的条件。

（六）完善宪法监督制度

党的二十大报告提出，要“加强宪法实施和监督，健全保证宪法全面实施的制度体系，更好发挥宪法在治国理政中的重要作用，维护宪法权威”。习近平总书记在《谱写新时代中国宪法实践新篇章——纪念现行宪法公布施行 40 周年》一文中强调：“必须坚持宪法实施与监督制度化法规化。宪法的生命在于实施，宪法的权威也在于实施。必须用科学有效、系统完备的制度法规体系保证宪法实施，形成完备的法律规范体系、高效的法治实施体系、严密的法治监督体系、有力的法治保障体系，形成完善的党内法规体系，加强宪法监督，确保在法治轨道上推进国家治理体系和治理能力现代化、建设社会主义现代化国家。”这是完善我国宪法监督制度的重要方向。

全面实施宪法是建设社会主义法治国家的首要任务和基础性工作。宪法和法律委员会的成立对宪法监督制度将产生重要影响。以宪法和法律委员会的成立为契机，通过整合和调整原有的备案审查制度，建立相关的程序和机制，完善我国的宪法监督制度，发挥合宪性审查工作的作用。推进合宪性审查工作，对于加强党的领导、维护宪法权威、深入推进改革、完善社会主义法律体系，具有重大意义。在开展合宪性审查工作中，可能出现案件数量增多的问题，可以通过设置案件筛选机制，并构建合法性审查与合宪性审查分流机制，有效降低各种风险。宪法的生命在于实施，宪法的权威也在于实施。实践表明，具有实效性的宪法监督制度是宪法得以实施的根本保障。

【本章小结】

1. 宪法是国家的根本法，集中反映了各种政治力量的对比关系，是社会共同体的基本规则。宪法是为适应民主政治与市场经济发展的客观要求而产生的。

2. 宪法结构是宪法内容的具体组织和排列形式，体现一个国家宪法产生与发展的历史特点。宪法规范是调整宪法关系的各种规范的总和。掌握宪法规范的基本结构与功能，有助于区分宪法与法律问题的界限，解决社会生活中出现的各种法律与宪法问题。

3. 宪法的生命在于实施，只有通过各种制度与机制，使宪法在实践中运行起来，才能充分发挥宪法保障人权与限制公权力的功能。在宪法实施中，宪法解释与宪法修改是解决宪法规范与社会现实冲突的基本形式，应注意发挥两者的功能，建立灵活和有效的宪法实施机制。

4. 为了保障宪法的实施，各国根据政治、经济与文化发展的实际情况，建立了不同形式的宪法保障制度。宪法保障主要有政治保障、司法保障等方式。我国根据人民代表大会制度，确立了最高国家权力机关保障宪法实施的制度，并在实践中不断得到发展和完善。

【练习题】

一、名词解释

宪法　宪法规范　宪法解释　宪法结构　宪法修改

二、思考题

1. 如何理解宪法与法律的共性与区别？
2. 举例说明宪法规范的制裁性特点。
3. 宪法解释有哪些基本功能？
4. 简述我国 2018 年宪法修改的基本特点与内容。
5. 我国宪法保障制度有哪些特点？

三、讨论题

1. 某市一位女副市长因工作出色深受市民拥护。到了退休年龄后，她发现根据国家有关部门规定的男女不同的离退休年龄，与她同岁的男性副市长仍可多工作几年。她认为，根据宪法的男女平等原则，男女不同的离退休年龄的规定违反了宪法平等原则，于是以男女不同的离退休年龄的规定违反宪法为由，向全国人大常委会提出了违宪审查的建议，要求对行政法规与行政规章进行合宪性审查。

讨论：

（1）在这个案件中当事人是否有权提出违宪审查建议？

（2）在该案中当事人的什么权利受到了侵犯？

（3）为什么不通过合法性审查，直接进入合宪性审查？除以个人的名义提出违宪审查建议外，还有哪些救济途径？

（4）《立法法》规定的程序在哪些方面还要进一步完善？

讨论要点提示：

（1）根据《宪法》和《立法法》的规定，当事人有权提起。

（2）平等权和劳动权。

（3）直接进入合宪性审查的条件是，宪法有规定但没有相关法律的情况下，行政法规、规章的相应规定违反宪法。

（4）《立法法》还应在提起违宪审查的资格、受理之后的审查程序等方面进一步完善。

2. 2004 年 4 月 5 日 23 时 29 分，哈尔滨市急救中心接到哈尔滨市道里区太平镇立全村白家屯一位村民的求助电话，说有一危重患者需要急救。急救中心指派医护人员和急救车辆赶赴现场。为了争取时间挽救生命，急救车司机崔某选择走机场高速公路。23 时 45 分，车行至应当下道的机场路八里堡出口处时，出口被一道铁制伸缩门锁住。崔某打开警报、鸣笛，但收费站一直无人应声。于是便驱车向机场高速公路主收费站驶去。23 时 52 分许，急救车到了机场路主收费站。收费员让崔某交纳 30 元的费用，崔某出示了“120”急救中心出车命令单和 2003 年黑龙江省物价局、交通厅、财政厅下发的《关于对“120”急救车辆免征车辆通行费的通知》，并解释说要去道里区太平镇抢救一名危重患者。收费员经请示后告知其不能免费放行，必须从八里堡收费站通过。无奈，崔某又驾车原路逆行返回了八里堡收费口。时至 6 日零时 12 分，收费站两名保安人员要求崔某交纳 30 元的费用，以及由于逆行而应被处罚的 10 倍的罚款。崔某拿出随身携带的文件恳求放行，但是遭到拒绝。崔某和两名医护人员翻遍全身，拿出总共 35 元交给了收费员。但收费员表示还要交齐罚款才能放行。无奈，崔某打电话告知患者家属。当患者家属找车赶到收费站，把医生、护士接到家中时，已是凌晨 1 时。危重患者因延误近一个半小时未得到救治而不治身亡。

机场收费站所持的文件是 2000 年《哈尔滨机场专用高速公路机动车辆通行费征收管理办法》（黑交发〔2000〕263 号文件），其依据是交通部、财政部、国家物价局颁发的《贷款修建高等级公路和大型公路桥梁、隧道收取车辆通行费规定》。该规定第 7 条规定，“除正在执行紧急任务的设有固定装置的消防车、医院救护车、公安部门的警备车外，对其他任何机动车均应一律收取通行费”，而且没有罚则。而在“黑交发〔2000〕263 号文件”中，消防车、医院救护车都被划到了应征费范围，属于漏项，却加上了不应当有的“罚则”。

讨论：

（1）本案中，不同规范性文件之间为什么会发生冲突？

（2）本案显示出哪些宪法意识问题？

讨论要点提示：

（1）制定的规范性文件之间发生了冲突，违反了宪法和法律的基本精神。

（2）收费站工作人员漠视生命权的宪法价值。

3. 全国人大常委会积极接受公民建议审查规范性文件。

2017年5月，4位劳动法专家向全国人大常委会提请审查广东等省地方立法中关于“超生即辞退”的规定。9月26日，全国人大常委会向相关5省发出建议函，建议根据本省实际情况对相关条例适时作出修改。12月，全国人大常委会法工委发布了5起由公民、组织提起的审查建议典型案例。

自党的十八届四中全会明确提出健全宪法监督制度，完善宪法解释程序机制，把宪法实施提高到新水平的目标以来，有关法律法规的合法性、合宪性审查问题再度引起公众的广泛关注，公民个人和其他组织提出违宪违法审查建议的个案日益增加。在现实生活中，有时遇到与宪法规定不一致的法规时，人们对如何得到有效救济缺乏必要的认识，主动提出规范性文件审查建议的动力不足。

随着法治的发展与公众宪法意识的提高，合宪性审查与合法性审查从学术概念、法律文本逐渐走向公众的生活，公众感受到生活中的宪法问题。全国人大常委会及时回应民众的期待，积极推动法规的审查工作，取得了积极进展。

本事例中审查建议者认为，“超生即辞退”的规范性文件违反宪法与劳动法的规定，也不符合法治精神，限制劳动权缺乏合法性与正当性基础。如果这种法规或者政策得不到有效纠正，会侵犯不特定多数人的劳动权与人格尊严权。2017年5月提出“超生即辞退”审查建议后，9月，全国人大常委会法工委致函有关地方人大常委会，建议对有关地方性法规中类似的控制措施和处罚处分处理规定作出修改。

据统计，2020年全国人大常委会法工委共收到公民、组织提出的各类审查建议5 146件；2021年共收到6 339件；2022年共收到4 829件；2023年共收到2 827件。

讨论：

（1）本事例中哪些属于宪法问题？

（2）“超生即辞退”违反了哪条宪法规定？

（3）如何评价本事例的宪法意义？

讨论要点提示：

（1）公民根据《立法法》规定提出合法性审查建议；地方性法规与上位法之间的关系。

（2）《宪法》第42条关于劳动权的规定，第49条关于计划生育义务的规定，第5条关于地方性法规不得与宪法相抵触的规定。

（3）维护了宪法权威，保护了公民的生育权和劳动权；公民积极行使监督权，体现了参与意识；全国人大常委会依法审查，维护了法律秩序的稳定性。

在线练习

第二章　人民民主专政制度

【本章引言】

国家性质问题是宪法学中的基本问题，反映国家性质的制度也是宪法所规定的各项国家制度中的最重要的和本质性的制度。只有首先确定一个国家的国家性质，才能全面正确地认识和理解该国宪法所规定的其他各项制度。国家性质与宪法所规定的其他制度之间是一种决定与被决定的关系，其他制度是国家性质的一种外在表现形式，属于国家形式的范畴。国家性质是一个国家的本质属性，主要通过该国的阶级结构、经济制度和文明制度反映出来。

【本章学习目标】

通过本章的学习，你应该能够：

1. 理解人民民主专政的含义及人民民主专政与无产阶级专政之间的关系，掌握人民民主专政的基本特点。

2. 理解中国共产党领导的多党合作与政治协商制度的基本原则及其现实意义，了解人民政协的性质、地位和主要职能。

3. 了解人民民主专政的经济基础，并结合经济制度的变化，理解我国宪法多次修改的原因和动力。

4. 理解物质文明、政治文明、精神文明、社会文明、生态文明协调发展的意义，了解我国宪法对精神文明的规定，理解宪法和精神文明之间的关系。

第一节　国体概述

一、国体的概念

国体亦称国家性质，即国家的阶级性质，它是由社会各阶级、阶层在国家中的地位所反映出来的国家的根本属性。社会各阶级、阶层在国家中的地位包括两个方面：一是各阶级、阶层在国家中所处的统治与被统治地位；二是各阶级、阶层在统治集团内部所处的领导与被领导地位。国家性质主要是由各阶级、阶层在国家中所处的统治与被统治地位所决定的。统治阶级或者统治集团的性质决定国家的性质。

国体对于认识国家、巩固和完善国家制度具有十分重要的意义：

（1）国体是划分国家类型的决定因素。根据在国家中处于统治地位的阶级的性质不同，可以将世界范围内从古至今的国家划分为奴隶制国家、封建制国家、资本主义国家和社会主义国家四种国家类型，只有弄清了不同国家类型的根本区别，才能真正掌握国家的本质与特征。

（2）国体是实现国家统治目的的决定因素。国家统治的目的是运用民主或专政的手段治理社会各阶级、阶层，保卫统治阶级的根本利益。只有明确各阶级、阶层在国家中的地位，国家才能适当地运用民主或专政的手段，分不同情况，治理不同的阶级、阶层，实现统治目的。

（3）国体是完善国家制度的决定因素。国家制度是掌握国家权力的统治阶级通过宪法和法律确认和规定的关于国家本质和形式的总称，包括国体、政体、国家结构形式、选举制度、地方制度等具体内容。在国家制度的诸项内容中，国体是国家的根本制度，是国家制定其他各项具体制度和方针政策的出发点和立足点。

国体对国家的重要性决定了各国宪法都不能不对国体问题予以关注。但在不同类型国家的宪法中，对国体的表达方式却很不一致。资本主义国家宪法通常都以“主权在民”“全民国家”等超阶级的字眼规定国体，否认国家的阶级本质。而社会主义国家宪法则公开表明国家的阶级本质，宣布自己是无产阶级专政或人民民主专政国家。

二、我国的国体

（一）人民民主专政的社会主义制度是我国的国体

我国《宪法》第1条规定：“中华人民共和国是工人阶级领导的、以工农联盟为基础的人民民主专政的社会主义国家。社会主义制度是中华人民共和国的根本制度。中国共产党领导是中国特色社会主义最本质的特征。禁止任何组织或者个人破坏社会主义制度。”《宪法》的这一规定，明确了我国的国家性质，即社会主义制度是我国的根本制度和根本性质。

在现阶段，我国社会主义国家性质具体体现为人民民主专政制度。

所谓人民民主专政，就是对人民实行民主和对敌人实行专政有机结合的一种国家制度。毛泽东同志在论述我国人民民主专政制度时明确指出：“中国人民在几十年中积累起来的一切经验，都叫我们实行人民民主专政，或曰人民民主独裁，总之是一样，就是剥夺反动派的发言权，只让人民有发言权。”① “这两方面，对人民内部的民主方面和对反动派的专政方面，互相结合起来，就是人民民主专政。”② 人民与敌人是一对政治概念，前者是指在一国之中能够代表社会发展方向，推动历史进步的那些阶级、阶层和集团，而后者则是指与前者相对立的那些阶级、阶层和集团。由于不同国家和不同历史时期的具体情况各不相同，因此在不同国家和同一国家的不同历史发展时期，人民和敌人的范围也伴随着具体情况的变化而不断发生变化。例如在新中国成立之初，我国人民的范围包括工人阶

①② 毛泽东．毛泽东选集：第4卷．2版．北京：人民出版社，1991：1475.

级、农民阶级、小资产阶级、民族资产阶级及其他爱国民主分子。而在现阶段，我国人民的范围则包括以工人、农民和知识分子为主体的全体社会主义劳动者、拥护社会主义的爱国者、社会主义事业的建设者、拥护祖国统一和致力于中华民族伟大复兴的爱国者。人民在数量上占了我国人口的绝大多数，而人民的敌人则只包括极少数敌视和破坏社会主义制度的敌对势力和敌对分子。

对人民实行民主，就是要通过各种途径和措施，保证人民享有管理国家和社会的一切权力，按照人人平等、少数服从多数的原则管理国家，实现人民当家做主的主人公地位。为此，我国《宪法》除在第 2 条中明确规定“中华人民共和国的一切权力属于人民”外，还明确规定了人民代表大会制度、选举制度、民族区域自治制度、基层群众性自治制度等一系列对人民实行民主的制度。党的二十大报告指出：“人民民主是社会主义的生命，是全面建设社会主义现代化国家的应有之义。全过程人民民主是社会主义民主政治的本质属性，是最广泛、最真实、最管用的民主。”

对敌人实行专政，就是要由占全国人口绝大多数的人民对极少数敌对势力或敌对分子实行以国家暴力机器为后盾的统治和镇压，以维护国家政权的人民性。在我国目前的社会主义初级阶段，虽然剥削阶级作为阶级已经消灭，阶级斗争不再是社会的主要矛盾，但由于国内和国际因素的影响，阶级斗争还将在一定范围内长期存在。人民民主专政的国家政权必须代表人民对少数破坏社会主义制度的敌对势力和敌对分子进行有效的斗争。因此，我国《宪法》序言规定：“中国人民对敌视和破坏我国社会主义制度的国内外的敌对势力和敌对分子，必须进行斗争。”第 28 条规定：“国家维护社会秩序，镇压叛国和其他危害国家安全的犯罪活动，制裁危害社会治安、破坏社会主义经济和其他犯罪的活动，惩办和改造犯罪分子。”

民主和专政是一个问题的两个方面。人民民主专政的民主方面和专政方面是辩证统一的，两者既相互区别，又相互联系。一方面，它们的对象、内容、范围各不相同；另一方面，它们又互为条件、互相依存。对人民实行民主是对敌人实行专政的基础，对敌人实行专政是对人民实行民主的保障。

（二）人民民主专政实质上即无产阶级专政

我国《宪法》序言规定：“工人阶级领导的、以工农联盟为基础的人民民主专政，实质上即无产阶级专政，得到巩固和发展。”《宪法》的这一规定表明，人民民主专政是无产阶级专政的一种具体表现形式，二者在精神实质和核心内容上是根本一致的。它们之间的这种一致性，主要是由以下几个方面决定的：

（1）二者的领导力量一致。无论是无产阶级专政的国家还是人民民主专政的国家，都是由工人阶级（通过共产党）来领导的，工人阶级掌握国家领导权，是无产阶级专政和人民民主专政共同的根本标志。

（2）二者的阶级基础一致。无论是无产阶级专政的国家还是人民民主专政的国家，工人阶级要推翻剥削阶级，建设社会主义，实现共产主义的历史任务和使命，都必须与广大的农民阶级结成牢固的联盟。无产阶级专政和人民民主专政的国家政权都以工农联盟为自己的阶级基础。

（3）二者的专政职能一致。无论是无产阶级专政的国家还是人民民主专政的国家，虽然它们所面临的具体情况和要完成的具体任务不尽相同，但都担负着一致的基本职能：保障人民当家做主的地位，不断扩大社会主义民主的范围；维护社会主义制度，镇压和抵御国内外敌视和破坏社会主义制度的敌对势力和敌对分子；进行社会主义政治、经济和文化建设；维护世界和平和促进人类进步事业。

（4）二者的历史使命一致。无论是无产阶级专政还是人民民主专政，其最终目的和历史使命都是要消灭阶级，消灭剥削，建设社会主义，实现共产主义。

既然人民民主专政实质上即无产阶级专政，我国宪法为什么还要采用人民民主专政的提法呢？这是因为人民民主专政的提法与无产阶级专政的提法相比，能更确切地表明我国的阶级状况和政权基础，更直接地体现出对人民实行民主和对敌人实行专政的两个方面，更充分地反映我国的国情。

第二节　人民民主专政制度的阶级结构

一、工人阶级为领导阶级

工人阶级（通过中国共产党）对国家的领导是人民民主专政的根本标志。工人阶级能够成为我国的领导阶级，是由我国工人阶级的特点和历史地位决定的。首先，从一般特点讲，工人阶级是先进生产力的代表，他们最有远见，最大公无私，最富有组织性和纪律性，只有工人阶级才具备远大目标和理想，才能肩负起彻底消灭一切剥削制度，消灭阶级差别，最终实现共产主义的历史使命。其次，从我国工人阶级的独特优点讲，他们受压迫最深，反抗性最强；他们一走上政治舞台，就在本阶级的政党——中国共产党的领导下，因而革命的自觉性最强；他们大多数人来自农村，与农民阶级有着天然的联系，便于结成紧密的联盟。再次，从时代特点讲，今天，我国工人阶级的面貌已发生了巨大的变化，他们不再是“无产者”，已变成国家和社会的主人，不仅数量大大增加，而且队伍的素质也发生了深刻的变化，知识分子已成为工人阶级的一部分，工人阶级在我国社会主义现代化建设中发挥着决定性的作用。所以，不仅在人民革命时期工人阶级是我国的领导阶级，在社会主义现代化建设事业中，工人阶级仍然是我国的领导阶级。

我国工人阶级对国家的领导是通过自己的政党——中国共产党实现的。中国革命和建设的历史经验表明：中国共产党是中国民主革命取得胜利的坚强领导力量；中国共产党的领导，是社会主义现代化建设取得胜利的根本保证。在现阶段，中国共产党是中国工人阶级的先锋队，同时是中国人民和中华民族的先锋队，是中国特色社会主义事业的领导核心，代表中国先进生产力的发展要求，代表中国先进文化的前进方向，代表中国最广大人民的根本利益。党主要通过以下三个方面实现对国家的领导：

（1）政治领导。党通过制定正确的路线、方针、政策来指导国家各个方面的工作，保证社会主义方向。

（2）思想领导。党通过经常性的思想政治工作，通过党员的先锋模范作用，对工人阶级和广大人民群众进行思想教育，提高其思想觉悟，团结、引导、说服群众共同前进。

（3）组织领导。即推荐忠诚而有能力的干部到政权机关去工作，正确处理、协调党同国家机关、群众团体的关系，以保证各方面的工作能在党的正确的方针、政策指导下顺利进行。

我国1982年《宪法》在序言中从历史和现实的不同角度，确认了中国共产党在国家中的执政和领导地位。当前，我国已进入社会发展的新时代，习近平总书记早在2014年就指出："我们必须坚持党总揽全局、协调各方的领导核心作用，通过人民代表大会制度，保证党的路线方针政策和决策部署在国家工作中得到全面贯彻和有效执行。"① 为了适应新时代的特点，2018年《宪法修正案》第36条在《宪法》第1条第2款"社会主义制度是中华人民共和国的根本制度"后又增加了"中国共产党领导是中国特色社会主义最本质的特征"的规定。党的二十大报告指出，要"坚持和加强党的全面领导。坚决维护党中央权威和集中统一领导，把党的领导落实到党和国家事业各领域各方面各环节，使党始终成为风雨来袭时全体人民最可靠的主心骨，确保我国社会主义现代化建设正确方向，确保拥有团结奋斗的强大政治凝聚力、发展自信心，集聚起万众一心、共克时艰的磅礴力量"。可见，确认中国共产党的执政地位，确认党在国家政权结构中总揽全局、协调各方的核心地位，是我国宪法最显著的特征。

二、以工农联盟为阶级基础，以知识分子为依靠力量之一

我国是农业人口占绝大多数的国家。无论是在民主革命时期还是在社会主义革命和建设时期，农民问题始终都是一个最重要的问题。我国革命和建设的发展历程表明，工人阶级领导的工农联盟是夺取新民主主义革命胜利的重要保证，也是社会主义事业顺利发展的重要保证。在民主革命时期，我国的工农联盟是建立在反对帝国主义、封建主义、官僚资本主义的基础之上的。在社会主义时期，我国的工农联盟是建立在坚持四项基本原则，坚持改革、开放，实现社会主义现代化建设的基础之上的。在现阶段，工农联盟是我国实行社会主义市场经济的主要依靠力量，是党和国家制定政策和法律的出发点和依据。

知识分子从来都不是一个独立的阶级，而是从属于不同阶级的特殊阶层。在现阶段，我国的知识分子从总体上讲已经成为工人阶级的组成部分，在国家建设中发挥着非常重要的作用，因此也是人民民主专政制度巩固和发展的依靠力量之一。我国1982年《宪法》序言规定："社会主义的建设事业必须依靠工人、农民和知识分子，团结一切可以团结的力量。"

三、以广泛的爱国统一战线为政治联盟

（一）爱国统一战线的性质、地位与任务

我国的人民民主专政与一般的无产阶级专政没有根本性的差别，二者在领导力量、阶级基础、历史使命及专政职能等方面都是一致的，因此人民民主专政实质上就是无产阶级专政。但是，人民民主专政又不完全等同于无产阶级专政，它是无产阶级专政在我国的一种具体表现形式，是具有中国特色的无产阶级专政。建立和完善广泛的统一战线，是我国人民建立、巩固和发展人民民主专政制度的重要保障。

在现阶段，我国的统一战线称为爱国统一战线。它是指由中国共产党领导的，有各民

① 习近平．在庆祝全国人民代表大会成立六十周年大会上的讲话//十八大以来重要文献选编（中）．北京：中央文献出版社，2016：54.

主党派参加的，包括全体社会主义劳动者、社会主义事业的建设者、拥护社会主义的爱国者、拥护祖国统一和致力于中华民族伟大复兴的爱国者的广泛的政治联盟。它具体包含两个范围的联盟：一个是由以工人、农民、知识分子为主体的全体社会主义劳动者、社会主义事业的建设者、拥护社会主义的爱国者所组成的政治联盟。这个政治联盟以拥护社会主义为政治基础，是爱国统一战线的主体。另一个是广泛地团结台湾同胞、港澳同胞和海外侨胞的政治联盟。这个政治联盟以拥护祖国统一和致力于中华民族伟大复兴为政治基础。

爱国统一战线的任务是：为社会主义现代化建设服务；为实现祖国统一大业服务；为维护世界和平服务。

随着我国进入社会主义新时代，统一战线也进入一个新的发展阶段，呈现出空前的广泛性、巨大的包容性、鲜明的多样性和显著的社会性四大新的阶段性特征。广泛性，是指随着我国经济社会结构的深刻变化和“一国两制”方针的实施，统一战线团结的范围进一步扩大，发展成为全体社会主义劳动者、社会主义事业建设者、拥护社会主义的爱国者、拥护祖国统一和致力于中华民族伟大复兴的爱国者的最广泛的联盟；包容性，是指实现中华民族伟大复兴，需要求同存异、体谅包容，把不同党派、不同民族、不同阶层、不同群体、不同信仰以及生活在不同社会制度下的全体中华儿女都团结起来、凝聚起来；多样性，是指社会各方面成员在根本利益一致性不断增强的同时，呈现出不同的思想观念、价值取向、行为方式和利益要求，选择性、自主性和差异性日益增强；社会性，是指统战工作已经由政治领域拓展到经济、文化、社会领域，由大城市拓展到中小城市，由公有制单位拓展到非公有制单位，参与统战工作的部门和组织日益增多。

在新时代，统一战线的发展目标是：全面加强新世纪新阶段统一战线建设，推动统一战线事业蓬勃发展，使中国共产党同各民主党派和无党派人士的团结更加巩固，各民族的关系更加和谐，社会各阶层的关系更加协调，宗教与社会主义社会更加适应，大陆同胞和港澳同胞、台湾同胞、海外侨胞的联系更加密切，努力建设具有强大凝聚力和可持续发展的统一战线。

（二）爱国统一战线的组织形式

根据我国现行《宪法》和《中国人民政治协商会议章程》（以下简称《政协章程》）的规定，中国人民政治协商会议是中国人民爱国统一战线的组织形式，是实现中国共产党领导的多党合作和政治协商制度的重要机构。它既不是国家机关，也不是一般的人民团体，而是各党派、各人民团体、各界代表人物团结协作、参政议政的重要场所。

中国人民政治协商会议是在中国革命和建设的过程中产生和发展起来的。1948 年，随着人民解放战争的节节胜利，中共中央于同年 5 月 1 日发出号召，提议各民主党派、各人民团体及社会贤达，迅速召开政治协商会议，成立民主联合政府。1949 年 6 月，新政协筹委会在北平成立，同年 9 月 21 日，召开了中国人民政治协商会议第一届全体会议。由于当时召开普选的全国人民代表大会的条件尚不成熟，中国人民政治协商会议第一届全体会议在作为统一战线组织的同时，实际上还代行了全国人民代表大会的职权，它通过了起临时宪法作用的《共同纲领》，制定了《中华人民共和国中央人民政府组织法》《中国人民政治协商会议组织法》，选举了中央人民政府委员会，宣告了中华人民共和国的成立。

1954 年普选的全国人民代表大会召开以后，中国人民政治协商会议结束了行使全国人民代表大会职权的历史。但它作为团结全国各民族、各阶级、各民主党派、各人民团体、国外华侨和其他爱国民主人士的人民民主统一战线组织，仍继续发挥着积极的作用。“文化大革命”中，中国人民政治协商会议的组织和建设受到了很大的破坏，其作用也未得到应有的发挥。

十一届三中全会以后，随着拨乱反正及安定团结的政治局面的巩固和发展以及国家工作中心的转移，人民政协的工作也进入了一个恢复和发展阶段。为了更好地适应新形势的要求，1982 年 12 月 11 日召开的中国人民政治协商会议第五届全国委员会第五次会议通过了《政协章程》，该章程于 1994 年 3 月底在中国人民政治协商会议第八届全国委员会第二次会议上作了修订。1989 年，中共中央通过了《中共中央关于坚持和完善中国共产党领导的多党合作和政治协商制度的意见》(以下简称《中共中央意见》)。这些重要文件的通过，标志着中国人民政治协商会议的建设进入了新的发展完善时期。2004 年 3 月 12 日，中国人民政治协商会议第十届全国委员会第二次会议对政协章程作出了一定的修改，通过了《政协章程修正案》。2005 年 3 月，中共中央颁发了《关于进一步加强中国共产党领导的多党合作和政治协商制度建设的意见》。2006 年 11 月，中共中央颁发了《关于巩固和壮大新世纪新阶段统一战线的意见》。2015 年 9 月颁发了《中国共产党统一战线工作条例(试行)》。2017 年 10 月 18 日，党的十九大报告明确指出：要巩固和发展爱国统一战线。统一战线是党的事业取得胜利的重要法宝，必须长期坚持。要高举爱国主义、社会主义旗帜，牢牢把握大团结大联合的主题，坚持一致性和多样性统一，找到最大公约数，画出最大同心圆。2022 年 10 月 16 日，党的二十大报告进一步指出：“人心是最大的政治，统一战线是凝聚人心、汇聚力量的强大法宝。完善大统战工作格局，坚持大团结大联合，动员全体中华儿女围绕实现中华民族伟大复兴中国梦一起来想、一起来干。”这些文件体现了中国共产党科学执政、民主执政、依法执政的理念，在认真总结历史经验的基础上，对中国共产党领导的多党合作和政治协商的原则、内容、方式和程序等作了科学规范，是指导新时代我国多党合作和政治协商事业发展的纲领性文件和依据。

中国人民政治协商会议具有广泛的社会联系性。根据《政协章程》的规定，中国人民政治协商会议设全国委员会和地方委员会。全国委员会由中国共产党、各民主党派、无党派民主人士、人民团体、各少数民族和各界的代表，台湾同胞、港澳同胞和归国侨胞的代表，以及特别邀请的人士组成。地方委员会的组成，根据当地情况，参照全国委员会的组成决定。凡赞成《政协章程》的党派和团体，经中国人民政治协商会议全国委员会或地方委员会的常务委员会协商同意，都可参加中国人民政治协商会议全国委员会或地方委员会，成为中国人民政治协商会议的一个组成单位；经中国人民政治协商会议全国委员会或地方委员会的常务委员会协商，亦可邀请各界有代表性的人士参加中国人民政治协商会议全国委员会或地方委员会。

参考资料

第十四届全国政协委员构成情况

2023 年 1 月 17 日，政协第十三届全国委员会常务委员会第二十五次会议通过中国人民政治协商会议第十四届全国委员会委员名单。其具体构成如下：中国共产党（96 人），中国国民党革命委员会（65 人），中国民主同盟（65 人），中国民主建国会（65 人），中国民主促进会（45 人），中国农工民主党（45 人），中国致公党（30 人），九三学社（45人），台湾民主自治同盟（20人），无党派人士（64人），中国共产主义青年团和中华全国青年联合会（36人），中华全国总工会（62人），中华全国妇女联合会（67人），中华全国工商业联合会（65人），中国科学技术协会（43人），中华全国台湾同胞联谊会（14人），中华全国归国华侨联合会（26人），文化艺术界（111人），科学技术界（103人），社会科学界（73人），经济界（108人），农业界（70人），教育界（103人），体育界（23人），新闻出版界（49人），医药卫生界（98人），对外友好界（46人），社会福利和社会保障界（35人）、环境资源界（85人）、少数民族界（100人），宗教界（69人），特邀香港人士（124人），特邀澳门人士（29人），特别邀请人士（81人）。

中国人民政治协商会议的任务是：在马克思列宁主义、毛泽东思想、邓小平理论、“三个代表”重要思想、科学发展观和习近平新时代中国特色社会主义思想指引下，在热爱中华人民共和国、拥护中国共产党的领导、拥护社会主义事业、共同致力于中华民族伟大复兴的政治基础上，尽一切努力，进一步巩固和发展爱国统一战线，调动一切积极因素，团结一切可能团结的力量，同心同德，群策群力，以经济建设为中心，维护和发展安定团结的政治局面，不断促进社会主义物质文明、政治文明、精神文明、社会文明和生态文明的协调发展，为实现我国各族人民的根本任务而奋斗。

我国《政协章程》规定：“中国人民政治协商会议全国委员会和地方委员会的主要职能是政治协商、民主监督、参政议政。”认真执行政治协商、民主监督和参政议政这三大职能，是人民政协发挥其应有作用的根本保证。

参考资料

2006年11月中共中央颁发的《关于巩固和壮大新世纪新阶段统一战线的意见》指出：新的社会阶层人士“是统一战线工作新的着力点，要最大限度地把他们团结在党的周围，充分发挥他们的作用，不断为实现中华民族的伟大复兴凝聚新力量”。按照2020年修订的《中国共产党统一战线工作条例》的规定，新的社会阶层人士主要由民营企业和外商投资企业管理技术人员、中介组织和社会组织从业人员、自由职业人员、新媒体从业人员等组成，集中分布在新经济组织、新社会组织中。他们作为中国特色社会主义事业的建设者，在促进共同富裕、构建社会主义和谐社会、全面建设小康社会中发挥着重要作用，已成为我国爱国统一战线的重要组成力量之一。2022年7月，习近平总书记在中央统战工作会议上强调，要以凝聚共识为根本，以爱国奋斗为目的，鼓励支持新的社会阶层人士立足本职建功立业，积极投身改革创新一线，施展才华和抱负。

习近平总书记十分重视政协工作，党的十八大以来，他对人民政协提出了一系列重要的工作要求。习近平总书记在庆祝中国人民政治协商会议成立65周年大会上的讲话中提出，希望人民政协为实现“两个一百年”奋斗目标、实现中华民族伟大复兴的中国梦作出新的更大贡献。在全国政协十三届一次会议期间看望民盟等界别政协委员时，他又要求大家，就“决胜全面建成小康社会，打赢防范化解重大风险、精准脱贫、污染防治三大攻坚战”等重大任务和举措，“找准切入点、结合点、着力点”，推动各项部署落地见效。深入领会习近平总书记的重要论述和要求，对于切实提高政协工作水平和委员的履职成效，具有十分重要的意义。

（三）中国共产党领导的多党合作和政治协商制度

1. 多党合作制度的基本内容和方式

中国共产党领导的多党合作制度是由我国宪法确立的一项基本政治制度，它不同于其他国家的一党制、两党制和多党制，是一种符合我国国情、具有中国特色的社会主义政党制度。

根据《宪法》《中共中央意见》《中国共产党统一战线工作条例（试行）》和其他有关文件的规定，中国共产党领导的多党合作制度包括以下几个方面的基本内容：

（1）坚持中国共产党的领导，坚持四项基本原则，是多党合作的政治基础。中国共产党是中国社会主义事业的领导核心，是执政党；各民主党派是各自所联系的一部分社会主义劳动者、社会主义事业的建设者和拥护社会主义的爱国者的政治联盟，是接受中国共产党领导，与中国共产党通力合作，共同致力于中华民族伟大复兴的亲密友党，是参政党。

（2）“长期共存、互相监督、肝胆相照、荣辱与共”是多党合作的基本方针。

（3）坚持社会主义初级阶段的基本路线，推动物质文明、政治文明、精神文明、社会文明和生态文明协调发展，把我国建设成为富强民主文明和谐美丽的社会主义现代化强国和统一祖国、振兴中华是各政党的共同奋斗目标。

（4）各政党都必须在宪法和法律的范围内活动，并负有维护宪法和法律尊严、保证宪法实施的职责。宪法和法律是各政党的根本活动准则。

在现阶段，中国共产党领导的多党合作的形式主要有：中国共产党与民主党派政治协商；民主党派成员或无党派人士在国家权力机关参政议政；民主党派党员、无党派人士担任各级政府及司法机关的领导职务；民主党派在人民政协全国委员会和地方委员会中发挥作用等。

党的二十大报告指出，要“发挥我国社会主义新型政党制度优势，坚持长期共存、互相监督、肝胆相照、荣辱与共，加强同民主党派和无党派人士的团结合作，支持民主党派加强自身建设、更好履行职能”。

2. 政治协商制度的主要内容和方式

政治协商制度是由我国宪法确立的一项基本政治制度，也是中国人民政治协商会议的三大职能之一，它是指按照《宪法》《政协章程》的规定，在中国人民政治协商会议的范围内，对国家和地方的大政方针以及政治、经济、文化和社会生活中的重大问题在决策之前进行协商和就决策执行过程中的重大问题进行协商。

从全国范围看，政治协商的主要形式有：中国人民政治协商会议全国委员会的全体会议、常务委员会会议、主席会议、常务委员专题座谈会、各专门委员会会议，根据需要召开的各党派、无党派、人民团体、少数民族人士和各界爱国人士的代表参加的协商座谈会等。中国人民政治协商会议全国委员会主席会议根据中国共产党中央委员会、全国人民代表大会常务委员会、国务院、各民主党派、各人民团体以及中央党政有关部门的提议，安排协商活动并决定协商的形式和参加范围。

第三节 人民民主专政制度的经济基础

一、经济制度概述

（一）经济制度的概念

经济制度是指国家的统治阶级为了反映在社会中占统治地位的生产关系的发展要求，为了建立、维护和发展有利于其政治统治的经济秩序，而确认或创设的各种有关经济问题的规则和措施的总称。

从总体上讲，经济制度包括生产资料的所有制形式、人与人在经济生活中形成的相互之间的关系和劳动产品的分配方式三个方面的内容。其中，生产资料的所有制形式是起决定作用的因素，它决定着一国经济制度的性质。

宪法与经济制度有着紧密的联系，经济制度是宪法的基础，而宪法的主要任务之一就是确认和保护有利于统治阶级的经济制度。因此，各国宪法通常都要规定的内容之一就是确认和保护有利于统治阶级的经济制度。但是，两种不同性质的宪法在文本上对经济制度反映和保护的范围和方式是不同的。资本主义宪法通常仅规定对作为私有制基础的私有财产权的保护，而社会主义宪法则比较全面、系统地规定社会主义经济制度的各个方面。

（二）经济制度是国家性质的决定因素

经济制度是国家赖以建立和发展的经济基础，也是国家性质的决定因素。

在阶级社会中，国家的阶级性质与一定的经济制度紧密相连。国家政权作为上层建筑的主要组成部分是由一定的经济基础决定，并为一定的经济基础服务的。历史发展的过程表明，生产关系的更替和变化，必然导致国家政权的更替和变化，导致国家性质的差异。经济制度对国家性质的这种决定作用，主要表现在两个方面：其一，决定着一个国家所属的历史类型。其二，决定着一个国家与其他同类型国家间相互区别的具体国家性质。

我国的人民民主专政制度是在我国社会主义经济制度基础上产生、巩固与发展起来的。我国的社会主义经济制度，早在 1956 年生产资料的社会主义改造完成之后即已牢固确立。半个多世纪以来，它不断地得到巩固和发展，形成了鲜明的中国特色。在现阶段，它是一种以公有制为主体的、多种所有制经济共同发展，体现劳动者在生产过程中的主人翁地位和平等、互助关系，实行以按劳分配为主体、多种分配方式并存的分配制度的经济制度。这一制度的确立，是由我国的社会主义性质和社会主义初级阶段的国情决定的。首先，我国是社会主义国家，必须坚持把公有制作为社会主义经济制度的基础；其次，我国处在社会主义初级阶段，需要在公有制为主体的条件下发展多种所有制经济；再次，一切符合有利于发展社会主义社会的生产力、有利于增强社会主义国家的综合国力、有利于提高人民的生活水平这“三个有利于”① 的所有制形式，都可以而且应该用来为社会主义服务。以公有制为主体的、多种所有制经济共同发展的社会主义经济制度，决定着我国人民民主专政制度的性质和特点，为人民民主专政制度的发展与完善提供了坚实的基础。

党的二十大报告指出：“坚持和完善社会主义基本经济制度，毫不动摇巩固和发展公

① “三个有利于”标准由邓小平同志于 1992 年提出。

有制经济，毫不动摇鼓励、支持、引导非公有制经济发展，充分发挥市场在资源配置中的决定性作用，更好发挥政府作用。”

二、公有制经济

我国是社会主义国家，生产资料公有制是我国经济制度的本质特征和基础。我国《宪法》第6条第1款明确规定：“中华人民共和国的社会主义经济制度的基础是生产资料的社会主义公有制，即全民所有制和劳动群众集体所有制。”《宪法》的这一规定，对我国社会主义现代化建设事业和人民民主专政制度的巩固和发展有着极为重要的意义。

（一）全民所有制经济

我国社会主义全民所有制经济，实际上是由代表人民利益的国家占有生产资料的一种所有制形式。它是通过没收官僚资本为国家所有、取消帝国主义的一切特权、对民族资本主义实行赎买及由国家大力投资兴建各种企业等途径建立起来的。

我国的国有经济是社会主义经济基础的最重要的组成部分。以全民所有制为基础的国有经济，掌握和控制着国家的经济命脉及对国民经济发展具有极其重要意义的资源，在关系国民经济命脉的重要行业和关键领域占支配地位。它拥有现代化的工业和先进技术，可以提供大量的机械设备、燃料、动力，促进国民经济各部门的技术更新和改造；可以为农业提供各种机械、运输工具、化肥、农药等，直接促进农村集体经济的发展；可以提供日用工业生产必需品，满足城乡人民的需要；可以为国家经济建设、文化建设和国防建设积累大量资金。国有经济的发展对于进行社会主义现代化建设和巩固人民政权具有极其重要的意义。因此，我国《宪法》第7条规定：“国有经济，即社会主义全民所有制经济，是国民经济中的主导力量。国家保障国有经济的巩固和发展。”

根据宪法和有关法律的规定，国有企业都属于全民所有制经济；除法律规定属于集体所有的森林、山岭、草原、荒地、滩涂等自然资源以外的其他一切矿藏、水流、森林、山岭、草原、荒地、滩涂等自然资源都属于国家所有；城市的土地，由法律规定属于国家所有的农村和城市郊区的土地，以及国家依法征用的土地也都属于国家所有。2004年《宪法修正案》第20条规定，国家为了公共利益的需要，可以依照法律规定对土地实行征收或者征用并给予补偿。

（二）劳动群众集体所有制经济

劳动群众集体所有制经济是指由集体单位内的劳动群众共同占有生产资料的一种公有制经济。集体所有制经济最初是在土地改革的基础上，通过对农业和手工业的个体经济实行社会主义改造而建立起来的。

劳动群众集体所有制经济是我国农村的主要经济形式，它在农村经济不太发达的情况下，可以广泛吸收社会分散资金，利用农村闲散劳力，缓解就业压力，组织农民走共同致富之路，发展农村经济，发挥全民所有制经济所无法替代的作用，增加公共积累和国家税收。劳动群众集体所有制经济是社会主义公有制经济的重要组成部分，在国民经济中具有重要地位。因此，《宪法》第8条第3款规定：“国家保护城乡集体经济组织的合法的权利和利益，鼓励、指导和帮助集体经济的发展。”

农村集体经济组织实行家庭承包经营为基础、统分结合的双层经营体制。农村中的生产、供销、信用、消费等各种形式的合作经济，是社会主义劳动群众集体所有制经济；城镇中的手工业、工业、建筑业、运输业、商业、服务业等行业的各种形式的合作经济，都是社会主义劳动群众集体所有制经济。另外，由法律规定属于集体所有的森林、山岭、草原、荒地、滩涂，农村和城市郊区除由法律规定属于国家所有的以外的土地，农村的宅基地和自留地、自留山等，也都属于集体所有。

三、非公有制经济

社会主义公有制经济是我国经济制度的基础和主体，但它并不排斥其他非主体经济的合法存在。在现阶段，除了全民所有制和劳动群众集体所有制经济之外，我国还存在着个体经济、私营经济和“三资”企业等多种非公有制经济，从而形成了我国以公有制为主体、多种所有制经济共同发展的基本经济制度。在现阶段，非公有制经济是我国社会主义市场经济的重要组成部分。

（一）劳动者个体经济

劳动者个体经济是指城乡劳动者个人占有少量生产资料和产品，从事不剥削他人的个体劳动、收益归己的一种所有制形式。它具有以下三个特点：一是生产资料和产品归个体劳动者所有；二是以个体劳动为基础；三是劳动所得归个体劳动者支配。

个体经济在法律上具体表现为个体工商户。根据我国有关法律和政策的规定，个体工商户对其所有合法财产享有所有权，在法律规定和核准登记的经营范围内，享有自主经营的权利，并经批准可以起字号、刻图章，在银行开立账户和贷款。此外，还享有各种依据法律和合同而得以享有的权利，如场地使用权、物资供应权、商标权以及法律规定情况下的税收减免权等。

在社会主义初级阶段，个体经济的存在和发展是必要的和有益的，它具有全民所有制经济和集体所有制经济不可替代的作用，这是因为：

（1）公有制经济资金有限，不可能兴办一切事业，需要个体经济拾遗补阙。

（2）个体经济具有点多、面广、小型多样、经营灵活的特点，可以弥补国有经济和集体经济的不足，发展生产，增加财富，活跃市场，方便群众。

（3）个体经济的存在有利于广开就业门路。

因此，我国 1999 年《宪法修正案》明确规定，在法律规定范围内的个体经济是我国社会主义市场经济的重要组成部分，国家保护个体经济的合法的权利和利益。但个体经济毕竟是一种非公有制经济，如果不依法管理，任其自行发展，就可能对社会产生一定的消极作用。因此，2004 年《宪法修正案》又规定：国家保护个体经济等非公有制经济的合法的权利和利益；国家鼓励、支持和引导非公有制经济的发展，并对非公有制经济依法实行监督和管理。

（二）私营经济

私营经济是指以雇工经营为特征、存在雇佣劳动关系的一种所有制形式。私营企业可以采用独资企业、合伙企业和有限责任公司等多种形式。农村村民、城镇待业人员、个体工商户经营者、辞职及退职人员，法律、法规和政策允许的离休、退休人员和其他人员，均可申请开办私营企业。

私营经济从其内部存在的雇佣劳动关系来看，具有资本主义经济的性质，但在社会主义公有制经济占优势的条件下，允许私营经济适当发展，并不会损害国家经济制度的社会主义性质。我国改革开放的实践经验充分证明，在社会主义初级阶段，私营经济的发展，对于促进生产、活跃市场、扩大就业、更好地满足人民多方面的生产需求、改善财政状况，具有非常积极的作用。因此，我国 1999 年《宪法修正案》明确规定，在法律规定范围内的私营经济是社会主义市场经济的重要组成部分，国家保护私营经济的合法的权利和利益。同时，为了保证私营经济的依法有序发展，2004 年《宪法修正案》还规定，国家鼓励、支持和引导非公有制经济的发展，并对非公有制经济依法实行监督和管理。

（三）“三资”企业

我国《宪法》第 18 条第 1 款规定：“中华人民共和国允许外国的企业和其他经济组织或者个人依照中华人民共和国法律的规定在中国投资，同中国的企业或者其他经济组织进行各种形式的经济合作。”“三资”企业就是依据宪法的规定，在无损于我国主权和经济独立的前提下，经我国政府批准而兴办的中外合资经营企业、中外合作经营企业和外资企业。

中外合资经营企业是中国的公司、企业和其他经济组织与境外的公司、企业和其他经济组织或者个人，按照平等互利的原则，依照我国法律，经我国政府批准，在我国境内共同投资举办的股权式合营企业。

中外合作经营企业是中国的公司、企业和其他经济组织与境外的公司、企业和其他经济组织或者个人，按照我国的法律，根据契约规定的投资方式、权利、责任、义务和收益比例合作举办的契约式合营企业。

外资企业是境外的企业和其他经济组织或者个人按照我国法律的规定，在我国境内单独或共同投资设立的企业。

“三资”企业在中国境内登记设立，是中国的企业或者法人。它们必须遵守我国的法律、法规，接受我国政府的管理和监督。同时，其合法权益也受我国法律和我国政府的保护。

随着社会的发展，非公有制经济的形式越来越多样化，作用也越来越大。依照宪法的规定，认真落实对非公有制经济的管理和保护，是促进我国社会主义经济制度发展的重要途径。

四、分配制度

党的二十大报告指出：“分配制度是促进共同富裕的基础性制度。”与以公有制为主体、多种所有制经济共同发展这一基本经济制度相适应，在分配原则上，现行《宪法》第 6 条规定：社会主义公有制消灭人剥削人的制度，实行各尽所能、按劳分配的原则；坚持按劳分配为主体、多种分配方式并存的分配制度。

“各尽所能”是指在社会主义制度下，每个有劳动能力的公民都应当在其分工的范围内尽自己的能力为社会贡献力量；“按劳分配”是指在各尽所能的前提下，由代表人民的国家或者集体经济组织，按照每个公民劳动的数量和质量分配给公民应得的劳动报酬。我国宪法规定的这一分配制度是建立在生产资料公有制基础上的社会主义分配制度，与建立在资本主义私有制基础上的不劳而获、人剥削人的资本主义分配制度有着本质的区别。

我国目前处于社会主义初级阶段，存在多种所有制经济形式，在分配方式上不可能是单一的，因此还必须实行按劳分配为主体、多种分配方式并存的分配制度。实行这一制度，把按劳分配和按生产要素分配结合起来；坚持效率优先、兼顾公平；依法保护合法收入，允许和鼓励一部分人通过诚实劳动和合法经营先富起来，允许和鼓励资本、技术等生产要素参与收益分配。这有利于调动广大群众的劳动积极性，有利于优化资源配置和提高劳动生产率，有利于促进经济发展和社会稳定，有利于人民民主专政制度的巩固和发展。目前在我国除按劳分配这种主要分配方式外，其他常见的分配方式还有：（1）企业发行债券筹集资金，由此会出现凭债权取得的利息。（2）随着股份经济的产生，股份分红出现。（3）企业经营者的收入中，包括部分风险补偿。（4）私营企业雇用一定数量的劳动力，会给企业主带来部分非劳动收入等。

五、对财产的保护

无论是资本主义宪法还是社会主义宪法，都有关于对财产进行保护的条款。资本主义宪法通常只规定对私有财产的保护，而社会主义宪法则在规定对公共财产进行保护的同时，还要规定对公民私有财产的保护。我国宪法就从这两个方面规定了对财产的保护。

（一）社会主义公共财产

社会主义公共财产包括全民所有制经济的财产和集体所有制经济的财产，它是我国社会主义经济制度的基础，是人民民主专政政权巩固、发展和建设四个现代化的物质基础，是我国经济发展和国防建设的物质基础，是国家繁荣昌盛和人民群众物质文化生活需要不断得以满足的物质前提和根本保障，也是我国人民享有各种权利和自由的物质保证。而保护社会主义公共财产是社会主义国家的重要职能，是人民民主专政的基本任务之一。《宪法》第 12 条明确规定："社会主义的公共财产神圣不可侵犯。国家保护社会主义的公共财产。禁止任何组织或者个人用任何手段侵占或者破坏国家的和集体的财产。"同时，宪法在公民基本义务部分也把爱护和保护公共财产规定为我国公民的基本义务之一。

（二）公民私有财产权和继承权

公民私有财产权是指公民个人通过劳动和其他合法手段占有、使用收益和处分一定财产的权利。社会主义制度下的个人财产是通过按劳分配和其他合法的分配方式而形成的，既包括一定的生活资料，也包括一定的生产资料。它是满足人们不断增长的物质和文化生活需要的重要物质基础。

我国改革开放以来，随着经济发展和人民生活水平的提高，公民拥有的私有财产普遍有了不同程度的增加，特别是越来越多的公民有了私人的生产资料，群众对用法律保护自己的财产有了更加迫切的要求。根据党的十六大关于"完善保护私人财产的法律制度"的精神，2004 年《宪法修正案》将《宪法》第 13 条"国家保护公民的合法的收入、储蓄、房屋和其他合法财产的所有权。""国家依照法律规定保护公民的私有财产的继承权。"修改为："公民的合法的私有财产不受侵犯。""国家依照法律规定保护公民的私有财产权和继承权。""国家为了公共利益的需要，可以依照法律规定对公民的私有财产实行征收或者征用并给予补偿。"这样修改，主要基于三点考虑：其一，进一步明确国家对全体公民的合法的私有财产都给予保护，保护范围既包括生活资料，又包括生产资料；其二，用"财产权"代替原条文中的"所有权"，在权利含义上更加准确、全面；其三，我国几部现行法律根据不同情况已经作出了对公民私有财产征收或者征用的规定，在《宪法》中增加规定对私有财产的征收、征用制度，有利于全面、正确地处理私有财产保护和公共利益需要的关系，许多国家的宪法都有类似的规定。

继承权是指公民依照法律规定或者被继承人生前立下的合法有效的遗嘱，承受被继承人遗产的权利，它是公民私有财产权的延续。保护公民私有财产的继承权，对于保护公民生活安全，提高扩大再生产的积极性和促进经济发展，都有积极的意义。因此，我国现行《宪法》第 13 条第 2 款规定，国家依照法律规定保护公民的私有财产权和继承权。

第四节 社会主义文明建设

一、“五个文明”的含义及作用

2018 年 3 月 11 日，十三届全国人大一次会议通过的《宪法修正案》第 32 条规定，要“推动物质文明、政治文明、精神文明、社会文明、生态文明协调发展，把我国建设成为富强民主文明和谐美丽的社会主义现代化强国，实现中华民族伟大复兴”。

文明是人类改造世界的物质成果和精神成果的总和，是社会进步和人类开化的进步状态的标志。具体地讲，“五个文明”的含义可以简单作如下表述：物质文明是指人类改造客观世界的物质成果，表现为人们物质生活的改善，包括生产工具的改进和技术进步、物质财富的增长和人们生活水平的提高等。政治文明是指人类改造社会政治生活的成果，表现为政治法律思想、政治法律制度、政治法律设施和政治法律行为等的建立、发展和进步状态。精神文明是指人类改造主观世界的成果，表现为教育、科学、文化知识等事业的发达和人们思想、道德水平等的提高。社会文明是指社会领域的发展程度和社会建设的发展成果，包括社会主体文明、社会关系文明、社会观念文明、社会制度文明、社会行为文明等方面的总和。生态文明是指人与自然、人与人、人与社会和谐共生、良性循环、全面发展、持续繁荣为基本宗旨的社会形态，是人类遵循人、自然、社会和谐发展这一客观规律而取得的物质与精神成果的总和。

“五个文明”是人类文明的不同组成部分，在人类文明建设中具有不同的地位，在不同层次和不同领域发挥着不同的作用，它们的含义和主要作用如下所述。

（一）物质文明为其他文明提供物质基础

马克思主义理论认为，经济是基础，政治是经济的集中表现，文化是经济和政治的反映。因此，物质文明是社会存在和发展的起点和基础，对其他文明的发展具有决定性的作用。物质文明的基础作用主要体现在三个方面：一是物质文明决定和制约着其他文明的发展，其他文明都离不开一定的物质基础。二是物质文明为其他文明的发展提供动力。三是物质文明构成其他文明的检验标准。

（二）政治文明为其他文明提供制度保障

政治文明因其与国家政权直接联系而在社会中占主导地位，为其他文明的发展提供制度保障，其作用主要体现在四个方面：一是政治文明作为上层建筑，以经济为基础，又居于经济基础之上，在文明发展中具有统揽全局的统率作用。二是政治文明以其鲜明的意识形态要求为其他文明的发展确定价值取向和方向。三是政治文明以其构建的制度为其他文明建设创造安定团结的政治环境。四是政治文明在一定的历史条件下影响甚至决定着其他文明的发展进程。

（三）精神文明为其他文明提供精神动力和智力支持

精神文明作为人类改造主观世界的成果，其作用主要体现在三个方面：一是精神文明能够体现和发挥人的社会主体地位，它的高度发展能够为其他文明提供强大的精神动力。二是精神文明能够为其他文明建设提供思想引导。精神文明建设的一个重要内容是思想道德建设，通过思想道德教育，使广大人民群众坚定理想信念，树立正确的世界观、人生观和价值观，从思想上引导人们自觉地投身于其他文明建设。三是精神文明能够为其他文明建设提供智力支持。科学、教育、文化是精神文明建设的又一个重要内容，也是其他文明发展的重要条件。

（四）社会文明为其他文明的发展状况提供展示场所和判断标准

社会文明是社会主体、社会关系、社会观念、社会制度和社会行为等各方面发展状态的总和，其作用主要体现在两个方面：一是其他文明的发展状况，必然在社会发展中展示出来，社会文明是对其他文明在社会不同领域具体表现的整合，是对其他文明发展成果的综合反映。二是社会文明发展的综合性特点，使之能够对其他文明的发展状况进行评判。通过这种评判，人们可以发现文明建设中的问题，及时予以弥补。

（五）生态文明为其他文明的发展拓展空间

生态文明作为人类遵循人、自然、社会和谐发展这一客观规律而取得的物质与精神成果的总和，是人类文明发展的新领域，其作用主要体现在以下两个方面：一是生态文明把传统的文明由人类主观世界和人类社会的领域扩大到了人与自然的关系领域，丰富了文明发展的深度和广度，为其他文明的进一步发展拓展了空间。二是生态文明昭示着人与自然的和谐相处，意味着人类生产方式、生活方式的根本改变，为人与自然生命共同体的构建和发展指明了发展方向。

二、“五个文明”的协调发展

“五个文明”是人类文明在不同层次、不同领域的五个有机组成部分，“五个文明”只有协调发展，才能推动人类社会的稳定发展。要实现“五个文明”的协调发展，应当做到下述几点。

（一）树立科学发展观，推动社会全面发展

（1）以人为本，确立人在发展中的主体地位，注重人的全面发展。人的发展是社会存在和发展的前提，也是社会发展的目的。人的全面发展是人类社会文明发展的最高目标，也是“五个文明”建设的出发点和归宿。在社会发展的问题上，人首先是社会发展的主体，离开了人，社会发展就失去了推动者；同时人的发展又是社会发展的目标，离开了人的全面发展，社会发展就会失去意义。建设中国特色社会主义的根本目的，在于以人为本，确立人在发展中的主体地位，实现人的全面发展。

（2）注重经济、政治、文化的协调发展。衡量社会发展水平，不仅要看经济增长指标，还要看人文指标、资源指标、环境指标和社会指标等。要充分认识到，社会发展应是经济、政治、文化等各方面的协调发展。

（3）坚持可持续发展道路。可持续发展就是要统筹兼顾当前发展和未来发展的需要，不能以牺牲后代人的利益为代价来满足当代人的利益。其基本要求是：提高人的素质，珍惜并合理利用自然资源，保护生态环境，实现经济、社会和人口、资源的协调发展，促进

人与自然的协调与和谐。

（二）正确处理改革、发展和稳定的关系

促进“五个文明”协调发展，必须正确处理改革、发展和稳定之间的关系。发展是中国共产党和人民政府执政兴国、执政为民的第一要务，只有发展，才能全面提高人民的生活水平，给人民带来富裕安康的幸福生活。这种发展应当是全面的发展，在内容上包括：发展社会主义市场经济，建设物质文明；发展社会主义民主政治，建设政治文明；发展社会主义先进文化，建设精神文明；发展社会各个领域的协调关系，建设社会文明；发展人与自然的协调关系，进行生态文明建设。这就必然要求继续深化经济体制改革、政治体制改革、文化体制改革、社会综合治理改革和生态环境建设改革。为了发展和改革，必须保持社会稳定。只有将改革的力度、发展的速度和社会可承受的程度统一起来，在社会稳定中推进改革、发展，通过改革、发展促进社会稳定才能达到社会发展的目标。

（三）全面推进“五个文明”建设，保障“五个文明”共同发展

在“五个文明”中，物质文明处于基础和中心地位。必须始终坚持以经济建设为中心，集中力量把经济搞上去，创造出更多更好的物质文明成果，才能不断提高人民的生活水平和质量，为其他文明建设奠定物质基础。

政治文明是人类文明不可缺少的重要组成部分，在很大程度上决定着其他文明的发展方向。政治文明的建设使社会主义民主更加完善、法治更加健全，依法治国基本方略得到全面落实，人民的政治、经济、文化、环境等各项权益得到切实尊重和保障，从制度上、法律上促进其他文明的发展。

精神文明不仅可以满足人们精神文化生活的要求，提高人们的思想道德和科学文化素质、促进人的全面发展，也是一个国家综合国力的重要组成部分，只有加强精神文明建设，才能为其他文明的发展提供动力和智力支持。正如习近平总书记所指出的：“实现中国梦，是物质文明和精神文明均衡发展、相互促进的结果。没有文明的继承和发展，没有文化的弘扬和繁荣，就没有中国梦的实现。中华民族的先人们早就向往人们的物质生活充实无忧、道德境界充分升华的大同世界。中华文明历来把人的精神生活纳入人生和社会理想之中。所以，实现中国梦，是物质文明和精神文明比翼双飞的发展过程。随着中国经济社会不断发展，中华文明也必将顺应时代发展焕发出更加蓬勃的生命力。”①

社会文明是其他各种具体文明在人们现实生活领域的综合体现，是各种具体文明相互作用、相互影响的结晶。任何一种具体文明的缺失，都意味着社会文明的不健全。社会文明的发展和完善，必然要求和导致其他文明的全面发展。

生态文明意味着人和自然的融合与协调，它既是其他文明进一步发展的新机遇和突破点，也是其他文明得以存在和发展的前提和未来保障。

“五个文明”从不同的层次、不同的领域反映着人类文明的内涵和构成，是人类文明发展和完善不可或缺的组成部分。因此，必须全面推进“五个文明”建设，保障“五个文明”共同发展、协调发展。

要全面推进“五个文明”建设，保障“五个文明”共同发展、协调发展，了解和掌握它们的基本内容是不可或缺的前提。物质文明建设的内容在第三节对经济制度的表述中已

① 习近平．在联合国教科文组织总部的演讲．人民日报，2014－03－28.

经得到体现，下面仅对其他文明建设的内容作以介绍。

三、政治文明建设的内容

社会主义政治文明建设的内容包括下述几个方面。

（一）树立正确的国家权力观念

国家权力是政治文明的核心范畴之一。我国是一个人民民主专政的社会主义国家，因此，应当树立正确的国家权力观念，即应当使人们牢固树立国家一切权力属于人民，国家权力的行使应当受到监督和制约、应当依法进行，权力的转移应当以宪法和法律规定的方式或者和平的方式进行等现代国家权力观念，使国家权力的行使顺应时代发展的潮流。

（二）把坚持党的领导、人民当家做主与依法治国有机统一起来

坚持党的领导、人民当家做主与依法治国的统一性，是我国社会主义民主政治建设最根本的特征。党的领导是人民当家做主和依法治国的根本保证。社会主义政治文明建设和民主进程的推进，都必须坚持党的领导。人民当家做主是社会主义民主政治的本质要求。政治文明的核心内容就是民主与法治建设，公民享有政治权利的广度和深度是政治文明的最集中表现。建设社会主义，要始终把人民当家做主作为出发点和落脚点。只有人民当家做主，才能充分调动广大群众社会主义建设的积极性、主动性和创造性，为推进物质文明、精神文明建设提供政治保障。依法治国是党领导人民治理国家的基本方略。依法治国，首先要依宪治国，维护宪法的最高权威；其次要坚持法律面前人人平等，任何组织和个人都不得有超越宪法和法律的特权。

（三）加强制度建设和制度创新

加强制度建设和制度创新是推进政治文明建设的根本之道。制度问题是带有根本性、全局性、稳定性和长期性的问题。推进社会主义政治文明建设，应当着重加强制度建设和制度创新。制度建设和制度创新的内容包括：坚持和完善人民代表大会制度、共产党领导的多党合作与政治协商制度、民族区域自治制度；强化依法行政，实现行政管理的规范化、制度化、法治化；推进司法体制改革；深化干部人事制度改革；通过制度的完善和创新，保证人民充分行使民主选举、决策、管理、监督的权利；改革和完善党的领导方式和执政方式、权力制约机制、监督机制和党内民主制度建设等。

四、精神文明建设的内容

文化建设和思想道德建设是我国社会主义精神文明建设的两个重要方面，我国宪法明确规定了文化建设和思想道德建设的基本内容。

（一）文化建设的内容

宪法规定的文化建设的内容包括以下几个方面：

1. 发展社会主义教育事业

社会主义教育事业是实现社会主义现代化建设的基础。因此，《宪法》第 19 条规定："国家发展社会主义的教育事业，提高全国人民的科学文化水平。国家举办各种学校，普及初等义务教育，发展中等教育、职业教育和高等教育，并且发展学前教育。国家发展各种教育设施，扫除文盲，对工人、农民、国家工作人员和其他劳动者进行政治、文化、科

学、技术、业务的教育，鼓励自学成才。国家鼓励集体经济组织、国家企业事业组织和其他社会力量依照法律规定举办各种教育事业。国家推广全国通用的普通话。”为了发展教育事业，国家先后制定了《中华人民共和国教育法》《中华人民共和国义务教育法》《中华人民共和国教师法》等，系统地规定了教育领域的基本问题。

2. 发展科学事业

科学包括自然科学和社会科学两大类。它们对于发展生产力，巩固和发展社会主义制度，推动历史的前进和人的全面发展具有极其重要的意义。因此，《宪法》第 20 条规定：“国家发展自然科学和社会科学事业，普及科学和技术知识，奖励科学研究成果和技术发明创造。”

3. 发展卫生和体育事业

卫生事业和体育事业的发展水平，是国家和社会文明进步程度的标志之一。发展卫生、体育事业，对于提高人们的健康水平，使人们在学习、工作、劳动和社会生活中发挥聪明才智，加速我国社会主义现代化建设事业的发展有极为重要的意义。我国《宪法》第 21 条规定：“国家发展医疗卫生事业，发展现代医药和我国传统医药，鼓励和支持农村集体经济组织、国家企业事业组织和街道组织举办各种医疗卫生设施，开展群众性的卫生活动，保护人民健康。国家发展体育事业，开展群众性的体育活动，增强人民体质。”

4. 发展文学艺术和其他文化事业

发展文学艺术和其他文化事业，是培养人们健康情趣、提高人们精神素质的重要手段，也是精神文明建设的重要内容。我国《宪法》第 22 条明确规定：“国家发展为人民服务、为社会主义服务的文学艺术事业、新闻广播电视事业、出版发行事业、图书馆博物馆文化馆和其他文化事业，开展群众性的文化活动。国家保护名胜古迹、珍贵文物和其他重要历史文化遗产。”

（二）思想道德建设的内容

思想道德建设决定精神文明建设的性质，保证着社会主义建设事业的发展方向。我国宪法不仅把马克思列宁主义、毛泽东思想、邓小平理论、“三个代表”重要思想、科学发展观、习近平新时代中国特色社会主义思想列为思想道德建设的指导方针，还规定了思想道德建设的基本内容，它主要包括以下几个方面。

1. 普及理想、道德、文化和法纪教育，培养“四有”公民

《宪法》第 24 条第 1 款规定：“国家通过普及理想教育、道德教育、文化教育、纪律和法制教育，通过在城乡不同范围的群众中制定和执行各种守则、公约，加强社会主义精神文明的建设。”宪法这一规定的目的是通过这些教育，把广大公民培养成有理想、有道德、有文化、守纪律的社会主义新人。

2. 倡导社会主义核心价值观和“五爱”教育，树立和发扬社会公德

2018 年《宪法修正案》第 39 条将《宪法》第 24 条第 2 款修改为：“国家倡导社会主义核心价值观，提倡爱祖国、爱人民、爱劳动、爱科学、爱社会主义的公德”。这一规定反映了我国人民为实现社会主义现代化，建设富强民主文明和谐美丽的社会主义现代化强国，实现中华民族伟大复兴的宏伟目标而奋斗的共同要求。国家以“五爱”为基础进行社会主义道德教育，与公民必须履行“尊重社会公德”的义务是完全一致的。公民自觉地接受“五爱”教育，并以实际行动尊重社会公德，不仅是国家发展的需要，也是公民自我完

善的需要。党的二十大报告指出："社会主义核心价值观是凝聚人心、汇聚民力的强大力量。""坚持依法治国和以德治国相结合，把社会主义核心价值观融入法治建设、融入社会发展、融入日常生活。"

3. 进行马克思主义教育，反对腐朽思想

我国是社会主义国家，在人民中进行马克思主义教育和反对腐朽思想，是我国社会主义制度正确发展和社会主义建设事业顺利进行的根本保证。因此，《宪法》第24条第2款还规定，国家要"在人民中进行爱国主义、集体主义和国际主义、共产主义的教育，进行辩证唯物主义和历史唯物主义的教育，反对资本主义的、封建主义的和其他的腐朽思想"。

五、社会文明建设的内容

社会文明是指社会领域的发展程度和社会建设的发展成果的总和，是人类社会发展状况的综合反映，涉及人类社会生产、生活的各个领域。

社会文明建设的内容主要包括：

（1）社会主体文明。即社会成员的文明建设，如自然人的个人修养、道德情操，社会组织的结构和运作机制等。

（2）社会关系文明。即社会成员相互联系、交往的文明，如人际关系、家庭关系、邻里关系、社团关系、群体关系、国家与公民关系、国际关系等。

（3）社会观念文明。即社会思想、理念方面的文明，如社会理论、社会心理、社会风尚、社会道德等。

（4）社会制度文明。即社会规范和体制方面的文明，如社会政治制度、经济制度、文化制度、军事制度、法律制度等。

（5）社会行为文明。即社会成员从事各种社会活动的文明，如做工、学习、生活、娱乐、商务管理、行政执法等。

六、生态文明建设的内容

生态文明作为人类文明的一种形式，它以尊重和维护生态环境为主旨、以可持续发展为着眼点，在开发利用自然的过程中，从维护社会、经济、自然系统的整体利益出发，尊重自然、保护自然，注重生态环境建设，致力于提高生态环境质量，使现代经济社会发展建立在生态系统良性循环的基础之上，以有效地解决人类经济社会活动的需求同自然生态环境系统供给之间的矛盾，实现人与自然的协调。

2017年5月26日，习近平总书记在十八届中央政治局第四十一次集体学习时的讲话中指出："生态文明建设同每个人息息相关，每个人都应该做践行者、推动者。要加强生态文明宣传教育，强化公民环境意识，推动形成节约适度、绿色低碳、文明健康的生活方式和消费模式。形成全社会共同参与的良好风尚。"为了保障生态文明建设稳步发展，党的二十大报告指出，"推动绿色发展，促进人与自然和谐共生"。

生态文明的内容主要包括：

（1）在价值观上，树立符合自然生态原则的价值需求、价值规范和价值目标。

（2）在生产方式上，转变高生产、高消费、高污染的生产方式，使生态产业在产业结构中居于主导地位，成为经济增长的主要源泉。

（3）在生活方式上，以人类个体的生活不损害群体生存的自然环境、不损害其他物种的繁衍生存为出发点。

（4）在决策制定上，对有重大影响的发展战略决策进行生态效益评估，以期维护人类活动对自然的最小损害并能够进行一定的生态建设。

【本章小结】

1. 人民民主专政制度是对人民实行民主和对敌人实行专政两个方面有机结合的一种国家制度，它以工人阶级为领导，以工农联盟为基础，以广泛的爱国统一战线为政治联盟，是我国国家性质的具体体现。人民民主专政符合我国国情，实质上就是无产阶级专政。

2. 在现阶段，我国实行的经济制度是以公有制为主体的、多种所有制经济共同发展，体现劳动者在生产过程中的主人翁地位和平等互助关系，实行以按劳分配为主体、多种分配方式并存的分配制度的社会主义经济制度。

3. 物质文明、政治文明、精神文明、社会文明和生态文明协调发展，建设富强民主文明和谐美丽的社会，是我国社会主义建设的发展目标。

【练习题】

一、名词解释

国体　人民民主专政　经济制度　财产权　物质文明　政治文明　精神文明　社会文明　生态文明

二、思考题

1. 如何理解人民民主专政制度？
2. 为什么说工人阶级是我国的领导阶级？
3. 爱国统一战线的性质、地位和任务是什么？
4. 我国有哪几种所有制形式？它们分别处于什么样的法律地位？
5. “五个文明”的含义和作用是什么？
6. 精神文明建设的内容和意义是什么？
7. 如何理解“五个文明”协调发展？

三、讨论题

1. 在 1991 年之后，不少民主党派向中央提出修宪建议，要求在宪法中将多党合作和政治协商制度规定下来。1993 年 2 月 16 日，中共中央关于修改宪法部分内容的建议发表，内容涉及党的基本路线和社会主义市场经济，没有提及多党合作和政治协商制度。3 月 1 日，我国八个民主党派之一的中国民主建国会，向中共中央提出应在宪法中明确规定多党合作和政治协商制度的建议。中共中央在 3 月 18 日提出的修改宪法部分内容的补充建议中，根据十四大的精神采纳了这个建议。3 月 29 日，八届全国人大一次会议正式通过了《宪法修正案》，其中第 4 条规定：宪法序言第十自然段末尾增加：“中国共产党领导的多党合作和政治协商制度将长期存在和发展。”

讨论：

结合这一事例，分析多党合作和政治协商制度的作用。

讨论要点提示：

（1）共产党的领导是多党合作的前提。

（2）政治协商制度与人大制度不同，政协的建议不具有法律效力。

（3）多党合作和政治协商制度拓展了人民参政议政的途径，体现了社会主义民主的重要特征。

2. 2005年2月24日，《国务院关于鼓励支持和引导个体私营等非公有制经济发展的若干意见》（以下简称《若干意见》）正式出台。这是新中国成立56年来第一次以中央政府的名义颁发的促进非公有制经济发展的文件。这份文件从放宽非公有制经济市场准入、加大对非公有制经济的财税金融支持、完善对非公有制经济的社会服务、维护非公有制企业和职工的合法权益、引导非公有制企业提高自身素质、改进政府对非公有制企业的监管、加强对发展非公有制经济的指导和政策协调7个方面提出了36条意见。由于计划体制和传统观念的影响，非公有制经济的发展也面临着种种困难和问题，主要是还没有完全获得一个与国有经济和外资经济平等竞争、一视同仁的法治环境、政策环境和市场环境。在非公有制经济发展的关键时刻，国务院及时出台《若干意见》，有利于进一步更新观念，打开思路，破解难题，指导实践，让非公有制经济发展再上台阶。

讨论：

结合这一文件，谈谈非公有制经济在我国宪法和经济体制中的地位和作用。

讨论要点提示：

（1）公有制为主体、多种所有制经济共同发展是我国社会主义初级阶段的基本经济制度。

（2）国家鼓励、支持和引导非公有制经济发展，并对非公有制经济依法实行监督和管理。

（3）我国个体、私营等非公有制经济不断发展壮大，已经成为社会主义市场经济的重要组成部分和促进社会生产力发展的重要力量。积极发展个体、私营等非公有制经济，有利于繁荣城乡经济、增加财政收入，有利于扩大社会就业、改善人民生活，有利于优化经济结构、促进经济发展，对全面建设小康社会和加快社会主义现代化进程具有重大的战略意义。

在线练习

第三章　人民代表大会制度

【本章引言】

前一章讲的是国家性质，这一章讲的是国家形式——政权组织形式、国家标志形式等。形式与内容是一对哲学范畴，内容决定形式，形式反映内容。国家形式是宪法学中的一个重要内容，它使国家性质能得到更全面和更具体的反映。在国家形式中，人民代表大会制度是我国的根本政治制度，也是我国的政权组织形式，它与西方国家的三权分立的总统制、议会制等政权组织形式有很大的差别。人民代表大会制度是以民主选举人民代表组成各级人民代表大会为组成起点的，因此选举制度是国家形式得以建构的重要制度。国旗、国歌、国徽和首都是国家的标志，也是国家形式的重要内容。

【本章学习目标】

通过本章的学习，你应该能够：

1. 理解政体的分类，掌握政体与国体之间的相互关系。
2. 了解我国人民代表大会制度的地位、构成环节、基本原则以及主要功能。
3. 理解选举制度的功能，掌握我国选举制度的基本原则和基本程序。
4. 理解国家标志的意义。

第一节　政体概述

一、政体的概念与分类

（一）政体的概念

政体是指拥有国家主权的统治阶级为实现其意志而构建的一种宏观组织活动架构，包括政权组织形式和统治管理方式两方面的内容。政权组织形式，是指统治阶级按照一定的原则组成的、代表国家行使权力以实现阶级统治任务的国家政权机关的组织体制。统治管理方式，是指统治阶级按照一定的原则和方法通过国家政权组织进行统治和管理的运作机制。从宪法学角度讲，政体主要体现为政权组织形式。

政体是国家制度的重要组成部分。作为国家的主要外在表现形态，政体与国家是同时产生、同步发展、密不可分的。没有一定组织形式的政权机关，国家政权就不能有效地实现统治。因此，掌握国家政权的各国统治阶级，无一例外，都要根据本国的实际情况和现实需要，采取与自己国家政权的性质相适应的政体，以实现国家的各项职能。

在内容上，政体主要由应当设立哪些国家政权机关、应当按照什么样的原则组织国家政权机关、各国家政权机关应当如何行使国家权力、应当如何处理国家政权机关之间的相互关系等问题组成。

（二）政体的分类

政体的选择受国体的决定性制约，此外还要受各国文化传统、民族特点、历史条件、地理环境、风俗习惯等各种因素的综合影响。由于各国的具体国情不同，其所选择或采用的政体形式也不尽相同。对各国具体的政体形式进行归纳，大致可将其分为君主制政体和共和制政体两大类。

1. 君主制政体

君主制政体是指国家的最高权力实际上或名义上由君主一人掌握的政体。君主制政体可分为君主专制政体和君主立宪政体。

君主专制政体是指由君主一人掌握国家最高权力的政体，这种政体为奴隶制和封建制的大多数国家所采用。君主立宪政体是指君主不再享有专制政体下的无限权力，其权力受宪法和议会限制的政体，因此亦称“有限君主制”政体。君主立宪政体又分为二元君主立宪制政体和议会君主立宪制政体两种形式。前者主要产生于封建残余势力比较强大的资本主义国家，其主要标志是君主的权力虽然在名义上受到宪法和议会的限制，但君主仍保持很大的实际权力，在国家生活中占有主导地位。后者主要产生于资产阶级势力强大、封建势力又有一定影响力的国家，其主要标志是君主受宪法和议会的限制较大，往往是“临朝而不理政”的象征性国家元首，议会是最高立法机关，内阁掌握实际行政权力，内阁由议会产生，向议会负责。

2. 共和制政体

共和制政体是指国家的最高权力实际上或名义上都不属于一人所有，而由选举产生并有一定任期的国家机关掌握的政体。一部分资本主义国家和所有社会主义国家都选择了这种政体。

资本主义国家的共和制政体，按其特点可分为议会制、总统制和委员会制三种主要形式。议会制的主要特点是：议会在国家生活中占主导地位；内阁由议会产生，向议会负责；总统由选举产生，一般不掌握实际权力，只为名义上的国家元首。总统制的主要特点是：总统由民选产生，对选民负责，既是国家元首，又是政府首脑，在国家生活中占有主导地位；议会行使立法权，对总统行使一定的制约权。委员会制的主要特点是：立法权属于议会；最高行政机构由委员会构成，由议会选举产生。

社会主义国家的共和制政体，在形式上有苏维埃制、大国民议会制、代表团制、人民代表大会制等许多具体表现。但在实质上各种具体表现形式之间没有根本性区别，它们都按照议行合一或民主集中制的原则组成，人民代表机关都在国家政权组织体系中占有最高的主导地位，其他国家机关都由代表机关产生，向代表机关负责。因此，它们可统称为人民代表制政体。

二、政体与国体的关系

政体与国体即政权组织形式与国家的阶级本质之间的关系极为密切，它们同属于国家制度的重要组成部分，既属于不可分割的整体，又分别从形式和内容两个方面来反映和体现国家这一社会现象，有各自不同的地位和作用。二者之间的相互关系，具体表现在以下三个方面。

（一）政体与国体相互依存、对立统一、不可分割

国家是阶级专政的工具，掌握国家政权的统治阶级总是要根据本国的实际需要，建立与自己的国家性质相适应的政权组织形式。国体是国家的内在表现形式，政体是国家的外在表现形式。没有只有国体的国家，也没有只有政体的国家。没有政体，国体就无从体现；没有国体，政体也无从存在。任何国家都是一定国体与一定政体的统一体。

（二）国体是政体存在和发展的基础，决定着政体的存在形态

从本质上讲，国家从来都是阶级压迫和阶级专政的工具，是统治阶级用以达到统治目的的一种暴力机器。包括国家政权组织形式在内的一切国家形式都必须服从统治阶级的需要，为统治阶级实现其统治目的服务。这就是说，政体是由国体所决定的，有什么样性质的国家，就要求有什么样的政权组织形式与之相匹配。因此，国家的性质不同，统治的目的不同，政权组织形式的差异就比较大；同一类型的国家，虽然其政权组织形式也存在着差异，但这种差异与不同类型国家间的差异相比就要小得多。而国家性质的变化，往往要引起政权组织形式的变化。

（三）政体是国体的体现和反映，对国体有能动的反作用

政体是国家统治阶级的基本要求在国家形式上的重要体现和反映，但它并不是简单地体现和反映国体，而是在体现和反映国体的同时对国体发挥能动的反作用。这种反作用主要表现为两种情况：一是当政权组织形式适合于国家性质的时候，它对国家性质的反作用表现为保护作用，这时国家政权得到巩固，政治稳定，经济发展，统治阶级能够达到其统治目的；二是当政权组织形式不适合于国家性质的时候，它对国家性质的反作用就表现为破坏作用，这时不是对政权组织形式的具体环节进行改革和完善，就是最终引发动乱和革命，通过政权更迭来改变国家性质，从根本上解决问题。只有不断地适应国家性质的要求，变革、完善现有的政权组织形式，才能使政权组织形式更好地为国家性质服务，达到良好的统治效果。

宪法作为国家根本大法规定国体和政体的意义。就二者的相互关系来讲，一方面在于用政权组织形式体现和反映国家性质、反映统治阶级的要求，为统治阶级实现统治目的而服务；另一方面在于以国家权力确认和保护适合国家性质的政权组织形式，并为政权组织形式的不断发展及完善提供依据、原则和方向。

第二节　人民代表大会制度是我国的政权组织形式

一、人民代表大会制度的概念

人民代表大会制度是经我国人民长期的政权建设实践，由第一次国内革命战争时期的

“市民大会”“农民协会”“罢工工人代表大会”，第二次国内革命战争时期的“工农兵苏维埃代表大会”，抗日战争时期的“参议会”和第三次国内革命战争时期的“人民代表会议”等制度逐步发展而形成的一种政治制度，新中国成立时的《共同纲领》和后来的历部宪法都将它确定为我国的政权组织形式。

人民代表大会制度作为我国的政权组织形式即政体，是共和制政体和人民代表制政体的一种具体表现形式。所谓人民代表大会制度，就是指我国人民在中国共产党的领导下，按照民主集中制的原则，依照法定的程序，首先通过民主选举产生人民代表组成各级人民代表大会，再以各级人民代表大会为基础组织对它负责、受它监督的各级其他国家机关，组成统一协调的国家政权机关体系，共同行使国家权力，实现人民当家做主权利的一种政治制度。

2014 年 9 月 5 日，习近平总书记在庆祝全国人民代表大会成立 60 周年大会上的讲话中指出：“在中国实行人民代表大会制度，是中国人民在人类政治制度史上的伟大创造，是深刻总结近代以后中国政治生活惨痛教训得出的基本结论，是中国社会 100 多年激越变革、激荡发展的历史结果，是中国人民翻身作主、掌握自己命运的必然选择。”

二、人民代表大会制度的构成环节

人民代表大会制度作为我国的政权组织形式，其构成主要包括以下几个环节。

（一）民主选举人民代表组成各级人民代表大会

我国是社会主义国家，国家的一切权力属于人民，这是我国国家性质的体现，我国的政权组织形式必须以保证人民能够掌握和行使国家权力为出发点。虽然从理论上讲，国家一切权力属于人民的最好实现方式应当是实行直接民主，由全体人民直接行使国家权力，但这在实际上是行不通的。在现代国家，国家权力的行使通常都是由普选的代表组成的代表机关来实现的。我国作为一个幅员辽阔、人口众多的大国，更不能例外。因此，我国宪法在规定国家一切权力属于人民的同时，又规定人民行使国家权力的机关是全国人民代表大会和地方各级人民代表大会。我国各级人民代表大会，依照宪法和法律的规定，由人民直接或间接选举出的人民代表组成，依法在各自权限范围内行使国家权力。各级人民代表大会作为人民行使国家权力的机关，必须对人民负责，受人民监督。而在人民代表大会内部，人民代表大会常务委员会则要向本级人民代表大会负责，受本级人民代表大会监督。在实际生活中，人民对各级人民代表大会的监督主要通过依法定程序监督、罢免自己所选出的人民代表和对人民代表大会提出批评、建议等方式来体现。而人民代表大会对人民代表大会常务委员会的监督则主要通过依法定程序监督、罢免本级人民代表大会常务委员会组成人员和撤销、改变本级人民代表大会常务委员会制定的不适当的决议和命令等形式来体现。由民主选举产生人民代表，组成各级人民代表大会，是人民代表大会制度构成的逻辑起点。

（二）以人民代表大会为基础组织全部国家机构

人民代表大会作为国家权力机关，是全权性的国家机关，全国人民代表大会和地方各级人民代表大会代表人民行使的国家权力，从本质上说是统一而不可分割的。但是全国人民代表大会和地方各级人民代表大会是不可能行使全部国家权力的，因此在行使国家权力的时候，还必须设立国家行政机关、监察机关、审判机关、检察机关等其他一些国家机关，按照不同的职权将国家权力在这些国家机关中进行分工，使统一的国家权力得到实现。各级人民代表大会既直接行使宪法与组织法赋予的一部分职权，又要作为全权性国家机关负责组织本级其他国家机关，对它们行使法定职权的行为进行监督，以保证它们能够实现人民的意志，贯彻国家一切权力属于人民的原则。各级人民代表大会与由它们产生的其他国家机关共同构成我国国家机关体系，在各级人民代表大会代表人民掌握全权的前提下，按照法定分工行使各自的职权，实现统一的国家权力。其他国家机关既然是由各级人民代表大会产生的，就应当向产生它们的各级人民代表大会负责，受各级人民代表大会监督。以人民代表大会为基础组织全部国家机构是人民代表大会制度构成的关键。

（三）统一协调全部国家机构共同行使国家权力

任何国家的统治阶级建立和完善政权组织形式，都是为了行使国家权力，贯彻国家职能，实现统治目的。我国以人民代表大会为基础而建立起来的全部国家机构就是我国国家权力的共同直接行使者。按照宪法和法律的规定，全国人民代表大会和地方各级人民代表大会是国家的权力机关，行使立法或规范性文件制定权、对重大问题的决定权、对有关国家机关工作人员的任免权和对其他国家机关的监督权等国家权力；国务院和地方各级人民政府是本级人民代表大会的执行机关和国家行政机关，行使国家行政权；最高人民法院、地方各级人民法院和专门人民法院是国家审判机关，行使国家审判权；最高人民检察院、地方各级人民检察院和专门人民检察院是国家法律监督机关，行使国家法律监督权；国家监察委员会是最高监察机关，行使国家监察权；中央军事委员会是国家最高军事领导机关，行使国家最高军事领导权；国家主席对外代表中华人民共和国，根据全国人民代表大会和全国人民代表大会常务委员会的决定，行使公布法律权、发布命令权、人事任免权、外事权和荣典权等国家权力。全部国家机构按照法定原则和职权，统一协调地行使国家权力，贯彻国家职能，实现广大人民的意志，这是人民代表大会制度的核心。

（四）贯彻国家一切权力属于人民的宪法原则，实现人民当家做主的权利

我国是社会主义国家，人民是国家的主人，国家的一切权力属于人民是我国宪法明文确立的政治原则，也是我国国家性质的体现。保证人民掌握国家权力，行使国家权力，实现人民当家做主的地位，是我国人民奋斗的根本性目标之一。而要实现人民当家做主的主人翁地位，就必须建立一套行之有效的政治制度，使在文化素养、生活习惯、觉悟程度、思想素质和从事的职业及具体的利益要求等方面存在极大差异的亿万人民能够形成统一意志，并通过可以操作的方式和组织来实现这种统一意志。在我国，能实现这一目标的最主要的政治制度就是人民代表大会制度。贯彻国家一切权力属于人民的政治原则，实现人民当家做主的权利，是人民代表大会制度的归宿。以实现人民当家做主的权利为归宿，是人民代表大会制度这一社会主义国家的政权组织形式区别于资本主义国家的议会制政权组织形式的重要特征之一。国家机关及国家工作人员通过各种形式向人民负责，接受人民监督，是贯彻国家一切权力属于人民的宪法原则的必然要求。

三、人民代表大会制度的基本原则

人民代表大会制度与西方国家的议会制政体不仅在性质上不同，在组织与运行原则上也不相同。西方各国的议会制政体是在三权分立的原则下组成与运行的，而人民代表大会制则是在民主集中制的原则下组成与运行的。民主集中制在强调民主分工的基础上，又赋

予民意代表机关以集中统一的全权地位。从理论上讲，它既反对极端民主，又反对专制独裁，能够避免三权分立的弊病，加强人民在国家权力行使过程中的地位和作用。因此，它比三权分立原则更为优越，也与社会主义国家之国家一切权力属于人民的本质要求相适应。人民代表大会制度依照这一原则进行组织与运行是人民代表大会制度的优势所在。

所谓民主集中制，就是既有民主，又有集中，在民主的基础上实行集中，在集中的指导下实行民主，将民主与集中有机结合的一种制度。民主与集中这种有机结合的辩证关系在我国人民代表大会制度的组织与运行中得到了充分体现：

（1）从人民与人民代表大会的关系上看，全国人民代表大会和地方各级人民代表大会，都是由人民按民主原则直接或间接选举产生的代表组成的，选民或原选举单位有权罢免不称职的代表，各级人民代表大会对人民负责，受人民监督；同时，各级人民代表大会一经成立，便代表人民统一行使国家权力，它们制定的法律和作出的决议，任何人都必须遵守。人民与人民代表大会的这种关系，既表明人民是国家的主人，人民代表是人民的公仆，人民代表大会是人民意志的执行机关，又表明人民代表大会是人民意志的反映者和集中体现者，是国家权力的集中行使者。

（2）从人民代表大会与其他国家机关的关系上看，一方面，在国家政权体系中，人民代表大会是国家权力机关，代表人民行使全部国家权力，处于主导地位，其他国家机关都由人民代表机关产生，向它负责，受它监督，处于从属地位；另一方面，在人民代表大会掌握国家全权的前提下，国家行政机关、监察机关、审判机关、检察机关、军事领导机关等其他国家机关，依照职能分工，各自行使自己法定的职权。

（3）从中央与地方、上级与下级国家机关的关系上看，我国幅员辽阔，行政区域划分层次及国家机关设置层次都比较复杂，为了正确处理国家整体利益与局部利益、一般利益与特殊利益的关系，要使全国各地和各级各类国家机关组合成协调发展的统一整体，做到全国一盘棋。根据宪法的规定，在处理中央与地方、上级与下级国家机关之间的关系时，既要保证中央和上级国家机关的集中统一领导，要求地方服从中央，下级服从上级，又要充分照顾地方和下级的特点，使它们能充分发挥主动性、积极性。

（4）从国家机关的领导体制上看，一方面，根据国家机关工作性质和特点的不同，有的国家机关实行侧重于民主的集体负责制领导体制，有的国家机关实行侧重于集中的首长负责制领导体制，使国家政权机关从总体的领导体制上体现出既有民主又有集中的特点；而另一方面，在同一国家机关内部，实行集体负责制的机关同时也必须依法实行一定范围的集中，实行首长负责制的机关同时也必须依法实行一定范围的民主，同样体现出既有民主又有集中的特点。

在人民代表大会制度中认真贯彻民主集中制原则，是从总体上把握国家政权机关体系的组织与运行，正确处理人民群众与国家机关之间的关系、国家机关相互之间的关系、国家机关内部各组成部分之间的关系的关键。只有认真贯彻这一原则，才能在国家生活中形成一个既有集中又有民主、既有纪律又有自由、既有统一意志又有个人心情舒畅的生动活泼的政治局面。

四、人民代表大会制度的作用

人民代表大会制度作为我国的根本政治制度，在我国国家生活和社会生活中发挥着极为重要的作用，其主要表现为以下几个方面。

（一）保障国家的社会主义性质

我国是人民民主专政的社会主义国家，坚持社会主义道路是宪法确认的四项基本原则之一。政权组织形式决定于国家性质，又对国家性质的巩固与发展发挥着积极的反作用。我国的人民代表大会制度是与人民民主专政的社会主义国家性质相适应的政权组织形式，对社会主义制度的巩固和发展起着积极的保障作用。人民代表大会制度对我国社会主义性质的保障作用，首先表现在它是建立在公有制的基础之上，为以公有制为主体的、多种所有制经济共同发展的社会主义经济制度服务的政治制度，在保障公有制经济的主体地位和发展其他形式的所有制经济的活动中，通过立法、执法、司法等手段发挥着积极作用。其次表现在政治与文化建设领域，坚持以马克思列宁主义、毛泽东思想、邓小平理论、“三个代表”重要思想、科学发展观和习近平新时代中国特色社会主义思想为指导，积极发挥国家政权机关的整体效力，以辩证唯物主义和历史唯物主义世界观和方法论占领思想文化阵地，培养有理想、有道德、有纪律、有文化的社会主义新人，确保工人阶级的领导地位和工农联盟的阶级基础地位，保障国家的社会主义性质。

（二）保障人民当家做主的主人翁地位

国家一切权力属于人民是社会主义国家的本质特征之一，其在国家生活中的具体表现就是人民当家做主。人民代表大会制度是人民实现国家主人翁地位的最有效的制度保障，在实际生活中具有任何政治制度不可替代的重要作用。

（1）人民代表大会制度是便于人民参加国家管理的制度。我国的人民代表大会制度是广大人民在革命斗争中直接创造出来的，并在革命与建设实践中不断完善的一种政权组织形式，其产生、构成与运行无不贯穿着民主精神。人民不仅通过选举产生人民代表，组成人民代表大会，行使国家权力，还通过对国家机关及其工作人员的批评、建议，通过对他们的违法失职行为的申诉、控告、检举等形式参与国家管理。人民代表大会制度是最具人民性，最能吸引和调动广大群众的政治积极性，最能吸收广大群众参加国家管理的政权组织形式。

（2）人民代表大会制度是便于联系人民、实现人民意志的政权组织形式。我国的各级人民代表大会代表，来自社会的各行各业，具有广泛的代表性，他们来自人民，服务人民，同人民有广泛的联系，能够反映人民的各方面要求，形成共同的国家意志，制定出法律、法规等规范性文件。其他国家机关在各级人民代表大会的统一领导下，依法履行职责，执行法律、法规，共同实现人民意志。

（3）人民代表大会制度是便于人民监督的政权组织形式。在人民代表大会制度下，各级人民代表大会代表由民主选举产生，向选民或原选举单位负责，受选民或原选举单位监督；各级其他国家机关由各级人民代表大会产生，向人民代表大会负责，受人民代表大会监督；一切国家机关及其工作人员还在工作中受到公民的依法直接监督。

这一切都说明，人民代表大会制度全面地确立了人民在国家生活中的主人翁地位，并将其规范化、制度化。

2014年9月5日，习近平总书记在庆祝全国人民代表大会成立60周年大会上的讲话中强调：“坚持和完善人民代表大会制度，必须保证和发展人民当家作主。人民当家作主是社会主义民主政治的本质和核心。人民民主是社会主义的生命。没有民主就没有社会主义，就没有社会主义的现代化，就没有中华民族伟大复兴。我们必须坚持国家一切权力属于人民，坚持人民主体地位，支持和保证人民通过人民代表大会行使国家权力。”

党的二十大报告指出：“坚持和完善我国根本政治制度、基本政治制度、重要政治制度，拓展民主渠道，丰富民主形式，确保人民依法通过各种途径和形式管理国家事务，管理经济和文化事业，管理社会事务。支持和保证人民通过人民代表大会行使国家权力，保证各级人大都由民主选举产生、对人民负责、受人民监督。支持和保证人大及其常委会依法行使立法权、监督权、决定权、任免权，健全人大对行政机关、监察机关、审判机关、检察机关监督制度，维护国家法治统一、尊严、权威。加强人大代表工作能力建设，密切人大代表同人民群众的联系。”

（三）调动中央与地方两个积极性，保障国家权力的顺利实现

国家权力的顺利实现，有赖于各级国家机关的协调与统一。在我国这样一个大国，调动中央与地方两个积极性，对于国家权力的实现具有极为重要的意义。在我国的人民代表大会制度下，坚持中央的统一领导和发挥地方的主动性、积极性这两个方面，得到了有机的统一。根据宪法和法律的规定，在人民代表大会制度下，不论是中央国家机关还是地方国家机关，不论是人民代表机关还是其他国家机关，都是按照民主集中制原则建立起来的、受人民委托、为了人民的利益而行使国家权力的统一整体。需要在全国范围内决定的重大问题，都要由中央国家机关依照法定职权分工予以决定，其余的事务则由地方国家机关依据不同情况分级决定。当中央与地方国家机关在工作中发生矛盾时，必须遵循地方服从中央的原则，以实行全体人民的共同意志。在保证统一领导的前提下，中央应当充分考虑地方的特点，充分发挥它们的主动性、积极性，使之能够因时制宜、因地制宜地解决各种地方事务。由此可见，人民代表大会制度是一种既能保证中央集中统一领导，又能充分发挥地方积极性，有利于保证国家权力顺利实现的政权组织形式。

（四）保障平等团结互助和谐的民族关系

各民族一律平等，是我国解决民族关系问题的基本原则。作为国家根本政治制度的人民代表大会制度，必须贯彻民族平等的原则。贯彻这一原则，有利于保障各族人民的切身利益，有利于维护国家统一和民族团结，实现各民族的共同繁荣。人民代表大会制度对民族平等原则的体现在于以下几点：

（1）保证了各族人民能够平等地参与国家政治生活，共同行使国家权力。按照《选举法》的规定，全国少数民族应选全国人民代表大会代表，由全国人民代表大会常务委员会参照各少数民族的人口数和分布等情况，分配给各省、自治区、直辖市的人民代表大会选出。人口特少的民族，至少应有代表一人。

（2）保障民族平等的政治形式，即民族区域自治制度的建立。我国在各少数民族聚居的地方实行区域自治，设立自治机关，由自治机关行使自治权，这就充分发挥了各族人民当家做主的积极性，体现了国家坚持实行各民族平等、团结和共同繁荣的原则。

（3）我国宪法和有关法律还规定设置专门处理民族事务的机构和组织。目前，在全国人民代表大会设立了民族委员会，专门负责研究、审议和拟定有关民族问题的议案。在国务院下设了民族事务委员会。在民族事务较多的省、市、县的人民代表大会常务委员会中

设立了民族委员会，在有的地方政府设立了民族事务管理机构。

五、人民代表大会制度的地位

人民代表大会制度作为我国的政权组织形式，在我国国家制度中占有非常重要的地位，根据宪法的规定，人民代表大会制度是我国根本的政治制度。

人民代表大会制度的根本政治制度地位，是由以下几个方面的原因所决定的。

（一）这一制度能够体现我国人民民主专政的国家性质

我国人民民主专政的国家性质，决定了在我国必须以工人、农民和知识分子作为进行社会主义建设的基本依靠力量；决定了在我国必须建立工人阶级领导的、以工农联盟为基础的，包括全体社会主义劳动者、社会主义事业的建设者、拥护社会主义的爱国者、拥护祖国统一和致力于中华民族伟大复兴的爱国者的广泛的爱国统一战线；决定了在我国必须实行平等团结互助和谐的民族政策。人民代表大会制度就是最能体现各阶级、阶层和各民族在国家生活中的地位，便于实现最广泛的民主，便于吸收广大人民群众参加国家管理和社会主义建设事业，充分发挥最大多数人的智慧和创造力的一种制度。其具体表现为：

（1）由普选产生的各级人民代表大会在代表构成上既体现了工人阶级领导、以工农联盟为基础的人民民主专政的阶级基础，保证了工人、农民和知识分子的优势地位，又体现了代表来源的广泛性，吸收了社会其他阶层的代表、民主党派的代表、无党派爱国人士的代表、少数民族的代表和华侨的代表等，保证了劳动者与爱国者的巩固联盟，保证了民族平等。

（2）各级人民代表大会在组织国家行政机关、监察机关、审判机关、检察机关的时候，通过民主的法定程序，使德才兼备、有一定代表性、能够为人民服务的干部进入领导岗位，从而保证其他国家机关能够比较完善地实现人民民主专政职能。

（3）在人民代表大会制度下，我国一切国家机关的活动都必须以符合人民的利益为根本准则，以表达人民意志的法律和政策为依据，向人民负责，受人民监督，充分反映我国人民民主专政的国家性质。

（二）这一制度能够体现我国社会主义民主政治的要求

社会主义民主是不同于资本主义民主的一种新型民主，是对绝大多数人实行民主。在我国，实行民主政治的核心内容就是要在国家生产和社会生活中使人民当家做主，使一切权力属于人民的宪法原则变为现实的制度。在实现社会主义民主政治的各种制度和形式中，人民代表大会制度是一种最根本的制度，它充分体现了社会主义民主政治的基本要求，为人民当家做主权利的实现创造了现实的基础和条件。这主要表现在：

（1）人民代表大会制度为充分反映广大人民的意志创造了基础和条件。通过人民代表在各级人民代表大会的活动，把人民群众的意见和建议充分收集并反映上来，使之系统化为国家法律或政策，成为人人必须遵守的行为规则，这是反映人民意志的最重要形式之一。

（2）人民代表大会制度为充分贯彻人民意志创造了基础和条件。在人民代表大会制度下，各级人民代表大会不仅要反映人民的意志，制定法律、法规和其他规范性文件，还要组织和监督其他国家机关认真贯彻反映人民意志的各种规范性文件。行政机关、检察机关和审判机关等国家机关履行各自的职能、行使各自的职权，要依法进行，受人民代表大会的监督，向人民代表大会负责。法律的充分贯彻，也就意味着人民意志的贯彻，人民代表大会制度下国家权力的运行方式，是充分贯彻人民意志的有效方式。

（3）人民代表大会制度也为人民直接参与国家管理的民主形式的发展创造了基础和条件。在人民代表大会制度下，人民群众参政、议政，直接参与国家管理的民主形式得到了不断的发展。人民不仅可以选举、监督、罢免人民代表，以保证充分反映自己的意志，还有权对一切国家机关及其工作人员的工作提出批评和建议，对其违法失职行为提出申诉、控告或者检举。一切国家机关及其工作人员都必须向人民负责，受人民监督。人民群众参政、议政，直接参与国家管理的形式，突出地体现了人民代表大会制度对社会主义民主政治的反映。人民代表大会制度是人民行使国家权力、实现社会主义民主的最好途径和方式。

（三）这一制度能够体现我国政治生活的全貌

人民代表大会制度作为我国的政权组织形式，与国家政治生活息息相关，其本身的组织和运行就是国家政治生活的最重要组成部分之一。在国家政治制度中，它是最能体现国家政治生活的制度。它的这种地位，可以从以下三个方面得到说明：

（1）人民代表大会制度是由人民革命直接创造出来的，是人民革命政权建设经验的总结，它的产生不以其他任何制度为依据，也不依靠既有的任何法律规定，而是人民革命政治斗争的直接产物。

（2）人民代表大会制度是我国政治制度产生的源泉，它一经确立，即成为国家其他政治制度赖以建立的基础。无论是国家的军事制度、财政制度还是立法制度、行政制度、审判制度、检察制度和监察制度，无一不是人民代表大会制度的产物。

（3）无论是国家的军事制度、财政制度、外交制度，还是立法制度、审判制度、行政制度、检察制度和监察制度，都是体现我国政治生活某一方面的政治制度。只有人民代表大会制度，才是把我国的一切国家政权机关的组织与活动都包括在内，涵盖我国政治生活各个主要方面的政治制度。

第三节　选举制度

一、选举制度概述

（一）我国选举制度的概念

选举、选举法和选举制度是三个密切相关的概念。在现代宪法制度中，选举通常包括两种含义：其一，指按照一定的原则、程序和方法推举、选择国家代表机关代表或者其他国家机关公职人员的活动；其二，仅指按照一定的原则、程序和方法推举、选择国家代表机关代表的活动。与之相适应，选举法和选举制度也有广义、狭义之分。广义的选举法是指规定推举、选择国家代表机关代表和其他国家机关公职人员的原则、程序和方法的法律规范的总和；狭义的选举法是指规定推举、选择国家代表机关代表的原则、程序和方法的法律规范的总和，有时甚至仅指规定推举、选择国家代表机关代表的原则、程序和方法的最主要法律——选举法。同样，广义的选举制度是指由选举法所规定的推举、选择国家代表机关代表和其他国家机关公职人员的原则、程序和方法等具体制度的总和；狭义的选举制度则是指由选举法所规定的推举、选择国家代表机关代表的原则、程序和方法等具体制度的总和。在我国的宪法实践和理论研究中，选举、选举法和选举制度通常都在狭义上被使用。本节所叙述的选举制度，就是指由《中华人民共和国全国人民代表大会和地方各级人民代表大会选举法》(以下简称《选举法》）及关于选举各级人民代表的其他法律规范所规定的各项具体的制度的总和。它在内容上包括选举的原则、选举的范围、选民资格、选区划分、选举主持机构的设立及运行、选民登记、代表候选人的提名及确定、投票程序、选举诉讼等一系列具体的制度。

（二）我国选举制度的功能

选举制度是我国民主政治制度的重要组成部分，在我国政治生活中发挥着极为重要的作用，其功能主要体现在以下几个方面：

(1) 反映人民意志，保障人民实现当家做主的民主权利。选举是人民掌握国家政治、参加国家管理的重要途径和形式。通过选举，人民可以把自己信赖的人推举、选入国家权力机关，反映人民的要求和呼声，代表人民决定国家大事，组织并监督其他国家机关，从而保障人民实现当家做主的民主权利。选举制度的完善与否，是国家民主程度高低的重要标志之一。

(2) 组织国家政权机关，完善人民代表大会制度。我国人民代表大会制度的主要内容就是由人民以直接或间接的方式，民主选举人民代表，组成各级人民代表大会，再以各级人民代表大会为基础组织其他国家机关，构成国家政权机关体系，按照民主集中制的原则共同行使国家权力，实现人民当家做主的权利。可见，选举不仅是国家政权机关得以组织的起点，也是人民代表大会制度得以建立和完善的起点。在我国国家政权机关及人民代表大会制度的组织与完善中，选举制度发挥着极为重要的基础作用。

(3) 协调不同的利益关系。在我国社会主义制度下，国家与人民、中央与地方、地区与地区、部门与部门等不同的社会主体之间虽然根本利益是一致的，但在具体利益上却难免存在着不同程度的差别。通过选举，不同的社会主体可以把能反映自己具体利益和要求的人推举、选择进国家代表机关，表达自己的意愿，协调与其他社会主体之间的利益冲突。通过国家代表机关进行利益的合理分配，能把不同社会主体之间的矛盾冲突减少到最低限度，从而维护正常的秩序。

二、我国选举制度的历史发展

我国选举制度的发展，同我国人民政权的建立和发展密切相关。早在民主革命时期，在中国共产党的领导下，各革命根据地就逐步形成了不同形式的选举制度。尽管这些制度还不很完善，但它们适应了建立人民革命民主政权的要求，为新中国选举制度的确立奠定了基础。

中华人民共和国成立以后，中央人民政府委员会于 1953 年 2 月 11 日举行第二十二次会议，通过了《中华人民共和国全国人民代表大会及地方各级人民代表大会选举法》，并于同年 3 月 1 日公布实施。这部《选举法》共 10 章 66 条，是新中国的第一部《选举法》。它确立了普遍、平等、直接与间接选举相结合、举手表决和无记名投票并用的选举原则，并具体规定了人民代表大会代表的名额、少数民族的选举、选举委员会的设立、选民登记、代表候选人的提出、投票程序及对破坏选举的行为的制裁等内容。它符合当时的实际需要，为全国性普选工作的顺利开展提供了法律依据。

1979 年 7 月，第五届全国人民代表大会第二次会议通过了新的《选举法》，并于 1980 年 1 月 1 日起施行。这部《选举法》共 11 章 44 条。与 1953 年的《选举法》相比，主要作了以下几方面的重要修改：

（1）将选民直接选举人民代表的范围由乡、镇级扩大到县级；

（2）将等额选举改为差额选举；

（3）把按居住状况划分选区改为按生产单位、事业单位、工作单位和居住状况划分选区；

（4）进一步完善了代表候选人的提名程序；

（5）一律实行无记名投票；

（6）规定代表候选人需获得选区全部选民或者选举单位的代表过半数的选票，始得当选；

（7）专章规定了对代表的监督权、罢免权和罢免代表的程序；

（8）明确规定各少数民族都应有代表参加全国人民代表大会，人口特别少的民族至少也应有代表一人。

这些修改，总结了过去的经验教训，使我国的选举制度朝着民主、公正、平等的方向迈出了重要的一步。

1982 年《宪法》颁布后，根据宪法所确认的原则，于同年 12 月召开的第五届全国人民代表大会第五次会议作出了《关于修改〈中华人民共和国全国人民代表大会和地方各级人民代表大会选举法〉的若干规定的决议》，对 1979 年《选举法》的某些条款作了补充和修改。1986 年 12 月，第六届全国人民代表大会常务委员会第十八次会议再次对《选举法》作了修改，根据 1979 年《选举法》颁布后的实际情况进行了补充和修改，在内容和程序方面更趋合理。

1995 年 2 月 28 日，第八届全国人民代表大会常务委员会第十二次会议通过了《关于修改〈中华人民共和国全国人民代表大会和地方各级人民代表大会选举法〉的决定》，又一次对《选举法》作了修正。这次修正的《选举法》共 11 章 53 条。它总结了以往历次修改《选举法》的经验，在内容上作了较多的修改，适应了我国现阶段政治、经济等各方面的实际情况，更具操作性。

2004 年 10 月 27 日，第十届全国人民代表大会常务委员会第十二次会议通过了《关于修改〈中华人民共和国全国人民代表大会和地方各级人民代表大会选举法〉的决定》，第四次对《选举法》作了修正。

2010 年 3 月 14 日，第十一届全国人民代表大会第三次会议对《选举法》进行了第五次修改。该修改主要涉及城乡平等原则的落实和选举程序的进一步完善等内容。

2015 年 8 月 29 日，第十二届全国人民代表大会常务委员会第十六次会议对《选举法》进行了第六次修改。此次修改主要增加了以下内容：（1）公民参加各级人民代表大会代表的选举，不得直接或者间接接受境外机构、组织、个人提供的与选举有关的任何形式的资助。违反前述法律规定的，不得列入代表候选人名单；已经列入代表候选人名单的，从名单中除名；已经当选的，其当选无效。（2）当选代表名单由选举委员会或者人民代表大会主席团予以公布。(3) 代表资格审查委员会依法对当选代表是否符合宪法、法律规定的代表的基本条件，选举是否符合法律规定的程序，以及是否存在破坏选举和其他当选无效的违法行为进行审查，提出代表当选是否有效的意见，向本级人民代表大会常务委员会或者乡、民族乡、镇的人民代表大会主席团报告。县级以上的各级人民代表大会常务委员会或者乡、民族乡、镇的人民代表大会主席团根据代表资格审查委员会提出的报告，确认代表的资格或者确定代表的当选无效，在每届人民代表大会第一次会议前公布代表名单。对补选产生的代表，也应当依法进行资格审查。

2020 年 10 月 17 日，第十三届全国人民代表大会常务委员会第二十二次会议对《选举法》进行了第七次修改。修改的主要内容包括：(1) 增加了“全国人民代表大会和地方各级人民代表大会代表的选举工作，坚持中国共产党的领导，坚持充分发扬民主，坚持严格依法办事”的规定。(2) 对人民代表名额的确定办法做出了更加详细、明确的规定，增加了关于重新确定代表名额的报备规定。(3) 对国家工作人员有法律规定的破坏选举的行为的，增加了除依法追究治安管理处罚或刑事处罚责任以外，还应当由监察机关给予政务处分或者由所在机关、单位给予处分的规定。

党的二十大报告强调：“我们要健全人民当家作主制度体系，扩大人民有序政治参与，保证人民依法实行民主选举、民主协商、民主决策、民主管理、民主监督，发挥人民群众积极性、主动性、创造性，巩固和发展生动活泼、安定团结的政治局面。”为我国选举制度的发展提出了新的要求。

三、我国选举制度的基本原则

（一）选举权的普遍性原则

选举权的普遍性原则，是指享有选举权和被选举权的公民的广泛程度。我国《宪法》第 34 条规定：“中华人民共和国年满十八周岁的公民，不分民族、种族、性别、职业、家庭出身、宗教信仰、教育程度、财产状况、居住期限，都有选举权和被选举权；但是依照法律被剥夺政治权利的人除外。”《选举法》第 4 条也作了同样的规定。从《宪法》和《选举法》的规定来看，我国公民享有选举权和被选举权除了在年龄和政治权利方面有一定的限制外，不受其他任何条件限制。

1983 年 3 月 5 日，第五届全国人民代表大会常务委员会第二十六次会议通过的《关于县级以下人民代表大会代表直接选举的若干规定》，对公民在某些特殊情况下能否享有和行使选举权的问题作了具体规定：因反革命案（现已改为危害国家安全案）或者其他严重刑事犯罪案被羁押，正在受侦查、起诉、审判的人，经人民检察院或者人民法院决定，在被羁押期间停止行使选举权利。同时规定，对下列人员准予行使选举权利：被判处有期徒刑、拘役、管制而没有附加剥夺政治权利的；被羁押，正在受侦查、起诉、审判，人民检察院或者人民法院没有决定停止行使选举权利的；正在取保候审或者被监视居住的；正在被劳动教养的（劳动教养制度已于 2013 年被废除）；正在受拘留处罚的。上述人员参加选举，由选举委员会和执行监禁、羁押、拘留或者劳动教养的机关共同决定，可以在流动票箱投票，或者委托有选举权的亲属或者其他选民代为投票。被判处拘役、受拘留处罚或者被劳动教养的人，也可以在选举日回原选区参加选举。对于精神病患者选举权的行使问题，我国《选举法》也作了规定：精神病患者不能行使选举权利的，经选举委员会确认，不列入选民名单。此外，《选举法》对少数民族和归侨、华侨的选举权也都作了专门规定。《选举法》规定人民解放军单独进行选举，选举办法另订。所有这些，都保证了我国选举制度普遍性原则的贯彻实施。

我国《宪法》和《选举法》的规定以及选举实践都证明，我国享有选举权的公民的广泛性程度，是许多资本主义国家普选制所不能比拟的，也是我国历史上任何一个时期的选举制度所不能比拟的。

（二）选举权的平等性原则

选举权的平等性，是指在一次选举中，每个选民只能有一个投票权；每个选民所投的选票的效力相等；在同一区域的同一级人民代表大会中，每个当选代表所代表的人口基数大致相等。这是宪法确认的公民在法律面前一律平等这一原则在选举制度中的具体体现，充分显示了我国选举制度民主性的实质。必须指出的是，我国选举制度所确认的平等性原则，追求形式上的平等，但也不忽视实质上的平等。例如，我国1979年《选举法》曾经规定，各级人民代表大会代表的名额是以一定人口数为基础的，但城乡代表所分别代表的人口数不同，即每个城镇代表所代表的人口数大致相等，每个农村代表所代表的人口数大致相等，而农村每一代表所代表的人口数4倍于城镇每一代表所代表的人口数。2010年修改《选举法》时将其改为按照每一代表所代表的城乡人口数相同的原则，以及保证各地区、各民族、各方面都有适当数量代表的要求进行分配。全国各级人大代表均按照这一原则进行分配。对于少数民族代表名额，《选举法》也根据民族平等的原则作出了明确规定，给予特殊照顾。

（三）直接选举与间接选举并用原则

直接选举是由选民直接投票选举代表机关代表的选举；间接选举是指由下一级代表机关代表来投票选举上一级代表机关代表的选举。我国《选举法》第3条规定："全国人民代表大会的代表，省、自治区、直辖市、设区的市、自治州的人民代表大会的代表，由下一级人民代表大会选举。不设区的市、市辖区、县、自治县、乡、民族乡、镇的人民代表大会的代表，由选民直接选举。"这一规定表明，我国在县级以下（包括县级）人民代表大会代表选举时，采用直接选举的方法；而全国人民代表大会代表，省、自治区、直辖市、设区的市、自治州的人民代表大会代表的选举则采用间接选举的方法。采用直接选举与间接选举并用的原则，符合我国目前的国情。在1953年的《选举法》中，仅在乡、镇等基层政权单位实行直接选举，县级以上人民代表大会代表的选举都实行间接选举。而在1979年的《选举法》中，将直接选举的范围扩大到县一级，这一变化具有重要意义：

（1）它扩大了人民群众直接参与政治生活的权利，有利于增强广大人民群众的主人翁意识。

（2）县级地方政权在国家权力系统中处于承上启下的重要地位，县级人民代表大会代表由选民直接选举，密切了地方政权机关与人民群众的关系。

（3）通过直接选举，把县级政权机关完全置于人民的直接监督之下，有利于巩固和加强地方政权机关的建设，促进政治民主化程度的提高。

随着政治、经济的发展，特别是民主政治的发展、人民民主意识和权利意识的增强，逐步提高直接选举的层次，扩大直接选举的范围，将是我国选举制度不断民主化的基本途径，也是我国民主政治发展的必然趋势。

（四）无记名投票原则

无记名投票是与记名投票相对应的一种选举方法，是秘密投票的一种具体形式。它是指选民在投票时根据自己的意愿填写内容而不需署名，并在填写好选票后亲自投入票箱的选举方法。也就是说，在投票选举时，选举人的意思是以秘密的方式表达的，不受任何外来的干涉和影响。我国《选举法》第40条第1款规定："全国和地方各级人民代表大会代表的选举，一律采用无记名投票的方法。选举时应当设有秘密写票处。"与记名投票的方法相比，无记名投票的方法能更好地发扬民主，使选民能毫无顾虑地行使自己的民主权利，在不受其他外部影响的情况下，完全按照自己的意愿选举代表。为了使所有选民都能行使选举权，我国《选举法》第40条第2款规定："选民如果是文盲或者因残疾不能写选票的，可以委托他信任的人代写。"无记名投票原则在选举中的确立，标志着我国选举制度民主性的加强。

（五）选民对代表的监督、罢免原则

选举权、被选举权和对代表的监督、罢免权是不可分割的整体。如果公民只有选举权和被选举权，而没有对代表的监督、罢免权，那么选举权和被选举权只能是徒有其名，人民也就不能真正实现管理国家的权力。因此，选民对代表的监督和罢免，是保证人民行使管理国家的权力的有效途径。我国《选举法》根据选举制度历史发展的经验教训，对这个问题作了专章规定，不仅规定全国和地方各级人民代表大会的代表受选民和原选举单位的监督，选民或者原选举单位都有权罢免自己选出的代表，还对监督、罢免的程序、方法作了具体规定。这一原则的确立，有利于增强代表的责任心，使人民代表真正能够代表人民的意志，按照人民的意愿来行使权力。

（六）选举权的保障原则

我国对选举权的保障，包括物质保障和法律保障两个方面。

1. 物质保障

我国《选举法》第8条规定："全国人民代表大会和地方各级人民代表大会的选举经费，列入财政预算，由国库开支。"选举经费是进行选举的必要的物质保证，如果没有经费，开展选举工作将会遇到种种困难，从而影响选举的正常进行，影响选民权利的实现。我国《选举法》规定选举经费由国库开支，使每个选民和候选人都能够不因经费问题而在选举中受到限制或者处于不利的地位，从物质上保证每个选民都能够根据自己的意愿自由投票，保证每个候选人都能够机会均等，保证选举能够公正、顺利地进行，真正体现民意，防止金钱操纵选举。

2. 法律保障

为了保障选举能够公正、合法地进行，一方面，我国《选举法》对选举的原则、组织、程序、方法等有关问题都作了明确、具体的规定，使得选举活动有法可依；另一方面，为保障选民和代表自由行使选举权和被选举权，我国《选举法》第58条专门规定了对各种破坏选举的行为的制裁措施。我国《刑法》《治安管理处罚法》及其他有关法律也都对如何保障选举制度的问题作了相应规定。这些规定从法律上保障了公民选举权得以真正实现，也保证了选举工作的正常合法进行。

参考案例

2012年12月28日至2013年1月3日，湖南省衡阳市召开第十四届人民代表大会第一次会议。在差额选举湖南省人大代表的过程中，发生了严重的以贿赂手段破坏选举的案

件。经初步查明，共有56名当选的省人大代表存在送钱拉票行为，涉案金额达1.1亿余元，有518名衡阳市人大代表和68名大会工作人员收受钱物。

2013年12月27日至28日，湖南省人大常委会召开全体会议，对在衡阳市十四届人大一次会议期间以贿赂手段当选的56名省人大代表，依法确认当选无效并予以公告。衡阳市有关县（市、区）人大常委会28日分别召开会议，决定接受512名收受钱物的衡阳市人大代表辞职。随后，有关部门在查清事实的基础上，依法追究相关人员的法律责任。

四、我国选举的民主程序

（一）确定选举组织

选举组织，是指负责选举工作、主持选举的组织机构。由于在选举中，我国采用直接选举与间接选举两种不同的选举方法，因而负责选举工作、主持选举的组织机构也不同。

1. 间接选举的选举组织

间接选举由本级人民代表大会常务委员会主持。根据《选举法》的规定，全国人民代表大会常务委员会主持全国人民代表大会代表的选举，省、自治区、直辖市、设区的市、自治州的人民代表大会常务委员会主持本级人民代表大会代表的选举。

2. 直接选举的选举组织

直接选举设选举委员会主持选举工作。根据《选举法》的规定，不设区的市、市辖区、县、自治县、乡、民族乡、镇设立选举委员会，主持本级人民代表大会代表的选举。不设区的市、市辖区、县、自治县的选举委员会受本级人民代表大会常务委员会的领导。乡、民族乡、镇的选举委员会受不设区的市、市辖区、县、自治县的人民代表大会常务委员会的领导。省、自治区、直辖市、设区的市、自治州的人民代表大会常务委员会指导本行政区域内县级以下人民代表大会代表的选举工作。选举委员会是组织和办理选举工作的办事机构，其主要职责是：（1）划分选举本级人民代表大会代表的选区，分配各选区应选代表的名额。（2）进行选民登记，审查选民资格，公布选民名单；受理对于选民名单不同意见的申诉，并作出决定。（3）确定选举日期。（4）了解核实并组织介绍代表候选人的情况；根据较多数选民的意见，确定和公布正式代表候选人名单。（5）主持投票选举。（6）确定选举结果是否有效，公布当选代表名单。（7）法律规定的其他职责。根据《全国人民代表大会常务委员会关于县级以下人民代表大会代表直接选举的若干规定》，不设区的市、市辖区、县、自治县的选举委员会的组成人员由本级人民代表大会常务委员会任命；乡、民族乡、镇的选举委员会的组成人员由其上一级人民代表大会常务委员会任命。选举委员会下设办事机构，办理选举的具体事务。

（二）进行选区划分和选民登记

1. 选区划分

选区是以一定数量的人口为基础划分的、进行人民代表大会代表选举的区域，是选民直接选举人民代表和人民代表联系选民、接受选民监督的基本单位。我国《选举法》第25条第1款规定："不设区的市、市辖区、县、自治县、乡、民族乡、镇的人民代表大会的代表名额分配到选区，按选区进行选举。"根据现行《选举法》的规定，选区可以按居住状况划分，也可以按生产单位、事业单位、工作单位划分。一般来说，选区的划分应考虑并遵循以下原则：

（1）便于选民就近参加选举活动，以便最大限度地保证广大选民参加选举，真正按照自己的意愿行使选举权利；

（2）便于选举的组织工作；

（3）便于选民了解本选区代表候选人的情况；

（4）便于代表联系选民，对选民负责，也便于选民对代表进行监督。

因此，我国《选举法》规定：选区的大小，按照每一选区选 1 名至 3 名代表划分。本行政区域内各选区每一代表所代表的人口数应当大体相等。

2. 选民登记

选民是指年满 18 周岁的有选举权和被选举权的公民。依照法律被剥夺政治权利的人没有选举权和被选举权，也就不能成为选民。选民登记是对选民资格进行确认的一项必经法律程序，任何享有选举权与被选举权的公民，只有经过选民登记，才能依法行使选举权和被选举权。根据《选举法》的规定，选民登记按选区进行，由选举委员会负责组织选民登记工作。凡年满 18 周岁，未被剥夺政治权利的公民都应列入选民名单。精神病患者不能行使选举权利的，经选举委员会确认，不列入选民名单。选民名单应在选举日的 20 日以前公布，并发给选民证。对于公布的选民名单有不同意见的，可以在选民名单公布之日起 5 日内向选举委员会提出申诉。选举委员会应在 3 日内对申诉意见作出处理决定。申诉人如果对处理决定不服，可以在选举日的 5 日以前向人民法院起诉，人民法院应在选举日以前作出判决。人民法院的判决为最后决定。经登记确认的选民资格长期有效。为了保证选民登记时不错登、漏登、重登，我国《选举法》规定：每次选举前，对上次选民登记以后新满 18 周岁的，以及被剥夺政治权利期满后恢复政治权利的选民，予以登记；对选民登记后迁出原选区的，列入新迁入的选区的选民名单；对死亡的和依照法律被剥夺政治权利的人，从选民名单上除名。

（三）产生代表候选人

代表候选人的产生，是选民推荐自己所满意的人作为人民代表的过程，也是民主选举的基础环节。

1. 推荐代表候选人

根据《选举法》的规定，全国和地方各级人民代表大会的代表候选人，按选区或者选举单位提名产生。由选民直接选举的人民代表大会代表候选人，由各选区选民和各政党、各人民团体提名推荐；县级以上的地方各级人民代表大会在选举上一级人民代表大会代表时，其代表候选人由代表和各政党、各人民团体提名推荐，其代表候选人不限于各该级人民代表大会的代表。另外，各政党、各人民团体，可以联合或者单独推荐代表候选人；选民或者代表 10 人以上联名，也可以推荐代表候选人。推荐者应向选举委员会或者大会主席团介绍候选人的情况。接受推荐的代表候选人应当向选举委员会或者大会主席团如实提供个人身份、简历等基本情况。提供的基本情况不实的，选举委员会或者大会主席团应向选民或者代表通报。

2. 确定代表候选人

由选民直接选举的人民代表大会代表候选人，由各选区选民和各政党、各人民团体提名推荐。选举委员会汇总后，在选举日的15日以前公布，并交各该选区的选民小组讨论、协商，确定正式代表候选人名单。如果所提候选人的人数超过《选举法》第31条规定的最高差额比例，由选举委员会交各该选区的选民小组讨论、协商，根据较多数选民的意见，确定正式代表候选人名单；对正式代表候选人不能形成较为一致意见的，进行预选，根据预选时得票多少的顺序，确定正式代表候选人名单。正式代表候选人名单应当在选举日的7日以前公布。

县级以上的地方各级人民代表大会在选举上一级人民代表大会代表时，提名、酝酿代表候选人的时间不得少于2天。各该级人民代表大会主席团将依法提出的代表候选人名单印发全体代表，由全体代表酝酿、讨论。如果所提代表候选人的人数符合选举法规定的差额选举比例，就直接进行投票选举；如果所提候选人的人数超过选举法规定的最高差额比例，则先进行预选，然后根据预选时得票多少的顺序，按照本级人民代表大会的选举办法，以及选举法确定的具体差额比例，确定正式代表候选人名单，进行投票选举。

我国《选举法》第31条对差额选举作了明确规定：全国和地方各级人民代表大会代表候选人的人数应多于应选代表的名额；由选民直接选举人民代表大会代表的，代表候选人的人数应多于应选代表名额三分之一至一倍；由县级以上的地方各级人民代表大会选举上一级人民代表大会代表的，代表候选人的人数应多于应选代表名额五分之一至二分之一。

3. 介绍代表候选人

在代表候选人推荐和确定的过程中，为了使所有选民或者代表都能够了解、熟悉代表候选人，选举委员会或者人民代表大会主席团应当向选民或者代表介绍代表候选人的情况。推荐代表候选人的政党、人民团体和选民、代表可以在选民小组或者代表小组会议上介绍所推荐的代表候选人的情况。选举委员会可以组织代表候选人与选民见面，回答选民的问题。但是，在选举日必须停止对代表候选人的介绍。

（四）投票选举代表

投票选举代表是选举过程中最主要的程序，也是选民或者代表行使选举权与被选举权的最终表现。为了保证投票选举活动能够真正做到公正、合法，我国《选举法》对投票选举的整个过程及程序作了专章规定。

1. 投票

根据我国《选举法》的规定，在选民直接选举人民代表大会的代表时，选民根据选举委员会的规定，凭身份证或者选民证领取选票。各选区应当设立投票站、流动票箱或者召开选举大会进行选举。投票选举由选举委员会主持。县级以上的地方各级人民代表大会在选举上一级人民代表大会代表时，由各该级人民代表大会主席团主持。

全国和地方各级人民代表大会代表的选举，一律采用无记名投票的方法。选民如果是文盲或者因残疾等原因不能写选票的，可以委托他信任的人代写。选民如果在选举期间外出，依法可以委托他人代为投票，但必须符合以下条件：（1）需经选举委员会同意认可；（2）必须有书面委托；（3）受委托人必须是具有选举权和被选举权，并依法进行登记的选民；（4）每一选民接受的委托不得超过3人；（5）按照委托人的意愿代为投票。

投票结束后，由选民或者代表推选的监票、计票人员和选举委员会或者人民代表大会主席团的人员将投票人数和票数加以核对，作出记录，并由监票人签字。每一选票所选人数，多于规定应选人数的为无效票；等于或者少于规定应选代表人数的为有效票。如果选举所投的票数多于投票人数，则选举无效；等于或者少于投票人数的有效。选举结果由选举委员会或者人民代表大会主席团根据选举法确定是否有效，并予以宣布。

2. 确定代表当选

在选民直接选举人民代表大会代表时，选区全体选民的过半数参加投票，选举有效；代表候选人获得参加投票的选民过半数的选票时，始得当选。县级以上的地方各级人民代表大会在选举上一级人民代表大会代表时，代表候选人获得全体代表过半数的选票时，始得当选。获得过半数选票的代表候选人的人数超过应选代表名额时，以得票多的当选。如遇票数相等不能确定当选人时，应当就票数相等的候选人再次投票，以得票多的当选。

3. 另行选举

获得过半数选票的当选代表的人数少于应选代表的名额的，不足的名额要另行选举。另行选举时，根据在第一次投票时得票多少的顺序，按照选举法规定的差额比例，确定候选人名单。如果只选 1 人，候选人应为 2 人。另行选举县级和乡级的人民代表大会代表时，代表候选人以得票多的当选，但是得票数不得少于选票的三分之一；县级以上的地方各级人民代表大会在另行选举上一级人民代表大会代表时，代表候选人获得全体代表过半数的选票，始得当选。

（五）代表的罢免、辞职与补选

1. 代表的罢免

我国《选举法》规定，全国和地方各级人民代表大会的代表，受选民和原选举单位的监督。选民或者原选举单位都有权罢免自己选出的代表。这也是我国选举制度的一项基本原则。

对于县级的人民代表大会代表，原选区选民 50 人以上联名，对于乡级的人民代表大会代表，原选区选民 30 人以上联名，可以向县级的人民代表大会常务委员会书面提出罢免要求。罢免要求应当写明罢免理由。被提出罢免的代表有权在选民会议上提出申辩意见，也可以书面提出申辩意见。县级的人民代表大会常务委员会应当将罢免要求和被提出罢免的代表的书面申辩意见印发原选区选民。表决罢免要求，由县级人民代表大会常务委员会派有关负责人员主持。

县级以上的地方各级人民代表大会举行会议的时候，主席团或者十分之一以上代表联名，可以提出对由该级人民代表大会选出的上一级人民代表大会代表的罢免案。在人民代表大会闭会期间，县级以上的地方各级人民代表大会常务委员会主任会议或者常务委员会五分之一以上组成人员联名，可以向常务委员会提出对由该级人民代表大会选出的上一级人民代表大会代表的罢免案。罢免案应写明罢免理由。

县级以上的地方各级人民代表大会举行会议的时候，被提出罢免的代表有权在主席团会议和大会全体会议上提出申辩意见，或者书面提出申辩意见，由主席团印发会议。罢免案经会议审议后，由主席团提请全体会议表决。县级以上的地方各级人民代表大会常务委员会举行会议的时候，被提出罢免的代表有权在主任会议和常务委员会全体会议上提出申辩意见，或者书面提出申辩意见，由主任会议印发会议。罢免案经会议审议后，由主任会议提请全体会议表决。

罢免代表采用无记名投票的方式表决。罢免县级和乡级的人民代表大会代表，须经原选区过半数的选民通过。罢免由县级以上的地方各级人民代表大会选出的代表，须经各该级人民代表大会过半数的代表通过；在代表大会闭会期间，须经常务委员会组成人员的过半数通过，将罢免的决议报送上一级人民代表大会常务委员会备案、公告。

参考案例

吴某某是江苏省南通市港闸区第52选区选举产生的区人大代表，因涉嫌犯罪，被区人民检察院采取了限制人身自由的措施。2004年12月，该选区35位选民根据《代表法》《选举法》的规定，联名向人大常委会书面提出罢免吴某某代表资格的要求。接到罢免要求后，该区人大常委会召开主任会议进行研究后认为，罢免要求符合法律规定，应尊重民意启动罢免程序。于是，区人大常委会派员到看守所，将罢免通知送达吴某某本人，并告知其有申辩的权利，吴某某表示不作申辩。与此同时，区人大常委会同选区各组成单位负责人进行联系，做好了罢免大会的各项准备工作。12月8日下午，区人大常委会派员到第52选区主持召开罢免大会。该选区共有选民481人，参加罢免会议者364人，罢免会议有效。计票结果显示，共收回有效票364张，其中赞成票337张，反对票9张，弃权票17张，废票1张。主持人当场宣布：罢免提议获半数以上选民通过，罢免生效。次日，区人大常委会发布了《关于罢免吴某某代表职务的公告》。

2. 代表的辞职

我国《选举法》规定，代表可以自行辞去代表职务。全国人民代表大会代表，省、自治区、直辖市、设区的市、自治州的人民代表大会代表，可以向选举他的人民代表大会的常务委员会提出辞职请求；县级的人民代表大会代表可以向本级人民代表大会常务委员会提出辞职请求；乡级的人民代表大会代表可以向本级人民代表大会提出辞职请求。辞职请求必须以书面的形式提出。县级人民代表大会常务委员会接受辞职，须经常务委员会组成人员过半数通过。乡级人民代表大会接受辞职，须经人民代表大会过半数的代表通过。

全国人民代表大会常务委员会和县级以上的地方各级人民代表大会常务委员会组成人员，全国人民代表大会和省、自治区、直辖市、设区的市、自治州的人民代表大会的专门委员会组成人员，辞去代表职务的请求被接受的，其常务委员会组成人员、专门委员会组成人员的职务相应终止，由常务委员会予以公告。乡、民族乡、镇的人民代表大会主席、副主席，辞去代表职务的请求被接受的，其主席、副主席的职务相应终止，由主席团予以公告。

参考案例

据《成都商报》2004年8月25日报道，自成都市金牛区第四届人大代表换届以来，由于街道、乡机构的撤并以及干部调整等原因，邓某某等9名区人大代表调离了原所在地区，失去了原有的代表性，不能再代表原选区群众的利益。9名区人大代表根据有关法律和区人大《关于人大代表辞职的暂行规定》，书面向金牛区人大常委会提出了辞职申请。2004年8月24日，金牛区第四届人大常委会第十二次会议审议表决9名区人大代表的辞职申请。经过15名常委会组成人员现场按电钮表决，9人的辞职报告除有2人以14票获得通过外，其余都以全票获得通过。该9名区人大代表的辞职申请被通过，标志着金牛区人大代表任期打破终届制进入了实质性阶段。同时，该9名代表也成为四川省首批自愿辞去代表职务的人大代表。

3. 代表的补选

代表在任期内，因故出缺，则应由原选区或者原选举单位补选。地方各级人民代表大会代表在任期内调离或者迁出本行政区域的，其代表资格自行终止，缺额另行补选。县级以上的地方各级人民代表大会闭会期间，可以由本级人民代表大会常务委员会补选上一级人民代表大会代表。

补选出缺代表时，代表候选人的名额可以多于应选代表的名额，也可以同应选代表的名额相等。补选的具体办法，由省、自治区、直辖市的人民代表大会常务委员会规定。

第四节 国家标志

一、国旗

（一）国旗是国家的象征和标志

国旗是一个主权国家的重要象征和标志，体现着国家和民族的尊严，为本国人民所敬仰，也为国际社会所尊重。19 世纪末，西方帝国主义在海外进行殖民扩张时，为了表示主权所有，便在占领地悬挂国旗，国旗遂为各国普遍接受。对于国旗的图案、形式、色彩、象征意义及使用办法，各国一般都以宪法和法律予以专门规定。

1949 年 9 月 27 日，中国人民政治协商会议第一届全体会议通过了《关于中华人民共和国国都、纪年、国歌、国旗的决议》，正式确定五星红旗为中华人民共和国的国旗，之后我国《宪法》又以专章专条对国旗问题加以规定。1990 年 6 月 28 日，第七届全国人民代表大会常务委员会制定了《中华人民共和国国旗法》（以下简称《国旗法》），专门规定了有关国旗制作、升挂和使用的各项具体制度，该法已于 1990 年 10 月 1 日起施行。2009 年 8 月 27 日，第十一届全国人民代表大会常务委员会第十次会议对该法作了第一次修正。2020 年 10 月 17 日，第十三届全国人民代表大会常务委员会第二十二次会议对该法作了第二次修正。

（二）我国国旗的含义

根据中国人民政治协商会议第一届全体会议的决议和政协主席团通过的制旗办法，我国国旗旗面为红色、长方形，红色象征革命。旗面长与高之比为 3∶2，左上方缀黄色五角星五颗，象征共产党领导下的革命大团结，五角星用黄色象征红色大地上呈现出光明。一星较大，其外接圆直径为旗高十分之三，居左；四星较小，其外接圆直径为旗高十分之一，环拱于大星之右，并各有一个角尖正对大五角星的中心点，表达亿万人民心向伟大的中国共产党，似众星拱北辰。旗杆套为白色，以与旗面的红色相区别。

五星红旗作为我国的象征和标志，是无数革命志士长期艰苦奋斗、英勇牺牲所取得的伟大成果，它代表着我们伟大的社会主义祖国神圣不可侵犯的主权和尊严，每个中国公民都应该尊重和爱护国旗。在公众场合故意以焚烧、毁损、涂划、玷污、践踏等方式侮辱中华人民共和国国旗的，依法追究其刑事责任，情节较轻的，由公安机关处以 15 日以下拘留。

（三）我国国旗的升挂和使用

《国旗法》对国旗的升挂和使用作了全面、明确的规定，现仅将其主要内容介绍如下。

1. 关于国旗升挂机构、场所和时间的规定

（1）应当每日升挂国旗的场所或者机构所在地。

北京天安门广场、新华门；中国共产党中央委员会，全国人民代表大会常务委员会，国务院，中央军事委员会，中国共产党中央纪律检查委员会、国家监察委员会，最高人民法院，最高人民检察院；中国人民政治协商会议全国委员会；外交部；出境入境的机场、港口、火车站和其他边境口岸，边防海防哨所。

（2）应当在工作日升挂国旗的机构所在地。

中国共产党中央各部门和地方各级委员会；国务院各部门；地方各级人民代表大会常务委员会；地方各级人民政府；中国共产党地方各级纪律检查委员会、地方各级监察委员会；地方各级人民法院和专门人民法院；地方各级人民检察院和专门人民检察院；中国人民政治协商会议地方各级委员会；各民主党派、各人民团体；中央人民政府驻香港特别行政区有关机构、中央人民政府驻澳门特别行政区有关机构。

（3）其他应当升挂国旗的场所、机构所在地和时间。

学校除寒假、暑假和休息日外，应当每日升挂国旗；有条件的幼儿园参照学校的规定升挂国旗。

图书馆、博物馆、文化馆、美术馆、科技馆、纪念馆、展览馆、体育馆、青少年宫等公共文化体育设施应当在开放日升挂、悬挂国旗。

国庆节、国际劳动节、元旦、春节和国家宪法日等重要节日、纪念日，各级国家机关、各人民团体以及大型广场、公园等公共活动场所应当升挂国旗；企业事业组织，村民委员会、居民委员会，居民院（楼、小区）有条件的应当升挂国旗。

民族自治地方在民族自治地方成立纪念日和主要传统民族节日应当升挂国旗。

举行宪法宣誓仪式时，应当在宣誓场所悬挂国旗。

举行重大庆祝、纪念活动，大型文化、体育活动，大型展览会，可以升挂国旗。

外交活动以及国家驻外使馆领馆和其他外交代表机构，中国人民解放军和中国人民武装警察部队，民用船舶和进入中国领水的外国船舶，执行出入境边防检查、边境管理、治安任务的船舶，国家综合性消防救援队伍的船舶，升挂、使用国旗的办法，分别依法由其各自的主管部门规定。

2. 关于国旗升挂方法和要求的规定

（1）国旗应当早晨升起，傍晚降下；遇有恶劣天气，可以不升挂。

（2）升挂国旗时，可以举行升旗仪式。举行升旗仪式时，应当奏唱国歌。在国旗升起的过程中，在场人员应当面向国旗肃立，行注目礼或者按照规定要求敬礼，不得有损害国旗尊严的行为。北京天安门广场每日举行升旗仪式。学校除假期外，每周举行一次升旗仪式。

（3）升挂国旗，应当将国旗置于显著的位置。列队举持国旗和其他旗帜行进时，国旗应当在其他旗帜之前。国旗与其他旗帜同时升挂时，应当将国旗置于中心、较高或者突出的位置。在外事活动中同时升挂两个以上国家的国旗时，应当按照外交部的规定或者国际惯例升挂。

（4）在直立的旗杆上升降国旗，应当徐徐升降。升起时，必须将国旗升至杆顶；降下时，不得使国旗落地。下半旗时，应当先将国旗升至杆顶，然后降至旗顶和杆顶之间的距离为旗杆全长的三分之一处；降下时，应当先将国旗升至杆顶，然后再降下。

（5）不得升挂破损、污损、褪色或者不合规格的国旗，不得倒挂、倒插或者以其他有损国旗尊严的方式升挂、使用国旗。不得随意丢弃国旗。破损、污损、褪色或者不合规格的国旗应当按照国家有关规定收回、处置；大型群众性活动结束后，活动主办方应当收回或者妥善处置活动现场使用的国旗。国旗及其图案不得用作商标、授予专利权的外观设计和商业广告，不得用于私人丧事活动等不适宜的情形。

另外，《国旗法》还对特定人士逝世下半旗志哀，以及特定人士逝世举行哀悼仪式时，其遗体、灵柩或者骨灰盒覆盖国旗的条件和要求作了明确规定。

参考案例

吕某某是诸暨市陈宅镇人。2002 年 6 月 7 日下午，吕某某冲进该村老年活动室，把悬挂在室内的国旗等物撕破，随后把撕破的国旗拿到村民赵某某的家门口点燃、烧毁。赵某某的妻子上前制止，吕某某恼羞成怒，拿起铁耙冲进赵家，将赵某某殴打致轻微伤。6 月 8 日，吕某某被警方刑事拘留。诸暨市人民检察院以侮辱国旗罪、寻衅滋事罪对吕某某提起公诉。法院经审理认为，检察机关指控的罪名成立，予以支持，并作出一审判决，以侮辱国旗罪判处吕某某有期徒刑两年六个月，以寻衅滋事罪判处有期徒刑两年，决定执行有期徒刑四年。据悉，这是浙江省第一例侮辱国旗罪案。

二、国徽

（一）国徽是国家的象征和标志

国徽和国旗一样也是一个国家的象征和标志，常常表现一国的历史背景、革命传统乃至传说故事，也象征一国的社会制度、政治信仰以及政治思想。国徽的图案、式样、色彩、使用方法以及象征意义，在各国通常都以宪法和法律加以规定。

我国国徽的图案于 1950 年 6 月由中国人民政治协商会议第一届全国委员会第二次会议提出，中央人民政府委员会第八次会议通过，由中央人民政府主席毛泽东同志于当年 9 月 20 日向全国颁发了公布国徽的命令。我国《宪法》也以专条规定了国徽问题。为了维护国徽尊严和正确使用国徽，我国还于 1991 年 3 月 2 日颁布了《中华人民共和国国徽法》（以下简称《国徽法》），于 1991 年 10 月 1 日起施行。2009 年 8 月 27 日，第十一届全国人民代表大会常务委员会第十次会议对该法作了第一次修正。2020 年 10 月 17 日，第十三届全国人民代表大会常务委员会第二十二次会议对该法第二次修正。

（二）我国国徽的含义

我国《宪法》第 142 条规定：“中华人民共和国国徽，中间是五星照耀下的天安门，周围是谷穗和齿轮。”其图案的具体构成是：国徽呈圆形，其中心部分是红地上的金色天安门城楼。城楼正中上方为一颗大的金色五角星；大星下边，以半弧形状环拱四颗小的金色五角星。国徽四周，由金色谷穗组成正圆形的环；在谷秸的交叉点上，为一个圆形齿轮。在齿轮中心交结着红色绶带；绶带左右绾住谷秸而下垂，把齿轮分成上下两部。

国徽中的齿轮和谷穗象征工人阶级领导下的工农联盟；天安门表示中国人民从五四运

动以来进行新民主主义革命斗争的胜利，同时又标志着人民民主专政的中华人民共和国的诞生，形象地体现了我国各民族人民的革命传统和民族精神。一大四小五颗五角星则代表着中国共产党领导下的各族人民的大团结。国徽鲜明地反映了新中国的国家性质。

（三）我国国徽的悬挂和使用

《国徽法》对国徽的悬挂和使用作出了明确的规定，其主要内容包括以下几个方面。

1. 关于应当悬挂国徽的机构的规定

各级人民代表大会常务委员会；各级人民政府；中央军事委员会；各级监察委员会；各级人民法院和专门人民法院；各级人民检察院和专门人民检察院；外交部；国家驻外使馆、领馆和其他外交代表机构；中央人民政府驻香港特别行政区有关机构、中央人民政府驻澳门特别行政区有关机构。

2. 关于应当悬挂国徽的场所的规定

北京天安门城楼、人民大会堂；县级以上各级人民代表大会及其常务委员会会议厅，乡、民族乡、镇的人民代表大会会场；各级人民法院和专门人民法院的审判庭；宪法宣誓场所；出入境口岸的适当场所。

3. 关于应当刻有国徽图案印章的机构的规定

（1）全国人民代表大会常务委员会，国务院，中央军事委员会，国家监察委员会，最高人民法院，最高人民检察院；

（2）全国人民代表大会各专门委员会和全国人民代表大会常务委员会办公厅、工作委员会，国务院各部、各委员会、各直属机构、国务院办公厅以及国务院规定应当使用刻有国徽图案印章的办事机构，中央军事委员会办公厅以及中央军事委员会规定应当使用刻有国徽图案印章的其他机构；

（3）县级以上地方各级人民代表大会常务委员会、人民政府、监察委员会，人民法院、人民检察院、专门人民法院、专门人民检察院；

（4）国家驻外使馆、领馆和其他外交代表机构。

另外，《国徽法》还对特定网站，文书、出版物，标示国界线的界桩、界碑和标示领海基点方位的标志碑以及其他用于显示国家主权的标志物，中国人民银行发行的法定货币和特定证件、证照等使用国徽的条件和要求分别作了规定。

4. 关于不得使用国徽的情形的规定

中华人民共和国国徽是中华人民共和国的象征和标志。一切组织和公民，都应当尊重和爱护国徽。

为了维护国徽的尊严，《国徽法》明文规定：国徽及其图案不得用于商标、授予专利权的外观设计、商业广告，日常用品、日常生活的陈设布置，私人庆吊活动以及国务院办公厅规定不得使用国徽及其图案的其他场合；不得悬挂破损、污损或者不合规格的国徽。在公共场合故意以焚烧、毁损、涂划、玷污、践踏等方式侮辱中华人民共和国国徽的，依法追究刑事责任；情节较轻的，由公安机关处以 15 日以下拘留。

参考案例

2004 年 5 月 26 日，湖南省株洲市公共信息网络安全监察处在进行网络监控时，发现一个署名为“秋风叶”的网民在《株洲在线》论坛“水漫湘江”留言板上发布了一个内容和图案对中华人民共和国国徽构成侮辱的帖子。民警经过调查，发现这名叫“秋风叶”的网民家住芦淞区。5月28日，当该网民再次上网时，民警迅速赶到，将其擒获。6月1日，公安机关宣布对其处以拘留5日的治安处罚。这是湖南省首起网上侮辱国徽案。

三、首都

（一）首都的含义

首都也称国都、京城、京师、首府。它通常是一个国家的政治、经济和文化的中心，是中央国家机关和国家首脑所在地，也是各国大使馆或公使馆的驻在地。各国首都一般都以宪法和法律加以确认。然而，在实际生活中有些国家除法定的首都之外，还有实际上的首都。这些国家的法定首都往往只是名义上的国家政治、经济和文化中心。如荷兰，法定的首都是阿姆斯特丹，而中央政府却设在海牙，再如，玻利维亚共和国法定的首都是苏克雷，而中央国家机构则设在拉巴斯。

（二）我国的首都

早在新中国成立前夕的1949年9月27日，全国政协第一届全体会议就通过议案，决定“中华人民共和国首都定于北平。自即日起，改名北平为北京”。新中国成立后制定的四部宪法都明确规定，我国的首都是北京。

我国定都北京的原因主要有以下几个方面：

（1）北京既是具有悠久历史的名城，又是具有灿烂文化的古都。70万年以前“北京猿人”就生活在此地；两千多年以前，它曾经是战国时期燕国的都城；从公元10世纪开始，辽、金、元、明、清都曾在此建都。

（2）北京是具有光荣革命传统的城市。历史上我国各族人民尤其是青年学生，在这里举行过无数次反帝国主义、封建主义剥削压迫的不屈不挠的斗争。特别是1919年首先在北平发动起来的五四运动，揭开了中国新民主主义革命的序幕。1935年12月9日爆发了抗日爱国的“一二·九”运动。此后，这里又举行过多次反对国民党反动统治的爱国学生运动，直至迎来新民主主义革命的完全胜利和伟大的中华人民共和国的诞生。

（3）北京具有优越的地理和自然条件。北京位于华北平原的北部边缘，北面、西面和东北面为连绵不断的群山所环绕，东南面和南面是一片辽阔的平原，地理位置十分优越。北京平原与山地兼备，平原约占五分之二，山地约占五分之三，对于经济建设和多种经济的发展十分有利。北京又是通向中原地区、东北地区、西北地区和北部地区的要冲，是全国交通网的中心。

北京作为我国的首都，是全国政治经济文化的中心，是国家最高权力机关、行政机关和司法机关的所在地，应当成为全国社会秩序、社会治安和社会风尚最好的城市之一，应当成为最清洁、最卫生和最优美的城市之一。

四、国歌

（一）国歌的含义

国歌是代表国家的歌曲，在举行隆重集会、庆典或国际交往仪式时，通常都要演奏或演唱国歌。世界上最早的国歌是16世纪荷兰的《威廉·凡·拿骚》。这是一首反映荷兰人民在他们的领袖威廉·凡·拿骚领导下，反抗西班牙的统治，争取民族自由和独立的歌曲。由于各国情况不同，国歌歌词内容相差很大。有的赞美国家历史，有的歌颂祖国山河，有的祝福国家元首，有的表达反抗外来侵略、争取民族自由和独立的信念，等等。

（二）我国的国歌

我国的国歌《义勇军进行曲》原是1935年拍摄的影片《风云儿女》的主题歌，由田汉作词、聂耳谱曲。由于它诞生于民族危亡的历史关头，加之歌词简洁、响亮、有力，乐曲沉着、坚决，因此很快传唱全国。它表现了中国人民反抗侵略的坚强意志和充满必胜信念的斗争精神。

1949年6月，中国人民政治协商会议筹备会成立。筹备会下设6个小组分别筹备新中国成立事宜，其中第6小组负责设计国歌（以及国旗、国徽）。在中国人民政治协商会议开幕在即，开国大典也即将举行，国歌却仍无定稿时，毛泽东同志召集了有20多位知名人士参加的国歌座谈会，商定国歌事宜。会上，画家徐悲鸿提出了以《义勇军进行曲》为代国歌的建议。这一建议得到与会大多数人的支持。9月27日，中国人民政治协商会议第一次全体会议通过了《关于中华人民共和国国都、纪年、国歌、国旗的决议》，其中第3项规定："在中华人民共和国的国歌未正式制定前，以《义勇军进行曲》为国歌。"

"文化大革命"期间，由于歌词作者田汉遭受迫害，《义勇军进行曲》的歌词被禁唱。1978年3月第五届全国人民代表大会第一次会议通过决议，确认我国的国歌仍采用《义勇军进行曲》的原曲，歌词则由集体修改，重新填写。在1982年5月开始的全民讨论宪法修改草案的过程中，许多人提出《义勇军进行曲》的原歌词反映了中国人民的革命传统，体现了居安思危的思想，激励了中国人民的爱国主义精神，多年来已深入人心，因此建议国歌恢复《义勇军进行曲》的原词。第五届全国人民代表大会第五次会议采纳了这一意见，于同年12月4日通过决议，恢复《义勇军进行曲》的原词为中华人民共和国国歌歌词，撤销五届人大一次会议通过的关于国歌的决定。

2004年《宪法修正案》第31条规定，《宪法》第136条增加一款，作为第2款，即"中华人民共和国国歌是《义勇军进行曲》。"

2017年9月1日，中华人民共和国第十二届全国人民代表大会常务委员会第二十九次会议通过了《中华人民共和国国歌法》（以下简称《国歌法》），自2017年10月1日起施行。

赋予国歌宪法地位并以专门的《国歌法》予以保障，有利于维护国歌的权威性和稳定性，增强全国各族人民的国家认同感和国家荣誉感。现行国歌的歌词就是田汉当年填写的歌词，它的内容为："起来！不愿做奴隶的人们！把我们的血肉，筑成我们新的长城！中华民族到了最危险的时候，每个人被迫着发出最后的吼声。起来！起来！起来！我们万众一心，冒着敌人的炮火，前进！冒着敌人的炮火，前进！前进！前进！进！"

在下列场合应当奏唱国歌：（1）全国人大会议和地方各级人大会议的开幕、闭幕，中国人民政治协商会议全国委员会会议和地方各级委员会会议的开幕、闭幕；（2）各政党、各人民团体的各级代表大会等；（3）宪法宣誓仪式；（4）升国旗仪式；（5）各级机关举行或者组织的重大庆典、表彰、纪念仪式等；（6）国家公祭仪式；（7）重大外交活动；（8）重大体育赛事；（9）其他应当奏唱国歌的场合。

【本章小结】

1. 政体是统治阶级按照一定的原则组成的、代表国家行使权力以实现阶级统治任务的国家政权机关的组织体制，是国家政治制度的最重要组成部分。它由国体决定，并反映国体，对国体有能动的反作用。

2. 人民代表大会制度是我国人民在中国共产党的领导下，按照民主集中制的原则，首先通过民主选举产生人民代表组成各级人民代表大会，再以各级人民代表大会为基础组织对它负责、受它监督的各级其他国家机关，组成统一协调的国家政权机关体系，共同行使国家权力，实现人民当家做主权利的一种政治制度。它是我国的政权组织形式，也是我国根本的政治制度。

3. 在我国，选举制度是指选择、推举人民代表的各种原则、程序和方法的总和。我国《选举法》明确规定了普遍、平等、直接选举与间接选举并用、无记名投票、选民对代表的监督罢免和对选举权的保障等原则，并明确规定了选举的程序和方法。

4. 国旗、国徽、国歌和首都是国家的象征和标志，体现着国家和民族的尊严，每个公民都有义务维护国家标志。

【练习题】

一、名词解释

政体　人民代表大会制度　选举制度　国家标志

二、思考题

1. 政体与国体有什么关系？

2. 如何理解我国人民代表大会制度的概念和构成？

3. 如何理解人民代表大会制度的基本原则？

4. 我国选举制度有哪些基本原则？

5. 我国《选举法》关于代表的罢免有哪些主要规定？

三、讨论题

1. 2001 年 2 月 9 日开始召开的沈阳市人大会议，对市中级人民法院和市人民检察院的上年度工作报告进行审议表决。在所有的 508 名代表中，出席闭幕会议的代表 474 人，只有 218 人对市中级人民法院的工作报告投了赞成票。赞成票没有超过半数，市中级人民法院的工作报告未被通过。半年后，市中级人民法院的整改工作初见成效，重新提请审议的《关于沈阳市中级人民法院整改情况和 2001 年工作安排的报告》以 395 票获得通过。

讨论：

（1）本案体现了人大怎样的宪法地位？

（2）人大能否否决人民法院的工作报告？

讨论要点提示：

（1）人大是我国的国家权力机关。其他国家机关均由其产生，对其负责。

（2）人大能否否决人民法院的工作报告，关键要看人大与人民法院之间的关系，同时也要注意人民法院审判权的相对独立性。否决工作报告的做法及其后的法律后果尚需法律明确。

2. 2003 年 5 月 29 日，株洲市石峰区 102 选区 61 名选民联名向株洲市石峰区人大常委会提交《罢免要求书》，要求罢免该选区新当选的石峰区人大代表——映峰居委会主任袁某某。罢免理由如下：选举程序违法；以权谋私，不能代表选民的意志和利益；不能模范地遵守宪法和法律，不具备担任人大代表的最基本条件。石峰区人大常委会受理了选民要求，并就“罢免事件”成立了专门调查组。调查组主要调查了袁某某在 2002 年 10 月当选代表后履行人大代表职责情况，另外，还逐一调查了 61 名选民的真实身份和真实意图。经过两次对 61 名选民逐一调查核实，同意罢免的 37 人，不同意的 12 人，弃权的 8 人，非本选区的 1 人，没有找到本人的 3 人。到 2003 年 10 月 6 日，原提交《罢免要求书》的选民中又有 11 人向人大常委会提交了书面文件，表示不同意罢免。联名要求罢免人大代表袁某某的 61 名选民最后只剩下了 26 人。对于选民们提出的几大罢免理由，调查组也逐一进行了调查核实，矛盾的焦点是映峰居委会与他人创办的“映峰福利工厂”。这个工厂冶炼铅产品，会对环境及居民健康造成损害，但袁某某力排众议坚持要创办。对此，调查组认为袁某某有一定的责任，但不能负全部责任。而对于选民反映选举程序违法的问题，经过株洲市人大常委会认定，袁某某当选人大代表是合法有效的。根据以上调查情况，10 月 8 日下午 5 时许，石峰区人大常委会会议于 10 月 8 日以表决的方式作出决定：不进行罢免表决。

讨论：

（1）61 位选民提出罢免的程序合法吗？

（2）专门调查组进行调查是否合乎法律的规定？

（3）石峰区人大常委会决定不进行罢免表决合法吗？

（4）结合本案，谈谈你对《选举法》关于罢免程序规定的认识。

讨论要点提示：

（1）按照《选举法》的规定，罢免提出程序是合法的。

（2）是否要进行调查，《选举法》没有规定。为了澄清事实，进行调查不违反法律的规定。但是，调查容易给选民造成压力，影响选民的意思自由，应慎重进行。

（3）10 月 8 日审议时，提起罢免案的人数已经不足法定人数，石峰区人大常委会决定不表决罢免案是合法的。

（4）《选举法》对于罢免的程序规定有欠缺，缺乏可操作性。对罢免案的受理期限、罢免案何时审议、是否可以组成调查组进行调查等均缺乏明确规定，应予以完善。

在线练习

第四章　民族区域自治制度和特别行政区制度

【本章引言】

我国是一个统一的多民族国家，为了实现各民族的平等、团结、互助、和谐，中国共产党领导各族人民，成功地走出了一条独具特色的解决我国民族问题的道路——民族区域自治制度。在我国，由于历史的原因，国家的统一一直没有完全实现。为了实现国家的完全统一，中国共产党领导中国人民把马克思主义国家学说与中国的具体实际情况相结合、与中华优秀传统文化相结合，成功地走出了一条具有中国特色的解决国家统一问题的道路——特别行政区制度。

【本章学习目标】

通过本章的学习，你应该能够：

1. 掌握国家结构形式的概念及分类。
2. 熟悉民族区域自治制度的含义及民族自治地方的设立原则，把握自治机关及其自治权的内容。
3. 在了解“一国两制”基本方针的基础上，掌握特别行政区设立的原则，了解特别行政区政治体制的模式和特点。

第一节　国家结构形式

一、国家结构形式的概念和分类

（一）国家结构形式的概念

国家结构形式是指特定国家的统治阶级所采取的，按照一定原则划分国家内部区域，调整国家整体与组成部分之间、中央与地方之间相互关系的国家外部总体形式。国家结构形式所要解决的问题，就是统治阶级对国家的领土如何划分，以及划分以后如何规范国家整体与组成部分、中央与地方之间权限的问题。

国家结构形式是国家制度的重要内容之一，与政权组织形式同属国家形式。在历史上国家结构形式是同阶级、国家紧密联系在一起的。自从有了阶级、国家，国家结构形式就一直是为统治阶级服务的。至于特定国家的统治阶级决定采取何种国家结构形式，则取决于该国的很多因素，诸如历史传统、民族的组成及其分布状况、经济发展状况、政治文化的影响等。

（二）国家结构形式的分类

在现代国家中，单一制和联邦制是其基本的国家结构形式。

1. 单一制

单一制是指由若干行政区域单位或自治单位组成单一主权国家的结构形式，各组成单位都是国家不可分割的一部分。当今世界多数国家实行单一制，其特征是：

（1）从法律体系看，国家只有一部宪法，由统一的中央立法机关根据宪法制定法律。

（2）从国家机构组成看，国家只有一个最高立法机关，一个中央政府，一套完整的司法系统。

（3）从中央与地方的权力划分看，地方接受中央的统一领导，地方政府的权力由中央政府授予，地方行政区域单位和自治单位没有脱离中央而独立的权力。

（4）从对外关系看，只有国家是一个独立的国际法主体，公民具有统一的国籍。

2. 联邦制

联邦制是指由两个或多个成员国（州、邦、共和国等）联合成为统一联盟国家的国家结构形式。美国、俄罗斯、加拿大、印度、巴西、瑞士等国实行联邦制，联邦制的主要特征是：

（1）从法律体系看，除有联邦宪法外，各成员国（州、邦、共和国等）还有自己的宪法。

（2）从国家机构组成看，除联邦设有联邦立法机关、行政机关和司法系统外，各成员国（州、邦、共和国等）还设有自己的立法机关、行政机关和司法系统。

（3）从联邦与各成员国（州、邦、共和国等）的职权划分看，其职权由联邦宪法作出具体划分。至于所谓剩余权力，有的宪法将它授予联邦，如加拿大；有的宪法将它授予各州，如美国。

（4）从对外关系看，除了国家是一个独立的国际法主体之外，有些国家还允许其成员国（州、邦、共和国等）享有一定的外交权，可同外国签订某些方面的协定，如德国、瑞士等。有些联邦国家的公民既有联邦的国籍，又有成员国的国籍。

二、我国的国家结构形式

（一）我国是统一的多民族的单一制国家

我国《宪法》在序言中指出：“中华人民共和国是全国各族人民共同缔造的统一的多民族国家。平等团结互助和谐的社会主义民族关系已经确立，并将继续加强。”《宪法》第4条明确规定，各民族自治地方都是中华人民共和国不可分离的部分。《宪法》的其他条文和其他相关法律还规定了国家和地方、上级行政区域与下级行政区域之间以民主集中制为原则的相互关系。虽然我国宪法没有明确规定我国属于哪种国家结构形式，但宪法将其定位于“统一的多民族国家”，而且从我国国家结构形式的本质看，我国属于单一制。这一判断既符合我国的历史传统和现实要求，也符合我国国家权力的本质。

参考资料

中国共产党十分重视国家结构形式这个国家制度问题。中国共产党最初主张的国家结构形式是实行自由联邦制。从党的第二次全国代表大会开始提出建立中华联邦共和国，到 1931 年《中华苏维埃共和国宪法大纲》规定的“中国苏维埃联邦”，再到 1945 年 6 月 11 日中国共产党第七次全国代表大会通过的《中国共产党党章》的总纲部分提出的“为建立独立、自由、民主、统一与富强的各革命阶级联盟与各民族自由联合的新民主主义联邦共和国而奋斗”的目标，在这前后二十多年的时间里，联邦制在党的纲领中被多次提出。新中国成立前夕，在对新中国究竟实行什么类型的国家结构形式这一重大问题上，中国共产党经过了充分酝酿和反复考虑。1949 年 9 月 7 日，周恩来在中国人民政治协商会议第一届全体会议召开之前向政协代表所作的报告中，就把这一问题特别提了出来，他说：“关于国家制度方面，还有一个问题就是我们的国家是不是多民族联邦制。现在可以把起草时的想法提出来，请大家考虑。”在此基础上，“再拿到会议上去讨论决定，达成共同的协议”①。

我国采用单一制国家结构形式的理由在于以下几个方面。

1. 历史原因

我国是一个统一的多民族国家。中华民族多元一体是先人们留给我们的丰厚遗产，也是我国发展的巨大优势。在中国社会历史发展过程中，尽管未能完全消除政权割据状态，从秦汉到明清，几经分合，但是，国家的统一始终是历史发展的主流，“大一统”思想是中国历史上各民族关系发展的共同思想基础。正是由于这一思想的影响，才出现了各民族共同缔造的一个统一的国家。各民族人民在统一的国家内共同生活，共同发展，创造了伟大祖国的光辉历史和灿烂文明，共同培育了伟大的中华民族精神。历史证明，中华民族具有强大的向心力和凝聚力。长期的历史传统决定了我国建立单一制的多民族国家，不仅是可能的，而且也是必要的。

2. 民族原因

古今中外，处理民族关系、解决民族问题都是治国理政的重大课题。我国有 56 个民族，14 亿多人口，少数民族占 1.25 亿，各民族统称中华民族。各少数民族分布的地区很广，我国 960 万平方公里的国土，民族自治地方占 64%。9 个边疆省区居住着全国 60%的少数民族人口。2.2 万公里陆地边界线，1.9 万公里在少数民族地区。141 个边境县，112 个在少数民族地区。民族地区是我国的资源富集区、水系源头区与生态屏障区，更是应对极端情况的战略纵深区、关键能源通道与战略大后方。这种人口少而分布地区广的状况，必然产生一种大分散、小集中、大杂居、小聚居的局面。交叉居住的各民族互相影响、互相融合，建立了团结互助的关系。在这样的人口结构和居住状况下，适宜于建立统一的多民族国家。

3. 社会长期稳定的需要

从国家的发展历史来看，社会要发展，稳定是第一位的。对于多民族的中国来说，国

① 周恩来．周恩来统一战线文选．北京：人民出版社，1984：139.

家的统一，全国各民族的团结，是中国社会长期稳定的首要标志。新中国成立后，我国各族人民开始走上社会主义道路，走上发展经济、共同繁荣的道路，这就需要社会稳定、边疆稳定。而单一制的国家结构形式有利于维护各民族的团结、促进整个社会的稳定。

4. 社会主义现代化建设的需要

我国的社会主义现代化建设，需要各地区之间互助合作，互通有无，共同发展。单一制的国家结构形式有利于调动各方面的积极因素，使人尽其力、物尽其用，共同建设伟大的社会主义祖国。党的十九届四中全会总结出我国国家制度和国家治理体系具有多方面的显著优势，其中一个方面的显著优势就是“坚持各民族一律平等，铸牢中华民族共同体意识，实现共同团结奋斗、共同繁荣发展的显著优势”。党的二十大报告明确提出：“以铸牢中华民族共同体意识为主线，坚定不移走中国特色解决民族问题的正确道路，坚持和完善民族区域自治制度，加强和改进党的民族工作，全面推进民族团结进步事业。”只要我们不断巩固和发展这个显著优势，坚定不移走中国特色解决民族问题的正确道路，就一定能够推进中华民族伟大复兴中国梦的实现。

（二）我国单一制国家结构形式的发展

新中国成立后，我国在国家结构形式上采用单一制。内部虽然划分为普通行政单位和民族区域自治单位，但就总体而言，中央与地方的关系是基本相同的。随着香港、澳门的回归，我们实现了国家的进一步统一，可以预见，海峡两岸的统一也必将实现。邓小平同志提出的“一个国家，两种制度”的构想为实现祖国统一奠定了理论基础，也丰富和发展了我国的单一制国家结构形式。

随着“一国两制”的实现，我国单一制国家结构的具体形式发生了一些变化。具体表现在：

（1）全国只有一个最高国家权力机关——全国人民代表大会，内地的各省、自治区、直辖市都设有本地的各级人民代表大会，香港、澳门特别行政区未设立人民代表大会。香港、澳门特别行政区的立法机关是立法会，它享有相对完整的立法权。

（2）就整个中国而言，全国所有的地方都要接受中央人民政府的管辖，但港、澳与内地接受中央人民政府管辖的范围不同。内地地方各级行政机关必须接受国务院的统一领导，而港、澳特别行政区虽然直辖于中央人民政府，但除外交、国防以及其他属于国家主权和国家整体权益范围的事务外，其他的地方性行政事务由港、澳特别行政区政府自行管理，实行高度自治。

（3）在香港、澳门特别行政区，我国宪法作为一个整体对其有效，但有关社会主义制度和政策的条文，不适用于香港、澳门特别行政区。而且，除了《香港特别行政区基本法》和《澳门特别行政区基本法》附件三列举的全国性法律外，其他全国性法律不适用于香港、澳门特别行政区。香港和澳门特别行政区分别有自己相对独立的法律体系。

（4）我国公民虽然只有一个国籍，但中国其他地区的人进入香港特别行政区和澳门特别行政区须办理批准手续。其中进入香港特别行政区和澳门特别行政区定居的人数由中央人民政府主管部门分别征求香港特别行政区政府和澳门特别行政区政府的意见后确定。持有香港特别行政区永久性居民身份证的中国公民拥有中华人民共和国香港特别行政区护照；持有澳门特别行政区永久性居民身份证的中国公民拥有中华人民共和国澳门特别行政区护照。

(5) 香港特别行政区除悬挂中华人民共和国国旗和国徽外，还可使用香港特别行政区区旗和区徽；澳门特别行政区除悬挂中华人民共和国国旗和国徽外，还可使用澳门特别行政区区旗和区徽。

(6) 香港、澳门特别行政区有权自行处理对外事务，如香港、澳门特别行政区可在经济、贸易、金融、航运、通信、旅游、文化、体育等领域以“中国香港”“中国澳门”的名义单独地同世界各国、各地区及有关国际组织保持和发展关系，缔结和履行有关的国际协议，等等。

(7) 香港、澳门特别行政区的权力虽然是全国人民代表大会及中央人民政府授予的，但这些权力受到《香港特别行政区基本法》和《澳门特别行政区基本法》具体而明确的确认和保护，具有稳定性和权威性。

总之，香港、澳门回归祖国后，我国的单一制国家结构形式得到了进一步丰富和发展。中央与地方（包括特别行政区）是一般与特殊的关系。也就是说，第一，分别就内地和香港、澳门特别行政区而言，全国人民代表大会及其常务委员会制定的宪法和法律，在内地各省、自治区、直辖市具有同等效力——这是一般；而在香港、澳门特别行政区，除个别全国性法律外，不实施其他的全国性法律，宪法中有关社会主义制度和政策的内容也不适用于香港、澳门特别行政区——这是特殊。第二，就整个国家而言，包括香港、澳门特别行政区在内，全国所有的地方都要接受中央人民政府的管辖，中央对包括香港、澳门特别行政区在内的所有地方行政区域具有全面管治权，香港、澳门两个特别行政区享有的高度自治权不是固有的，而是来源于中央授权——这是一般；而香港、澳门特别行政区虽然直辖于中央人民政府，但除外交、国防以及其他属于国家主权和国家整体权益范围的事务外，依法享有高度自治权，包括行政管理权、立法权、独立的司法权和终审权，实行“港人治港”“澳人治澳”——这是特殊。《香港特别行政区基本法》和《澳门特别行政区基本法》的许多规定都体现了这种一般与特殊的中央与地方关系，体现了我国在单一制国家结构形式上的新的探索。

第二节　民族区域自治制度

一、民族区域自治的概念与特点

（一）民族区域自治的概念

我国是统一的多民族国家，各族人民共同创造了伟大的中华文明，共同铸就了伟大的中华民族，56 个民族都是中华民族共同体的一员。在多民族的中国，各民族的团结合作是社会稳定和经济发展的重要条件。中国共产党在领导中国革命和建设的过程中，成功地走出了一条解决我国民族问题的道路，即民族区域自治的道路。

我国《宪法》第 4 条明确规定，各少数民族聚居的地方实行区域自治，设立自治机关，行使自治权。所谓民族区域自治，是指在中华人民共和国范围内，在中央政府的统一领导下，以少数民族聚居区为基础，建立相应的自治地方，设立自治机关，行使宪法和法律授予的自治权的政治制度。

我国的民族区域自治是从本国的具体情况出发，把民族因素和区域因素，政治因素和经济、文化因素正确地结合起来，在中央的统一领导下，在各少数民族聚居的地方设立自治机关，行使自治权。这是我国解决民族问题的一大创举，在我国民族关系史上谱下了光辉的篇章。新中国成立以来的实践表明，民族区域自治制度保证了各民族都能享有平等的经济、政治、文化、社会、生态权益，形成相互支持、相互帮助、团结奋斗、共同繁荣的和谐民族关系。

（二）民族区域自治的特点

民族区域自治作为解决我国民族问题的基本政策，已被我国宪法确认为国家的一项基本政治制度。

参考资料

早在抗日战争和解放战争时期，中国共产党在革命根据地和解放区都建立过民族自治乡，并取得了较好的效果，为抗日战争和解放战争的顺利进行发挥了重要作用。在解决内蒙古问题上，党中央派乌兰夫同志领导了内蒙古自治运动，于1947年5月建立了第一个省一级的民族自治地方——内蒙古自治区。内蒙古自治区成立不久即显示出巨大的优越性，从人力、物力上有力地支援了全国的解放战争，同时较好地恢复和发展了生产，增强了民族之间和民族内部的团结，为新中国成立后全面实行民族区域自治制度树立了样本，提供了宝贵经验。中华人民共和国成立之时，毛泽东就我国到底采取何种形式解决国内民族问题，委托李维汉同志广泛听取各方面意见，进行深入研究。后李维汉同志提出了我国应在集中统一的国家内实行民族区域自治的正确主张。

民族区域自治制度作为我国的一项基本政治制度，具有以下特点：

（1）民族自治地方是国家统一领导下的地方行政区域，是整个国家不可分离的组成部分。如果离开了国家统一和中央的集中领导这一前提条件，民族区域自治制度就无从谈起，各族人民的利益也得不到切实保证。

（2）民族区域自治制度是在少数民族聚居区实行的。凡少数民族聚居的地方，无论是较大的聚居区还是较小的聚居区，是单一的少数民族聚居区还是几个民族共同居住的居住区，只要符合建立自治区、自治州、自治县的条件，都可以建立相应的自治地方；在一个民族自治地方内，其他少数民族也可以在其聚居区内建立相应的自治地方。

（3）我国民族自治地方的自治机关，即自治区、自治州、自治县的人民代表大会和人民政府。它们具有双重属性：一方面，它们在法律地位上与同级普通地方国家机关相同，并且行使相应的同级普通地方国家权力机关和行政机关的职权；另一方面，它们又行使宪法和有关法律规定的、其他普通地方所没有的自治权。因此，设立自治机关、行使自治权，是民族区域自治制度最重要的特点。

二、民族区域自治地方的建立原则与类型

（一）民族区域自治地方的建立原则

我国实行民族区域自治的目的，是在维护祖国统一的前提下，实现各民族的平等、团

结和共同繁荣。实行民族区域自治，首先就是要建立民族自治地方，这涉及以下具体问题：民族构成、民族人口和民族分布情况；民族特点；当地各民族之间在政治、经济、文化和社会生活各方面的相互关系；各民族聚居地区的历史传统情况；各民族经济发展情况。我国《宪法》和《中华人民共和国民族区域自治法》(以下简称《民族区域自治法》)在总结历史经验的基础上，规定了以下建立民族区域自治地方的基本原则。

1. 以少数民族聚居区为基础

所谓以少数民族聚居区为基础，有两层含义：其一，建立自治地方以少数民族聚居为基础，而不是以少数民族所占当地人口的一定比例为基础；其二，建立民族自治地方是以少数民族聚居的地区为基础，而不是单纯以民族成分为基础。根据我国《宪法》和《民族区域自治法》的规定，依据聚居的情况一个少数民族可以建立多个自治地方；在一个民族自治地方内有其他少数民族聚居的地方，可以建立相应的其他少数民族的自治地方。例如：回族不仅建立了宁夏回族自治区，在其他省、自治区还有 2 个自治州、11 个自治县；蒙古族不仅建立了内蒙古自治区，在其他省、自治区还有 3 个自治州、7 个自治县；藏族不仅建立了西藏自治区，在其他省、自治区还有 10 个自治州、2 个自治县。

2. 尊重历史传统

在长期的历史发展中，我国各民族人民之间互相杂居，在政治、经济、文化、社会生活各方面已经形成了密不可分的亲密关系。各民族共同开拓了祖国的疆域，共同创造了悠久的历史和灿烂的文化，形成了各民族相互依存的经济社会格局。因此，建立民族自治地方必须考虑历史因素，以便加强民族团结，促进各民族共同繁荣发展。

3. 各民族共同协商

建立什么样的自治地方，直接关系到本行政区域各民族人民的切身利益。因此，在自治地方的建立、区域界限的划分、名称的组成等一系列问题上，必须同本行政区域各民族的代表充分协商后，按照法律规定的程序报请批准。自治区的建置由全国人民代表大会批准；自治州、自治县的建置由国务院批准。自治区、自治州、自治县的区域划分由国务院批准。

(二) 民族区域自治地方的类型

我国的民族自治地方从民族构成看，大致有以下三种类型：

(1) 以一个少数民族聚居区为基础建立的自治地方，如西藏自治区、宁夏回族自治区、延边朝鲜族自治州。

(2) 以一个人口较多的少数民族聚居区为基础，包括其他一个或几个人口较少的少数民族聚居区建立的自治地方，如新疆维吾尔自治区，它是以维吾尔族聚居区为主体，同时还包括哈萨克族、锡伯族等人口较少的少数民族聚居区。维吾尔族作为整个自治区实行区域自治的人口较多的少数民族，其他少数民族又建立了相应的自治州和自治县。

(3) 以两个或两个以上少数民族聚居区为基础联合建立的自治地方，如湘西土家族苗族自治州、黔东南苗族侗族自治州。

在上述各民族自治地方内，通常都包括一定数量的汉族居民。目前，我国共有 5 个自治区、30 个自治州、120 个自治县（旗），还有 1 000 多个民族乡作为民族区域自治的重要补充形式，凡是相当于乡的少数民族聚居的地方，应当建立民族乡。民族乡有权依照法律和有关规定，结合本行政区域各民族的具体情况和民族特点，因地制宜地发展经济、文化、教育和卫生事业。但民族乡不是一级民族自治地方。

三、民族自治地方的自治机关和自治权

（一）民族自治地方的自治机关

民族自治地方的自治机关是自治区、自治州、自治县的人民代表大会和人民政府。民族自治机关与同级的一般地方国家权力机关及行政机关实行同样的组织原则和领导制度，但在组成方面又具有不同于一般地方国家权力机关和行政机关的特点。

自治区、自治州、自治县的人民代表大会及其常务委员会是各自治地方的国家权力机关。自治区、自治州的人民代表大会由下一级人民代表大会选出，自治县的人民代表大会由选民直接选举产生。自治区、自治州、自治县的人民代表大会设立常务委员会。自治区、自治州的人民代表大会常务委员会由本级人民代表大会在代表中选举主任、副主任若干人和秘书长、委员若干人组成；常务委员会主任、副主任和秘书长组成主任会议。主任会议处理常务委员会的日常工作。自治县的人民代表大会常务委员会由本级人民代表大会在代表中选举主任、副主任若干人以及委员若干人组成；常务委员会主任、副主任组成主任会议。自治区、自治州、自治县的人民代表大会每届任期 5 年。

自治区、自治州、自治县的人民政府是本级人民代表大会的执行机关，是地方国家行政机关。民族自治地方的人民政府对本级人民代表大会及其常务委员会和上一级国家行政机关负责并报告工作。各民族自治地方的人民政府都是国务院统一领导下的地方国家行政机关，都服从国务院。

自治区人民政府由主席、副主席、秘书长、各厅局长、委员会主任组成；自治州人民政府由州长、副州长、秘书长、各局局长、各委员会主任组成；自治县人民政府由县长、副县长、各局局长、各委员会主任组成。各民族自治地方人民政府实行自治区主席、自治州州长、自治县县长负责制。根据我国《宪法》和《民族区域自治法》的规定，自治区主席、自治州州长、自治县县长由实行区域自治的民族的公民担任。

人民政府每届任期与本级人民代表大会相同。

（二）民族自治地方的自治权

自治权是民族区域自治的核心。1952 年，我国颁布的《中华人民共和国民族区域自治实施纲要》对自治权作了具体的规定。1954 年制定的第一部《宪法》以根本法的形式规定了各少数民族聚居的地方实行区域自治。现行《宪法》和 1984 年颁布、2001 年修订的《民族区域自治法》，以及 2005 年 5 月国务院颁布的《国务院实施〈中华人民共和国民族区域自治法〉若干规定》，总结了我国实施民族区域自治的经验，详细规定了民族自治地方的自治机关所行使的广泛的自治权，主要有：

（1）根据本地区的实际情况，贯彻执行国家的法律和政策，如果上级国家机关的决议、决定、命令和指示不适合本地情况，经过该上级国家机关批准可以变通执行或者停止执行。

（2）民族自治地方的人民代表大会有权依照当地各民族的政治、经济和文化的特点，制定自治条例和单行条例。自治区的自治条例和单行条例报全国人民代表大会常务委员会批准后生效；自治州、自治县的自治条例和单行条例，报省或者自治区的人民代表大会常务委员会批准后生效。自治条例是确定如何实行民族区域自治，协调自治地方内的政治关

系、经济关系、文化关系、民族关系以及各种权利义务关系的规范性文件。单行条例是民族自治地方为了解决某一方面的问题，照顾当地各民族的特点而制定的单项法规。自治条例和单行条例可以依照当地各民族的特点，对法律和行政法规的规定作出变通规定，但不得违背法律或者行政法规的基本原则，不得对宪法和民族区域自治法的规定以及其他有关法律、行政法规专门就民族自治地方所作的规定作出变通规定。

（3）民族自治地方的自治机关在国家计划的指导下，自主地安排和管理地方性的经济建设事业。包括：根据本地方的特点和需要，制定经济建设的方针、政策和计划；在坚持社会主义原则的前提下，根据法律规定和本地方经济发展的特点，合理调整生产关系，改革管理体制；根据法律规定，确定本地域内草场和森林的所有权和使用权；根据法律规定和国家的统一规划，对可以由本地方开发的自然资源，优先合理开发利用；根据本地方的财力、物力和其他具体条件，自主地安排地方基本建设项目，自主地管理隶属于本地方的企事业组织；经国务院批准，可以开辟对外贸易口岸；与外国接壤的民族自治地方经国务院批准，可以开展边境贸易等。

（4）民族自治地方的自治机关有管理地方财政的自治权。凡是依照国家财政体制属于民族自治地方的财政收入，都应当由民族自治地方的自治机关自主地安排使用。

（5）民族自治地方的自治机关自主地管理本地方的教育、科学、文化、卫生、体育事业，保护和整理民族的文化遗产，发展和繁荣民族文化。包括：根据国家的教育方针，确立本地方的教育规划、教育体制和教育设施；自主地发展具有民族形式和民族特点的文化事业；自主地决定本地方的科学技术发展规划；自主地决定本地方医疗卫生事业的发展规划；自主地发展体育事业，开展民族传统体育活动等。

（6）民族自治地方的自治机关依照国家的军事制度和当地的实际需要，经国务院批准，可以组织本地方维护社会治安的公安部队。

（7）民族自治地方的自治机关在执行职务的时候，依照本民族自治地方自治条例的规定，使用当地通用的一种或者几种语言文字；同时使用几种通用的语言文字执行职务的，可以以实行区域自治的民族的语言文字为主。

总之，民族自治地方的自治机关除行使一般地方国家机关的职权外，还可以依照《宪法》和《民族区域自治法》的规定行使上述自治权，从而使民族区域自治制度得到真正的落实。实践证明，民族区域自治制度符合我国国情，在维护国家统一、领土完整，在加强民族平等团结、促进民族地区发展、增强中华民族凝聚力等方面都起到了重要作用。在新的历史条件下，必须保证民族自治地方依法行使自治权，保障各民族合法权益，支持和帮助民族地区加快发展，不断提高各族人民群众生活水平，巩固和发展平等团结互助和谐的社会主义新型民族关系。

第三节 特别行政区制度

一、“一国两制”与特别行政区的设立

（一）“一国两制”的概念与主要内容

“一国两制”是“一个国家，两种制度”的简称。它是指在中华人民共和国这个统一

的社会主义国家里，在相当长的时期内，大陆（内地）实行社会主义制度，允许台湾、香港、澳门三个地区实行资本主义制度。“一国两制”是在我国的现实历史条件下，为解决香港、澳门和台湾问题而提出的一个伟大构想，根据这一构想，香港、澳门和台湾不实行社会主义制度和政策，保持原有的资本主义制度和生活方式。

参考资料

1982年9月，英国首相撒切尔夫人访问北京，提出了香港前途的问题，中英双方同意就此问题展开外交谈判。谈判于1982年10月开始，在谈判期间，英方曾坚持“条约有效论”或主张“主权治权分开论”，但被中方坚决拒绝，最后英方终于接受“一国两制”的方案，于是双方达成协议，即两国代表在1984年9月26日草签的中英《关于香港问题的联合声明》，该联合声明于同年12月19日在北京由中国总理和英国首相正式签署。《关于香港问题的联合声明》规定，中国政府于1997年7月1日对香港恢复行使主权，并根据《宪法》第31条的规定，设立香港特别行政区。随着香港问题通过谈判顺利解决，澳门问题也很快迎刃而解。1985年5月，葡萄牙总统访华，双方同意在1986年展开关于澳门前途的谈判。1987年4月13日，双方在北京签署了《关于澳门问题的联合声明》，规定中国政府于1999年12月20日对澳门恢复行使主权，设立澳门特别行政区。

“一国两制”是党领导人民实现祖国和平统一的一项重要制度，是中国特色社会主义的一个伟大创举，内容非常丰富，归纳起来，主要有以下几点：

（1）坚持国家的统一，维护国家主权和领土完整。香港、澳门、台湾自古以来就是中国的领土，因为历史的原因，香港曾被英国所占，澳门曾被葡萄牙所占。完成祖国统一大业是中华民族的愿望，实现“一国两制”的一个重要目的就是完成国家的统一大业。

（2）特别行政区实行高度自治。国家授予特别行政区高度自治权，中央不去干预属于特别行政区自治范围内的事务。这些自治权包括行政管理权、立法权、独立的司法权和终审权。

（3）在特别行政区，原有的社会、经济制度不变，生活方式不变，法律基本不变。香港、澳门特别行政区不实行社会主义制度和政策，保持原有的资本主义制度和生活方式，50年不变。这是“一国两制”方针中体现“两制”的最主要内容。

（4）特别行政区的行政机关和立法机关由当地人组成。这里所说的当地人，是指香港或澳门的本地人。香港、澳门特别行政区的行政机关和立法机关都由本地人组成，而不是由内地派人去，中央不派人去港、澳参与行政和立法工作。这就是通常所说的“港人治港”“澳人治澳”。

（5）要准确把握“一国”和“两制”的关系。“一国”是实行“两制”的前提和基础，“两制”从属和派生于“一国”并统一于“一国”之内。要把坚持“一国”原则和尊重“两制”差异、维护中央对特别行政区全面管治权和保障特别行政区高度自治权、发挥祖国内地坚强后盾作用和提高特别行政区自身竞争力结合起来。

综观“一国两制”的内容，它贯穿了实事求是、从实际出发的原则。讲“一国两制”，首先是“一国”，是解决国家的主权和统一问题，这是前提。其次是“两制”，是在中华人民共和国的主权范围内，社会主义和资本主义两种制度并存。“两制”并不是平行的两种社会制度，而是以内地的社会主义制度为主体，以国家宪法为保证，社会主义和资本主义两种制度相互促进，共同发展。“一国两制”从时代发展的高度正确处理两种制度的辩证关系，因而是积极可行的，已在港、澳获得了成功实践。

党的二十大报告指出：“‘一国两制’是中国特色社会主义的伟大创举，是香港、澳门回归后保持长期繁荣稳定的最佳制度安排，必须长期坚持。”需要指出的是，台湾与大陆制度不同，不是统一的障碍，更不是分裂的借口。“一国两制”的提出，本来就是为了照顾台湾现实情况，维护台湾同胞利益福祉。“和平统一、一国两制”是实现国家统一的最佳方式，体现了海纳百川、有容乃大的中华智慧，既充分考虑台湾现实情况，又有利于统一后台湾长治久安。2019 年 1 月，习近平总书记在《告台湾同胞书》发表 40 周年纪念会上的讲话中，明确提出探索“两制”台湾方案。“一国两制”在台湾的具体实现形式会充分考虑台湾现实情况，会充分吸收两岸各界意见和建议，会充分照顾到台湾同胞利益和感情。在确保国家主权、安全、发展利益的前提下，和平统一后，台湾同胞的社会制度和生活方式等将得到充分尊重，台湾同胞的私人财产、宗教信仰、合法权益将得到充分保障。

（二）特别行政区的设立

1. 特别行政区设立的法律依据

特别行政区是指在我国版图内，根据我国宪法和法律的规定专门设立的具有特殊的法律地位，实行特别的社会、经济制度，直辖于中央人民政府的行政区域。特别行政区是统一的中华人民共和国境内的一级行政区域，是为了通过和平方式解决历史遗留的港、澳、台问题而设立的特殊的地方行政区域。它是“一国两制”方针的具体体现，是把马克思主义国家学说结合中国具体情况的创造性运用。

我国《宪法》第 31 条规定：“国家在必要时得设立特别行政区。在特别行政区内实行的制度按照具体情况由全国人民代表大会以法律规定。”《宪法》第 62 条又规定，全国人民代表大会有权“决定特别行政区的设立及其制度”。这些规定为在我国设立特别行政区提供了宪法依据和基本程序。

1990 年 4 月 4 日第七届全国人民代表大会第三次会议通过的《中华人民共和国香港特别行政区基本法》（以下简称《香港基本法》）和 1993 年 3 月 31 日第八届全国人民代表大会第一次会议通过的《中华人民共和国澳门特别行政区基本法》（以下简称《澳门基本法》），分别在序言中宣布：为了维护国家的统一和领土完整，有利于香港、澳门的稳定和繁荣，考虑到香港、澳门的历史和现实情况，国家决定，在对香港、澳门恢复行使主权时，根据我国《宪法》第 31 条的规定，在香港、澳门分别设立特别行政区，并按照“一个国家，两种制度”的方针，不在香港、澳门实行社会主义制度和政策。

2. 特别行政区的特点

1997 年 7 月 1 日设立的香港特别行政区和 1999 年 12 月 20 日设立的澳门特别行政区创造了一种新型的自治形式，即特别行政区高度自治单位。设立特别行政区是我国宪法史上的一项创举，它构成了我国单一制国家结构的一大特色。具体体现在：

（1）特别行政区是我国行政区域设置中的一种新的区域类型。它直辖于中央人民政府，是与省、自治区、直辖市处于同级而又享有高度自治权的一种新的地方行政区域。

（2）特别行政区与其他地方行政区域的根本区别在于它所实行的基本社会制度不同。

我国内地实行社会主义制度，而特别行政区保留原有的资本主义社会制度、经济制度和生活方式，50 年不变。

（3）特别行政区实行“高度自治”“港人治港”“澳人治澳”。特别行政区是统一的中华人民共和国的一个地方行政区域，但与其他一般的行政区域不同，它实行高度自治，依照法律的规定享有行政管理权、立法权、独立的司法权和终审权。特别行政区拥有自己的货币，财政独立，收入全部用于自身需要，不上缴中央人民政府。中央人民政府不在特别行政区征税。特别行政区的行政机关和立法机关由当地人组成，实行“港人治港”“澳人治澳”。

二、特别行政区的法律地位

（一）特别行政区法律地位的主要内容

特别行政区的法律地位是指特别行政区在国家政权结构中的地位，它的实质是如何处理中央与特别行政区的关系。

《香港基本法》和《澳门基本法》均在第 1 条规定，香港、澳门特别行政区是我国不可分离的部分。第 12 条规定，香港、澳门特别行政区是中华人民共和国的一个享有高度自治权的地方行政区域，直辖于中央人民政府。这就完整地说明了特别行政区的法律地位。它包含以下内容：

（1）特别行政区是我国单一制国家不可分离的部分。特别行政区作为单一制国家的组成部分是不能从祖国分离出去的，我国包括特别行政区在内理所当然地要维护国家的统一、主权和领土的完整。“一国两制”是国家对特别行政区的方针，“两制”是“一国”之下的“两制”，既不容许破坏“两制”，也不容许破坏“一国”。

（2）特别行政区是我国的一个地方行政区域。中央与特别行政区的关系是一个主权国家内部中央与地方的关系，是领导与被领导、监督与被监督、授权与被授权的关系，不是平行的、并列的关系。特别行政区所享有的高度自治并不是无限自治。根据《香港基本法》《澳门基本法》的规定，这一高度自治是在全国人民代表大会授权下的自治，不是特别行政区本身固有的权力，高度自治的权力来源于中央。

（3）特别行政区是实行高度自治的地方行政区域。特别行政区之所以“特别”，重要标志就是享有高度自治权。对特别行政区来说，中央负责管理的限于特别行政区的外交、防务以及其他属于国家主权和国家整体权益范围内的事务。特别行政区的其他事务，除了《香港基本法》《澳门基本法》规定须受中央监督的情况外，中央不予过问。

（4）特别行政区是直辖于中央人民政府的一级地方行政区域。特别行政区这一法律地位包括三层含义：其一，特别行政区受中央人民政府直接管辖，在中央人民政府与特别行政区之间没有任何中间层次。其二，国务院对特别行政区产生直接管辖的关系，并不是说其他中央最高国家机关与特别行政区没有任何关系。其三，特别行政区是一级地方政权。特别行政区只有一级政府、一级政权。特别行政区政府不再下设任何政权单位，本身就是直接联系市民的政权组织。

（二）中央管理的有关特别行政区的事务

在“一国两制”下，中央拥有对特别行政区的全面管治权，既包括中央直接行使的权力，也包括授权特别行政区依法实行高度自治。对于特别行政区的高度自治权，中央具有监督权力。所谓“中央”，在《香港基本法》和《澳门基本法》中，是指与特别行政区发生领导与被领导、监督与被监督、授权与被授权关系的中央国家机关，包括全国人民代表大会及其常务委员会、国家主席、中央人民政府、中央军事委员会等。根据《宪法》《香港基本法》《澳门基本法》的规定，凡是主权范围内的事务均应由中央负责管理。中央对特别行政区行使一些必不可少的权力，就是行使国家主权。这些权力包括以下几个方面：

（1）负责管理与特别行政区有关的外交事务。香港、澳门特别行政区作为非主权的地方行政区域，其本身并没有外交事务，只是在我国的整体外交工作中，有一些涉及香港、澳门特别行政区的外交事务。《香港基本法》和《澳门基本法》均在第13条规定，中央人民政府负责管理与特别行政区有关的外交事务。

（2）负责管理特别行政区的防务。特别行政区的防务属于我国国防的一部分，应由中央统一管理。《香港基本法》和《澳门基本法》均在第14条规定，中央人民政府负责管理特别行政区的防务。《香港基本法》为此还明确规定：中央人民政府派驻香港特别行政区负责防务的军队不干预香港特别行政区的地方事务；香港特别行政区政府在必要时，可向中央人民政府请求驻军协助维持社会治安和救助灾害；驻军人员除须遵守全国性的法律外，还须遵守香港特别行政区的法律。

（3）任命行政长官和主要官员。按照《香港基本法》和《澳门基本法》的规定，中央人民政府有权任免香港与澳门特别行政区的行政长官和主要官员。所谓“主要官员”，根据《香港基本法》第48条的规定，是指各司司长及副司长、各局局长、廉政专员、审计署署长、警务处处长、入境事务处处长、海关关长；根据《澳门基本法》第50条的规定，是指各司司长、廉政专员、审计长、警察部门主要负责人和海关主要负责人。此外，《澳门基本法》第15条还规定中央人民政府有权任免澳门特别行政区检察长。

（4）决定特别行政区进入紧急状态。《香港基本法》第18条第4款规定：全国人民代表大会常务委员会决定宣布战争状态或因香港特别行政区内发生香港特别行政区政府不能控制的危及国家统一或安全的动乱而决定香港特别行政区进入紧急状态，中央人民政府可发布命令将有关全国性法律在香港特别行政区实施。《澳门基本法》也作了同样规定。特别行政区进入紧急状态的决定，应由全国人民代表大会常务委员会作出。负责组织实施全国人民代表大会常务委员会决定的机关是国务院。这里所说的“有关全国性法律”，是指同紧急状态有关的全国性法律，并不是指所有的全国性法律都在特别行政区实施。

（5）解释特别行政区基本法。《香港基本法》第158条、《澳门基本法》第143条均规定，基本法的解释权属于全国人民代表大会常务委员会。全国人民代表大会常务委员会拥有基本法的解释权，是指凡需对基本法有关条文的具体含义予以明确界定时，应由全国人民代表大会常务委员会作出解释。

（6）修改特别行政区基本法。《香港基本法》第159条、《澳门基本法》第144条分别规定，《香港基本法》和《澳门基本法》的修改权属于全国人民代表大会。

（7）依法行使宪法和基本法赋予中央的其他各项权力。一是对特别行政区高度自治的监督权。重点是监督特别行政区的法律和政权机关的活动是否违背宪法和基本法，例如，全国人大常委会可对特别行政区立法机关制定的法律行使备案审查权，批准或备案特别行政区行政长官和立法会产生办法修正案，对特别行政区终审法院法官和高等法院首席法官任命和免职进行备案。二是向特别行政区行政长官发出指令权。中央可就基本法规定的有关事务对行政长官发出指令。三是决定在特别行政区实施全国性法律。全国人大常委会可对基本法附件三所列在特别行政区实施的全国性法律作出增减。四是维护国家安全。古今中外，维护国家安全从来都是中央事权，由中央政府承担根本的、最终的责任。2020 年 5 月 28 日，全国人大作出《关于建立健全香港特别行政区维护国家安全的法律制度和执行机制的决定》。2020 年 6 月 30 日，全国人大常委会遵循《宪法》和《香港基本法》的有关规定以及全国人大的授权，制定了《中华人民共和国香港特别行政区维护国家安全法》（以下简称《香港国安法》），并列入《香港基本法》附件三，在香港特别行政区公布实施。这是继《香港基本法》之后，中央为香港特别行政区专门制定的第二部重要法律，也是对“一国两制”制度体系的重大完善。《香港国安法》的制定和实施，终结了香港在国家安全领域长期不设防的状态，堵住了香港特别行政区维护国家安全的制度漏洞，既坚守“一国”原则，强调国家安全属于中央事权，同时也充分尊重了“两制”，很好地体现了“一国”和“两制”的统一、中央对香港全面管治权和特区高度自治权的统一、维护国家主权安全发展利益和保障香港居民合法权益的统一。

（三）特别行政区行使高度自治权

特别行政区实行高度自治，主要是指特别行政区依据全国人民代表大会的授权享有行政管理权、立法权、独立的司法权和终审权。特别行政区享有的高度自治权，是特别行政区区别于我国民族区域自治地方和普通地方行政区域的主要标志，是特别行政区法律地位独特性的重要表现。按照《香港基本法》和《澳门基本法》的规定，特别行政区享有的高度自治权主要包括以下四个方面。

1. 行政管理权

《香港基本法》和《澳门基本法》均在第 16 条规定：特别行政区享有行政管理权，依照基本法的有关规定自行处理特别行政区的行政事务。香港、澳门特别行政区享有的行政管理权主要包括：

（1）决定政策和发布行政命令权；

（2）人事任免权；

（3）社会治安管理权；

（4）有关财政、金融、贸易、土地、工商业、航运、民航、教育、科学、文化、体育、宗教、劳工、社会福利等领域的管理权；

（5）中央人民政府授权特别行政区依照基本法自行处理的对外事务权。

2. 立法权

《香港基本法》和《澳门基本法》均在第 17 条规定：特别行政区享有立法权。除了有关外交、国防和其他按《香港基本法》和《澳门基本法》规定不属于特别行政区自治范围的法律，特别行政区不能自行制定外，可以制定所有民事的、刑事的、商事的和诉讼程序方面的适用于特别行政区的法律。所制定的法律只需报全国人民代表大会常务委员会备案，备案不影响该法律的生效。

3. 独立的司法权和终审权

《香港基本法》和《澳门基本法》均在第 19 条规定，特别行政区享有独立的司法权和终审权。特别行政区各级法院依法行使审判权，不受任何干涉；终审权属于特别行政区终审法院。

4. 其他权力

《香港基本法》和《澳门基本法》均规定，香港、澳门特别行政区可以行使香港、澳门基本法的修改提案权；自行立法，禁止任何叛国、分裂国家、煽动叛乱、颠覆中央人民政府及窃取国家机密的行为，禁止外国的政治性组织或团体在特别行政区进行政治活动，禁止特别行政区的政治性组织或团体与外国的政治性组织或团体建立联系。2024 年 3 月 19 日，香港特别行政区立法会通过《中华人民共和国香港特别行政区维护国家安全条例》（以下简称《维护国家安全条例》），顺利完成基本法第二十三条立法，进一步落实特区维护国家安全的宪制责任，实现了包括香港同胞在内的全国人民期盼已久的共同愿望，在新时代新征程“一国两制”事业发展进程上具有重要里程碑意义。《维护国家安全条例》与《香港国安法》有机衔接，补齐了香港特别行政区维护国家安全的制度短板，共同构筑起香港特别行政区维护国家安全的坚实屏障。

此外，香港、澳门特别行政区还享有全国人民代表大会、全国人民代表大会常务委员会和国务院授予的其他权力。

三、特别行政区政治体制

（一）特别行政区政治体制模式

1. 特别行政区政治体制性质

特别行政区的政治体制决定着特别行政区各种政权机关的组织、地位、作用及其相互关系，对于确保“港人治港”“澳人治澳”，进而保证特别行政区的稳定和繁荣，具有十分重要的意义。

从政权性质来看，根据“一国两制”方针，特别行政区的政权是以爱国者为主体的政权，是在统一的社会主义国家内的特殊的地方政权。它既不同于内地的人民民主专政政权，也不同于资本主义国家的资产阶级专政政权。我国特别行政区的政权极具包容性，它包括工商界的代表、金融界的代表、专业界的代表、劳工界的代表、宗教界的代表等社会各阶层的代表。他们在爱国主义的旗帜下，第一次有机会自己管理港、澳，自己当家做主，自己创造港、澳的未来。与此相应，香港、澳门特别行政区的政权组织形式应根据各自的实际情况，采取同以爱国者为主体的政权性质相适应的政治体制。

2. 特别行政区政治体制模式

确定特别行政区政治体制的模式应考虑多方面的因素：

（1）作为特别行政区政权组织形式的政治体制必须同以爱国者为主体的政权性质相适应。

（2）要符合“一国两制”方针，从特别行政区的法律地位和实际情况出发，既有利于维护国家的主权统一和领土完整，又能保证特别行政区实行高度自治。

（3）要同特别行政区的历史情况和具体实际相适应。

（4）要有利于特别行政区人民当家做主和保持特别行政区的繁荣稳定。

（5）应当参考或者适当吸收各种现成的政治体制模式的优点，包括特别行政区成立前的原有模式中一些行之有效的部分。

考虑到上述因素，我国特别行政区的政治体制，既不采用内地的人民代表大会制度，也不照搬外国的三权分立制，更不沿用港、澳原来的总督制，而是采用一种独特的，符合港、澳实际情况的行政长官制。在这种体制下，特别行政区行政、立法和司法三者的关系是：行政主导；行政机关与立法机关之间既互相制衡，又互相配合；司法独立。这是一种史无前例的地方政权组织形式，它保留了港、澳原有的司法独立原则和行政主导作用，强调行政与立法二者要互相制衡和互相配合，而且重在配合。

（二）特别行政区政治体制的特点

香港、澳门特别行政区政治体制所采用的行政长官制，是一种创造性的政治体制模式。行政长官制具有以下特点。

1. 行政与立法互相制衡

特别行政区政治体制中行政与立法互相制衡的关系主要体现在以下几个方面：

（1）行政长官决定是否签署法案；

（2）行政长官有权解散立法会；

（3）立法会可迫使行政长官辞职；

（4）立法会有权弹劾行政长官；

（5）行政机关对立法机关负责。

2. 行政与立法互相配合

特别行政区政治体制中没有采取三权分立制，而是强调行政与立法之间互相配合。表现在：

（1）行政会议（香港）、行政会（澳门）是协助行政长官进行决策的机构，其成员中包括一部分立法会议员。

（2）行政长官在解散立法会之前除了须征询行政会议（行政会）的意见外，还应先与立法会进行协商，经与立法会协商仍不能达成一致意见，才能行使解散权。

（3）在立法会举行会议的时候，政府应委派官员列席并代表政府在会议上发言，就有关问题作出说明。

（4）在香港特别行政区，立法会的部分议员与行政长官由同一个选举委员会产生，他们在立法会中能够较多地支持行政长官的工作和政策；在澳门特别行政区，立法会的部分议员由行政长官委任，这部分议员当然能够在立法会中支持行政长官的工作和政策。

3. 行政主导

所谓行政主导，指的是以行政长官为首长的政府应拥有较大的权力，在政治体制中发挥主导作用。特别行政区行政与立法之间互相制衡和互相配合都是在行政主导原则下的制衡和配合。主要表现在：

（1）行政长官地位显要。行政长官具有双重身份，他既是特别行政区的首长，代表特别行政区，又是特别行政区政府的首长，领导特别行政区政府。

（2）在行政与立法的关系中，行政处于主动地位。如特别行政区政府有权拟订并提出法案、议案，由行政长官向立法会提出；政府提出的法案、议案应当优先列入立法会议程等。

（3）行政会议（行政会）角色独特。行政会议（行政会）的唯一任务是协助行政长官决策，向行政长官提供意见。特别行政区的重大决策实际上都由行政长官会同行政会议（行政会）作出。由于它的组成人员来自行政机关、立法机关和社会人士三个方面，如果行政机关与立法机关对某一问题存在不同的意见，就会在行政会议（行政会）中反映出来，行政长官在决策时就可以清楚立法会的态度，从而掌握主动权。

4. 独立的司法权

司法机关是特别行政区政治体制的重要组成部分，特别行政区的司法独立于行政、立法之外。司法人员履行审判职责的行为不受法律追究。此外，由于实行“一国两制”，特别行政区享有独立的司法权还有另外一层含义，即特别行政区的司法活动不仅不受本特别行政区内的任何干预，而且也不受内地任何部门包括各级司法机关的干预，甚至中央国家机关中的最高人民法院、最高人民检察院对特别行政区司法机关也没有任何指导、监督的权力。

特别行政区实行的这种政治体制，有利于维持香港、澳门的稳定和繁荣，保证特别行政区能够顺利有效地运作，避免行政、立法和司法之间可能产生的僵局，使三者之间既有分工，又有协调。

（三）特别行政区政治体制的构成

香港特别行政区政治体制由行政长官、行政机关、立法机关和司法机关构成。澳门特别行政区政治体制结构与香港特别行政区的基本相同，但其具体内容有一定差异。

1. 行政长官

（1）法律地位。行政长官是香港、澳门特别行政区的首长，代表特别行政区，对中央人民政府和本特别行政区负责；行政长官同时又是特别行政区政府的首长，领导特别行政区政府，对特别行政区立法会负责。

（2）任职资格。香港特别行政区行政长官由年满 40 周岁，在香港通常居住连续满 20 年并在外国无居留权的香港特别行政区永久性居民中的中国公民担任。澳门特别行政区行政长官由年满 40 周岁，在澳门通常居住连续满 20 年的澳门特别行政区永久性居民中的中国公民担任。所谓永久性居民，是指在特别行政区享有居留权和有资格依照特别行政区法律取得载明其居留权的永久性居民身份证的居民，也就是通常所说的港人、澳人、当地人、本地人。

（3）产生和任期。行政长官在当地通过选举或协商产生，由中央人民政府任命。任期 5 年，可连任一次。2021 年 3 月 11 日，第十三届全国人大第四次会议通过《全国人民代表大会关于完善香港特别行政区选举制度的决定》(以下简称《决定》)；3 月 30 日，全国人大常委会通过了修订的《香港基本法附件一 香港特别行政区行政长官的产生办法》和《香港基本法附件二 香港特别行政区立法会的产生办法和表决程序》。根据全国人大的《决定》以及新修订的《香港基本法》附件一和附件二，香港特别行政区设立一个具有广泛代表性、符合香港特别行政区实际情况、体现社会整体利益的选举委员会。选举委员会负责选举行政长官候任人、立法会部分议员，以及提名行政长官候选人、立法会议员候选人等事宜。选举委员会由工商、金融界，专业界，基层、劳工和宗教等界，立法会议员、地区组织代表等界，香港特别行政区全国人大代表、香港特别行政区全国政协委员和有关全国性团体香港成员的代表界等五个界别共 1 500 名委员组成。香港特别行政区行政长官由选举委员会选出，由中央人民政府任命。行政长官候选人须获得选举委员会不少于 188 名委员联合提名，且上述五个界别中每个界别参与提名的委员不少于 15 名。选举委员会以一人一票无记名投票选出行政长官候任人，行政长官候任人须获得选举委员会全体委员过半数支持。此外，根据全国人大《决定》以及新修订的《香港基本法》附件一、附件二的规定，设立香港特别行政区候选人资格审查委员会，负责审查并确认选举委员会委员候选人、行政长官候选人和立法会议员候选人的资格。香港特别行政区维护国家安全委员会根据香港特别行政区政府警务处维护国家安全部门的审查情况，向候选人资格审查委员会出具审查意见书。香港特别行政区候选人资格审查委员会根据香港特别行政区维护国家安全委员会的审查意见书作出的选举委员会委员候选人、行政长官候选人和立法会议员候选人资格确认的决定，不得提起诉讼。

《澳门基本法》与《香港基本法》不同，没有明确规定行政长官最终达至普选产生的目标，也没有明确规定不可以普选，主要是在《澳门基本法》起草过程中，有关行政长官产生的争论没有香港那样激烈，澳门社会大多数人不赞成行政长官由普选产生，而主张由间接选举产生。

（4）职权。行政长官负责执行应在特别行政区实施的法律；决定政府政策，制定行政法规，发布行政命令；签署并公布立法机关通过的法律及财政预算；提名并报请中央人民政府任命特别行政区主要官员；依法任免特别行政区的公职人员和各级法院的法官（在澳门还任免检察官）；执行中央人民政府发出的有关指令；处理中央授权的对外事务和其他事务；批准向立法机关提出的财政收支动议；决定政府公职人员是否向立法机关作证；赦免或减轻刑事罪犯的刑罚；处理请愿、申诉事项等。

2. 行政机关

（1）组成及主要官员的资格。政府是特别行政区的行政机关，它的首长是特别行政区行政长官。香港特别行政区政府设政务司、财政司、律政司和各局、处、署；澳门特别行政区政府设司、局、厅、处。香港特别行政区政府主要官员必须由在香港通常居住连续满15年并在外国无居留权的香港特别行政区永久性居民中的中国公民担任；澳门特别行政区政府主要官员必须是由澳门通常居住连续满15年的澳门特别行政区永久性居民中的中国公民担任。

（2）职权。特别行政区政府制定并执行政策；管理各项行政事务；办理中央人民政府授权的对外事务；编制并提出财政预算、决算；提出法案、议案，草拟行政法规；委派官员列席立法会会议听取意见或代表政府发言。

3. 立法机关

（1）组成。特别行政区立法会是特别行政区的立法机关。香港特别行政区立法会由在外国无居留权的香港特别行政区永久性居民中的中国公民组成。根据《全国人民代表大会关于完善香港特别行政区选举制度的决定》以及修订的《香港基本法》附件一和附件二的规定，立法会议员每届从过去的70人增至90人，其中，选举委员会选举产生的议员40人，功能团体选举产生的议员30人，分区直接选举产生的议员20人。选举委员会选举产生的立法会议员主要是代表香港社会的整体利益；功能团体选举产生的议员主要代表行业的利益；分区直选产生的议员主要是代表地区的利益。

根据《澳门基本法》的规定，澳门特别行政区立法会由澳门特别行政区永久性居民组成。立法会多数议员由选举产生。根据2012年全国人大常委会通过的《澳门特别行政区立法会的产生办法修正案》，2021年9月产生的第七届立法会由33人组成，其中直接选举议员14人，间接选举议员12人，委任议员7人。

（2）议员资格。香港特别行政区立法会议员由在外国无居留权的香港特别行政区永久性居民中的中国公民担任。但非中国籍的香港特别行政区永久性居民和在外国有居留权的香港特别行政区永久性居民也可以当选为香港特别行政区立法会议员，其所占比例不得超过立法会全体议员的百分之二十。

澳门特别行政区立法会议员由澳门特别行政区永久性居民担任。这与香港特别行政区立法会议员的资格要求明显不同，既无国籍的要求，也无“在外国无居留权”的限制。

（3）任期。香港和澳门特别行政区立法会的任期，除第一届另有规定外，每届任期 4 年。

（4）职权。特别行政区立法会的职权主要有：依照基本法的规定和法定程序制定、修改和废除法律；根据政府的提案，审核、通过财政预算案；批准税收和公共开支；听取行政长官的施政报告并进行辩论；对政府的工作提出质询；就公共利益问题进行辩论；行政长官如有严重违法或渎职行为而不辞职，可以进行弹劾；等等。

4. 司法机关

香港和澳门的法律原分别属于英美法系和大陆法系，因此，司法机关的设置略有不同，如澳门特别行政区司法机关包括澳门特别行政区检察院，而香港特别行政区司法机关中没有检察院，其主管刑事检察工作的律政司属于行政机关。

（1）香港特别行政区司法机关。

香港特别行政区各级法院是行使审判权的司法机关。其组织系统是：终审法院、高等法院、区域法院、裁判署法庭和其他专门法庭。终审法院行使终审权，设 4 名常任法官，审理案件时由 5 人组成的终审庭进行审理，其中 1 人可邀请其他普通法适用地区的法官担任。高等法院设上诉法庭和原讼法庭。

香港特别行政区法院的法官，根据当地法官和法律界及其他方面知名人士组成的独立委员会推荐，由行政长官任命。其中，终审法院和高等法院的首席法官应由在外国无居留权的香港特别行政区永久性居民中的中国公民担任。法官只有在无力履行职责或行为不检的情况下，行政长官才可根据终审法院首席法官任命的不少于 3 名当地法官组成的审议庭的建议，予以免职。终审法院的首席法官只有在无力履行职责或行为不检的情况下，行政长官才可任命不少于 5 名当地法官组成的审议庭进行审议，并可根据其建议，予以免职。香港特别行政区终审法院的法官和高等法院首席法官的任命或免职，还须由行政长官征得立法会同意，并报全国人民代表大会常务委员会备案。

（2）澳门特别行政区司法机关。

澳门特别行政区设立终审法院、中级法院、初级法院和行政法院。终审法院行使终审权。初级法院可根据需要设立若干专门法庭。行政法院是管辖行政诉讼和税务诉讼的专门初级法院，不服其裁决，可向中级法院上诉。澳门特别行政区设立专门的检察院，检察院独立行使法律赋予的检察职能。

澳门特别行政区各级法院的法官，根据当地法官、律师和知名人士组成的独立委员会的推荐，由行政长官任命。检察官经检察长提名，由行政长官任命。检察长还须由行政长官提名，报中央人民政府任命。澳门特别行政区终审法院院长和检察院检察长必须由澳门特别行政区永久性居民中的中国公民担任。法官只有在无力履行其职责或行为与其所任职务不相称的情况下，行政长官才可根据终审法院院长任命的不少于 3 名当地法官组成的审议庭的建议，予以免职。终审法院法官的免职由行政长官根据澳门特别行政区立法会议员组成的审议委员会的建议决定。终审法院法官的任命和免职须报全国人民代表大会常务委员会备案。

四、特别行政区法律制度

（一）特别行政区法律制度的特点

香港和澳门特别行政区成立后，由于原有法律基本不变，在统一的中华人民共和国内，将同时存在两种法律制度，即内地实行社会主义法律制度，香港和澳门实行资本主义法律制度。特别行政区的法律制度有以下特点：

（1）非社会主义的法律制度。中华人民共和国是社会主义国家。在“一国两制”下，内地实行社会主义法律制度，而在特别行政区则实行另一种法律制度。就特别行政区法律制度的整体而言，它们不属于社会主义性质。

（2）不同的历史传统影响。香港开埠150多年，一直在英国的统治下，所以受英国法律制度的影响甚深。澳门长期在葡萄牙统治下，直接适用葡萄牙法律，因此传统影响也极深。由于葡萄牙法律属于大陆法系，而英国法律属于普通法系，故彼此间的传统影响有具体差别。

（3）全国性法律原则上不在特别行政区实施。在特别行政区实施的法律有基本法、保留下来的不与基本法抵触的原有法律、特别行政区立法机关制定的法律以及被列入基本法附件三的全国性法律。这几类不同来源的法律构成了整个特别行政区的法律体系。

（二）特别行政区适用的法律

1. 特别行政区基本法

特别行政区基本法是全国人民代表大会制定的基本法律，是全国性法律，在全国范围内实施。一方面，《香港基本法》和《澳门基本法》是体现“一国两制”方针的法律，它们的大部分内容是关于香港、澳门特别行政区自治范围内的事务，这些有关的制度和政策只在特别行政区实施；另一方面，基本法作为特别行政区赖以建立的法律依据，在特别行政区的法律体系中具有特殊的法律地位，其地位高于特别行政区的法律。特别行政区立法机关制定的法律必须以基本法为依据，不得同基本法相抵触。

港、澳回归以来，特别行政区基本法的有效实施，为依法治港（澳）、维护港澳繁荣稳定奠定了坚实的法律基础。在《香港基本法》的实施过程中，全国人大常委会解释该法已成为香港法治生活中的重要内容和形式，同时，也成为保障基本法得到正确实施的重要机制。

2. 保留下来的原有法律

《香港基本法》第8条规定，香港原有法律，即普通法、衡平法、条例、附属立法和习惯法，除同基本法相抵触或经香港特别行政区的立法机关作出修改者外，予以保留。《澳门基本法》第8条规定，澳门原有的法律、法令、行政法规和其他规范性文件，除同基本法相抵触或经澳门特别行政区的立法机关或其他有关机关依照法定程序作出修改者外，予以保留。可见，原有法律并不是原封不动地全部保留。原有法律予以保留的基本条件是：不同基本法相抵触或者未经特别行政区立法机关修改。

3. 特别行政区立法机关制定的法律

特别行政区基于基本法授权享有立法权，凡属高度自治范围内的事项都可立法。特别行政区立法机关制定的法律须报全国人民代表大会常务委员会备案。备案不影响法律的生效。全国人民代表大会常务委员会如认为特别行政区立法机关制定的任何法律不符合基本法关于中央管理的事务及中央与特别行政区关系的条款，可将有关法律发回，但不作修改。经全国人民代表大会常务委员会发回的法律立即失效，除非法律另有规定，该法律失效并无溯及力。

在特别行政区本地立法中，备受关注的是国家安全相关立法。《香港基本法》和《澳门基本法》均在第23条规定，危害国家安全的行为授权特别行政区自行制定法律禁止。澳门特别行政区于2009年通过了《维护国家安全法》。香港特别行政区在2003年的第一次第二十三条立法尝试失败后，经历了多年的政治社会争拗。2024年3月19日，香港特别行政区立法会全票通过《维护国家安全条例》，落实特区维护国家安全的宪制责任，推动香港由治及兴。

4. 在特别行政区实施的全国性法律

根据《香港基本法》附件三和《澳门基本法》附件三的规定，以及全国人民代表大会常务委员会通过的有关增减基本法附件三的决定，在特别行政区实施的全国性法律是：《关于中华人民共和国国都、纪年、国歌、国旗的决议》；《关于中华人民共和国国庆日的决议》；《中华人民共和国政府关于领海的声明》；《中华人民共和国国籍法》；《中华人民共和国外交特权与豁免条例》；《中华人民共和国领事特权与豁免条例》；《中华人民共和国国旗法》；《中华人民共和国国徽法》；《中华人民共和国国歌法》；《中华人民共和国领海及毗连区法》；《中华人民共和国专属经济区和大陆架法》；《中华人民共和国外国中央银行财产司法强制措施豁免法》；《中华人民共和国香港特别行政区驻军法》或《中华人民共和国澳门特别行政区驻军法》；2020年《香港基本法》附件三新增《中华人民共和国香港特别行政区维护国家安全法》。

此外，在特定情况下，即如果全国人民代表大会常务委员会决定宣布战争状态或因特别行政区内发生特别行政区政府不能控制的危及国家统一或安全的动乱而决定特别行政区进入紧急状态，中央人民政府可发布命令将有关全国性法律在特别行政区实施。

【本章小结】

1. 国家结构形式是国家制度的重要内容之一，它包括单一制和联邦制两种基本形式。我国是统一的多民族国家，实行单一制的国家结构形式。

2. 民族区域自治制度是我国的基本政治制度，民族自治地方是我国不可分割的组成部分，依法设立自治机关，行使自治权。

3. 特别行政区制度是依据“一国两制”方针建立的实现国家统一的重要制度，特别行政区是我国不可分割的组成部分，特别行政区依法行使高度自治权。

【练习题】

一、名词解释

国家结构形式　单一制　联邦制　民族区域自治　特别行政区

二、思考题

1. 单一制国家和联邦制国家各有哪些特征？
2. 我国为什么采取单一制的国家结构形式？
3. 我国民族区域自治有哪些特点？
4. “一国两制”的主要内容有哪些？
5. 特别行政区政治体制有何特点？

三、讨论题

1. 对于一个多民族国家来说，采取什么样的国家结构形式来处理国内民族问题，关乎国家的长治久安和各民族的前途命运。1945 年 10 月，党中央在《关于内蒙工作的意见》中提出在内蒙古实行民族区域自治。1946 年 2 月，党中央明确指示：内蒙古工作，根据和平建国纲领中关于民族平等自治的要求，不应提独立自决口号。后来在起草共同纲领和 1954 年《宪法》的过程中，毛泽东同志、周恩来同志一再告诫，苏联加盟共和国或自治共和国模式不适合中国国情，也不利于防止外部势力利用民族问题挑拨离间。1947 年 5 月，我国第一个省级民族自治地方——内蒙古自治区成立，标志着内蒙古发展进入了新纪元，也标志着我们党开启了实行民族区域自治的光辉历程。经过内蒙古的成功实践，新中国成立前夕，中国人民政治协商会议通过具有临时宪法性质的《共同纲领》，正式确认实行民族区域自治。此后，我国先后又成立了新疆、广西、宁夏、西藏 4 个自治区，以及 30 个自治州和 120 个自治县，使民族自治地方面积达到全国国土总面积的 64%。这标志着我们党最终作出了在单一制国家内实行民族区域自治的正确抉择，探索出了一条中国特色解决民族问题的正确道路。

首个民族区域自治区成立至今已经 70 多年，西藏自 1965 年实行民族区域自治制度以来也已逾半个世纪，这是我国民族区域自治制度开花结果、茁壮成长的 70 多年，是民族区域自治制度不断发展完善、展现出强大生命力和优越性的 70 多年，也是民族区域自治制度维护团结统一、促进区域互助合作和各民族共同繁荣发展的 70 多年。经过 70 多年的发展，民族区域自治制度作为中国特色解决民族问题的基本制度安排，已经成为我国的一项基本政治制度。

讨论：

（1）如何认识我国通过民族区域自治解决民族问题的创造性？

（2）目前我国落实民族区域自治制度的重点是什么？

讨论要点提示：

（1）民族区域自治是伟大创举。实行民族区域自治，发源于马克思主义民族理论，根植于中国传统政治文明，立足于我国基本国情，是尊重历史、合乎国情、顺应民心的正确抉择，是我们党经过长期探索、反复比较而作出的伟大创举。环顾当今世界，许多国家在处理民族问题时仍处于左右徘徊之中。比如，有的实施“大熔炉”政策，试图推进民族同化；有的实施“马赛克”政策，放任不同社区异质性增强。习近平总书记在 2014 年中央民族工作会议上指出，同世界上其他国家相比，我国民族工作做得都是最成功的。我们要增强中国特色解决民族问题的道路自信、理论自信、制度自信、文化自信，毫不动摇地坚持和完善民族区域自治制度，不断为解决世界民族问题提供中国方案、贡献中国智慧。

回顾过去，民族区域自治硕果累累；展望未来，民族区域自治前景广阔。我们要不忘初心、继续前进，坚持好、完善好、落实好民族区域自治制度，把这一基本政治制度的巨大优势转化为激发全民族团结奋斗的磅礴伟力，为实现“两个一百年”奋斗目标和中华民族伟大复兴的中国梦作出新的更大的贡献。

（2）坚持用法律保障民族团结、巩固国家统一，这是落实民族区域自治制度的重点。近年来，涉及民族因素的矛盾纠纷和案（事）件时有发生，如果不依法处置，就会进退失据。对此，习近平总书记在中央民族工作会议上指出，用法律来保障民族团结。我们要按照建设法治中国的要求，把依法治国基本方略贯穿到民族工作全领域、各环节，用法律来规范民族关系、保障民族团结。要着力推进民族事务法治化，决不搞法外的从宽从严，坚决防止和纠正涉及民族因素的歧视性言行，切实做到法律面前人人平等。要严密防范和依法打击“三股势力”及其破坏活动，切实维护好边疆巩固和国家统一。

2. 近年来，香港有些人公开宣扬“香港独立”“香港民族自决”等“港独”或具有“港独”性质的主张，引起包括广大香港居民在内的全国人民的愤慨。“港独”的本质是分裂国家，“港独”言行严重违反“一国两制”方针政策，严重违反国家宪法、香港基本法和香港特别行政区有关法律的规定，严重损害国家的统一、领土完整和国家安全，并且对香港的长期繁荣稳定造成了严重影响。

2016年香港特别行政区第六届立法会选举过程中，一些宣扬“港独”的人员报名参选，香港特别行政区选举主任依法决定其中6名公开宣扬“港独”主张的人不能获得有效提名。10月12日，在新当选的立法会议员宣誓仪式上，个别候任议员在宣誓时擅自篡改誓词或在誓词中增加其他内容，蓄意宣扬“港独”主张，并侮辱国家和民族，被监誓人裁定宣誓无效。

2016年11月7日，十二届全国人大常委会决定，对《香港基本法》第104条“香港特别行政区行政长官、主要官员、行政会议成员、立法会议员、各级法院法官和其他司法人员在就职时必须依法宣誓拥护中华人民共和国香港特别行政区基本法，效忠中华人民共和国香港特别行政区”的规定，作如下解释：

（1）《香港基本法》第104条规定的“拥护中华人民共和国香港特别行政区基本法，效忠中华人民共和国香港特别行政区”，既是该条规定的宣誓必须包含的法定内容，也是参选或者出任该条所列公职的法定要求和条件。

（2）《香港基本法》第104条规定相关公职人员“就职时必须依法宣誓”，具有以下含义：

1）宣誓是该条所列公职人员就职的法定条件和必经程序。未进行合法有效宣誓或者拒绝宣誓，不得就任相应公职，不得行使相应职权和享受相应待遇。

2）宣誓必须符合法定的形式和内容要求。宣誓人必须真诚、庄重地进行宣誓，必须准确、完整、庄重地宣读包括“拥护中华人民共和国香港特别行政区基本法，效忠中华人民共和国香港特别行政区”内容的法定誓言。

3）宣誓人拒绝宣誓，即丧失就任该条所列相应公职的资格。宣誓人故意宣读与法定誓言不一致的誓言或者以任何不真诚、不庄重的方式宣誓，也属于拒绝宣誓，所作宣誓无效，宣誓人即丧失就任该条所列相应公职的资格。

4）宣誓必须在法律规定的监誓人面前进行。监誓人负有确保宣誓合法进行的责任：

对符合本解释和香港特别行政区法律规定的宣誓，应确定为有效宣誓；对不符合本解释和香港特别行政区法律规定的宣誓，应确定为无效宣誓，并不得重新安排宣誓。

(3)《香港基本法》第104条所规定的宣誓，是该条所列公职人员对中华人民共和国及其香港特别行政区作出的法律承诺，具有法律约束力。宣誓人必须真诚信奉并严格遵守法定誓言。宣誓人作虚假宣誓或者在宣誓之后从事违反誓言行为的，依法承担法律责任。

讨论：

(1) 如何看待《香港基本法》的解释权问题?

(2) 这次全国人大常委会行使立法解释权有何重大意义?

讨论要点提示：

(1) 在我国的法律解释制度中，全国人大常委会行使法律解释权。我国现行《宪法》第67条第4项规定全国人大常委会行使解释法律的职权，《香港基本法》第158条第1款规定“本法的解释权属于全国人民代表大会常务委员会”。

《香港基本法》确认的格局是：全国人大常委会有权对《香港基本法》进行解释，香港特别行政区法院有权在适用过程中对自治范围内的基本法条款自行解释，对其他条款在一定条件下也可解释。这种解释机制是符合“一国两制”的基本精神的。它既维系了我国法律体系在总体上的一致性与完整性，又充分照顾了香港作为普通法地区的传统。

(2)《香港基本法》关于香港特别行政区行政长官以及行政机关、立法机关和司法机关组成人员的规定，贯穿着由以爱国者为主体的港人治理香港的原则，其中一项重要的要求是：行政长官、主要官员、行政会议成员、立法会议员、各级法院法官和其他司法人员都必须拥护中华人民共和国香港特别行政区基本法，效忠中华人民共和国香港特别行政区。在《香港基本法》具体条文起草过程中，这一要求与香港通行的就职宣誓制度结合起来，形成了《香港基本法》第104条规定。因此，《香港基本法》第104条规定的“拥护中华人民共和国香港特别行政区基本法，效忠中华人民共和国香港特别行政区”，既是依法宣誓必须包含的法定内容，也是参选或者出任该条所列公职的法定要求和条件。

香港回归后，行政长官、主要官员、行政会议成员、绝大部分立法会议员、各级法院法官和其他司法人员都能够依法进行就职宣誓，但个别立法会议员背离宣誓的基本要求，而且愈演愈烈。特别是香港特别行政区第六届立法会议员宣誓时，个别候任议员在宣誓过程中破坏庄严的宣誓仪式，呼喊与宣誓无关的口号，不按法定誓言宣誓，甚至侮辱国家和民族。这些人的行为无论在形式上还是在内容上，都违反依法宣誓的要求，严重挑战“一国两制”的原则底线和香港基本法的规定。因此，进一步明确《香港基本法》第104条关于“就职时必须依法宣誓”的规定，是维护香港基本法和法律尊严的要求，也是恢复立法会议员宣誓秩序的需要。

全国人大常委会针对香港特别行政区立法会选举及个别候任议员在宣誓时宣扬“港独”主张，侮辱国家引发的问题，对基本法有关条文作出解释，明确了依法宣誓的有关含义和要求。全国人大常委会的这一解释，表明了中央政府反对“港独”的坚定决心和意志，维护了基本法的权威和香港法治，顺应了包括香港同胞在内的全体中国人民的共同愿望，完全必要，正当其时。

需要特别说明的是，少数人宣扬和推动“港独”，属于《香港基本法》第23条明确规定禁止的分裂国家行为，从根本上违反《香港基本法》第1条关于“香港特别行政区是中华人民共和国不可分离的部分”、第 12 条关于“香港特别行政区是中华人民共和国的一个享有高度自治权的地方行政区域，直辖于中央人民政府”等规定。宣扬“港独”的人不仅没有参选及担任立法会议员的资格，而且应依法追究其法律责任。自 2020 年 6 月 30 日起实行的《中华人民共和国香港特别行政区维护国家安全法》对此做了具体规定。2024 年施行的香港本地立法《维护国家安全条例》也对此作出了禁止性规定。

在线练习

第五章　公民的基本权利和义务

【本章引言】

公民的基本权利和义务是宪法的重要组成部分。国家行使权力的重要目的在于保障公民的基本权利，而公民履行基本义务的前提也在于享有基本权利。对于基本权利的确认和保障，是宪法价值体系的重要核心所在。研究、阐述和诠释有关基本权利和义务的内涵，是宪法学的重要任务之一。随着我国政治经济体制改革的深入发展和社会主义法治文明的不断进步，公民的权利意识也在不断提高，我国宪法的基本权利和义务体系需要不断完善。在以人工智能等信息技术为代表的科学技术日益发展的今天，基本权利的保障遇到了严峻的挑战。如何适应形势的发展，更好地保障公民的基本权利，是需要研究的重要课题。

【本章学习目标】

通过本章的学习，你应该能够：

1. 掌握公民、基本权利和义务等基本概念。
2. 掌握我国公民基本权利和自由的范围、主要内容。
3. 了解我国公民基本权利和义务的特点。
4. 树立尊重和保障公民基本权利的宪法意识，明确“以权利制约权力”的宪法运行原理。

第一节　公民的基本权利和义务概述

基本权利和义务，是一个人最重要和最基础的权利和义务。基本权利和义务的主体一般是一国的公民，而要成为一国的公民则必须具有这个国家的国籍。

一、国籍

国籍是指一个人隶属于某个国家的一种法律上的身份，是确定公民资格的唯一法律条件。在我国，判断一个人是否属于我国公民的标准就是这个人是否依据《中华人民共和国国籍法》(以下简称《国籍法》)取得了我国国籍。比如我国有许多旅居海外的华侨，因其具有中国国籍，所以仍然属于中国公民，受到中国法律保护。由此可见，对于自然人而言，国籍的取得与丧失在法律上显得尤为重要。

根据世界各国的国籍法，国籍的取得方式主要有两种：一是出生国籍，即因出生而取得国籍；二是继有国籍，即因加入而取得国籍。

世界各国对于确定出生国籍的原则有三种，即血统主义原则、出生地主义原则、血统主义与出生地主义相结合的原则。我国与世界上大多数国家一样，采取的是血统主义与出生地主义相结合的原则。我国《国籍法》规定：(1) 父母双方或一方为中国公民，本人出生在中国，具有中国国籍。(2) 父母双方或一方为中国公民，本人出生在外国，具有中国国籍；但父母双方或一方为中国公民并定居在外国，本人出生时即具有外国国籍的，不具有中国国籍。(3) 父母无国籍或国籍不明，定居在中国，本人出生在中国的，具有中国国籍。

对于继有国籍，国际上存在两种取得方式：一种是依据当事人申请而取得；另一种是依据法律规定的一定事实的出现而取得，如婚姻、收养、领土转移等。我国《国籍法》规定，申请加入我国国籍，申请人必须愿意遵守中国宪法和法律。另外，还要具备下列三个条件其中之一：(1) 申请人为中国人的近亲属；(2) 定居在中国；(3) 有其他正当理由。取得继有国籍的法律程序为：在国内向申请人所在地的县、市公安机关申请，在国外向中国驻该国外交代表机关申请。无论在国内还是在国外申请，最终由国家公安部批准。

国籍的丧失与继有国籍的取得相类似，存在自愿丧失和非自愿丧失两种情况。我国《国籍法》主张一人一国籍原则，反对无国籍、双重国籍或者多重国籍，规定经批准加入中国国籍的公民，不再保留外国国籍，中国公民自愿加入或取得外国国籍的，不再保留中国国籍。近年来，随着我国对外融入全球化经济体系，有不少人大代表和政协委员多次提交过建议承认双重国籍的提案。

二、公民

公民是相对于外国人和无国籍人而言的，它是指具有一国国籍的人。我国《宪法》第33条第1款规定：“凡具有中华人民共和国国籍的人都是中华人民共和国公民。”

“公民”一词来源于古希腊语，经过长时期的历史演变过程，已确定为各国宪法普遍公认的法律概念，但是基于文化的不同，各国使用情况不尽相同。就普遍而言，西方国家在宪法和宪法性文件中所使用的公民、国民、臣民、人民等概念具有相同的含义，即指国家中的每个成员。

在我国，虽然《宪法》序言和正文中多次出现“人民”一词，但是其含义与公民是不同的，表现在：

(1) 公民是一个法律概念，不掺杂任何政治色彩和感情色彩，而人民是一个政治概念，是从阶级角度将人们划分为人民和敌人两个部分。

(2) 公民的含义是稳定的，是否具有国籍是判断公民资格的唯一条件，而人民的含义是变化的，在不同的时期有不同的内容。

(3) 公民既可以是个体概念，也可以是群体概念，如我们可以说一个中国公民，也可以说全体中国公民；而人民只是一个群体概念，如我们只能说全体中国人民，而不能说一个中国人民。

（4）公民的范围大于人民的范围，公民的范围除包括人民外，也包括敌人在内。当然现阶段属于敌人的公民已经是极少数。

我们比较公民和人民两个概念，主要目的不在于从词义上去考证，更重要的是从权利角度去深入理解这两个概念。宪法中的权利是指公民权利，作为公民，无论其是否属于人民范围，除依法被剥夺或限制某种权利外，享有宪法和法律规定的广泛的权利和自由。

三、权利和义务

所谓权利，是指公民为实现某种愿望或利益，依据宪法和法律规定可以作出某种行为或者要求他人作出某种行为，并且受到国家强制力保障的资格。这里的行为包括作为和不作为两个方面，比如在一个买卖合同中，卖方可以作出向买方追讨货款的行为，也可以要求买方作出给付货款的行为，这就是卖方的权利。公民可以行使权利，也可以放弃权利，具有极大的选择性和自主性。

所谓义务，是指宪法和法律规定的公民应当履行的某种责任，基于这种责任，公民必须为一定行为，否则会受到相应的法律制裁。这里的行为同样也包括作为和不作为两种形式。公民义务是基于国家法律的强制性规定，因而公民对于义务的履行不具有选择性。

公民的基本权利和基本义务，又称宪法权利和宪法义务，是指宪法规定的公民最主要的、必不可少的和最低限度的权利和义务，在公民权利和义务体系中处于核心和基础地位。公民的基本权利与公民的人格密切相关，往往具有不可转让和不可放弃性。宪法作为国家的根本法，不可能也没有必要把公民的一切权利和义务都规定下来，所以宪法规定的权利和义务通称为公民的基本权利和基本义务。

权利和义务事实上是同一种利益对于不同对象的不同称谓，它对于获得者或权利主体而言是权利，对于付出者或义务主体而言则是义务。由此可见，权利和义务是辩证统一、相辅相成的关系。一方面，权利和义务各自包含特定的内容，不能混淆和互相代替；另一方面，权利和义务又不是绝对的，而是互相依存不可分离的，正如马克思说的“没有无义务的权利，也没有无权利的义务”。

四、人权与公民权

人权，是指作为自然的和社会的人所固有的权利，包括生存权、发展权及公民在人身、政治、经济、社会、文化等各方面享有的权利。人权不是抽象的，正如在现实中人往往表现为一个国家的公民一样，人权在法律上往往表现为具体的公民权利。公民权是公民权利的简称，与我国宪法中的公民基本权利的概念基本上是一致的，只不过公民权的含义更广泛一些。

人权是文艺复兴时期西方资产阶级为反对封建专制而提出的口号，资产阶级启蒙思想家洛克、卢梭的“天赋人权”论为人权理论奠定了基础。1776 年美国的《独立宣言》被马克思称为“第一个人权宣言”，1789 年法国通过了《人权和公民权宣言》，简称《人权宣言》。此后人权概念在资本主义世界被广泛运用，在历史上起了巨大的进步作用。在法律上各国一般将人权作为公民的基本权利规定在宪法中，其主要含义包括生命权、财产权、平等权、追求幸福权和反抗压迫权等。进入 20 世纪，人权保障在世界范围内有了新的发展，《联合国宪章》宣布："欲免后世再遭今代人类两度身历惨不堪言之战祸，重申基本人权，人格尊严与价值，以及男女与大小各国平等权利之信念。"1948 年《世界人权宣言》重申："人人生而自由，在尊严和权利上一律平等。"1966 年联合国通过了《公民权利和政治权利国际公约》《经济、社会及文化权利国际公约》，与《世界人权宣言》一起合称《国际人权宪章》。1977 年联合国通过了关于人权新概念的决议案，指出人权不仅包括个人权利和基本自由，而且包括民族和人民的权利和基本自由。1979 年联合国人权委员会通过决议，强调国家主权、民族自决权、发展权和基本人权。

我国一贯尊重和维护人权，早在民主革命时期就提出"争自由、争人权"的口号，1941 年《陕甘宁边区施政纲领》第 6 条规定"保证一切抗日人民的人权"，1942 年又颁布了《陕甘宁边区保障人权财权条例》。新中国成立以来，我国宪法和法律虽然长期没有使用"人权"一词，但是并不意味着我国不保障人权，中国人民从自己的历史和国情出发，根据长时期实践的经验，已经对人权问题形成了自己的观点，并制定了相应的法律和政策。《中华人民共和国宪法》规定："中华人民共和国的一切权力属于人民"，同时人权的主要内容已经包括在宪法规定的公民的基本权利当中。1991 年国务院发表《中国的人权状况》白皮书，全面阐述了我国人权理论，强调对于发展中国家而言，生存权和发展权才是首要人权，相对于个人人权而言，集体人权具有更重要的意义。人权的核心是使每个人的个性、人格、精神、道德和能力获得最充分的发展。

2004 年 3 月 14 日，第十届全国人民代表大会第二次会议通过了《宪法修正案》，其中第 24 条规定：《宪法》第 33 条增加一款，作为第 3 款，即"国家尊重和保障人权"。这是我国将"人权"一词首次引入宪法，突出了人权概念在价值理念上的普遍性和影响力，提升了公民基本权利概念的实质含义和价值，必将在很大程度上拓宽基本权利体系的范围，丰富我国宪法公民基本权利规范体系，为宪法关于公民基本权利的规定注入了新的意义。当然，此次修宪将"人权"一词写入宪法并不是在公民的基本权利之外另行规定人权，而是将"国家尊重和保障人权"增加在第二章"公民的基本权利和义务"之中，并且作为《宪法》第 33 条关于公民基本权利的原则性规定之一，强调了人权概念与公民的基本权利概念的一致性，体现了宪法的稳定性与适应性的统一。

坚持科学发展，促进社会和谐，改善人民生活，增进人民福祉，是中国共产党和中国政府治国理政的主要原则。党的二十大报告明确提出："坚持走中国人权发展道路，积极参与全球人权治理，推动人权事业全面发展。"阐明了以中国式现代化全面推进中国人权事业发展的实践路径，开创了中国人权体系建设的新局面。中国政府于 2021 年 9 月 9 日发布《国家人权行动计划（2021—2025 年）》，确定了尊重、保护和促进人权的阶段性目标和任务，包括巩固脱贫攻坚成果，开展乡村振兴建设，贯彻就业优先政策，实施健康中国战略，完善社会保障体系建设，推动教育公平发展，加强公共文化服务，促进全体人民共同富裕等。习近平总书记一再强调坚持以人民为中心，永远把人民对美好生活的向往作为奋斗目标，这是习近平新时代中国特色社会主义思想的重要内容，也是我国人权理论的最新发展，具有丰富而深刻的思想内涵。

长期以来，中国坚持把人权的普遍性原则同中国实际相结合，不断推动经济社会发展，增进人民福祉，促进社会公平正义，加强人权法治保障，努力促进经济、社会、文化权利和公民政治权利全面协调发展，显著提高了人民生存权、发展权的保障水平，走出了一条适合中国国情的人权发展道路。

为了充分保障公民的合法权利和利益，党的二十大报告提出了“增进民生福祉，提高人民生活品质”，指出“为民造福是立党为公、执政为民的本质要求。必须坚持在发展中保障和改善民生，鼓励共同奋斗创造美好生活，不断实现人民对美好生活的向往”。

五、我国公民基本权利和义务的特点

我国宪法总结了历史上历部宪法的经验教训，在公民基本权利和义务方面作出了具有中国特色的、适应改革开放形势的规定，具有以下突出特点。

（一）公民权利和自由的广泛性

我国公民享有宪法规定的权利和自由十分广泛，这主要是由我国的国家性质决定的，具体表现在两个方面：

（1）享有权利和自由的主体广泛。依照《宪法》的规定，公民是我国权利和自由的主体，而公民中绝大多数属于人民范畴，享有宪法和法律规定的全部权利和自由。被剥夺政治权利的人占极少数。

（2）享有权利和自由的范围广泛。这不仅表现在《宪法》第二章中列举的公民所享有的政治、人身、经济、文化等各项权利和自由，也表现在宪法“总纲”及“国家机构”一章中所确认的公民财产权、继承权、民主管理权等其他方面的权利和自由。随着改革开放的发展和民主法治的加强，我国权利和自由的范围在不断扩大，内容在不断丰富。

（二）公民权利和义务的平等性

这体现了我国宪法在公民基本权利和义务方面的基本要求，主要表现在以下两个方面：

（1）平等地享有权利和承担义务。我国《宪法》第 33 条第 2 款规定：“中华人民共和国公民在法律面前一律平等。”因此，任何公民不仅享有宪法和法律规定的权利，同时必须履行宪法和法律规定的义务。

（2）反对特权。平等和特权是根本对立的。《宪法》第 5 条第 5 款规定：“任何组织或者个人都不得有超越宪法和法律的特权。”

（三）公民权利和自由的现实性

这是指我国公民的权利和自由不仅表现在宪法条文上，而且在权利和自由的实际享有和履行中也是真实的，主要表现在以下方面。

1. 实事求是的精神

我国《宪法》对公民基本权利和自由的规定，是依据从实际出发、实事求是的精神，全面衡量我国社会主义初级阶段的国情作出的，表现为四种情况：

（1）现实中迫切需要的，就明确予以规定。如“文化大革命”时期公民人格受到践踏，因此《宪法》第 38 条规定：“中华人民共和国公民的人格尊严不受侵犯。禁止用任何方法对公民进行侮辱、诽谤和诬告陷害。”

（2）坚持价值性与现实性相统一的原则。如《宪法》第 46 条规定公民有受教育权，目前我国九年制义务教育基本普及，但因各种原因失学儿童仍然存在，因此《宪法》又在第19条规定国家举办各类学校，鼓励社会力量办学和自学成才，实事求是地表明了我国虽然目前尚不能保障所有公民受教育权的完全实现，但正在努力并逐步达到这一目标。

（3）虽应予以规定，但是根据我国国情在长时间内还不能做到的，就不予确认。如1954年《宪法》规定公民有居住和迁徙的自由，但由于我国的大城市人口过于集中，如果突然打破有可能造成社会不稳定，因此现行宪法没有规定公民的迁徙权。随着社会主义市场经济体制的确立和发展，迁徙自由必定会逐步成为宪法规定的公民基本权利。

（4）权衡利弊，不宜规定的就不作规定，比如罢工自由。

2. 具有物质和法律的保障性

我国《宪法》规定的公民基本权利和自由具有物质保障和法律保障。任何权利和自由的实现都离不开物质和法律作为后盾，否则只是空中楼阁。我国在《宪法》中规定了公民广泛的自由和权利，同时又采取许多措施来保障这些权利和自由的实现。如我国《选举法》第8条规定选举经费由国库开支，《选举法》第58条和《刑法》第256条规定，对破坏选举的行为追究行政责任和刑事责任。

（四）公民权利和义务的一致性

公民的权利和义务既具有对立的矛盾性，又具有和谐的一致性，这种辩证统一的权利义务关系是我国社会主义宪法的一个显著特征，具体表现在以下方面：

（1）公民享有权利必定要尽义务，尽了义务必定会享有相应的权利。我国《宪法》第33条第4款规定："任何公民享有宪法和法律规定的权利，同时必须履行宪法和法律规定的义务。"这就意味着不允许任何人只享有权利而不承担义务。

（2）具有双重性。公民权利和义务的一致性还表现在某些权利和义务密不可分，合为一体，即具有双重性质。如《宪法》第42条规定公民有劳动的权利和义务，第46条规定公民有受教育的权利和义务。

（3）宪法规定的某些权利和义务是相互依存，可以转化的。我国《宪法》第49条第3款规定："父母有抚养教育未成年子女的义务，成年子女有赡养扶助父母的义务。"从中可以看出：子女在未成年期间享有权利，父母则负有义务；当子女成年后，权利和义务发生了转化，父母享有权利，而子女则负有义务。之所以发生转化，就在于既然享有了权利就必定要承担相应的义务，而只要承担了义务也必定要享有相应权利，充分体现了权利和义务的一致性。

（4）我国公民的权利和义务是互相促进、相辅相成的。在我国，宪法确认公民广泛的权利和自由，并且国家提供越来越多的实现条件和保障，这就使得公民能够积极履行义务，从而促进国家经济发展，富强昌盛，进而又促使我国公民权利和自由的范围更加广泛。这种良性循环所形成的公民权利和义务之间互相促进、相辅相成的关系，是我国公民权利和义务一致性的重要表现。

六、公民行使权利和自由的原则

宪法确认公民的基本权利和自由并保障这些权利和自由在现实中得以实现和受到尊重，这是民主法治的基本要求。但是应当明确，权利和自由并非没有界限，也并非不能对权利和自由进行任何限制。不得滥用权利是公民行使权利和自由时应当遵循的原则。

任何权利和自由的行使都需要一定的物质基础和其他相应条件。当这些基础和条件欠缺时，必然会限制权利和自由的行使。如我国《宪法》规定公民有劳动的权利，但是受到客观条件的限制，国家不可能完全消灭失业，保证每个公民都获得工作并取得报酬。

我国《宪法》第51条规定："中华人民共和国公民在行使自由和权利的时候，不得损害国家的、社会的、集体的利益和其他公民的合法的自由和权利。"上述规定表明了对权利和自由进行限制的总体原则，这一原则往往又通过其他法律得以具体体现，如《中华人民共和国民法典》规定处理民事纠纷，应当依照法律；法律没有规定的，可以适用习惯，但是不得违背公序良俗。

总之，公民的权利和自由是会受到限制的，但同时我们也应注意到，限制权利和自由的行使不是为了消灭或者虚化权利和自由，限制的程度必须适当且不应涉及权利和自由的本质内容。如何既保护公民个体权利，又维护国家和社会公共利益，是确定公民正确行使权利和自由时必须思考的问题。应当保证人民依法享有广泛的权利和自由，同时承担应尽的义务，引导全体人民做社会主义法治的忠实崇尚者、自觉遵守者、坚定捍卫者。

第二节　我国公民的基本权利

我国公民的基本权利包括政治、经济、文化、社会和家庭生活等各个方面，大致可作如下分类。

一、公民的平等权

（一）平等权的含义

平等权是公民参与社会生活的前提条件，基本含义是指公民平等地享有权利，平等地履行义务，不允许任何人享有法律特权。平等权的价值观念必然推出权利与义务一致性的结论，对整个公民的权利和义务体系都具有指导意义，可见平等权在公民基本权利中占有重要地位。

平等权既是一项原则，也是一项权利。作为一项原则，平等权的价值观念贯穿于任何一项权利当中。而作为一项权利，平等权被视为与生命权、自由权、追求幸福权等具有相同性质的人的与生俱来的基本权利。平等权的存在形式有其自身的特点，其权利内容需要与其他权利相结合才能体现，如公民在政治上的平等权、经济上的平等权、文化上的平等权等。

（二）平等权的内容

平等权的内容非常广泛，一般可概括为以下两个方面：

（1）公民在法律面前一律平等。我国《宪法》第33条第2款规定："中华人民共和国公民在法律面前一律平等。"第4款规定："任何公民享有宪法和法律规定的权利，同时必须履行宪法和法律规定的义务。"这是平等权的最基本内容，也是平等权的首要内容。它意味着不允许因公民的民族、种族、性别、职业、家庭出身、宗教信仰、教育程度、财产状况、居住期限等不同而进行差别对待，其中涉及的民族平等和男女平等在我国尤其具有重要意义。

参考案例

2019 年 7 月，浙江某度假村有限公司通过智联招聘平台向社会发布了一批公司人员招聘信息，其中包含有“法务专员”“董事长助理”两个岗位。2019 年 7 月 3 日，闫某通过智联招聘手机 App 软件针对前述两个岗位分别投递了求职简历，简历中包含有姓名、性别、出生年月、户口所在地、现居住城市等个人基本信息。智联招聘 App 客户端显示，闫某投递的“董事长助理”岗位在 2019 年 7 月 4 日 14 点 28 分被查看，28 分时给出岗位不合适的结论，“不合适原因：某省人”；“法务专员”岗位在同日 14 点 28 分被查看，29 分时给出岗位不合适的结论，“不合适原因：某省人”。闫某向法院提起诉讼，法院认为，用人单位在招用人员时，基于地域、性别等与“工作内在要求”无必然联系的因素，对劳动者进行无正当理由的差别对待的，构成就业歧视，侵害了劳动者的平等就业权，遂作出判决：一、被告赔偿原告闫某精神抚慰金及合理维权费用损失共计 10 000 元。二、被告向原告闫某进行口头道歉并在《法制日报》公开登报赔礼道歉。

(2) 适用法平等和守法平等。适用法平等是指行政执法机关和司法机关在执行法律和运用法律时对所有公民都一律平等，即对于任何公民的合法权益都平等地予以保护，同时对违法行为一律予以追究，不使任何有违法犯罪行为的人逍遥法外，努力让人民群众在每一个司法案件中感受到公平正义。守法平等是指公民一律平等地遵守宪法和法律，不允许任何人享有特权而蔑视法律，也不允许任何公民因受到歧视而承担法外义务，受到法外惩罚。适用法平等和守法平等是互相联系、相辅相成的，是公民平等权的具体体现。

(三) 公民的平等权与立法上的平等

我国现行《宪法》在平等权的表述上将 1954 年《宪法》规定的“中华人民共和国公民在法律上一律平等”改为“中华人民共和国公民在法律面前一律平等”。传统宪法学一般认为，平等权的范围只包括司法平等和守法平等而不包括立法平等。从字面上看，公民在法律面前一律平等是指法律制定出来以后，所有公民在法律的面前彼此是平等的，其中没有涵盖法律制定之前即立法过程中的平等。但现代宪法学则多主张平等权亦拘束立法者，须科学立法、民主立法、依法立法，即立法本身也要体现出平等的要求，以良法保障善治。因为平等权是宪法上的权利，而宪法具有最高法律效力，是法律的法律，所以法律本身也要遵守宪法，不能违反宪法的要求而制定。如果平等权不能拘束立法者，则宪法上的平等权必将大打折扣，造成平等权在立法领域的缺位。当然，平等权要求禁止的是不合理差别，而合理的差别仍具公平性和合法性，往往体现了对更高层次的平等的追求。例如人大代表的言论免责权、人身特别保护权，对公务员及军人的行为限制、对妇女和儿童权益的特殊保护等，均属于这种情况。

二、政治权利

政治权利是指公民依照宪法和法律规定参与国家政治生活的权利。它包括两部分内容：一是公民参与国家机关、社会组织的管理与活动，以选举权和被选举权的行使为基础；二是公民在国家政治生活中发表意见、表达意愿的自由，通常表现为言论、出版、集会、结社、游行、示威自由，简称政治自由。公民能否享有政治权利以及这些权利在现实中的实现程度，是衡量一个国家民主法治发达程度的重要标志，因此政治权利在公民基本权利体系中占有突出地位。

（一）选举权和被选举权

我国《宪法》第 34 条规定："中华人民共和国年满十八周岁的公民，不分民族、种族、性别、职业、家庭出身、宗教信仰、教育程度、财产状况、居住期限，都有选举权和被选举权；但是依照法律被剥夺政治权利的人除外。"

选举权和被选举权是指公民依法享有选举或者被选举为代表机关代表的权利，具体包括三方面内容：其一，公民依法有权进行投票参与选举国家代表机关代表；其二，公民依法享有被选举为国家代表机关代表的权利；其三，公民依法有权监督和罢免其参与选出的代表机关代表。

我国《宪法》规定国家的一切权力属于人民，但这并不意味着每个人都直接去行使国家权力。《宪法》明确规定人民行使国家权力的机关是全国人民代表大会和地方各级人民代表大会，人民需要通过参加选举的方式，选举或者被选举为代表组成国家权力机关，具体行使国家权力。公民的选举权和被选举权是最重要的政治权利，也是公民参与国家管理的基本形式。正因为如此，我国刑法往往对严重的犯罪分子依法剥夺其包括选举权和被选举权在内的政治权利。

参考案例

王某某等 16 人原系北京某饭店员工。1998 年下半年，北京市西城区人民代表大会代表换届工作开始，由选民选举新一届人大代表。10 月，北京某饭店作为一个选举单位公布的选民名单中确定了该 16 名员工的选民资格。后因该 16 名员工与北京某饭店的劳动合同届满，双方解除了劳动关系，该 16 名员工离开了北京某饭店。12 月 15 日，新一届人大代表换届选举开始，北京某饭店没有通知这些应在原单位选举的员工参加选举，也没有发给他们选民证，致使该 16 名员工未能参加选举。为此，王某某等 16 人向北京市西城区人民法院递交了起诉状，状告北京某饭店侵犯其选举权，要求判令被告依法承担法律责任，并赔偿经济损失 200 万元。西城区人民法院经审查认为：原告王某某等 16 人关于被告北京某饭店对其未能参加选举承担法律责任并赔偿经济损失的请求，依法不属法院受案范围。依照《中华人民共和国民事诉讼法》第 108 条、第 111 条、第 112 条之规定，该院于 1999 年 1 月 21 日裁定：对王某某等人的起诉，不予受理。王某某等 16 人不服一审裁定，向北京市第一中级人民法院提起上诉，请求撤销原裁定。北京市第一中级人民法院予以受理，经审查认为：王某某等人以北京某饭店侵害其选举权利为由，要求北京某饭店承担法律责任、赔偿经济损失，因此争议不属人民法院受理民事诉讼案件的范围，故王某某等人提起民事诉讼，主张由法院受理的请求，不予支持，原审法院不予受理的裁定正确。据此，该院于 1999 年 5 月 10 日裁定：驳回上诉，维持原裁定。

（二）政治自由

我国《宪法》第 35 条规定："中华人民共和国公民有言论、出版、集会、结社、游行、示威的自由。"

自由也可以说是一种权利，自由的本意就是做法律所许可的一切事情的权利。《宪法》

第 35 条规定的公民六项政治自由是公民参加国家政治生活、表达自己意愿的一种基础性的政治权利，是国家民主政治的基础。

1. 言论自由

法国的《人权宣言》规定："自由传达思想和意见是人类最宝贵的权利之一，因此每个公民都有言论、著作和出版自由。"此后言论自由普遍规定于各国宪法之中。言论自由的内容是广泛的，涉及政治、经济、社会、文化等各个方面；形式是多样的，包括口头或者书面，也包括言论的延伸形式，如新闻、广播、电影、电视、网络以及其他现代电子信息工具，广义上还包括出版和著作。语言是人类相互交流、传播信息的最基本形式，因此言论自由也是公民政治自由中的首要内容，是公民其他的政治自由赖以存在的基础。我国《宪法》规定的言论自由是指公民依照宪法和法律规定，对于国家和社会生活中的各种问题，以口头或者以正式出版物以外的其他方式表达其思想或者见解的自由。

言论自由和其他权利一样也必须在法律规定的范围内行使，不得用言论颠覆政府、危害国家安全，不得用言论诬告、陷害其他公民，不得用言论侮辱、诽谤、诋毁其他公民的人格尊严。

2. 出版自由

出版自由是指公民依照宪法和法律规定以出版物形式表达其思想和见解的自由。《出版管理条例》第 23 条明确规定："公民可以依照本条例规定，在出版物上自由表达自己对国家事务、经济和文化事业、社会事务的见解和意愿，自由发表自己从事科学研究、文学艺术创作和其他文化活动的成果。"出版自由广义上属于言论自由的内容，但由于报纸、期刊、图书、音像制品、电子信息等以其发行量大、流传范围广、影响深远而在社会生活中所占的地位日益重要，因此才单列出来作为一项独立的权利。近年来我国的出版自由已经逐步走上法治轨道，1990 年全国人民代表大会常务委员会制定了《中华人民共和国著作权法》并于 2020 年 11 月第三次修正，国务院 1997 年制定、2001 年重新制定并于 2020 年最新修改了《出版管理条例》。随着出版和新闻法制的发展，我国公民的出版自由将会获得愈来愈多的法律保障。

出版自由与言论自由一样也要在法律规定的范围内行使，因此出版自由与出版管理是密不可分的，合理的出版管理是对出版自由的重要保障。《出版管理条例》第 5 条规定："公民在行使出版自由的权利的时候，必须遵守宪法和法律，不得反对宪法确定的基本原则，不得损害国家的、社会的、集体的利益和其他公民的合法的自由和权利。"

3. 结社自由

结社自由是指公民依照宪法和法律规定为一定宗旨而组成某种社会组织的自由。结社的种类广义上包括营利性结社和非营利性结社，前者如公司等由企业法、公司法等调整，后者则可分为政治性结社和非政治性结社。政治性结社如政党、社会政治团体等，非政治性结社如宗教团体、文学艺术团体、学术团体等。我国宪法规定的结社是指不以营利为目的的结社，主要指成立社会团体。根据 1998 年国务院颁布并于 2016 年修订的《社会团体登记管理条例》，社会团体是指中国公民自愿组成，为实现会员共同意愿，按照其章程开展活动的非营利性社会组织。截至 2022 年，在各级民政部门登记的社会团体达到 37 万个，其中在民政部登记的全国性社会团体近 2 000 个。

成立社会团体必须符合我国法律规定，不得反对宪法的基本原则，不得损害国家的统一和民族的团结，不得违背社会道德风尚，不得损害国家、社会公共利益和其他公民的合法权利和自由，不得从事以营利为目的的经营活动。加强结社立法，是保障和规范公民结社自由权利行使的根本手段。

4. 集会、游行、示威自由

集会自由、游行自由、示威自由都是公民表达自己见解和意愿的自由，具有相当大的共性，只是表达方式和程度稍有不同。集会偏于静态，游行则偏于动态，而示威则程度更强烈一些，在法律上相互的界限并不明显，因此三者是由一部统一的法律具体进行规定的。根据1989年制定并于2009年修订的《中华人民共和国集会游行示威法》（以下简称《集会游行示威法》）的规定，集会是指公民聚集于露天公共场所，发表意见、表达意愿的活动；游行是指公民在公共道路、露天公共场所列队行进，表达共同意愿的活动；示威是指公民在公共场所或者公共道路上以集会、游行、静坐等方式，表达要求、抗议或者支持、声援等共同意愿的活动。

集会、游行、示威自由是公民基本权利中较为特殊的内容，即使与言论、出版、结社自由相比，也属于公民合法表达自己意愿的方式中最激烈的方式。但集会、游行、示威自由毕竟是宪法明文规定的公民的政治权利，是公民基本权利体系中不可或缺的组成部分，是现代民主政治的基本要求，其存在的合理性是经过历史验证的。现代社会中由于利益的多元化，政府的一种行为要想满足所有公民的要求是不现实的，政府的行政行为与一部分公民的利益发生冲突也是不奇怪的。因此，一个社会必须建立和完善不同利益的平衡机制。而公民集会、游行、示威自由权利的行使，就是这种平衡机制中公民维护自身利益的合法行为的底线，它是公民行使当家做主权利的必然要求，同时对整个国家、社会和政府也具有积极的政治功能。从根本上讲，集会、游行、示威自由的行使具有维护政治稳定的积极意义。

《集会游行示威法》明确规定了对公民合法的集会、游行、示威权利的保障，即主管机关对合法的集会、游行、示威的申请应当予以许可；集会、游行、示威的负责人对主管机关不许可的决定不服时，可以向同级人民政府申请复议；主管机关和人民警察要负责维持秩序，保障集会、游行、示威的顺利进行；任何人不得以暴力、胁迫或者其他非法手段干扰、冲击和破坏合法的集会、游行、示威，对违反这一规定的，要追究法律责任。

《集会游行示威法》在保障公民民主权利的同时，为了维护社会安定和公共秩序，也对这些权利的行使规定了一些限制。违法举行集会、游行、示威的，应当承担相应的法律责任。

三、宗教信仰自由

我国《宪法》第36条第1款和第2款规定：“中华人民共和国公民有宗教信仰自由。任何国家机关、社会团体和个人不得强制公民信仰宗教或者不信仰宗教，不得歧视信仰宗教的公民和不信仰宗教的公民。”从中可以看出，宗教信仰自由是指公民依据自身的精神信念，自愿地决定是否信仰宗教的自由。具体包括以下含义：

（1）公民既有信仰宗教的自由，也有不信仰宗教的自由。

（2）公民有信仰这种宗教的自由，也有信仰那种宗教的自由。

（3）在同一宗教里面，公民有信仰这个教派的自由，也有信仰那个教派的自由。

（4）公民有过去信教而现在不信教的自由，也有过去不信教而现在信教的自由。

（5）公民有按宗教信仰参加宗教仪式的自由，也有不参加宗教仪式的自由。

以上表明，宗教信仰自由的含义是非常广泛的，在行为上包括作为的自由即信教，也包括不作为的自由即不信教。宗教信仰自由权利的行使还必然延伸至传教、举行宗教活动和宗教仪式等内容。

宗教在社会意识形态上属于唯心主义有神论，与辩证唯物主义无神论的世界观是根本对立的。那么，为什么我国宪法要明确规定公民的宗教信仰自由呢？

第一，宗教信仰作为一种信仰，其自由属于精神自由的内容，是公民宪法权利不可缺少的基本内容。《世界人权宣言》第 18 条规定："人人有思想、良心和宗教自由的权利，此项权利包括改变他的宗教或信仰的自由，以及单独或集体、公开或秘密地以教义、实践、礼拜和戒律表示他的宗教或信仰的自由。"

第二，依照唯物主义的观点，宗教作为一种历史现象，有其发生、发展和消亡的历史过程，只要人们还有一些不能从思想上解释和解决的问题，就难以避免宗教信仰现象。

第三，宗教具有长期性、国际性、民族性、群众性的特点。

第四，在我国社会主义条件下，信教和不信教的公民在根本利益上是一致的，信教和不信教只体现了公民在思想意识和思想认识上的差别。今天，宗教的存在仍然具有社会基础，不能依靠简单的行政命令去强制人们改变属于思想意识范畴的宗教信仰。

我国《宪法》第 36 条第 3 款和第 4 款规定："国家保护正常的宗教活动。任何人不得利用宗教进行破坏社会秩序、损害公民身体健康、妨碍国家教育制度的活动。宗教团体和宗教事务不受外国势力的支配。"宗教信仰作为个人的自由不允许干预行政、司法、教育等国家事务和社会事务。我国宗教团体和宗教界人士可以同世界各国的宗教团体和宗教界人士友好往来，开展文化交流，但应当坚持自传、自治、自养的方针，防止国际宗教势力控制、干预我国宗教事务。

四、监督权

我国《宪法》第 41 条第 1 款规定："中华人民共和国公民对于任何国家机关和国家工作人员，有提出批评和建议的权利；对于任何国家机关和国家工作人员的违法失职行为，有向有关国家机关提出申诉、控告或者检举的权利，但是不得捏造或者歪曲事实进行诬告陷害。"第 3 款规定："由于国家机关和国家工作人员侵犯公民权利而受到损失的人，有依照法律规定取得赔偿的权利。"这就是我国宪法赋予公民的对国家机关和国家工作人员的监督权，是国家一切权力属于人民原则的具体表现。

监督权是一项综合权利，包括以下内容：

（1）建议权，即公民对于国家机关和国家工作人员的日常工作表明自己看法的权利，如合理化建议等。

（2）批评权，即公民对于国家机关和国家工作人员在工作中的缺点和错误，有提出批评意见的权利。

（3）申诉权，即公民对于国家机关和国家工作人员履行职务过程中实施的侵害自己合法权益的行为，有向有关国家机关提出申诉的权利。申诉权的行使主要针对行政行为和司法行为进行。

（4）控告权，即公民对于国家机关和国家工作人员作出的侵害自己合法权益的违法失职行为，有向有关国家机关进行控告的权利。1989 年制定的《行政诉讼法》就是保障这一权利的主要立法。

（5）检举权，即公民对于国家机关和国家工作人员的违法失职行为，虽未直接侵害自己的合法权益，但基于正义感和维护公共利益的目的，向有关国家机关进行举报和揭发的权利。

（6）取得赔偿权，即公民的权利因遭受国家机关和国家工作人员的违法行为的侵犯而受到损失时，有依法取得赔偿的权利。理论上认为，它包括国家赔偿和国家补偿两种方式，前者是因国家的违法行为而造成，后者是因为国家的合法行为给公民造成损失而予以补偿。1994 年制定、2012 年修订的《国家赔偿法》就是对这一权利的重要保障。

监督权的行使需要公民面对行使国家权力的国家机关和国家工作人员，因此对公民行使监督权的保障是必不可少的。《宪法》第 41 条第 2 款规定："对于公民的申诉、控告或者检举，有关国家机关必须查清事实，负责处理。任何人不得压制和打击报复。"《刑法》第 254 条规定："国家机关工作人员滥用职权、假公济私，对控告人、申诉人、批评人、举报人实行报复陷害的，处二年以下有期徒刑或者拘役；情节严重的，处二年以上七年以下有期徒刑。"同时，公民行使监督权也不能逾越法律规定的界限，宪法明确规定公民不得捏造或者歪曲事实进行诬告陷害。

五、人身自由

人身自由，是指公民的人身不受非法侵害的自由，广义的人身自由还包括与人身自由相关联的其他人身权利。我国《宪法》第 37 条第 1 款规定："中华人民共和国公民的人身自由不受侵犯。"人身自由以人的身体所享有的权利为核心，是公民基本权利体系的基础，是公民行使政治权利、经济权利等其他权利的前提。如果人身权利得不到保障，其他权利都会失去意义，因此人身自由在宪法中具有独特的地位。根据我国宪法，人身自由包括以下内容。

（一）人身自由不受侵犯

人身自由不受侵犯是指公民享有人身（包括肉体或精神）不受任何非法搜查、拘禁、剥夺、限制的权利。《宪法》第 37 条第 2 款和第 3 款规定："任何公民，非经人民检察院批准或者决定或者人民法院决定，并由公安机关执行，不受逮捕。禁止非法拘禁和以其他方法非法剥夺或者限制公民的人身自由，禁止非法搜查公民的身体。"如果公民实施了违法犯罪行为，需要剥夺或限制其人身自由，必须严格依照法定程序。我国《宪法》和《刑事诉讼法》等对于拘留和逮捕程序、调查取证程序、审判程序都作了明确规定，特别强调了严禁刑讯逼供的原则。《刑法》第 247 条规定：司法工作人员对犯罪嫌疑人、被告人实行刑讯逼供或者使用暴力逼取证人证言的，处三年以下有期徒刑或者拘役。致人伤残、死亡的，依照本法第 234 条（故意伤害罪）、第 232 条（故意杀人罪）的规定定罪从重处罚。

参考案例

某县公安局在侦查一起诽谤案时，认为某地区工业局的打字员陈某有作案嫌疑。当陈某上班时，公安局的工作人员身着便衣，未履行任何法律手续，借故将陈某骗出机关大楼，并将其推上等在楼下的吉普车，押至派出所，将她秘密收审，以后又转移至看守所。公安局侦查人员多次询问陈某有没有打印匿名信，陈某都予以否认。20 天后，公安局以“暂查不清，有待进一步调查”为由，将陈某释放。陈某因为受到惊吓，出现胸闷、心慌、恶心、头痛、头晕等症状，经医院诊断患了“神经官能症”。陈某向法院起诉，请求法院判令某县公安局公开向其赔礼道歉，恢复名誉，消除影响，并赔偿其因此而受到的误工、医疗等经济损失。法院经审理认为：被告违反法定程序，滥用职权，其行为严重侵犯了原告的合法权益，依法应承担对陈某的侵权赔偿责任，判决被告赔偿原告各种损失。

2013 年 12 月 28 日，十二届全国人大常委会第六次会议通过废止劳教制度的决定，对正在被依法执行劳教的人员，解除劳动教养，剩余期限不再执行。劳动教养制度是我国在特殊时期出台的一项行政处罚措施，这一制度极容易侵害人权，更违背社会主义法制的权威和尊严。随着社会的发展和司法制度的完善，这一制度已越来越不适用，改革劳教制度的呼声强烈。根据 2023 年修订的《立法法》第 11 条的规定，涉及“对公民政治权利的剥夺、限制人身自由的强制措施和处罚”等事项时，“只能制定法律”。显然，劳动教养制度存在的根据只是国务院制定的行政法规而非法律。废止劳教制度彰显了我国人权司法保障制度的进步，对弘扬人权和法治精神具有积极意义。

（二）人格尊严不受侵犯

人格尊严不受侵犯又称人格权，《宪法》第 38 条规定：“中华人民共和国公民的人格尊严不受侵犯。禁止用任何方法对公民进行侮辱、诽谤和诬告陷害。”这里的人格是指公民做人所必须具有的自主的资格，从法律上讲，人格就是公民独立作为权利和义务主体的资格。现行《宪法》第一次规定了保护公民人格尊严的内容，是对“文化大革命”教训的深刻反思，是对人身自由的进一步扩展，适应了时代的要求。

自从宪法明确规定公民的人格尊严权利以来，其权利范围愈来愈广泛。人格权分为一般人格权和具体人格权，一般人格权包括人格平等、人格独立、人格自由及人格尊严四方面，具体人格权主要包括以下内容。

1. 公民的姓名权

（1）公民可以随父姓，也可以随母姓，并且依法有决定、变更和使用自己姓名的权利，他人不得干涉。

（2）公民的姓名未经本人同意，他人不得滥用、假冒或用于商业目的。

（3）公民的姓名不受侮辱，如不得利用姓名的谐音起一些恶意的外号等。

2. 公民的肖像权

肖像是通过摄影、摄像等方式对人的形象的客观真实反映。公民的肖像权包括两层含义：其一，未经本人同意，不得以营利为目的使用公民的肖像；其二，公民的肖像不受污辱，如不得在他人照片上打“×”等。

3. 公民的名誉权

名誉是指一个人在人群中享有的良好声誉，名誉权即公民享有自己的声誉不受诽谤的权利。古语有“宁为玉碎，不为瓦全”之说，可见名誉对于一个人来讲往往具有比财产内容更重要的地位。现实中屡屡发生的超市搜身现象即属于侵犯公民名誉权的情形。

参考案例

某超级市场采用开架售货方式，允许进店的顾客自带包、袋，并在超级市场门口所贴的公告中称：“收银员受公司指示，对贵客带入铺内之袋（包括胶袋）必须查看，请将袋打开给收银员过目。”倪某某、王某某在惠康超市购物时，两个男性工作人员怀疑其偷拿了超市的东西，并迫使其解开衣扣、打开手提包接受检查。倪某某、王某某认为超市侵害其名誉权，向北京市朝阳区人民法院提起诉讼。朝阳区人民法院认为，权利是指法律赋予公民或法人可以行使的一定行为和可以享受的一定利益，公民或法人行使某一行为，如果没有法律的依据或者不符合法律规定，都不能自认为有权利行使这样的行为。法律从未赋予超市工作人员有盘问顾客和检查顾客财物的权利，因而被告无权张贴要求顾客将自己的提包打开供被告工作人员查看的公告。尽管此公告张贴在超级市场门口，但由于它没有法律依据，因而是无效的，顾客有权不执行公告的规定。

4. 公民的荣誉权

荣誉是公民因对社会的突出贡献而获得的精神上的奖励，如荣誉称号、奖项、奖章等。法人虽也有荣誉权，但不属于宪法规定的公民基本权利的范畴。人格尊严权利当中包含的荣誉权是指公民的荣誉不受侵犯、剥夺的权利。如某人设计时装获得大奖，其所在工厂以时装所用布料为本厂生产为由，将大奖据为单位所有，即侵犯了公民的荣誉权。

5. 公民的隐私权

隐私权是指公民依法享有的私人生活保持安宁，私人信息和数据受到保护，不被他人非法侵扰、知悉、搜集、利用和公开的权利，如个人生活安宁权、个人生活情报保密权、个人通信秘密权等，其范围包括私人信息、私人活动和私人空间。

互联网的发展使人们的视野、相互交流的手段得到极大的延伸，但同时也使人们的隐私处于极易暴露的状态。应该说，公民在网络上同样享有私人生活保持安宁和私人信息依法受到保护的人格权，公民个人信息一旦被恶意获取，社会危害很大。2016 年 11 月 7 日，十二届全国人大常委会第二十四次会议表决通过了《中华人民共和国网络安全法》，大篇幅强调了个人信息保护，是我国推动网络人身权利发展的一项重大举措。对个人电子信息进行立法保护可以增强对公民基本权利的保护力度，在具体落实和操作层面上，还需要明确公民享有个人信息权的内容，包括信息决定权、信息保密权、信息查询权、信息更正权、信息封锁权、信息删除权、报酬请求权等。

此外，公民的人格尊严不受侵犯还包括生命权、健康权、婚姻自主权等内容。随着我国法治水平和公民法律意识的不断提高，公民的人格尊严权利的范围将不断扩展。

（三）住宅不受侵犯

住宅不受侵犯又称住宅权，《宪法》第 39 条规定：“中华人民共和国公民的住宅不受侵犯。禁止非法搜查或者非法侵入公民的住宅。”居住安全与人身密切相关，是公民正常生活的基本保证。

公民的住宅不受侵犯，是指任何机关、团体或者个人，非经法律许可，不得侵入、搜查或者查封公民的住宅。当公安、检察机关需要对公民住宅进行搜查时，必须依照法律程序进行，向被搜查人出示搜查证，应有被搜查人或其亲属、邻居或其他人在场，搜查笔录应由在场人签字。侵犯公民的住宅权将承担相应法律责任，如《刑法》第 245 条规定："非法搜查他人身体、住宅，或者非法侵入他人住宅的，处三年以下有期徒刑或者拘役。"

参考案例

2002 年 8 月 18 日晚，陕西延安万花山派出所接到群众电话举报，称其辖区内一居民张某家中正在播放黄色录像。4 名民警在没有合法的搜查手续的情况下，以看病为由进入张某住宅。由于他们虽身着警服但是没佩戴警号、警帽，因而遭到张某夫妇拒绝。民警与张某夫妇发生肢体冲突，张某夫妇受伤。民警以警方执行公务为由将张某夫妇带回了派出所。2002 年 10 月 21 日，以"涉嫌妨碍公务"将张某刑事拘留。2002 年 11 月 5 日，被刑拘 16 天的张某被取保候审。2002 年 12 月 5 日，宝塔公安局解除张某的取保候审，撤销该案。2002 年 12 月 25 日，张某向宝塔公安局提出国家赔偿请求书。2002 年 12 月 31 日，张某与宝塔公安局及有关部门达成协议，警方向当事人赔礼道歉。

（四）通信自由和通信秘密受法律保护

通信自由和通信秘密受法律保护又称通信权，《宪法》第 40 条规定："中华人民共和国公民的通信自由和通信秘密受法律的保护。除因国家安全或者追查刑事犯罪的需要，由公安机关或者检察机关依照法律规定的程序对通信进行检查外，任何组织或者个人不得以任何理由侵犯公民的通信自由和通信秘密。"

公民的通信自由和通信秘密，是指公民的通信（包括书信、电报、电话、传真、电子信息等），他人不得隐匿、毁弃和私阅、窃听。隐匿、毁弃信件侵犯了公民的通信自由，私阅、窃听通信内容侵犯了公民的通信秘密。通信是公民参与社会生活、进行日常交往的不可缺少的基本活动，对公民通信权的保护是保护人身自由的必然延伸。为此，《刑法》第 252 条规定："隐匿、毁弃或者非法开拆他人信件，侵犯公民通信自由权利，情节严重的，处一年以下有期徒刑或者拘役。"如某中学校长规定"凡本校学生来信必须先交给老师审查后方可交还本人"，就侵犯了公民的通信自由和通信秘密。

为了国家安全和公共利益的需要，《监狱法》《刑事诉讼法》等法律对公民的通信自由和通信秘密进行了限制，当然，限制行为必须基于合理的理由和正当的法律程序。

参考案例

某县人民法院在审理一起案件时，要求移动通信公司提供某通信用户的电话详单，但移动通信公司以《中华人民共和国电信条例》第 65 条为由予以拒绝，法院遂对该移动通信公司处以 3 万元罚款。之后，移动通信公司向省人大常委会法制工作委员会提出申请，请求就法院是否有权检查通信用户的通信资料作出法律解答。省人大常委会法工委认为：公民的通信自由和通信秘密是宪法所赋予的一项基本权利，该项权利的限制仅限于宪法明文规定的特殊情形，也即只有公安机关或者检察机关才有权对通信进行检查。移动用户通信资料中的通话详单清楚地反映了个人的通话对象、时间、规律等大量个人隐私和秘密，是通信内容的重要组成部分，属于宪法所保护的通信秘密范畴。人民法院调查取证时，应符合宪法的规定，不得侵犯公民的基本权利。全国人大常委会法工委同意了省人大常委会法工委的上述意见。

六、社会经济权利

社会经济权利是指公民依照《宪法》的规定享有的物质利益和社会保障方面的权利。社会经济权利是公民享有其他基本权利的物质基础，而一个国家的经济发展状况又决定了社会经济权利的内容。从我国社会主义初级阶段的国情出发，我国《宪法》规定的公民社会经济权利包括如下内容。

（一）财产权

财产权是指公民个人通过劳动和其他合法手段占有、使用、收益和处分一定财产的权利。社会主义制度下的个人财产是通过按劳分配和其他合法的分配方式而形成的，既包括一定的生活资料，例如个人的收入、储蓄、房屋等，也包括一定的生产资料，例如从事生产经营的房屋、生产设备、加工原料、运输设施等。它是满足人们不断增长的物质和文化生活需要的重要物质基础。

改革开放以来，随着经济发展和人民生活水平的提高，我国公民拥有的私人财产普遍有了不同程度的增加，特别是越来越多的公民有了私人的生产资料，群众对用法律保护自己的财产有了更加迫切的要求。2004 年《宪法修正案》进一步加强了对公民私有财产的保护。《宪法》第 13 条规定："公民的合法的私有财产不受侵犯。国家依照法律规定保护公民的私有财产权和继承权。国家为了公共利益的需要，可以依照法律规定对公民的私有财产实行征收或者征用并给予补偿。"这就为公民的财产权提供了宪法保障。它首先宣布了私有财产的不可侵犯性，同时也表明了征收征用私有财产的条件：（1）目的为公共利益之需要。（2）依照法律规定。（3）给予补偿。2021 年 1 月 1 日实施的《民法典》为私人的财产权提供了进一步的保障，也为一切市场主体的平等法律地位和发展权利提供了法律的保障。

参考案例

某房地产开发公司开发 A 住宅小区后又开发了 B 国际商务中心，与 A 小区隔一条马路，某房地产开发公司在 A 小区内开凿水源热泵抽灌井，为 B 商务中心提供用水服务。A 小区业主委员会起诉某房地产开发公司，要求停止违法建设，恢复原状。一审法院认为某房地产开发公司开凿水井危及建筑安全，判决恢复原状，某房地产开发公司上诉；二审法院认为小区内的土地使用权属于全体业主，某房地产开发公司在小区内开凿水井侵害了业主的土地使用权，驳回上诉，维持原判。

业主在购买房屋时，一并取得建筑物区分所有权和建设用地使用权。小区内的全体业主对规划范围内的公共空间占用的土地共同享有，其权利基于地表、地下和地上，并在该领域内排除他人的侵害和干预。当遭受侵害时，业主委员会有权代表小区全体业主向法院提起侵权诉讼，要求行为人停止侵害、消除危险、排除妨碍、赔偿损失，保护全体业主共有的财产权。

（二）劳动权

我国《宪法》第 42 条第 1 款规定："中华人民共和国公民有劳动的权利和义务。"劳动作为一项权利，是指有劳动能力的公民有获得工作并按照劳动的数量和质量取得报酬的权利。从中可以看出，劳动权的内容包括劳动者的就业权利和取得报酬的权利两个方面。

参考案例

王某原在上海 SRT 酒店工作，辞职后应聘于另外一家公司，恰巧这家公司的办公地点就在她原就职的 SRT 酒店内。当她欲前往新公司上班而进入该酒店时，却遭到了该酒店保安的阻拦，拒绝她入内，原因是该酒店在其《员工手册》第 9 条中规定"辞职、退职员工，6 个月内不得以任何理由进入本店"。王某新应聘的公司要求她在规定的期限内上班，如不能前来上班，将视为放弃。在这种情况下，王某诉至上海某区人民法院，法院对此案作出判决：SRT 酒店限制了当事人的劳动就业权，应排除对王某进入该酒店的妨碍，其《员工手册》第 9 条应该取消。

劳动权作为一项社会经济权利，在受制于国家的经济发展水平这一点表现得尤为明显。国家不能保证每个公民都获得工作，但应当努力为公民的就业提供愈来愈多的机会。因此，《宪法》第 42 条第 2 款规定："国家通过各种途径，创造劳动就业条件，加强劳动保护，改善劳动条件，并在发展生产的基础上，提高劳动报酬和福利待遇。"

劳动既是一项权利，又是一项义务。在我国社会主义条件下，公民个人利益与国家利益本质上的一致性，决定了劳动既是公民创造个人利益的谋生手段，也是公民为国家和社会发展作出的贡献。从国家对公民角度来说，国家有义务保障公民获得工作和报酬，因此劳动是公民的权利。从公民对国家角度来说，《宪法》第 42 条第 3 款规定："劳动是一切有劳动能力的公民的光荣职责……国家提倡公民从事义务劳动。"因此劳动又是公民的一项义务。

（三）劳动者的休息权

我国《宪法》第 43 条规定："中华人民共和国劳动者有休息的权利。国家发展劳动者休息和休养的设施，规定职工的工作时间和休假制度。"这表明，休息权是指劳动者的休息和休养的权利。劳动者的休息权与劳动权是互相联系、密不可分的，有劳就有逸。因此，有劳动权必然就有休息权，休息权是劳动权存在和延续的基础。休息权的享有不仅能够使劳动者恢复体力，而且还为公民提高劳动技能创造了条件，从而为公民劳动权的行使提供了更多的机会。

目前，我国劳动者的休息权主要表现在每日工作 8 小时，每周工作 5 天，以及其他有关公休假日、年休假日和法定节日的规定等。2013 年国务院修改了《全国年节及纪念日放假办法》，全体公民放假的节日合计 11 天；国务院还出台了《职工带薪年休假条例》，具体落实了年休假制度。

（四）退休人员的生活保障权

我国《宪法》第 44 条规定："国家依照法律规定实行企业事业组织的职工和国家机关工作人员的退休制度。退休人员的生活受到国家和社会的保障。"

退休（包括离休）制度是指依据国家有关政策、法规规定，国有和集体企业事业组织的职工和国家机关工作人员达到一定年龄或工龄时，离开劳动和工作岗位进行休养，同时仍然领取一定的退休金或离休金并继续享受有关福利待遇的制度。退休制度是人的生理发展的必然要求，也是劳动者休息权的必然延伸。为增进人民福祉，坚持和完善统筹城乡的民生保障制度，满足人民日益增长的美好生活需要，防止因企业亏损、破产等原因而导致退休人员的生活得不到保障，依照2010年颁布的《中华人民共和国社会保险法》（2018年修正）的规定，我国已经在全国推行养老、疾病、失业等社会保险制度，从而为退休人员生活保障权的行使提供了更加切实和稳定的保障。2015年国务院发布《关于机关事业单位工作人员养老保险制度改革的决定》，扩大了养老保险的适用范围。

（五）物质帮助权

我国《宪法》第45条第1款规定：“中华人民共和国公民在年老、疾病或者丧失劳动能力的情况下，有从国家和社会获得物质帮助的权利。国家发展为公民享受这些权利所需要的社会保险、社会救济和医疗卫生事业。”

物质帮助权是指公民在不能自养时，有获得国家和社会救济的权利，目的在于保障公民的最低生活标准，防止陷入贫困，减少贫富差别，从而实现公民的生存权和发展权等基本人权。

物质帮助权在我国的具体表现包括：

（1）老年人的物质帮助权。国家通过推行社会保险、设立敬老院和实行“五保户”等制度进行保障。

（2）患病公民的物质帮助权。国家通过推行医疗保险和发展医疗卫生事业进行保障。

（3）丧失劳动能力公民的物质帮助权，主要是指残疾人特别是残疾军人和烈士家属的物质保障权。国家通过安排盲、聋、哑和其他有残疾公民的劳动、生活和教育，特别是通过保障残疾军人生活、抚恤烈士家属、优待军人家属等措施予以切实保障。

七、文化教育权利

文化教育权利是指公民在接受教育和从事文化活动过程中所享有的权利。对于国家而言，其整体的文化教育状况表明了一个国家的文明和发达程度，是国家发展经济、提高综合国力的基础；对于公民而言，其个体文化教育状况表明了一个公民自身在品德、智力、技能、体质等多方面的综合素质和修养，是公民立足于社会、实现自我价值的基础。因此，宪法赋予并保障公民享有充分的文化教育权利，具有重要的意义。

文化教育权利是一个综合权利体系，具体包括以下内容。

（一）公民有受教育的权利和义务

我国《宪法》第46条规定：“中华人民共和国公民有受教育的权利和义务。国家培养青年、少年、儿童在品德、智力、体质等方面全面发展。”

受教育权是指公民在达到适宜的年龄时，有从国家和社会提供的学校和其他机构中学习文化科学知识的权利。公民享有受教育权是公民享有其他文化教育权利的前提和基础。

受教育既是公民的一项基本权利，也是公民的一项基本义务。从公民角度而言，在受教育过程中，学习文化科学知识，掌握劳动技能，是公民健康成长和全面发展的保证，国家有义务为公民提供基本的受教育条件，特别是应当实现全民的义务教育，因而受教育是公民的一项权利。从国家角度而言，公民是否接受教育不单单是公民个人的事，而且是会影响到整个国家和民族的科学文化水平，是关系到国家发展、民族兴亡的大事，国家有权要求公民接受各级各类和各种形式的教育，特别是接受全民的义务教育，因而受教育又是公民的一项义务。

公民受教育的形式包括学前教育、初等教育、初级中等教育、职业教育、高等教育、劳动就业训练教育和在社会力量办学机构中接受教育。根据《中华人民共和国义务教育法》的规定，我国将初等教育和初级中等教育列为九年制的全民义务教育。

参考案例

齐某苓、陈某琪均系山东省滕州市八中1990届初中毕业生，陈某琪在1990年中专预考时成绩不合格，失去了升学考试资格，齐某苓则通过了预选考试，并在中专统考中考了441分，超过了委培录取的分数线。随后，山东省济宁市商业学校发出录取齐某苓为该校1990级财会专业委培生的通知书，但齐某苓的录取通知书却被陈某琪私下取走，陈某琪以齐某苓的名义到济宁市商业学校报到就读。1993年毕业后，陈某琪继续以齐某苓的名义到中国银行滕州市支行工作。1999年1月29日，齐某苓在得知陈某琪冒用自己的姓名上学并就业的情况后，以陈某琪及其父亲、滕州八中、济宁市商业学校、滕州市教委为被告，向枣庄市中级人民法院提起民事诉讼，后又上诉到山东省高院。2001年8月23日，山东省高院依据《宪法》第46条、最高人民法院批复（2001年8月13日法释〔2001〕25号《关于以侵犯姓名权的手段侵犯宪法保护的公民受教育的基本权利是否应承担民事责任的批复》）（该批复于2008年12月24日起停止适用）和《民事诉讼法》有关条款，终审判决此案：根据本案事实，陈某琪等以侵犯姓名权的手段，侵犯了齐某苓依据宪法规定所享有的受教育的基本权利，并造成了具体的损害后果，应承担相应的民事责任：（1）责令陈某琪停止对齐某苓姓名权的侵害；（2）陈某琪等四被告向齐某苓赔礼道歉；（3）齐某苓因受教育权被侵犯造成的直接经济损失7 000元和间接经济损失41 045元，由陈某琪与其父赔偿，其余被告承担连带赔偿责任；（4）陈某琪等被告赔偿齐某苓精神损害赔偿金50 000元。

（二）文化权利

发展社会主义先进文化、广泛凝聚人民精神力量，坚定文化自信，是国家治理体系和治理能力现代化的深厚支撑。我国《宪法》第47条规定："中华人民共和国公民有进行科学研究、文学艺术创作和其他文化活动的自由。国家对于从事教育、科学、技术、文学、艺术和其他文化事业的公民的有益于人民的创造性工作，给以鼓励和帮助。"公民的文化权利具体包括以下几项。

1. 科学研究的自由

我国公民在从事自然科学、社会科学和思维科学的研究时，有选择课题、研究问题、交流看法、发表见解的自由。

科学技术是第一生产力，是国家发展的关键因素，因此保护公民的科学研究自由具有重要的意义。但同时应当明确科学研究自由是在有益于人类进步事业的前提与范围内的自由，某些领域的科学研究如人体实验、生物武器等是受到严格控制或禁止的。

2. 文艺创作自由

公民的文艺创作自由是指公民有创作各种形式的文学艺术作品并发表成果的自由，包括自由选择创作内容、创作形式和创作风格。文艺创作是人类精神文明和成就的集中表现，保护公民的文艺创作自由意义重大。

3. 其他文化活动的自由

除上述科学研究和文艺创作自由以外，公民还有从事体育活动和娱乐活动等其他文化活动的自由，国家应当为此提供必要的设施和物质保障。

八、特定主体的权利

我国《宪法》除了对所有公民都普遍享有的权利和自由作出明确规定外，还根据实际情况对某些特定主体的权利和自由予以专门的保护，主要包括下述几项权利。

（一）国家保护妇女的权利和利益

我国《宪法》第48条规定："中华人民共和国妇女在政治的、经济的、文化的、社会的和家庭的生活等各方面享有同男子平等的权利。国家保护妇女的权利和利益，实行男女同工同酬，培养和选拔妇女干部。"

男女平等是我国宪法的一项基本原则。由于历史和现实中的种种原因，妇女经常处于受歧视的境地，因此我国宪法特别规定了对妇女权利的保护。妇女作为我国的公民，享有宪法规定的公民在政治、经济和文化等各方面的全部权利和自由，同时还特别强调妇女依法享有的特殊权益：

（1）在政治权利上，妇女有权参与国家事务，国家应当重视培养和选拔妇女干部。

（2）在人身权利上，妇女具有独立的人格权，其生命权、健康权、生育权受到保护，禁止虐待女婴，禁止对妇女进行性侵犯。

（3）在受教育权上，要特别注意根据女性学生特点，在教育、管理、设施上采取特别措施，保障女性学生健康成长。

（4）在劳动和社会保障权利上，妇女与男子具有同等的就业权和同工同酬权，并且还特别享有特殊劳动保护权和生育权，不得安排不适合妇女从事的工作和劳动，对处于结婚、怀孕、生育和哺乳期间的妇女不得进行歧视。

（5）在家庭生活方面，保护妇女的婚姻自主权、家庭财产权和子女监护权。

1992年制定，于2022年10月30日最新修订并自2023年1月1日起施行的《中华人民共和国妇女权益保障法》对妇女权益作了具体的规定。

参考案例

原告王某伦（女）及其女儿李某娴，均系新津县五津镇蔬菜村村民。蔬菜村转让其部分土地后，其他村民都分得了土地转让费，而王某伦、李某娴却分文未得，因为该村村规民约有一条规定："凡本地出嫁女子，除特殊情况外，必须迁走户口，拒绝迁走户口的，连同婚后所生子女，虽准予上户口，但不得享受一切待遇。"王某伦与一外村村民结婚后，未将户口迁到男方所在地，所以，王某伦及其女儿李某娴未能分得土地转让费。为此，王某伦、李某娴以蔬菜村村委会为被告向新津县人民法院提起诉讼。审理此案的合议庭认为，村规民约在性质上属民事协议，而民事协议亦必须符合宪法。涉讼条款要求妇女结婚后就必须迁走户口，系对妇女的歧视性对待，有悖于男女平等的宪法原则，因而无效；原告分得土地转让费的诉讼请求应予支持。鉴于合议庭明确而坚决的态度，被告蔬菜村村委会很快分给了二原告土地转让费各 5 000 元。

（二）婚姻家庭方面的权利

我国《宪法》第 49 条第 1 款规定："婚姻、家庭、母亲和儿童受国家的保护。"第 4 款规定："禁止破坏婚姻自由，禁止虐待老人、妇女和儿童。"

婚姻是男女双方基于自愿结合并经依法登记而形成的夫妻关系，是家庭产生的基本条件。家庭是基于婚姻、血缘和收养关系而形成的共同生活的群体，是构成社会的基本单位。婚姻必定对家庭产生影响，而家庭又必定对社会发生作用，婚姻家庭的稳定有利于社会的稳定。宪法保护公民在婚姻、家庭方面的权利，是对合法的婚姻、家庭关系的确认，也是对国家和社会秩序的保护。

宪法规定禁止虐待老人、妇女和儿童，是因为这些权利主体在家庭和社会生活中往往处于弱者地位，其权益极易受到侵犯，所以必须予以特别保护。为了贯彻这一宪法原则，我国制定了《中华人民共和国老年人权益保障法》《中华人民共和国妇女权益保障法》《中华人民共和国未成年人保护法》，为实现老年人、妇女和儿童的宪法权利作出了进一步保障。

（三）保护华侨、归侨和侨眷的权利和利益

我国《宪法》第 50 条规定："中华人民共和国保护华侨的正当的权利和利益，保护归侨和侨眷的合法的权利和利益。"

华侨是指定居在外国的具有中国国籍的人；归侨是指回国定居的华侨；侨眷是指华侨和归侨在国内的亲属。

华侨作为我国公民，享有宪法规定的各项基本权利和自由，但由于华侨长期居住在国外，情况特殊，因此宪法又予以特别的保护。国家一方面要求华侨遵守所在国的法律，与所在国人民和睦相处，促进所在国的经济、文化等各方面事业的发展，推动所在国与中国的友好往来，同时又根据国际公约、双边协定和国际惯例维护华侨的正当权益，反对强迫华侨改变国籍或实行种族歧视。

归侨由于曾经长期生活在国外，生活习惯等各方面具有特殊性。侨眷与家人两国分居，各方面也有自己的特点。历史上受极左思想的影响，归侨、侨眷曾多次在政治上受到冲击。总结经验教训，我国宪法明确规定保护归侨、侨眷的合法权益，1990 年通过并于 2009 年修订的《中华人民共和国归侨侨眷权益保护法》，明确规定在国家权力机关中应当有适当名额的归侨代表、私有房屋的所有权受法律保护、通信自由受法律保护、有权出国定居等，使归侨、侨眷的宪法权利得以具体落实。

（四）外国人的合法权益

这里的外国人，是指不具有中国国籍，但在中国境内居住或停留的人。外国人因其并非我国公民，因此其合法权利和利益不是在《宪法》第二章规定的，而是在《宪法》总纲中规定的。为方便学习，在此一并叙述。

我国《宪法》第 32 条规定："中华人民共和国保护在中国境内的外国人的合法权利和利益，在中国境内的外国人必须遵守中华人民共和国的法律。中华人民共和国对于因为政治原因要求避难的外国人，可以给予受庇护的权利。"根据上述规定，外国人的合法权益包括两方面内容。

1. 国家保护在中国境内的外国人的合法权利和利益

随着我国经济不断发展，对外开放不断扩大，我国的国际交往日益增加，来华经商、旅游、工作、学习的外国人逐年递增，涉外法律关系的发生越来越普遍。根据国际法的属地管辖原则，必须明确外国人在我国的法律地位，因此我国《宪法》明确宣布保护在中国境内的外国人的合法权利和利益，同时确认其负有遵守我国法律的义务。为了具体实施宪法的规定，我国的许多法律都专门对涉外法律关系作了细化的规定。这对促进我国的改革开放和现代化建设事业，并为我国公民争取到对等的国民待遇具有重要意义。

2. 外国人的受庇护权

外国人的受庇护权又称政治避难权，在国际法上是指一国公民因为政治原因请求另一国准予进入该国居留，或已进入该国请求准予在该国居留，经该国政府批准，而享有受庇护的权利。其法律后果是享有受庇护权的外国人，在所在国的保护下不受驱逐或引渡。

外国人的受庇护权最早规定于法国宪法，后为世界大多数国家所效仿，其目的是保护那些因为持不同政见而受本国政府迫害的外国人。享有这项权利的关键是必须出于政治原因，一般刑事罪犯不受保护。

第三节　我国公民的基本义务

我国《宪法》在确认公民基本权利的同时也明确规定了公民的基本义务，基本义务与基本权利构成了我国宪法法律关系的核心和要素，决定了我国公民在国家生活中的法律地位。在社会生活中，公民负有许多法律义务，《宪法》规定的公民基本义务是其他一般法律义务的基础。根据《宪法》第 52 条至第 56 条的规定，我国公民的基本义务包括以下内容。

一、维护国家统一与民族团结

我国《宪法》第 52 条规定：“中华人民共和国公民有维护国家统一和全国各民族团结的义务。”国家统一与民族团结是国家繁荣、民族昌盛的重要标志。只有国力强盛，国家才有实力保障公民充分享有各项基本权利和自由，因此任何公民都负有这项义务。

维护国家统一，是指维护国家的主权独立和领土完整。国家主权是国家的基本构成要素之一，是国家对内、对外独立处理事务的最高权力，不受任何人干涉或支配。领土与国家主权密不可分，国家在领土上的主权是排他的，对领土的侵犯就意味着对国家主权的侵犯。我国《宪法》确认公民有维护国家统一的义务，因此任何公民都应与分裂祖国的行为作斗争，与台独势力作斗争，完成祖国统一大业。2005 年 3 月 14 日，十届全国人大三次会议通过了《反分裂国家法》，其中规定，完成统一祖国的大业是包括台湾同胞在内的全中国人民的神圣职责。2016 年 11 月 7 日，全国人民代表大会常务委员会作出关于《中华人民共和国香港特别行政区基本法》第 104 条的解释，针对香港特别行政区立法会选举及个别候任议员在宣誓时宣扬“港独”主张，侮辱国家、民族引发的问题，对基本法有关条文作出解释，明确了依法宣誓的有关含义和要求。全国人大常委会的这一解释，表明了中央政府反对“港独”的坚定决心和意志。“一国”是实行“两制”的前提和基础，“两制”

从属和派生于“一国”并统一于“一国”之内。2020 年 6 月 30 日，十三届全国人大常委会第二十次会议表决通过了《中华人民共和国香港特别行政区维护国家安全法》。2024 年 3 月 19 日，《维护国家安全条例》获立法会全票通过，并于 3 月 23 日正式生效。

民族问题关系到国家的统一与稳定，民族分裂必然导致国家分裂，民族团结是民族和国家繁荣的基本保证。国家通过民族区域自治制度确保少数民族充分享有自主管理本民族地方性事务的权利，为实现我国的民族团结创造了条件。我国《宪法》规定公民有维护全国各民族团结的义务，因此任何人不得以任何形式破坏民族团结。

二、遵守宪法和法律的义务

我国《宪法》第 53 条规定：“中华人民共和国公民必须遵守宪法和法律，保守国家秘密，爱护公共财产，遵守劳动纪律，遵守公共秩序，尊重社会公德。”

遵守宪法和法律是公民最基本和最起码的义务，保守国家秘密，爱护公共财产，遵守劳动纪律，遵守公共秩序，尊重社会公德，是公民遵守宪法和法律义务在不同社会领域的具体表现。

（一）遵守宪法和法律

我国《宪法》序言规定，宪法是国家的根本法，具有最高的法律效力。全国各族人民、一切国家机关和武装力量、各政党和各社会团体、各企业事业组织，都必须以宪法为根本的活动准则，并且负有维护宪法尊严、保证宪法实施的职责。其他法律以宪法作为立法的基础和依据，是宪法的具体化。宪法和法律是我国人民根本利益和意志的集中体现，依法治国，建设社会主义法治国家，是我国的基本治国方略。2020 年 11 月 16 日至 17 日，党的历史上首次召开的中央全面依法治国工作会议，将习近平法治思想明确为全面依法治国的指导思想。这就要求所有公民必须毫无例外地遵守宪法和法律，一切违反宪法和法律的行为必须予以追究。公民遵守宪法和法律的义务，是公民基本义务体系的基础和核心。

（二）保守国家秘密

国家秘密，是指关系国家安全和利益，依法尚未公布或不准公布，只限一定时间和一定范围知悉的事项。泄露国家秘密必然会给国家和社会造成重大损失，侵害人民的根本利益。因此《宪法》规定公民负有保守国家秘密的义务。我国 1988 年颁布并于 2024 年最新修订的《中华人民共和国保守国家秘密法》对于公民的这一宪法义务作了更加具体的规定。

参考案例

米某为北京某大学理工学院学生，家住北京，其父为中央某部领导干部，家中的书房常有国家机密文件。一天下午，米某没有课就回到家，无意中在书房的桌子上看见了我国新研制的新型飞机的图纸。米某想到学校正在举行飞机设计模型展览，于是就按照图纸制作出飞机模型，在学校飞机设计模型展览会上展出，结果把我国新型飞机式样泄露出去，给国家造成无法挽回的损失。米某的行为违反了宪法中关于保守国家秘密的规定，后米某及其父均被追究相关法律责任。

（三）爱护公共财产

公共财产是指全民所有制财产和集体所有制财产。《宪法》第 12 条规定：“社会主义的公共财产神圣不可侵犯。国家保护社会主义的公共财产。禁止任何组织或者个人用任何手段侵占或者破坏国家的和集体的财产。”我国是社会主义国家，公有制经济是国家的经济命脉，是国家得以不断发展的基础和公民切实享有各项权利、自由的物质保证，与国家利益和人民利益息息相关。因此，每个公民都有义务爱护公共财产，同侵犯公共财产的行为作坚决斗争。

（四）遵守劳动纪律

劳动纪律是指劳动者进行生产和工作时，必须共同遵守的劳动规则、工作制度和操作规程，是保证劳动者人身安全、提高劳动效率和维护社会化大生产的正常秩序不可缺少的基本手段。宪法规定公民负有遵守劳动纪律的义务，对于国民经济发展和社会秩序的稳定具有重要意义。

（五）遵守公共秩序

公共秩序是指由国家法律规定的人们在社会生活中共同形成的基本准则，包括生活秩序、生产秩序、工作秩序和学习秩序等。良好的公共秩序是国家和社会稳定发展、人民群众日常生活正常进行的基本条件，因此宪法要求每一公民都负有遵守公共秩序的义务。对于严重扰乱公共秩序的行为，依据《治安管理处罚法》和《刑法》的有关规定予以行政处罚或者刑事处罚。

参考案例

安某、元某二人同为山东省某市中学学生，不思学习，以搞恶作剧为乐事。春节前夕，安某、元某二人想到了一个搞恶作剧的“妙法”，两个人给火车站派出所发去一封匿名的举报信，信中说：“最近有人备了几公斤炸药，准备炸火车站。”火车站派出所接到报案，立即报告区公安分局，区公安分局又报告了市公安局，市公安局下令从即日起，加强火车站、长途汽车站的监视检查，在全市进行戒备，并派出刑警队进行立案侦查。经过十天的侦查，最后发现是安某、元某二人报假案。安某、元某二人在主观上出于故意，假借举报，谎报情况，制造假案，扰乱了社会公共秩序，属于治安违法行为，受到了拘留处罚。

（六）尊重社会公德

社会公德是指社会公共道德，即人们在社会生活中应当遵守的基本道德标准，2021年1月1日实施的《民法典》将公序良俗作为法律的基本原则。在我国，社会公德的核心内容是爱祖国、爱人民、爱劳动、爱科学、爱社会主义。社会公德作为一种道德，其力量一般来源于社会舆论、信念、习惯、传统和教育等，而不依靠国家的强制力量。我国《宪法》明确规定尊重社会公德是公民的一项基本义务，无疑将社会公德的效力提高了一个层次，这表明社会公德在我国不仅具有道德意义，同时也具有最高法律意义。

三、维护祖国的安全、荣誉和利益

我国《宪法》第54条规定：“中华人民共和国公民有维护祖国的安全、荣誉和利益的义务，不得有危害祖国的安全、荣誉和利益的行为。”本条规定以命令性规范和禁止性规范两种法律规范反复确认了公民的同一个义务，突出强调公民维护祖国安全、荣誉和利益义务的重要性。

（一）维护祖国的安全

祖国安全是指国家主权和领土完整不受威胁，是保证国家统一和安定的基础。《宪法》确认公民负有维护祖国安全的义务，这就要求公民提高警惕，同一切危害国家安全的行为作斗争。我国的《中华人民共和国国家安全法》对此作了具体的规定。

（二）维护祖国的荣誉

祖国荣誉是指国家在世界上享有的良好声誉，维护祖国荣誉是公民爱国主义情感的具体表现，也是民族自尊心和国家自豪感的具体表现。《宪法》确认公民负有维护祖国荣誉的义务，因此公民在社会生活中应当维护民族气节，坚决制止一切丧失国格、败坏祖国荣誉的行为。

（三）维护祖国的利益

祖国利益是人民利益的代表，对内对外均具有最高性。公民负有维护祖国利益的义务，这就要求公民正确处理国家、集体、个人之间的关系，同一切损害国家利益的行为进行斗争。

四、保卫祖国，依法服兵役和参加民兵组织

我国《宪法》第 55 条规定："保卫祖国、抵抗侵略是中华人民共和国每一个公民的神圣职责。依照法律服兵役和参加民兵组织是中华人民共和国公民的光荣义务。"国家兴亡，匹夫有责。若国家灭亡，则公民必沦为亡国奴。因此，保卫祖国，抵抗侵略，是每一个中华儿女神圣的职责。

保卫祖国，必须有一支强大的人民武装力量，因此服兵役和参加民兵组织是公民保卫祖国、维护国家安全的实际行动。1984 年颁布并于 2021 年修订的《中华人民共和国兵役法》，对公民履行服兵役的宪法义务作了具体规定：凡年满 18 周岁的中国公民，不分民族、种族、性别、职业、家庭出身、宗教信仰、教育程度和财产状况，都有义务依法服兵役。同时明确规定了不得服兵役、不征集服兵役、免服兵役和缓服兵役的情况。我国公民履行服兵役义务的形式，不仅包括服现役即参加中国人民解放军和中国人民武装警察部队，也包括服预备役和参加民兵组织等。

参考案例

2023 年 9 月魏某富应征入伍，因不适应部队训练生活而拒绝继续服兵役，被部队按照拒服兵役规定作除名处理。由于魏某富严重违反《中华人民共和国兵役法》《征兵工作条例》有关规定，当地征兵工作领导小组研究决定对魏某富采取如下惩戒措施：1. 将其纳入履行国防义务严重失信主体名单实施联合惩戒；2. 将其处罚信息纳入国家金融信用信息基础数据库，在办理个人信贷、融资、信用卡等金融服务时，将失信记录作为重要参考依据，从严审批；3. 不得录用其为公务员或者参照公务员法管理的工作人员；4. 两年内不得出国（境）或升（复）学；5. 其户籍信息"兵役状况"栏注明"拒服兵役"；6. 取消其义务兵相关优待并处以罚款 37 392 元；7. 将拒服兵役处罚结果通过媒体向社会通报。

五、依法纳税

我国《宪法》第 56 条规定："中华人民共和国公民有依照法律纳税的义务。"纳税是

指纳税义务人依法向国家税收部门缴付税款的行为，具有强制性和无偿性的特征。税收是国家财政的主要收入来源，是国家进行宏观调控的重要经济杠杆。税收的特点是取之于民，用之于民，税收主要用于国家的公共开支。因此，依法纳税是公民的基本义务。这就要求每个公民树立依法纳税的意识，杜绝偷税、漏税、欠税和抗税现象。我国于 1980 年颁布并于 2018 年修正的《中华人民共和国个人所得税法》，对于公民履行纳税义务作了更为具体的规定。

【本章小结】

1. 公民的基本权利和义务是指宪法规定的公民最主要的、必不可少的和最低限度的权利和义务，在公民权利义务体系中处于核心和基础地位，是公民在国家中所处地位的反映。

2. 我国宪法明确规定了我国公民应当享有的基本权利和自由，也明确规定了我国公民应当履行的基本义务。我国宪法规定的公民基本权利和义务的基本特点是：权利和自由的广泛性，权利和义务的平等性，权利和自由的现实性，权利和义务的一致性。

3. 我国公民享有平等权、政治权利和自由、宗教信仰自由、人身自由、社会经济权利、文化教育权利等权利和自由，婚姻、家庭、母亲和儿童，以及华侨、归侨和侨眷的权益等受国家特别保护。

4. 公民在行使权利和自由的时候，不得损害国家的、社会的、集体的利益和其他公民的合法的自由和权利。

【练习题】

一、名词解释

权利　言论自由　人格权　物质帮助权　受庇护权

二、思考题

1. 简述公民与人民的区别。
2. 论我国公民权利与义务的一致性。
3. 论公民在法律面前一律平等。
4. 简述我国公民人身自由的主要内容。
5. 论公民正确行使权利和自由的原则。

三、讨论题

1. 李某在高校做收发工作，他利用工作之便，隐匿、毁弃和开拆他人信件数百封，由此造成多人与学校的联系中断，影响了工作和学习。他还在学生中传播扩散一些信件中的隐私内容，造成不良后果。

讨论：

（1）李某的行为是否违反了宪法规定？

（2）李某的行为侵犯了公民的什么权利？

（3）李某是否应受到法律的制裁？

讨论要点提示：

（1）我国《宪法》第 40 条规定：“中华人民共和国公民的通信自由和通信秘密受法律的保护。除因国家安全或者追查刑事犯罪的需要，由公安机关或者检察机关依照法律规定的程序对通信进行检查外，任何组织或者个人不得以任何理由侵犯公民的通信自由和通信秘密。”

（2）通信是人们日常生活中不可缺少的联系方法，通信自由是公民的一项基本的人身权利，受到宪法和法律的保护，隐匿、毁弃、非法开拆他人信件是对公民权利的侵犯。

（3）本案中李某私自隐匿、毁弃和开拆他人信件数百封，扩散信件中隐私内容，手段卑鄙，性质恶劣，造成了很坏的影响，其行为理应受到法律的制裁。

2. 辽宁省某市中学生贾某参加了1998年高考，考了558分，当年的省重点分数线是565分，但由于她是市级优秀学生干部，可以降低10分投档，这样她就可以进入重点大学。然而她的“优秀学生干部”称号竟被市教委高招办有关人员写成了“三好学生”，她因此不能享受降分政策，最后进了一所普通院校，而与她同校同届不同班的张某却凭“优秀学生干部”的降分政策进了重点大学。

讨论：

（1）贾某的何种宪法权利受到了侵犯？

（2）谁应当对贾某的损失承担责任？

（3）如果贾某诉至法院，法院可否直接判决贾某进入重点大学学习？

讨论要点提示：

（1）《宪法》第38条规定：“中华人民共和国公民的人格尊严不受侵犯。”人格尊严权利当中包含的荣誉权是指公民的荣誉不受侵犯、剥夺的权利，包括人身和财产两个方面，宪法保障公民的荣誉权。

（2）本案中贾某“优秀学生干部”称号被市教委高招办有关人员写成了“三好学生”，因而不能享受降分政策，权利受到侵害，市教委高招办有关人员无论是有意的还是无意的，均应当对贾某的损失承担责任。

（3）如果贾某诉至法院，法院不能直接判决贾某进入重点大学，否则法院将超越宪法规定的审判权限。能否进入重点大学，是由大学自主权决定的，法院不能代为作出专业性判断。

在线练习

第六章 中央国家机构

【本章引言】

国家机构是全部国家机关的总和。为了贯彻和体现深化国家监察体制改革的精神，为成立监察委员会、制定《中华人民共和国监察法》提供宪法依据，第十三届全国人大第一次会议通过的《宪法修正案》中，专门增加了“监察委员会”一节，确立了监察委员会作为国家机关的宪法地位。根据第十三届全国人大第四次会议《关于修改〈全国人民代表大会组织法〉的决定》修正的《全国人民代表大会组织法》和《关于修改〈全国人民代表大会议事规则〉的决定》修正的《全国人民代表大会议事规则》，为健全全国人大组织制度、工作制度和议事规则，完善全国人大议事规则和工作程序提供了法律依据。在我国，从纵向看，国家机构包括中央国家机关和地方国家机关；从横向看，国家机构包括权力机关、行政机关、军事领导机关、监察机关、审判机关、检察机关。

本章阐述的中央国家机关包括全国人民代表大会及其常务委员会、国家主席、国务院、中央军事委员会、国家监察委员会。

【本章学习目标】

通过本章的学习，你应该能够：

1. 了解国家机构体系和我国中央国家机关的组织活动原则。
2. 了解全国人民代表大会及其常务委员会的性质、地位、职权和会议制度。
3. 理解国家主席制度的历史沿革。
4. 了解中央军事委员会的性质、地位和职权。
5. 了解国务院的性质和地位、组成及其领导体制。
6. 了解国家监察委员会的性质、地位、领导体制和工作机制，国家监察工作的原则和方针，国家监察委员会与全国人大及其常委会之间的关系。

第一节　国家机构概述

一、国家机构的概念

国家机构是统治阶级为了行使国家权力，实现国家职能而建立的国家机关的总和。

国家机构不同于国家机关，国家机关是国家机构中的某一类或某一个组织，而国家机构是国家机关的总和。国家机构不同于政党、社会团体和企业事业组织。国家机构具有代表国家行使职权并拥有国家强制力的特点，而政党、社会团体和企业事业组织等不具备这一特征。

从纵向看，国家机构包括中央国家机关和地方国家机关；从横向看，国家机构包括权力机关、行政机关、军事领导机关、监察机关、审判机关、检察机关。在我国，中央国家机关指全国人民代表大会及其常务委员会、国家主席、国务院、中央军事委员会、国家监察委员会、最高人民法院和最高人民检察院。地方国家机关分为一般地方的国家机关、民族自治地方的国家机关和特别行政区的国家机关。一般地方的国家机关指各级一般地方的人民代表大会、人民政府、监察委员会、人民法院和人民检察院。民族自治地方的国家机关指各级民族自治地方的自治机关（人民代表大会和人民政府）、人民法院和人民检察院。特别行政区的国家机关指特别行政区行政长官、行政机关、立法机关和司法机关。

2018 年 3 月，第十三届全国人民代表大会通过《宪法修正案》和《中华人民共和国监察法》(以下简称《监察法》)，产生中华人民共和国国家监察委员会及其领导人员，标志着中国特色国家监察体制已经形成。根据宪法设立的监察机关，作为开展廉政建设和专门反腐败的国家机关，就中央层面而言，是在原有的中央国家机构体系中增加了与国务院、中央军事委员会、最高人民法院、最高人民检察院相平行的国家机关。

参考资料

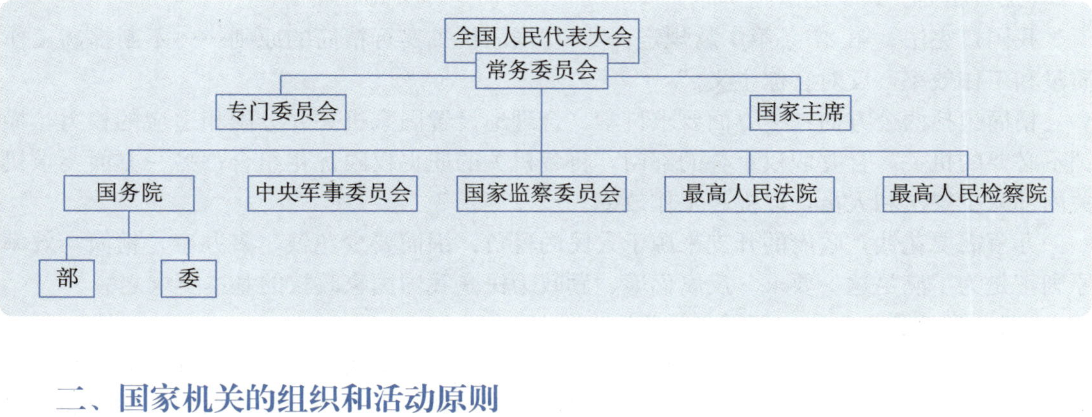

二、国家机关的组织和活动原则

（一）民主集中制原则

我国《宪法》第 3 条规定："中华人民共和国的国家机构实行民主集中制的原则。"民主集中制是我国国家政权的重要的组织和活动原则。民主集中制是一种民主与集中相结合的制度，是指在民主基础上的集中和在集中指导下的民主的结合。

根据宪法规定，我国的国家机构贯彻民主集中制原则的表现是：

（1）在人民代表大会与人民的关系上，全国人民代表大会和地方各级人民代表大会都由民主选举产生，对人民负责，受人民监督。

（2）在人民代表大会与其他机关的关系上，我国的行政机关、监察机关、审判机关、检察机关都由人民代表大会产生，对它负责，受它监督。

（3）在中央与地方的关系上，中央和地方的国家机构职权的划分，遵循在中央统一领导下，充分发挥地方的主动性、积极性的原则。

（4）在国家机关内部的领导制度上，全国人民代表大会和地方人民代表大会实行少数服从多数的集体领导制度，而国务院、中央军委和地方各级人民政府则实行首长个人负责制。

（二）社会主义法治原则

法治原则是指国家机关必须严格依法办事，在宪法和法律的范围内活动。

我国《宪法》第 5 条第 1 款、第 2 款、第 4 款分别规定："中华人民共和国实行依法治国，建设社会主义法治国家。""国家维护社会主义法制的统一和尊严。""一切国家机关和武装力量、各政党和各社会团体、各企业事业组织都必须遵守宪法和法律。一切违反宪法和法律的行为，必须予以追究。"

2022 年 12 月 19 日习近平总书记发表署名文章：《谱写新时代中国宪法实践新篇章——纪念现行宪法公布施行 40 周年》。习近平总书记强调："我们要以纪念现行宪法公布施行 40 周年为契机，贯彻党的二十大精神，强化宪法意识，弘扬宪法精神，推动宪法实施，更好发挥宪法在治国理政中的重要作用，为全面建设社会主义现代化国家、全面推进中华民族伟大复兴提供坚实保障。"

一切国家机关都必须依据宪法和法律，在宪法和法律规定的职权范围内，按宪法和法律规定的程序来行使权力。它们不得越权或失职，不得违反法规程序，否则要承担相应的法律后果。

（三）精简、效率的原则

我国《宪法》第 27 条第 1 款规定："一切国家机关实行精简的原则……不断提高工作质量和工作效率，反对官僚主义。"

精简包括两个方面：一方面要求科学、合理地设置国家机关并分配相适应的权力，撤销不必要的机关，合并职权重叠的部门，将各机关的职责权限优化组合；另一方面要求机关内部减少层次和人员，以提高工作效率。

办事需要花钱，政府的开支来源于人民的税负，因而要少花钱、多办事，精简与效率原则正是为了满足这一要求。反腐倡廉、勤政为民是我国国家政权的基本要求之一。

（四）联系群众、为人民服务的原则

我国《宪法》第 27 条第 2 款规定："一切国家机关和国家工作人员必须依靠人民的支持，经常保持同人民的密切联系，倾听人民的意见和建议，接受人民的监督，努力为人民服务。"这是由我国的国体所决定的。我国是工人阶级领导的、以工农联盟为基础的人民民主专政的社会主义国家，国家的一切权力属于人民。

这一原则要求：一切国家机关及其工作人员对人民负责、受人民监督，公民对任何国家机关和国家工作人员，有提出批评和建议的权利，对于任何国家机关和国家工作人员的违法失职行为，有向有关国家机关提出申诉、控告或者检举的权利；反对官僚主义；国有

企业依照法律规定，通过职工代表大会和其他形式，实行民主管理，集体经济组织实行民主管理，依照法律规定选举和罢免管理人员，决定经营管理的重大问题；人大代表应当同原选举单位和选民保持密切的联系，听取和反映人民的意见和要求，努力为人民服务等。

（五）责任制原则

责任制原则是指每个国家机关及其工作人员在行使职权、履行义务时，都必须对其产生的后果负责。责任制在我国国家机构体系中具体表现为集体负责制和个人负责制两种形式。集体负责制是指全体组成人员和领导成员的地位、权利平等，在重大问题上由全体组成人员集体讨论并且按照少数服从多数的原则作出决定，集体承担责任。各级人民代表大会及其常务委员会、各级人民法院、各级人民检察院等都是集体领导集体负责的机关。个人负责制是首长个人决定问题并承担相应责任的领导体制。国务院及其各部、委，中央军委和地方各级人民政府都实行个人负责制。

（六）民族平等原则

我国《宪法》规定："中华人民共和国各民族一律平等。"我国是统一的多民族国家，民族平等是民族团结的基础。社会主义民主的基本内容之一就是各民族人民共同当家做主。民族平等原则在我国国家机构中的主要表现是：

（1）人口特少的少数民族至少有代表 1 人参加到国家最高权力机关中去；

（2）在全国人大常委会组成人员中，应当有适当数量的少数民族代表；

（3）全国人大设民族委员会，协助全国人大及其常委会就民族事务方面立法或者作出决定；

（4）国务院管理和领导民族事务，国务院设民族事务委员会，作为国务院领导下专门管理民族事务的机关；

（5）在诉讼过程中应尊重少数民族使用本民族语言文字的权利；

（6）在少数民族聚居的地方实行区域自治，设立自治机关，行使自治权。

（七）坚持党对国家机构的领导原则

我国《宪法》序言规定了四项基本原则，《宪法修正案》第 36 条规定："中国共产党领导是中国特色社会主义最本质的特征"。中国共产党是中国特色社会主义事业的领导核心，处在总揽全局、协调各方的地位。党对国家机构的领导主要是政治、思想和组织领导，通过制定大政方针，提出立法建议，考察、推荐重要干部，进行思想宣传，发挥各级党组织和党员的作用。各级党组织坚持依法执政，实现党对国家机构的领导。党支持人民代表大会依法履行职能，经过法定程序，使党的主张成为国家法律，使党组织考察、推荐的人选成为国家工作人员，并对他们进行经常性的监督；党支持各级人民政府履行法定职权，依法行政；党支持人民法院、人民检察院、监察委员会独立行使审判权和检察权、监察权，保证司法公正和公平。总之，坚持宪法确定的中国共产党领导地位不动摇是国家机构贯彻上述基本原则的保证。

第二节　全国人民代表大会和全国人民代表大会常务委员会

一、全国人民代表大会

（一）全国人民代表大会的性质和地位

我国《宪法》第 2 条规定："中华人民共和国的一切权力属于人民。人民行使国家权力的机关是全国人民代表大会和地方各级人民代表大会。”全国人民代表大会是最高国家权力机关，是行使国家立法权的机关。2021 年修正的《全国人民代表大会组织法》第 3 条规定：“全国人民代表大会及其常务委员会坚持中国共产党的领导，坚持以马克思列宁主义、毛泽东思想、邓小平理论、‘三个代表’重要思想、科学发展观、习近平新时代中国特色社会主义思想为指导，依照宪法和法律规定行使职权。”

按照我国宪法有关国家机构的设置规定，中央国家机关分为权力机关、行政机关、军事领导机关、监察机关、审判机关、检察机关。最高权力机关行使国家立法权，行政机关行使行政权，审判机关和检察机关行使司法权。全国人民代表大会产生国家主席、国务院、中央军事委员会、国家监察委员会、最高人民法院和最高人民检察院。这些机关都受全国人大的监督，对全国人大负责。

宪法的规定，表明了全国人民代表大会在整个国家机构体系中居于最高的地位，它集中代表全国各族人民的意志和利益，行使国家立法权和决定国家生活中的其他重大问题。它所制定通过的宪法、法律和决议，一切其他国家机关都必须遵照执行，其他任何国家机关都不能有超越它或与它有同等的权力，都不能与它平行或对它加以限制。

参考资料

2023 年 3 月 13 日，第十四届全国人民代表大会第一次会议通过《全国人民代表大会关于修改〈中华人民共和国立法法〉的决定》，修改后的《立法法》经第 3 号主席令公布，自 2023 年 3 月 15 日起施行。《中华人民共和国立法法（修正草案）》共 37 条，主要修改内容有：（1）完善立法的指导思想和原则；（2）明确合宪性审查相关要求；（3）完善立法决策与改革决策相衔接、相统一的制度机制；（4）完善全国人大及其常委会的立法权限、立法程序和工作机制；（5）适应监察体制改革需要补充相关内容；（6）完善地方性法规、规章的权限和程序；（7）完善备案审查制度。

（二）全国人民代表大会的组成和任期

全国人民代表大会由省、自治区、直辖市、军队和特别行政区选出的代表组成，代表名额不超过 3 000 人。各少数民族都应当有适当名额的代表。在代表总额中规定华侨应有出席全国人民代表大会的代表若干人。

1954 年《宪法》规定，全国人民代表大会每届任期是 4 年。为了把全国人民代表大会的任期和发展国家经济的五年计划一致起来，便于开展工作和总结经验，1975 年《宪法》把任期改为 5 年，1978 年《宪法》和 1982 年《宪法》都仍然规定全国人民代表大会每届任期 5 年。

1982 年《宪法》规定，在每届全国人民代表大会任期届满的 2 个月以前，全国人民代表大会常务委员会必须完成下一届全国人民代表大会代表的选举。如果遇到不能进行选举的非常情况，由全国人民代表大会常务委员会以全体组成人员的三分之二以上的多数通过，可以推迟选举，延长本届全国人民代表大会的任期。在非常情况结束后一年内，必须完成下届全国人民代表大会代表的选举。

参考资料

新中国成立以来，历届全国人民代表大会代表总数是：第一届为 1 226 人；第二届为 1 226 人；第三届为 3 040 人；第四届为 2 885 人；第五届为 3 497 人；第六届为 2 978 人；第七届为 2 978 人；第八届为 2 977 人；第九届为 2 979 人；第十届为 2 985 人；第十一届为 2 987 人；第十二届为 2 987 人；第十三届为 2 980 人；第十四届为 2 974 人。

（三）全国人民代表大会的职权

全国人民代表大会行使最高国家权力，《宪法》第 62 条规定了全国人民代表大会的 16 项职权，这 16 项职权可以归纳为以下五个方面。

1. 修改宪法，监督宪法实施

我国《宪法》规定，宪法的修改，由全国人民代表大会常务委员会或者五分之一以上的全国人民代表大会代表提议，并由全国人民代表大会以全体代表的三分之二以上的多数通过。1982 年《宪法》颁布以来，已经作了五次修正，第一次是 1988 年 4 月 12 日第七届全国人民代表大会第一次会议通过的 2 条修正案，第二次是 1993 年 3 月 29 日第八届全国人民代表大会第一次会议通过的 9 条修正案，第三次是 1999 年 3 月 15 日第九届全国人民代表大会第二次会议通过的 6 条修正案，第四次是 2004 年 3 月 14 日第十届全国人民代表大会第二次会议通过的 14 条修正案，第五次是 2018 年 3 月 11 日第十三届全国人民代表大会第一次会议通过的 21 条修正案。这样，目前我国宪法共有 52 条修正案。

参考资料

2018 年 1 月 26 日，中国共产党中央委员会向全国人大常委会提出《中国共产党中央委员会关于修改宪法部分内容的建议》。1 月 29 日十二届全国人大常委会召开第三十三次会议，中共中央政治局常委、宪法修改小组副组长栗战书同志受中共中央委托，就中央修宪建议向常委会作了说明。会议讨论了中共中央的建议，一致表示坚决拥护党中央关于宪法修改工作的决策部署，一致赞同党中央确定的这次宪法修改的总体要求和原则，一致认为中央修宪建议是成熟的。受委员长会议委托，全国人大常委会法制工作委员会以中央修宪建议为基础，拟订了《中华人民共和国宪法修正案（草案）》和《全国人民代表大会常务委员会关于提请审议〈中华人民共和国宪法修正案（草案）〉的议案》；经会议审议和表决，决定将宪法修正案（草案）提请十三届全国人大一次会议审议。2018 年 3 月 11 日，出席十三届全国人大一次会议的代表 2 964 人，对《宪法修正案（草案）》进行投票表决，赞成 2 958 票，反对 2 票，弃权 3 票，《宪法修正案》高票通过。

2. 制定和修改基本法律

基本法律是以宪法为根据的由全国人民代表大会制定的最重要的法律，包括刑事、民事、国家机构的和其他的基本法律。基本法律一般是涉及公民最基本的权利和义务的那些法律，或者是涉及国家机构以及国家机关相互之间关系、中央和地方关系的法律。此外的其他法律由全国人民代表大会常务委员会制定。

参考资料

截至2011年3月，我国以宪法为核心，以宪法相关法、民法商法、行政法等多个法律部门的法律为主干，由法律，行政法规，地方性法规与自治条例、单行条例等三个层次的法律规范构成的中国特色社会主义法律体系已经形成。

截至2023年9月5日，我国现行有效法律298部、行政法规600余部、地方性法规10 000余部……在习近平法治思想引领下，以宪法为核心的中国特色社会主义法律体系不断完善，助推国家治理体系和治理能力不断跃升。

参考资料

据中国人大网报道，2023年4月26日，十四届全国人大常委会第二次会议通过了新修订的《中华人民共和国反间谍法》，自2023年7月1日起施行。2023年6月28日，十四届全国人大常委会第三次会议通过了《中华人民共和国对外关系法》，自2023年7月1日起施行。2023年9月1日，十四届全国人大常委会第五次会议通过了《中华人民共和国外国国家豁免法》，自2024年1月1日起施行。2023年10月24日，十四届全国人大常委会第六次会议通过了《中华人民共和国爱国主义教育法》，自2024年1月1日起施行。

3. 决定权

决定权包括三个方面：一是人事决定权；二是财政决定权；三是其他重大问题决定权。

人事决定权是指选举、决定和罢免国家机关的重要领导人的权力。全国人民代表大会有权选举中华人民共和国主席、副主席，中央军事委员会主席，国家监察委员会主任，最高人民法院院长，最高人民检察院检察长，全国人民代表大会常务委员会委员长、副委员长、秘书长和委员；有权根据国家主席的提名决定国务院总理的人选，根据国务院总理的提名决定国务院副总理、国务委员、各部部长、各委员会主任、审计长和秘书长的人选，根据中央军事委员会主席的提名决定中央军事委员会副主席和委员的人选。全国人民代表大会有权罢免以上人员。

现行《宪法修正案》第40条规定："国家工作人员就职时应当依照法律规定公开进行宪法宣誓。"宣誓仪式由全国人民代表大会会议主席团组织。

参考资料

新华社北京2023年3月10日电　十四届全国人大一次会议选举产生新一届国家领导人，习近平全票当选国家主席、中央军委主席；赵乐际当选全国人大常委会委员长；韩正当选国家副主席。新当选国家领导人进行宪法宣誓，会议批准国务院机构改革方案。

《中华人民共和国全国人民代表大会组织法》（以下简称《全国人民代表大会组织法》）第20条规定："全国人民代表大会主席团、三个以上的代表团或者十分之一以上的代表，可以提出对于全国人民代表大会常务委员会的组成人员，中华人民共和国主席、副主席，国务院和中央军事委员会的组成人员，国家监察委员会主任，最高人民法院院长和最高人民检察院检察长的罢免案，由主席团提请大会审议。”

财政决定权是指全国人民代表大会有权审查和批准国家预算和预算执行情况的报告。《中华人民共和国预算法》（以下简称《预算法》）将全国人民代表大会的财政决定权中的预算决定权的规定进一步具体化。全国人民代表大会有权审查中央和地方预算草案及中央和地方预算执行情况的报告；批准中央预算和中央预算执行情况的报告；改变或者撤销全国人民代表大会常务委员会关于预算、决算的不适当的决议（《预算法》第 20 条第 1 款）。国务院财政部门应当在每年全国人民代表大会会议举行的 45 日前，将中央预算草案的初步方案提交全国人民代表大会财政经济委员会进行初步审查（《预算法》第 44 条第 1 款）。国务院在全国人民代表大会举行会议时，向大会作关于中央和地方预算草案的报告（《预算法》第 23 条第 1 款）。中央预算由全国人民代表大会审查和批准（《预算法》第 43 条第 1 款）。

其他重大问题决定权是指审查和批准国民经济和社会发展计划以及计划执行情况的报告，批准省、自治区和直辖市的建置，决定特别行政区的设立及其制度，决定战争和和平的问题等。

参考资料

第十四届全国人民代表大会第一次会议关于政府工作报告的决议

（2023 年 3 月 13 日第十四届全国人民代表大会第一次会议通过）

第十四届全国人民代表大会第一次会议听取和审议了国务院总理李克强所作的政府工作报告。会议高度评价新时代十年我国经济社会发展取得的历史性成就、发生的历史性变革，充分肯定国务院过去一年和五年的工作，同意报告提出的 2023 年经济社会发展的总体要求、主要目标、政策取向和重点工作，决定批准这个报告。

会议号召，全国各族人民更加紧密地团结在以习近平同志为核心的党中央周围，高举中国特色社会主义伟大旗帜，以习近平新时代中国特色社会主义思想为指导，全面贯彻党的二十大和二十届一中、二中全会精神，深刻领悟“两个确立”的决定性意义，增强“四个意识”、坚定“四个自信”、做到“两个维护”，扎实推进中国式现代化，坚持稳中求进工作总基调，完整、准确、全面贯彻新发展理念，加快构建新发展格局，着力推动高质量发展，更好统筹国内国际两个大局，更好统筹疫情防控和经济社会发展，更好统筹发展和安全，全面深化改革开放，大力提振市场信心，把实施扩大内需战略同深化供给侧结构性改革有机结合起来，突出做好稳增长、稳就业、稳物价工作，有效防范化解重大风险，推动经济运行整体好转，实现质的有效提升和量的合理增长，持续改善民生，保持社会大局稳定，同心同德、苦干实干，为全面建设社会主义现代化国家、全面推进中华民族伟大复兴而团结奋斗！

参考资料

全国人民代表大会关于完善香港特别行政区选举制度的决定

（2021 年 3 月 11 日第十三届全国人民代表大会第四次会议通过）

第十三届全国人民代表大会第四次会议审议了全国人民代表大会常务委员会关于提

请审议《全国人民代表大会关于完善香港特别行政区选举制度的决定（草案）》的议案。会议认为，香港回归祖国后，重新纳入国家治理体系，《中华人民共和国宪法》和《中华人民共和国香港特别行政区基本法》共同构成香港特别行政区的宪制基础。香港特别行政区实行的选举制度，包括行政长官和立法会的产生办法，是香港特别行政区政治体制的重要组成部分，应当符合"一国两制"方针，符合香港特别行政区实际情况，确保爱国爱港者治港，有利于维护国家主权、安全、发展利益，保持香港长期繁荣稳定。为完善香港特别行政区选举制度，发展适合香港特别行政区实际情况的民主制度，根据《中华人民共和国宪法》第三十一条和第六十二条第二项、第十四项、第十六项的规定，以及《中华人民共和国香港特别行政区基本法》、《中华人民共和国香港特别行政区维护国家安全法》的有关规定，全国人民代表大会作出如下决定：

一、完善香港特别行政区选举制度，必须全面准确贯彻落实"一国两制"、"港人治港"、高度自治的方针，维护《中华人民共和国宪法》和《中华人民共和国香港特别行政区基本法》确定的香港特别行政区宪制秩序，确保以爱国者为主体的"港人治港"，切实提高香港特别行政区治理效能，保障香港特别行政区永久性居民的选举权和被选举权。

二、香港特别行政区设立一个具有广泛代表性、符合香港特别行政区实际情况、体现社会整体利益的选举委员会。选举委员会负责选举行政长官候任人、立法会部分议员，以及提名行政长官候选人、立法会议员候选人等事宜。

选举委员会由工商、金融界，专业界，基层、劳工和宗教等界，立法会议员、地区组织代表等界，香港特别行政区全国人大代表、香港特别行政区全国政协委员和有关全国性团体香港成员的代表界等五个界别共1 500名委员组成。

三、香港特别行政区行政长官由选举委员会选出，由中央人民政府任命。

行政长官候选人须获得选举委员会不少于188名委员联合提名，且上述五个界别中每个界别参与提名的委员不少于15名。选举委员会以一人一票无记名投票选出行政长官候任人，行政长官候任人须获得选举委员会全体委员过半数支持。

四、香港特别行政区立法会议员每届90人。通过选举委员会选举、功能团体选举、分区直接选举三种方式分别选举产生。

五、设立香港特别行政区候选人资格审查委员会，负责审查并确认选举委员会委员候选人、行政长官候选人和立法会议员候选人的资格。香港特别行政区应当健全和完善有关资格审查制度机制，确保候选人资格符合《中华人民共和国香港特别行政区基本法》、《中华人民共和国香港特别行政区维护国家安全法》、全国人民代表大会常务委员会关于《中华人民共和国香港特别行政区基本法》第一百零四条的解释和关于香港特别行政区立法会议员资格问题的决定以及香港特别行政区本地有关法律的规定。

六、授权全国人民代表大会常务委员会根据本决定修改《中华人民共和国香港特别行政区基本法》附件一《香港特别行政区行政长官的产生办法》和附件二《香港特别行政区立法会的产生办法和表决程序》。

七、香港特别行政区应当依照本决定和全国人民代表大会常务委员会修改后的《中华人民共和国香港特别行政区基本法》附件一《香港特别行政区行政长官的产生办法》

和附件二《香港特别行政区立法会的产生办法和表决程序》，修改香港特别行政区本地有关法律，依法组织、规管相关选举活动。

八、香港特别行政区行政长官应当就香港特别行政区选举制度安排和选举组织等有关重要情况，及时向中央人民政府提交报告。

九、本决定自公布之日起施行。

4. 监督权

习近平总书记在庆祝全国人民代表大会成立六十周年大会上的讲话中强调："人民代表大会制度的重要原则和制度设计的基本要求，就是任何国家机关及其工作人员的权力都要受到制约和监督。"根据宪法和法律，全国人民代表大会有权监督宪法的实施；有权改变或者撤销全国人民代表大会常务委员会制定的不适当的决定；有权撤销全国人民代表大会常务委员会批准的违背宪法和法律有关规定的自治条例和单行条例；在全国人民代表大会会议期间，全国人民代表大会常务委员会、国务院、最高人民法院、最高人民检察院对全国人民代表大会负责并报告工作；中央军事委员会主席对全国人民代表大会和全国人民代表大会常务委员会负责；国家监察委员会对全国人民代表大会和全国人民代表大会常务委员会负责并接受其监督。

在全国人民代表大会会议期间，一个代表团或者 30 名以上的代表联名，可以书面提出对国务院以及国务院各部门、国家监察委员会、最高人民法院、最高人民检察院的质询案。

质询案必须写明质询对象、质询的问题和内容。

质询案按照主席团的决定由受质询机关的负责人在主席团会议、有关的专门委员会会议或者有关的代表团会议上口头答复，或者由受质询机关书面答复。提质询案的代表或者代表团对答复质询不满意的，可以提出要求，经主席团决定，由受质询机关再作答复。质询案以书面答复的，受质询机关的负责人应当签署，由主席团决定印发会议。

各代表团审议议案和有关报告的时候，有关部门应当派负责人员到会，听取意见，回答代表提出的询问。

主席团和专门委员会对议案和有关报告进行审议的时候，国务院或者有关机关负责人应当到会，听取意见，回答询问，并可以对议案或者有关报告作补充说明。

5. 应当由最高国家权力机关行使的其他职权

我国《宪法》采取列举的方式规定全国人民代表大会的职权，但这种列举不可能穷尽全国人民代表大会的全部职权，而国家生活中特别重大的问题又必须由全国人民代表大会处理，所以《宪法》规定全国人民代表大会行使"应当由最高国家权力机关行使的其他职权"，以留有余地。

（四）会议制度

全国人民代表大会是以会议方式进行工作的机关。全国人民代表大会开展工作的基本形式是召开全国人民代表大会会议，以全体会议的决议行使职权。根据《宪法》的规定，全国人民代表大会会议每年举行一次，由全国人民代表大会常务委员会召集。根据《中华人民共和国全国人民代表大会议事规则》（以下简称《全国人民代表大会议事规则》）的规定，全国人民代表大会会议于每年第一季度举行，会议召开的日期由全国人民代表大会常务委员会决定并予以公布。这样便于审查批准本年度的国家预算和上一年的国家决算。遇有特殊情况，全国人民代表大会常务委员会可以决定适当提前或者推迟召开会议。提前或者推迟召开会议的日期未能在当次会议上决定的，全国人民代表大会常务委员会可以另行决定或者授权委员长会议决定，并予以公布。如果全国人民代表大会常务委员会认为必要，或者五分之一以上的全国人民代表大会代表提议，可以临时召集全国人民代表大会会议。

全国人民代表大会会议公开举行。全国人民代表大会议程、日程和会议情况予以公开。全国人民代表大会在必要的时候，可以举行秘密会议。举行秘密会议，由主席团征求各代表团意见后，由有各代表团团长参加的主席团会议决定。国务院的组成人员，中央军事委员会的组成人员，国家监察委员会主任，最高人民法院院长和最高人民检察院检察长，列席全国人民代表大会会议；其他有关机关、团体的负责人，经全国人民代表大会常务委员会决定，可以列席全国人民代表大会会议。

全国人民代表大会的会议形式包括预备会议、全体会议和分组会议。根据《全国人民代表大会组织法》和《全国人民代表大会议事规则》的规定，预备会议由全国人民代表大会常务委员会主持。每届全国人民代表大会第一次会议的预备会议，由上届全国人民代表大会常务委员会主持。会议的任务是选举本次会议的主席团和秘书长，通过本次会议的议程和其他准备事项的决定。预备会议的目的在于保证全国人民代表大会的顺利进行。全体会议是全体代表参加的大会；分组会议则是按各代表团举行会议，但不能形成正式决议。全国人民代表大会举行会议一般兼采全体会议和分组会议的形式。

根据《全国人民代表大会组织法》第 10 条的规定，全国人民代表大会代表按照选举单位组成代表团。各代表团分别推选代表团团长、副团长。代表团在每次全国人民代表大会会议举行前，讨论全国人民代表大会常务委员会提出的关于会议的准备事项；在会议期间，对全国人民代表大会的各项议案进行审议，并可以由代表团团长或者由代表团推派的代表，在主席团会议上或者大会全体会议上，代表代表团对审议的议案发表意见。

参考资料

中华人民共和国主席令

第七十四号

《全国人民代表大会关于修改〈中华人民共和国全国人民代表大会议事规则〉的决定》已由中华人民共和国第十三届全国人民代表大会第四次会议于 2021 年 3 月 11 日通过，现予公布，自 2021 年 3 月 12 日起施行。

中华人民共和国主席　习近平

2021 年 3 月 11 日

（五）工作程序

全国人民代表大会通过法律案以及其他议案，选举和罢免国家领导人都要经过以下四个阶段。

1. 提出议案

根据《宪法》《全国人民代表大会组织法》《全国人民代表大会议事规则》的规定，可以向全国人民代表大会提出属于全国人民代表大会职权范围内的议案的主体有以下几个：

（1）全国人民代表大会主席团；

（2）全国人民代表大会常务委员会；

（3）全国人民代表大会各专门委员会；

（4）国务院；

（5）中央军事委员会；

（6）国家监察委员会；

（7）最高人民法院；

（8）最高人民检察院；

（9）一个代表团或者 30 名以上的代表联名。

2. 审议议案

列入会议议程的议案，提案人应当向会议提出关于议案的说明。议案由各代表团进行审议，主席团可以并交有关专门委员会进行审议，提出报告，由主席团审议决定提请大会全体会议表决。

列入会议议程的议案，在审议中有重大问题需要进一步研究的，经主席团同意，会议对该议案的审议即行终止。

3. 表决通过议案

会议表决采用无记名按表决器方式。如表决器系统在使用中发生故障，采用举手表决方式。宪法的修改，采用无记名投票方式表决。宪法的修改，由全体代表的三分之二以上的多数通过。大会全体会议表决议案，由全体代表过半数通过。

表决结果由会议主持人当场宣布。

会议表决时，代表可以表示赞成，可以表示反对，也可以表示弃权。

4. 公布法律、决议

全国人民代表大会通过的宪法修正案，以全国人民代表大会公告予以公布；全国人民代表大会通过的法律，由中华人民共和国主席签署主席令予以公布；选举结果，由全国人民代表大会予以公告或由国家主席根据全国人民代表大会的决定，签署主席令任命并予以公布。

全国人民代表大会通过的法律、决议、决定，发布的公告，以及法律案的说明、审议结果报告等，应当及时在全国人民代表大会常务委员会公报和中国人大网上刊载。

二、全国人民代表大会常务委员会

（一）全国人民代表大会常务委员会的性质和地位

全国人民代表大会常务委员会是全国人民代表大会的常设机关，也是行使国家立法权的机关。全国人民代表大会常务委员会对全国人民代表大会负责并报告工作。

全国人民代表大会常务委员会作为全国人民代表大会的常设机关，有权监督国务院、中央军事委员会、国家监察委员会、最高人民法院和最高人民检察院。在全国人民代表大会闭会期间，国务院、最高人民法院和最高人民检察院对全国人民代表大会常务委员会负责并报告工作；中央军事委员会主席对全国人民代表大会及其常务委员会负责；国家监察委员会对全国人民代表大会及其常务委员会负责，并接受其监督。

（二）全国人民代表大会常务委员会的组成和任期

全国人民代表大会常务委员会的组成人员包括：委员长1人、副委员长若干人、秘书长1人、委员若干人。全国人民代表大会常务委员会的组成人员由全国人民代表大会从代表中选出。

参考资料

第一届全国人大常委会由委员长1人、副委员长13人、委员65人，共79人组成；

第二届全国人大常委会由委员长1人、副委员长16人、委员62人，共79人组成；

第三届全国人大常委会由委员长1人、副委员长18人、委员96人，共115人组成；

第四届全国人大常委会由委员长1人、副委员长22人、委员144人，共167人组成；

第五届全国人大常委会由委员长1人、副委员长20人、委员175人，共196人组成；

第六届全国人大常委会由委员长1人、副委员长20人、委员144人，共165人组成；

第七届全国人大常委会由委员长1人、副委员长19人、委员136人，共156人组成；

第八届全国人大常委会由委员长1人、副委员长19人、委员138人，共158人组成；

第九届全国人大常委会由委员长1人、副委员长19人、委员137人，共157人组成；

第十届全国人大常委会由委员长1人、副委员长15人、委员159人，共175人组成；

第十一届全国人大常委会由委员长1人、副委员长13人、委员161人，共175人组成；

第十二届全国人大常委会由委员长1人、副委员长13人、委员161人，共175人组成；

第十三届全国人大常委会由委员长1人、副委员长13人、秘书长1人、委员156人，共171人组成。

第十四届全国人大常委会由委员长1人、副委员长14人、秘书长1人、委员159人，共175人组成。

根据现行《宪法》，全国人大常委会组成人员中，应当有适当名额的少数民族代表。全国人大常委会组成人员不得担任国家行政机关、监察机关、审判机关和检察机关的职务。如果担任上述职务，应当向常务委员会辞去常务委员会的职务，因为全国人民代表大会常务委员会要监督国家行政机关、监察机关、审判机关和检察机关，否则难以进行真正的监督。2003 年第十届全国人民代表大会在组织常务委员会的时候又确定了部分常务委员会委员为专职委员。他们原都是各行各业的专家，当选为全国人大常委会的专职委员后，可以在人大常委会工作中发挥专业特长，从而提高人大常委会的工作质量。

常务委员会由全国人大选出，全国人大有权依照法律规定的程序，罢免全国人大常委会的组成人员。

现行《宪法》和《全国人民代表大会组织法》规定：委员长、副委员长、秘书长组成委员长会议，处理全国人民代表大会常务委员会的重要日常工作。即：

（1）决定常务委员会每次会议的会期，拟定会议议程草案，必要时提出调整会议议程的建议；

（2）对向常务委员会提出的议案和质询案，决定交由有关的专门委员会审议或者提请常务委员会全体会议审议；

（3）决定是否将议案和决定草案、决议草案提请常务委员会全体会议表决，对暂不交付表决的，提出下一步处理意见；

（4）通过常务委员会年度工作要点、立法工作计划、监督工作计划、代表工作计划、专项工作规划和工作规范性文件；

（5）指导和协调各专门委员会的日常工作；

（6）处理常务委员会其他重要日常工作。

常务委员会委员长主持常务委员会会议和常务委员会的工作。副委员长、秘书长协助委员长工作。副委员长受委员长的委托，可以代行委员长的部分职权。委员长会议不能代替常务委员会行使职权。

全国人民代表大会常务委员会每届任期同全国人民代表大会每届任期相同。行使职权到下届全国人民代表大会选出新的常务委员会为止，这样才能使前后两届全国人民代表大会的工作衔接起来。常务委员会的委员长、副委员长连续任职不得超过两届。

参考资料

全国人民代表大会常务委员会关于接受程立峰辞去第十三届全国人民代表大会常务委员会委员等职务的请求的决定

（2022 年 10 月 30 日第十三届全国人民代表大会常务委员会第三十七次会议通过）

根据《中华人民共和国全国人民代表大会组织法》第 23 条和《中华人民共和国全国人民代表大会议事规则》第 43 条的有关规定，第十三届全国人民代表大会常务委员会第三十七次会议决定：接受程立峰辞去第十三届全国人民代表大会常务委员会委员及全国人民代表大会环境与资源保护委员会副主任委员职务的请求，并将接受程立峰辞去第十三届全国人民代表大会常务委员会委员职务事项向第十四届全国人民代表大会第一次会议报告。

（三）全国人民代表大会常务委员会的职权

为了加强全国人民代表大会的作用，1982 年《宪法》强化了对其常设机构全国人民代表大会常务委员会职权的配置。全国人民代表大会常务委员会的职权可以归纳为以下几个方面。

1. 解释宪法，监督宪法的实施

宪法和其他普通法律一样，为了正确理解，准确执行，必要时需要作出具有法律效力

的解释，即对宪法条文的含义、内容和界限进行说明。但宪法是根本法，对它的解释权只能由特定的具有权威的国家机关来行使。而解释宪法与监督宪法的实施又有着密切的联系。根据宪法规定，全国人民代表大会及其常务委员会都有权监督宪法的实施。

参考资料

全国人民代表大会常务委员会关于设立国家宪法日的决定

（2014 年 11 月 1 日第十二届全国人民代表大会常务委员会第十一次会议通过）

1982 年 12 月 4 日，第五届全国人民代表大会第五次会议通过了现行的《中华人民共和国宪法》。现行宪法是对 1954 年制定的新中国第一部宪法的继承和发展。宪法是国家的根本法，是治国安邦的总章程，具有最高的法律地位、法律权威、法律效力。全面贯彻实施宪法，是全面推进依法治国、建设社会主义法治国家的首要任务和基础性工作。全国各族人民、一切国家机关和武装力量、各政党和各社会团体、各企业事业组织，都必须以宪法为根本的活动准则，并且负有维护宪法尊严、保证宪法实施的职责。任何组织或者个人都不得有超越宪法和法律的特权，一切违反宪法和法律的行为都必须予以追究。为了增强全社会的宪法意识，弘扬宪法精神，加强宪法实施，全面推进依法治国，第十二届全国人民代表大会常务委员会第十一次会议决定：

将 12 月 4 日设立为国家宪法日。国家通过多种形式开展宪法宣传教育活动。

参考资料

2018 年 11 月 26 日，中共中央宣传部、司法部、全国普法办公室联合发出通知，部署开展 2018 年“宪法宣传周”活动，2018 年 12 月 4 日的“宪法宣传周”活动是我国第一个“宪法宣传周”。

2023 年 12 月 4 日，是我国第十个国家宪法日。2023 年 12 月 1 日至 12 月 7 日，是第六个“宪法宣传周”。2023 年宪法宣传周主题为“大力弘扬宪法精神，建设社会主义法治文化”。

参考资料

全国人大常委会 2015 年 7 月 1 日表决通过实行宪法宣誓制度的决定，誓词共 70 字：“我宣誓：忠于中华人民共和国宪法，维护宪法权威，履行法定职责，忠于祖国、忠于人民，恪尽职守、廉洁奉公，接受人民监督，为建设富强、民主、文明、和谐的社会主义国家努力奋斗！”

2018 年 2 月 24 日全国人大常委会对宪法宣誓制度作了修订，对宪法宣誓誓词作了修改，新的誓词为：“我宣誓：忠于中华人民共和国宪法，维护宪法权威，履行法定职责，忠于祖国、忠于人民，恪尽职守、廉洁奉公，接受人民监督，为建设富强民主文明和谐美丽的社会主义现代化强国努力奋斗！”

凡经人大及其常委会选举或者决定任命的国家工作人员就职时应当公开进行宪法宣誓。这样做，有利于彰显宪法权威，增强公职人员宪法观念，激励公职人员忠于和维护宪法，也有利于在全社会增强宪法意识，树立宪法权威。

参考资料

全国人大常委会2004年5月成立了法规审查备案室，该机构不仅负责法规备案，更重要的是审查下位法和上位法，尤其是其与宪法的冲突和抵触。该机构隶属于全国人大常委会法制工作委员会。成立专门机构审查法规是否违法违宪，这在全国人大常委会历史上实属首次。2023年12月29日第十四届全国人大常委会第七次会议通过全国人民代表大会常务委员会关于完善和加强备案审查制度的决定。

2. 立法权

全国人民代表大会常务委员会有权制定除由全国人民代表大会制定的基本法律以外的其他法律，并且在全国人民代表大会闭会期间，对全国人民代表大会制定的基本法律有权进行部分修改和补充，但是不得同该法律的基本原则相抵触。

参考资料

2017年9月1日，第十二届全国人民代表大会常务委员会第二十九次会议通过了《中华人民共和国核安全法》，目的是保障核安全，预防与应对核事故，安全利用核能，保护公众和从业人员的安全与健康，保护生态环境，促进经济社会可持续发展。

参考资料

2015年12月27日，第十二届全国人民代表大会常务委员会第十八次会议通过关于修改《中华人民共和国人口与计划生育法》的决定，决定明确了国家提倡一对夫妻可以生育两个子女。2021年8月20日，第十三届全国人民代表大会常务委员会第三十次会议通过关于修改《中华人民共和国人口与计划生育法》的决定，决定明确了一对夫妻可以生育三个子女。

3. 解释法律

解释法律，是对于那些本身需要进一步明确界限或作补充规定的法律条文的解释。全国人民代表大会常务委员会所解释的法律，并不限于它自己所制定的法律，也包括由全国人民代表大会制定的法律。例如，2022年12月30日，第十三届全国人大常委会第三十八次会议通过了全国人大常委会关于《中华人民共和国香港特别行政区维护国家安全法》第14条和第47条的解释。

参考资料

全国人民代表大会关于建立健全香港特别行政区维护国家安全的法律制度和执行机制的决定

（2020年5月28日第十三届全国人民代表大会第三次会议通过）

第十三届全国人民代表大会第三次会议审议了全国人民代表大会常务委员会关于提请审议《全国人民代表大会关于建立健全香港特别行政区维护国家安全的法律制度和执行机制的决定（草案）》的议案。会议认为，近年来，香港特别行政区国家安全风险凸显，“港独”、分裂国家、暴力恐怖活动等各类违法活动严重危害国家主权、统一和领土完整，一些外国和境外势力公然干预香港事务，利用香港从事危害我国国家安全的活动。为了维护国家主权、安全、发展利益，坚持和完善“一国两制”制度体系，维护香港长期繁荣稳定，保障香港居民合法权益，根据《中华人民共和国宪法》第三十一条和第六十二条第二项、第十四项、第十六项的规定，以及《中华人民共和国香港特别行政区基本法》的有关规定，全国人民代表大会作出如下决定：

一、国家坚定不移并全面准确贯彻“一国两制”、“港人治港”、高度自治的方针，坚持依法治港，维护宪法和香港特别行政区基本法确定的香港特别行政区宪制秩序，采取必要措施建立健全香港特别行政区维护国家安全的法律制度和执行机制，依法防范、制止和惩治危害国家安全的行为和活动。

二、国家坚决反对任何外国和境外势力以任何方式干预香港特别行政区事务，采取必要措施予以反制，依法防范、制止和惩治外国和境外势力利用香港进行分裂、颠覆、渗透、破坏活动。

三、维护国家主权、统一和领土完整是香港特别行政区的宪制责任。香港特别行政区应当尽早完成香港特别行政区基本法规定的维护国家安全立法。香港特别行政区行政机关、立法机关、司法机关应当依据有关法律规定有效防范、制止和惩治危害国家安全的行为和活动。

四、香港特别行政区应当建立健全维护国家安全的机构和执行机制，强化维护国家安全执法力量，加强维护国家安全执法工作。中央人民政府维护国家安全的有关机关根据需要在香港特别行政区设立机构，依法履行维护国家安全相关职责。

五、香港特别行政区行政长官应当就香港特别行政区履行维护国家安全职责、开展国家安全教育、依法禁止危害国家安全的行为和活动等情况，定期向中央人民政府提交报告。

六、授权全国人民代表大会常务委员会就建立健全香港特别行政区维护国家安全的法律制度和执行机制制定相关法律，切实防范、制止和惩治任何分裂国家、颠覆国家政权、组织实施恐怖活动等严重危害国家安全的行为和活动以及外国和境外势力干预香港特别行政区事务的活动。全国人民代表大会常务委员会决定将上述相关法律列入《中华人民共和国香港特别行政区基本法》附件三，由香港特别行政区在当地公布实施。

七、本决定自公布之日起施行。

参考资料

2014 年 11 月，十二届全国人大常委会第十一次会议作出了关于《民法通则》第 99 条第 1 款、《婚姻法》第 22 条的解释草案的说明。就民法中的姓名权的解释是全国人大常委会第一次行使宪法赋予的“法律解释权”，解释规定在遵守公序良俗与有正当理由前提下，子女可选择父母之外的姓氏。2015 年，济南一对夫妻给孩子起名“北雁云依”，结果不能落户，遂将济南市公安局历下分局燕山派出所告上法庭。依照《最高人民法院关于执行〈行政诉讼法〉若干问题的解释》第 56 条第 4 项，全国人大常委会关于《民法通则》第 99 条第 1 款、《婚姻法》第 22 条的解释之规定，济南市历下区人民法院认为该取名不符合公序良俗且无其他正当理由，于 4 月 24 日作出一审判决：驳回原告“北雁云依”要求确认被告燕山派出所拒绝以“北雁云依”为姓名办理户口登记行为违法的诉讼请求。

4. 决定权

决定权包括三个方面：一是人事决定权；二是财政决定权；三是其他重大国家事项决定权。

人事决定权是指决定、任免国家机关领导人员的权力。在全国人民代表大会闭会期间，全国人民代表大会常务委员会有权根据国务院总理的提名，决定部长、委员会主任、审计长、秘书长的人选；根据中央军事委员会主席的提名，决定中央军事委员会其他组成人员的人选；根据国家监察委员会主任的提请，任免国家监察委员会副主任、委员；根据最高人民法院院长的提请，任免最高人民法院副院长、审判员、审判委员会委员和军事法院院长；根据最高人民检察院检察长的提请，任免最高人民检察院副检察长、检察员、检察委员会委员和军事检察院检察长，并且批准省、自治区、直辖市的人民检察院检察长的任免；决定驻外全权代表的任免。

参考资料

全国人民代表大会常务委员会决定任免的名单

（2022 年 10 月 30 日第十三届全国人民代表大会常务委员会第三十七次会议通过）

免去陈文清的国家安全部部长职务；

任命陈一新为国家安全部部长。

财政决定权是指全国人民代表大会常务委员会在全国人民代表大会闭会期间，审查和批准国家预算在执行过程中所必须作的部分调整方案的权力。全国人民代表大会常务委员会财政决定权中的预算权在《预算法》中得到了进一步具体化。全国人民代表大会常务委员会监督中央和地方预算的执行；审查和批准中央预算的调整方案；审查和批准中央决算；撤销国务院制定的同宪法、法律相抵触的关于预算、决算的行政法规、决定和命令；撤销省、自治区、直辖市人民代表大会及其常务委员会制定的同宪法、法律和行政法规相抵触的关于预算、决算的地方性法规和决议。国务院财政部门编制中央决算草案，报国务院审定后，由国务院提请全国人民代表大会常务委员会审查和批准。

其他重大国家事项决定权是指全国人民代表大会常务委员会在全国人民代表大会闭会期间，有权审查和批准国民经济和社会发展计划在执行过程中所必须作的部分调整方案；有权决定批准或废除同外国缔结的条约和重要协定；规定军人和外交人员的衔级制度和其他专门衔级制度；规定和决定授予国家的勋章和荣誉称号；决定特赦；如果遇到国家遭受武装侵犯或者必须履行国际上共同防止侵略的条约的情况，有权决定宣布战争状态；决定全国总动员和局部动员；决定全国或者个别省、自治区和直辖市进入紧急状态。

参考资料

第十二届全国人大常委会第十八次会议2015年12月27日表决通过了《中华人民共和国国家勋章和国家荣誉称号法》，旨在褒奖在中国特色社会主义建设中作出突出贡献的杰出人士。该法自2016年1月1日起施行。

2019年9月29日上午10时，经中共中央批准，中华人民共和国国家勋章和国家荣誉称号颁授仪式在人民大会堂隆重举行。中共中央总书记、国家主席、中央军委主席习近平向国家勋章和国家荣誉称号获得者分别授予“共和国勋章”“友谊勋章”和国家荣誉称号奖章并发表重要讲话。

“共和国勋章”以红色、金色为主色调，章体采用国徽、五角星、黄河、长江、山峰、牡丹等元素，章链采用中国结、如意、兰花等元素，整体使用冷压成型、花丝镶嵌、珐琅等工艺制作，象征勋章获得者为共和国建设和发展作出的巨大贡献，礼赞国家最高荣誉，祝福祖国繁荣昌盛，寓意全国各族人民团结一心共筑中华民族伟大复兴的中国梦。

“友谊勋章”以金色、蓝色为主色调，章体采用和平鸽、地球、握手、荷花等元素，章链采用中国结、万年青、牡丹、玉璧、兰草等元素，整体使用花丝镶嵌、掐丝珐琅等传统工艺手工制作，象征中国人民同各国人民友好团结、友谊长存，祝愿世界各国共同繁荣发展。

国家荣誉称号奖章以红色、金色为主色调，章体采用五星、天安门、牡丹、旗帜、光芒等元素，章链采用中国结、花卉等元素，整体使用冷压成型、花丝镶嵌、珐琅等工艺制作，象征国家荣誉称号获得者在各领域各行业作出的重大贡献，彰显示范引领作用，激励全国各族人民不忘初心、牢记使命，为实现中华民族伟大复兴的中国梦而不懈奋斗。

5. 监督权

在法律监督方面，全国人民代表大会常务委员会有权监督宪法的实施；有权撤销国务院制定的同宪法、法律相抵触的行政法规、决定和命令；有权撤销省、自治区、直辖市国家权力机关制定的同宪法、法律和行政法规相抵触的地方性法规和决议。在工作监督方面，全国人民代表大会常务委员会有权监督国务院、中央军事委员会、国家监察委员会、最高人民法院和最高人民检察院的工作；国务院、最高人民法院、最高人民检察院在全国人民代表大会闭会期间，对全国人民代表大会常务委员会负责并报告工作；中央军事委员会主席在全国人民代表大会闭会期间对全国人民代表大会常务委员会负责。国家监察委员会对全国人民代表大会及其常务委员会负责，并接受其监督。

根据宪法，2006年制定了《各级人民代表大会常务委员会监督法》，2021年修正了《全国人民代表大会组织法》，监督的方式主要有三种：（1）听取国务院、最高人民法院、最高人民检察院的工作报告。（2）开展对法律实施情况的检查。（3）提出质询案，即在常务委员会会议期间，常务委员会组成人员10人以上，可以向常务委员会书面提出对国务院以及国务院各部门、国家监察委员会、最高人民法院、最高人民检察院的质询案，由委员长会议决定交由有关的专门委员会审议或者提请常务委员会全体会议审议。在专门委员会会议上答复的，提质询案的常务委员会组成人员有权列席会议，发表意见。

参考资料

2023 年 10 月 22 日上午，十四届全国人大常委会第六次会议举行联组会议，就国务院关于打击生态环境和资源保护领域犯罪工作情况的报告、最高人民法院关于人民法院环境资源审判工作情况的报告、最高人民检察院关于人民检察院生态环境和资源保护检察工作情况的报告进行专题询问。本次会议为全国人大常委会首次围绕同一主题，对“一府两院”三个报告同时开展专题询问。

6. 全国人民代表大会授予的其他职权

（四）全国人民代表大会常务委员会的会议制度

全国人民代表大会常务委员会主要通过举行会议、作出会议决定的形式行使职权。全国人民代表大会常务委员会全体会议一般每两个月举行一次，由委员长召集并主持。根据《全国人民代表大会常务委员会议事规则》的规定，常务委员会组成人员和列席人员在全体会议上的发言不超过 10 分钟；在联组会议上，第一次发言不超过 15 分钟，第二次对同一问题的发言不超过 10 分钟。

除了常务委员会全体会议外，由委员长、副委员长、秘书长组成委员长会议，处理全国人民代表大会常务委员会重要的日常工作。

（五）全国人民代表大会常务委员会的工作程序

根据《全国人民代表大会组织法》和《全国人民代表大会常务委员会议事规则》的规定，全国人民代表大会常务委员会在举行会议，审议、通过法律案和其他议案，选举和罢免国家领导人时，均须遵循下列四个程序。

1. 提出议案

在全国人民代表大会常务委员会会议期间，可以向常务委员会提出议案的主体有以下几个：

（1）全国人民代表大会各专门委员会；

（2）国务院；

（3）中央军事委员会；

（4）国家监察委员会；

（5）最高人民法院；

（6）最高人民检察院；

（7）常务委员会组成人员 10 人以上联名。

2. 审议议案

国家机关提出的议案，由委员长会议决定提请常务委员会会议审议，或者先交有关专门委员会审议、提出报告，再提请常务委员会会议审议；常务委员会组成人员提出的议案，由委员长会议决定是否提请常务委员会会议审议，或者先交有关的专门委员会审议、提出报告，再决定是否提请常务委员会会议审议。对列入议程的议案，提出议案的机关、有关专门委员会和常务委员会的有关工作部门应提供有关资料。常务委员会在听取议案说明后再分组审议，并交有关专门委员会进行审议。属于法律草案的还要交宪法和法律委员会统一审议，由宪法和法律委员会向下次或以后的常务委员会会议提出审议结果和报告，并将其他有关专门委员会的审议意见印发常务委员会，由常务委员会再次进行审议。法律草案一般要经过三次常务委员会会议的审议才能付诸表决。

3. 表决通过议案

表决议案由常务委员会全体组成人员的过半数通过。表决结果由会议主持人当场宣布。交付表决的议案，有修正案的，先表决修正案。任免案逐人表决，根据情况也可以合并表决。常务委员会表决议案，采用无记名方式、举手方式或者其他方式。

4. 公布法律、决议

法律议案通过后即成为法律，由中华人民共和国主席签署主席令予以颁布；任免案及其他议案，由全国人民代表大会常务委员会以公告或由国家主席以命令形式颁布。

参考资料

中华人民共和国主席令

第七十三号

《全国人民代表大会关于修改〈中华人民共和国全国人民代表大会组织法〉的决定》已由中华人民共和国第十三届全国人民代表大会第四次会议于2021年3月11日通过，现予公布，自2021年3月12日起施行。

中华人民共和国主席　习近平

2021年3月11日

参考资料

中华人民共和国主席令

第八号

根据中华人民共和国第十四届全国人民代表大会常务委员会第四次会议于2023年7月25日的决定：

一、免去秦刚兼任的外交部部长职务；

任命王毅为外交部部长。

二、免去易纲的中国人民银行行长职务；

任命潘功胜为中国人民银行行长。

中华人民共和国主席　习近平

2023年7月25日

（六）全国人民代表大会常务委员会的工作机构

全国人民代表大会常务委员会设立办公厅，在秘书长领导下工作。常务委员会设副秘书长若干人，由委员长提请常务委员会任免。常务委员会设立法制工作委员会、预算工作委员会和其他需要设立的工作委员会。工作委员会的主任、副主任和委员由委员长提请常务委员会任免。

委员长会议根据工作需要，可以委托常务委员会的工作委员会、办公厅代常务委员会拟订议案草案，并向常务委员会会议作说明。

三、全国人民代表大会各委员会

全国人民代表大会的委员会分为两种：一种是常设性委员会；另一种是临时性委员会。

（一）常设性委员会

全国人民代表大会的常设性委员会主要是指各专门委员会。专门委员会是全国人民代表大会的辅助性的工作机构，是由代表组成的、按照专业分工进行工作的机构。它的任务是在全国人民代表大会及其常务委员会的领导下，研究、审议、拟订有关议案。各专门委员会在讨论其所属的专门问题之后，虽然也作决议，但这种决议必须经过全国人民代表大会或者全国人民代表大会常务委员会审议通过之后，才具有国家权力机关所作的决定的效力。在此之前，它只是向全国人民代表大会或全国人民代表大会常务委员会提供审议的意见或报告。

目前，全国人民代表大会设立民族委员会、宪法和法律委员会、监察和司法委员会、财政经济委员会、教育科学文化卫生委员会、外事委员会、华侨委员会、环境与资源保护委员会、农业与农村委员会、社会建设委员会和其他需要设立的专门委员会。

其中，宪法和法律委员会在继续承担统一审议法律草案和有关法律问题的决定草案的基础上，依照2021年修正的《全国人民代表大会组织法》的规定，承担推动宪法实施、开展宪法解释、推进合宪性审查、加强宪法监督、配合宪法宣传等工作职责。

社会建设委员会的主要职责是：研究、拟订、审议劳动就业、社会保障、民政事务、群团组织、安全生产等方面的有关议案、法律草案，开展有关调查研究，开展有关执法检查等。

监察和司法委员会在原有内务司法委员会工作职责基础上，增加配合深化国家监察体制改革、完善国家监察制度体系、推动实现党内监督和国家机关监督有机统一方面的职责。

各专门委员会受全国人民代表大会领导；在全国人民代表大会闭会期间，受全国人民代表大会常务委员会领导。

各专门委员会由主任委员、副主任委员若干人和委员若干人组成。全国人大各专门委员会每届任期与全国人大的任期相同。各专门委员会为完成其任务而进行下列具体工作：

（1）审议全国人民代表大会主席团或者全国人民代表大会常务委员会交付的议案。

（2）向全国人民代表大会主席团或者全国人民代表大会常务委员会提出属于全国人民代表大会或者全国人民代表大会常务委员会职权范围内同本委员会有关的议案，组织起草法律草案和其他议案草案。

（3）承担全国人民代表大会常务委员会听取和审议专项工作报告有关具体工作。

（4）承担全国人民代表大会常务委员会执法检查的具体组织实施工作。

（5）承担全国人民代表大会常务委员会专题询问有关具体工作。

（6）承担全国人民代表大会常务委员会工作安排，听取国务院有关部门和国家监察委员会、最高人民法院、最高人民检察院的专题汇报，提出建议。

（7）对属于全国人民代表大会或者全国人民代表大会常务委员会职权范围内同本委员会有关的问题，进行调查研究，提出建议。

（8）审议全国人民代表大会常务委员会交付的被认为同宪法、法律相抵触的国务院的行政法规、决定和命令，国务院各部门的命令、指示和规章，国家监察委员会的监察法规，省、自治区、直辖市和设区的市、自治州的人民代表大会及其常务委员会的地方性法规和决定、决议，以及省、自治区、直辖市和设区的市、自治州的人民政府的决定、命令和规章，民族自治地方的自治条例和单行条例，经济特区法规，以及最高人民法院、最高人民检察院具体应用法律问题的解释，提出意见。

（9）审议全国人民代表大会主席团或者全国人民代表大会常务委员会交付的质询案，听取受质询机关对质询案的答复，必要的时候向全国人民代表大会主席团或者全国人民代表大会常务委员会提出报告。

（10）研究办理代表建议、批评和意见，负责有关建议、批评和意见的督促办理工作。

（11）按照全国人民代表大会常务委员会的安排开展对外交往。

（12）全国人民代表大会及其常务委员会交办的其他工作。

专门委员会审议议案和有关报告，涉及专门性问题的时候，可以邀请有关方面的代表和专家列席会议，发表意见。专门委员会可以决定举行秘密会议。

（二）临时性委员会

临时性委员会是指全国人民代表大会及其常务委员会认为必要的时候，可以组织关于特定问题的调查委员会。全国人民代表大会及其常务委员会根据调查委员会的报告，可以作出相应的决议。调查委员会进行调查的时候，一切有关的国家机关、社会团体和公民都有义务如实向它提供必要的材料。提供材料的公民要求调查委员会对材料来源保密的，调查委员会应当予以保密。

四、全国人民代表大会代表

（一）代表的性质和地位

全国人民代表大会代表是最高国家权力机关组成人员，代表人民的利益和意志，依照宪法和法律赋予全国人民代表大会的各项职权，参加行使国家权力。

全国人民代表大会代表每届任期五年，从每届全国人民代表大会举行第一次会议开始，到下届全国人民代表大会举行第一次会议为止。

（二）代表的权利

根据我国《宪法》和《中华人民共和国全国人民代表大会和地方各级人民代表大会代表法》（以下简称《代表法》）的规定，全国人民代表大会代表享有的权利可以归纳为以下几个方面：

（1）参加全国人民代表大会会议的权利。全国人民代表大会代表出席全国人民代表大会会议，依法行使代表的职权。代表未经批准两次不出席本级人民代表大会会议的，其代表资格终止。

（2）提出议案的权利。全国人民代表大会代表 30 人以上联名可以提出属于全国人民代表大会职权范围内的议案。五分之一以上的全国人民代表大会代表可以提出修改宪法的议案。全国人民代表大会代表对全国人民代表大会及其常务委员会的工作，有提出建议、意见和批评的权利；对提出的建议、意见和批评，由全国人民代表大会常务委员会负责落实。

(3) 审议议案和报告的权利。全国人民代表大会代表审议大会的各项议案和报告。议案是属于全国人民代表大会职权范围内的；报告一般包括全国人民代表大会常务委员会工作报告，政府工作报告，最高人民法院、最高人民检察院工作报告，国民经济和社会发展计划、预算执行情况的报告等内容。

(4) 提出质询案或者询问的权利。在全国人民代表大会会议期间，30 名以上代表联名，可以书面提出对国务院以及国务院各部门、国家监察委员会、最高人民法院、最高人民检察院的质询案。受质询机关的负责人在主席团会议、有关的专门委员会会议或者有关的代表团会议上作口头答复，或者由受质询机关书面答复。在主席团会议、有关的专门委员会会议上答复的，提出质询案的代表团团长或者代表有权列席会议，发表意见。提质询案的代表或者代表团对答复质询不满意的，可以提出要求，经主席团决定，由受质询机关再作答复。

代表在审议议案和报告时，可以向有关国家机关提出询问。有关部门应当派负责人员到会，听取意见，回答代表提出的询问。

参考资料

1980 年 9 月，五届全国人大三次会议上，170 多名北京团代表就新中国成立以来投资最大的“上海宝钢工程建设问题”向冶金工业部提出质询。

时任上海市委副书记、副市长的陈锦华回忆，在那次人代会上，北京、天津、上海等 5 个代表团先后 4 次向冶金工业部提出质询，共提了 60 条意见。有代表对厂址的选择提出质疑：“听说目前选址的地基是软土层，桩基位移，工厂会滑到长江里去，是否确有其事?”有代表担心对宝钢的投资是个无底洞，“宝钢建成后的社会经济效益，能像唐克部长所讲的 13 年收回投资吗?”代表们还对宝钢建设的规模、环保、进口矿石等问题提出疑问。

时任冶金工业部部长唐克等，认真回答了代表们的质询，详细介绍了有关的数据。

(5) 提出罢免案的权利。十分之一以上的全国人民代表大会代表有权联名依照法律规定的程序提出对全国人民代表大会常务委员会组成人员，中华人民共和国主席、副主席，国务院组成人员，中央军事委员会组成人员，最高人民法院院长，最高人民检察院检察长的罢免案。

(6) 人身自由受法律保障，享有非经法律规定的程序，不受逮捕或者刑事审判的权利。全国人民代表大会代表非经全国人民代表大会主席团许可，在全国人民代表大会闭会期间，非经全国人民代表大会常务委员会的许可，不受逮捕或者刑事审判。全国人民代表大会代表如果因为是现行犯被拘留，执行拘留的公安机关应当立即向全国人民代表大会主席团或者全国人民代表大会常务委员会报告。

(7) 言论和表决的免责权。全国人民代表大会代表在全国人民代表大会和全国人民代表大会常务委员会各种会议上的发言和表决，不受法律追究。

（8）执行代表职务的物质保障权。全国人民代表大会代表有在履行职务时，根据实际需要享受适当补贴和物质上的便利的权利。

（9）参观、视察等权利。代表在参观或者视察工作中发现问题，可以提交有关国家机关处理，必要时可以报全国人民代表大会常务委员会处理。

（三）代表的义务

按照《宪法》《全国人民代表大会组织法》《全国人民代表大会议事规则》《代表法》的有关规定，全国人民代表大会代表还必须履行下列义务：

（1）模范地遵守宪法和法律，保守国家秘密，并且在自己参加的生产、工作和社会活动中，协助宪法和法律的实施。

（2）应当出席本级人民代表大会会议，认真审议各项议案和报告，发表意见，做好会议期间的各项工作；因病或者其他特殊原因不能出席的，应当向会议秘书处书面请假。

（3）积极参加闭会期间统一组织的视察、专题调研、执法检查等履职活动。

（4）加强履职学习和调查研究，不断提高执行代表职务的能力。

（5）应当同原选举单位和人民群众保持密切联系，可以列席原选举单位的人民代表大会会议，通过各种方式听取和反映人民的意见和要求，努力为人民服务，充分发挥在全过程民主中的作用。

（6）自觉遵守社会公德，清正廉洁，公道正派，勤勉尽责，认真审议各项议案和报告，严格遵守会议纪律。

（7）法律规定的其他义务。

参考资料

第十四届全国人民代表大会常务委员会代表资格审查委员会
关于个别代表的代表资格的报告

（2023 年 9 月 1 日第十四届全国人民代表大会常务委员会第五次会议通过）

全国人民代表大会常务委员会：

2023 年 7 月 27 日，吉林省第十四届人大常委会第五次会议补选二十届中央委员，吉林省委副书记、省长，省人民政府党组书记胡玉亭为第十四届全国人民代表大会代表。经全国人民代表大会常务委员会代表资格审查委员会审查，胡玉亭的代表资格有效，提请全国人民代表大会常务委员会确认并予以公告。

由上海市选出的第十四届全国人民代表大会代表，上海市人大常委会原主任董云虎，因涉嫌严重违纪违法，2023 年 7 月 31 日，上海市第十六届人大常委会第五次会议决定罢免其第十四届全国人民代表大会代表职务。由贵州省选出的第十四届全国人民代表大会代表，贵州省黔南州委原副书记、州人民政府原州长钟阳，因涉嫌严重违纪违法，2023 年 7 月 28 日，贵州省第十四届人大常委会第四次会议决定罢免其第十四届全国人民代表大会代表职务。依照《中华人民共和国全国人民代表大会和地方各级人民代表大会代表法》的有关规定，董云虎、钟阳的代表资格终止。

2023 年 6 月 14 日，由辽宁省选出的第十四届全国人民代表大会代表，辽宁省丹东市中心医院重症医学科副主任姜凯丽在执行代表职务期间突发疾病、因公牺牲。代表资格审查委员会对姜凯丽代表因公牺牲表示哀悼。姜凯丽的代表资格自然终止。

由重庆市选出的第十四届全国人民代表大会代表，重庆市委原常委，两江新区党工委原书记张鸿星因病于 2023 年 4 月 1 日去世。张鸿星的代表资格自然终止。

本次全国人民代表大会个别代表的代表资格变动后，第十四届全国人民代表大会实有代表 2 974 人。

以上报告，请审议。

第十四届全国人民代表大会
常务委员会代表资格审查委员会
2023 年 8 月 28 日

第三节　国家主席

一、中华人民共和国主席的性质和地位

中华人民共和国主席是中华人民共和国国家机构的重要组成部分。中华人民共和国主席对外代表国家。

二、设置国家主席的意义

（一）设置国家主席是历史经验的总结

新中国成立初期，从 1949 年 10 月 1 日至 1954 年 9 月 20 日，中央人民政府委员会实际上是国家元首，是集体元首。1954 年《宪法》设立了中华人民共和国主席，并且规定了主席的产生、任期、职权及其在国家中的地位。第一任中华人民共和国主席为毛泽东，从 1954 年 9 月至 1959 年 4 月为止。接着是刘少奇担任国家主席，在其连任国家主席期间，于 1969 年 11 月 12 日病逝。此后董必武副主席代行国家主席职务到 1975 年 1 月。1975 年第四届全国人民代表大会通过的《宪法》取消了国家主席的建制。1978 年《宪法》仍然没有国家主席的设置，它把 1954 年《宪法》中由国家主席行使的部分职权，规定由全国人民代表大会常务委员会委员长行使，但国务院总理的人选仍然同 1975 年《宪法》一样，规定由中共中央委员会向全国人民代表大会提名，国家武装力量仍由中共中央主席统率。1981 年第五届全国人大常委会第 18 次会议曾授予宋庆龄女士“中华人民共和国名誉主席”的荣誉称号。1982 年第五届全国人民代表大会第五次会议通过的《宪法》，根据新中国成立以来的实践，恢复国家主席建制，这对健全国家体制是必要的，也比较符合我国各族人民的习惯和愿望。

（二）设置国家主席是国家职能分工的需要

国家主席是我国国家机构中一个重要部分。它不是作为个人，而是作为一个独立的国家机关，与其他国家机关分工合作，行使国家权力。它的地位和职权是其他国家机关难以替代的。国家主席是国家的最高代表，它对外代表国家宣战、媾和、缔约、接见外国使者；对内根据最高国家权力机关的决定，任免政府成员、发布命令等。因此，不设国家主席，国家机关之间的分工就不明确，而恢复国家主席的建制，则有两大好处：一是减轻全

国人民代表大会常务委员会的工作负担，许多礼仪性、程序性的工作归国家主席承担，便于委员长集中精力主持常务委员会的工作；二是促进国家机构的正常运转，由全国人民代表大会及其常务委员会制定法律、作出决议，由国家主席公布施行，由国务院、最高人民法院、最高人民检察院、国家监察委员会、中央军事委员会以及地方各级国家机关遵照执行，彼此协调配合，运转自如。

三、中华人民共和国主席的产生和任期

（一）中华人民共和国主席的产生

中华人民共和国主席、副主席由全国人民代表大会选举产生。产生国家主席和副主席的具体程序是：首先由全国人民代表大会会议主席团提出国家主席和副主席的候选人名单，然后经各代表团酝酿协商，再由会议主席团根据多数代表的意见确定正式候选人名单，由大会选举产生国家主席和副主席。尽管国家主席、副主席的地位很崇高，但他们仍然处于全国人民代表大会之下，而不是超越全国人民代表大会，这是由我国的人民代表大会制度所决定的。

我国《宪法》第 79 条第 2 款规定："有选举权和被选举权的年满四十五周岁的中华人民共和国公民可以被选为中华人民共和国主席、副主席。"因此，当选国家主席和副主席的基本条件有二：一是政治方面的条件，即国家主席、副主席的人选，必须是有选举权和被选举权的中华人民共和国公民；二是年龄方面的条件，即必须年满 45 周岁。

（二）中华人民共和国主席的任期

根据 2018 年《宪法修正案》第 45 条的规定，《宪法》第 79 条第 3 款修改为："中华人民共和国主席、副主席每届任期同全国人民代表大会每届任期相同。"国家主席、副主席的每届任期同全国人民代表大会的每届任期相一致，便于每届全国人民代表大会与每届所选的国家主席、副主席配合工作，便于国家主席、副主席的选举。这一规定与党章对党的中央委员会总书记、党的中央军事委员会主席，宪法对中华人民共和国中央军事委员会主席的任职规定保持一致，有利于维护党中央权威和集中统一领导，有利于加强和完善国家的领导体制，有利于国家的长治久安。

四、中华人民共和国主席的职权

国家主席的职权主要有以下四个方面。

（一）公布法律，发布命令

法律在全国人民代表大会或全国人民代表大会常务委员会正式通过后，由国家主席予以颁布施行。国家主席根据全国人民代表大会常务委员会的决定，发布特赦令、宣布进入紧急状态、发布动员令、宣布战争状态等。

参考资料

中华人民共和国主席令

第七十五号

《中华人民共和国国歌法》已由中华人民共和国第十二届全国人民代表大会常务委员

会第二十九次会议于 2017 年 9 月 1 日通过，现予公布，自 2017 年 10 月 1 日起施行。

中华人民共和国主席　习近平

2017 年 9 月 1 日

参考资料

中华人民共和国主席特赦令

为纪念中国人民抗日战争暨世界反法西斯战争胜利 70 周年，体现依法治国理念和人道主义精神，根据第十二届全国人民代表大会常务委员会第十六次会议的决定，对依据 2015 年 1 月 1 日前人民法院作出的生效判决正在服刑，释放后不具有现实社会危险性的下列罪犯实行特赦：

一、参加过中国人民抗日战争、中国人民解放战争的；

二、中华人民共和国成立以后，参加过保卫国家主权、安全和领土完整对外作战的，但犯贪污受贿犯罪，故意杀人、强奸、抢劫、绑架、放火、爆炸、投放危险物质或者有组织的暴力性犯罪，黑社会性质的组织犯罪，危害国家安全犯罪，恐怖活动犯罪的，有组织犯罪的主犯以及累犯除外；

三、年满七十五周岁、身体严重残疾且生活不能自理的；

四、犯罪的时候不满十八周岁，被判处三年以下有期徒刑或者剩余刑期在一年以下的，但犯故意杀人、强奸等严重暴力性犯罪，恐怖活动犯罪，贩卖毒品犯罪的除外。

对 2015 年 8 月 29 日符合上述条件的服刑罪犯，经人民法院依法作出裁定后，予以释放。

中华人民共和国主席　习近平

2015 年 8 月 29 日

（二）任免国务院的组成人员和驻外全权代表

国务院总理、副总理、国务委员、各部部长、各委员会主任、审计长、秘书长，经全国人民代表大会或全国人民代表大会常务委员会正式决定人选后，由国家主席宣布其任职或免职。国家主席根据全国人民代表大会常务委员会的决定，派遣或召回驻外大使。

（三）外交权

国家主席代表中华人民共和国，接受外国使节，2004 年修宪时，第 28 条修正案增加规定，“中华人民共和国主席代表中华人民共和国，进行国事活动”。这是适应“元首外交”的发展趋势而作出的修改。例如代表国家接受外国大使递交的国书，出席国际会议，与外国元首会谈。国家主席根据全国人大常委会的决定，宣布批准或废除条约和重要协定。

参考资料

新华社北京 2020 年 11 月 10 日消息　国家主席习近平 10 日晚在北京以视频方式出席上海合作组织成员国元首理事会第二十次会议并发表题为《弘扬“上海精神” 深化团结协作 构建更加紧密的命运共同体》的重要讲话。

（四）荣典权

国家主席根据全国人民代表大会常务委员会的决定，授予国家的勋章和荣誉称号。

参考资料

新华社北京2019年9月17日消息　国家主席习近平17日签署主席令，根据十三届全国人大常委会第十三次会议17日下午表决通过的全国人大常委会关于授予国家勋章和国家荣誉称号的决定，授予42人国家勋章、国家荣誉称号。

新华社北京2020年8月11日消息　国家主席习近平11日签署主席令，根据十三届全国人大常委会第二十一次会议11日下午表决通过的全国人大常委会关于授予在抗击新冠肺炎疫情斗争中作出杰出贡献的人士国家勋章和国家荣誉称号的决定，授予钟南山“共和国勋章”，授予张伯礼、张定宇、陈薇（女）“人民英雄”国家荣誉称号。

从国家主席的职权内容可以看出：国家主席根据全国人民代表大会及其常务委员会的决定行使职权；国家主席对外代表国家，是我国的国家元首，是我国国家机构的重要组成部分。

我国国家副主席协助国家主席工作，副主席没有独立的职权。副主席可以受国家主席的委托，代替执行主席的一部分职权，如代替主席接受外国使节等。副主席受委托行使国家主席职权时，具有与国家主席同等的法律地位。

参考资料

新华社联合国2023年9月21日电　当地时间9月21日，国家副主席韩正在纽约联合国总部出席第78届联合国大会一般性辩论并发表讲话。

五、中华人民共和国主席职位的补缺

国家主席缺位的时候，由副主席继任主席的职位。副主席缺位的时候，由全国人民代表大会补选。国家主席、副主席都缺位的时候，由全国人民代表大会进行补选；在补选以前，由全国人民代表大会常务委员会委员长代行主席的职权。

第四节　国　务　院

一、国务院的性质、地位和工作的指导思想

我国《宪法》和《国务院组织法》规定，中华人民共和国国务院，即中央人民政府，是最高国家权力机关的执行机关，是最高国家行政机关。国务院在性质上是行政机关，它所行使的权力是行政权，行政权具有执行的属性。国务院在整个国家行政机关体系中居于最高地位。国务院行使宪法和有关法律规定的职权。国务院统一领导全国地方各级国家行政机关的工作。全国地方各级人民政府都是国务院统一领导下的国家行政机关，都要服从国务院。但国务院相对于最高国家权力机关来说，处于从属地位，因为国务院是由国家最高权力机关组织产生的，是最高国家权力机关的执行机关。全国人大及其常委会制定的宪

法、法律和决议，国务院必须执行，国务院对全国人民代表大会负责并报告工作；在全国人民代表大会闭会期间，对全国人民代表大会常务委员会负责并报告工作。

国务院工作的指导思想是坚持中国共产党的领导，坚持以马克思列宁主义、毛泽东思想、邓小平理论、“三个代表”重要思想、科学发展观、习近平新时代中国特色社会主义思想为指导，坚决维护党中央权威和集中统一领导，坚决贯彻落实党中央决策部署，贯彻新发展理念，坚持依法行政，依照宪法和法律规定，全面正确履行政府职能；坚持以人民为中心、全心全意为人民服务，坚持和发展全过程人民民主，始终同人民保持密切联系，倾听人民的意见和建议，建设人民满意的法治政府、创新政府、廉洁政府和服务型政府。

参考资料

新华社北京 2021 年 8 月 11 日电　近日，中共中央、国务院印发了《法治政府建设实施纲要（2021—2025 年）》，法治政府建设是全面依法治国的重点任务和主体工程，是推进国家治理体系和治理能力现代化的重要支撑。其总体目标是到 2025 年，政府行为全面纳入法治轨道，职责明确、依法行政的政府治理体系日益健全，行政执法体制机制基本完善，行政执法质量和效能大幅提升，突发事件应对能力显著增强，各地区各层级法治政府建设协调并进，更多地区实现率先突破，为到 2035 年基本建成法治国家、法治政府、法治社会奠定坚实基础。

二、国务院的组成和任期

（一）国务院的组成

中华人民共和国国务院由总理、副总理、国务委员、各部部长、各委员会主任、中国人民银行行长、审计长、秘书长组成。第十四届国务院的组成是总理 1 人，副总理 4 人，国务委员 5 人，各部部长、各委员会主任、中国人民银行行长、审计长共 26 人，秘书长（兼）1 人，国务院组成总人数为 36 人。国务院总理的人选，根据国家主席的提名，由全国人民代表大会决定。副总理、国务委员、各部部长、各委员会主任、中国人民银行行长、审计长和秘书长的人选根据国务院总理的提名，由全国人民代表大会决定。在全国人民代表大会闭会期间，根据国务院总理的提名，由全国人民代表大会常务委员会决定部长、各委员会主任和秘书长的人选。国务院总理、副总理、国务委员、各部部长、各委员会主任、中国人民银行行长、审计长和秘书长的任免决定以后，都由中华人民共和国主席公布。

参考资料

中华人民共和国主席令

第一号

根据中华人民共和国第十四届全国人民代表大会第一次会议的决定，任命李强为中华人民共和国国务院总理。

中华人民共和国主席　习近平

2023 年 3 月 11 日

（二）国务院的任期

中华人民共和国国务院的任期与全国人民代表大会的任期相同，即为 5 年。任期届满后，由全国人民代表大会决定，组成新的国务院。我国《宪法》规定，总理、副总理、国务委员连续任职不得超过两届。

三、国务院的领导体制

1982 年《宪法》通过总结新中国成立以来最高国家行政机关建设的经验教训，对国务院的领导体制作出了比较符合实际的规定。1982 年《宪法》改变了以往的形式，把 1954 年《宪法》以前的委员会制同 1954 年《宪法》规定的部长会议制结合起来，既设国务委员作为国务院的组成人员，又将全体部长和委员会主任都作为国务院的组成人员，同时明确规定实行总理负责制，从而形成了具有中国特色的首长负责制。2024 年 3 月 11 日第十四届全国人民代表大会第二次会议修订的《国务院组织法》完善了有关国务院组成人员的规定。增加规定国务院组成人员中包括“中国人民银行行长”。

国务院实行总理负责制。总理负责制是指国务院总理有权领导国务院的各项工作，对属于国务院职权范围内的事务拥有完全决定权，同时总理对国务院的工作负相应的责任。总理负责制的具体内容是：

（1）由总理提名组织国务院。在组成新一届的国务院时，国务院的组成人员，由总理提名，最高国家权力机关决定，国家主席任命。国务院组成之后，总理有向最高国家权力机关提出任免国务院组成人员议案的权力。

（2）总理领导国务院的工作。副总理、国务委员协助总理工作，按照分工负责分管领域工作；受总理委托，负责其他方面的工作或者专项任务；根据统一安排，代表国务院进行外事活动。秘书长在总理领导下，负责处理国务院的日常工作。

国务院组成部门正职领导人员为部长（主任、行长、审计长），部门副职领导人员为副部长（副主任、副行长、副审计长），都是在总理领导下工作，向总理负责。

（3）总理召集和主持国务院全体会议和国务院常务会议。国务院全体会议的主要任务是讨论决定政府工作报告、国民经济和社会发展规划等国务院工作中的重大事项，部署国务院的重要工作。国务院常务会议的主要任务是讨论法律草案、审议行政法规草案，讨论、决定、通报国务院工作中的重要事项。国务院工作中的重大问题，必须经国务院常务会议或者国务院全体会议讨论决定。国务院根据需要召开总理办公会议和国务院专题会议。总理拥有最后决定权，并对决定的后果承担相应的责任。

（4）国务院发布的决定、命令和行政法规，向全国人民代表大会及其常务委员会提出的议案，任免国务院有关人员，均要由总理签署。

国务院实行总理负责制是由国务院的性质和任务决定的。国务院的性质是行政机关，国务院的任务是执行全国人民代表大会及其常务委员会作出的决定，处理全国范围内的日常行政事务，其工作具有处于处理事情的第一线和任务种类繁杂这样两个特点，这势必要求行政机关迅速作出反应和决断，具有高度的工作效率。所以，无论从性质上还是从任务上看，国务院都必须实行总理负责制。

实行总理负责制并不违背民主集中制原则。这是因为：

第一，国务院执行的法律和决议本身是全国人民代表大会及其常务委员会在集体讨论的基础上，即在民主的基础上通过的，它是民主集中制的产物。

第二，虽然国务院总理对国务院的工作拥有最后决定权，但国务院工作的重大问题都要经过总理召集和主持的国务院常务会议和全体会议的讨论决定。总理在作出决定的过程中，应通过这种民主形式听取各种不同意见，集中正确的意见。总之，总理的决断仍然是民主基础上的集中，是民主集中制原则在行政机关领导体制中的具体表现和运用。

国务院的会议分为国务院全体会议和国务院常务会议。国务院全体会议由国务院全体组成人员参加。国务院常务会议由总理、副总理、国务委员、秘书长组成。总理召集和主持国务院的全体会议和常务会议。根据《国务院组织法》的规定，国务院工作中的重大问题，必须经国务院常务会议或者国务院全体会议讨论决定。

四、国务院依法全面正确履行职能的制度措施

（1）坚持科学决策、民主决策、依法决策，健全行政决策制度体系，规范重大行政决策程序，加强行政决策执行和评估，提高决策质量和效率。

（2）健全行政监督制度，加强行政复议、备案审查、行政执法监督、政府督查等工作，坚持政务公开，自觉接受各方面监督，强化对行政权力运行的制约和监督。

（3）国务院组成人员应当坚决维护党中央权威和集中统一领导，模范遵守宪法和法律，认真履行职责，带头反对形式主义、官僚主义，为民务实，严守纪律，勤勉廉洁。

（4）国务院组成部门、直属机构、办事机构应当各司其职、各负其责、加强协调、密切配合，确保党中央、国务院各项工作部署贯彻落实。

五、国务院的职权

（一）行政法规的制定和发布权

国务院有权根据宪法和法律制定有关行政机关的活动准则、行政权限以及行政工作制度和各种行政管理制度等方面的规范性文件。

参考资料

中华人民共和国国务院令

第 767 号

《人体器官捐献和移植条例》，已经 2023 年 10 月 20 日国务院第 17 次常务会议通过，现予公布，自 2024 年 5 月 1 日起施行。

总理　李强

2023 年 12 月 4 日

（二）行政措施的规定权

国务院在行政管理中认为需要的时候，或者为了执行法律和执行最高国家权力机关的决议，可以根据宪法和法律采取各种具体办法和实施手段。

（三）提出议案权

国务院是最高国家权力机关的执行机关，为了完成宪法和法律规定的各项任务，国务院必须提出有关的法律草案、经济和社会发展计划及其执行情况、国家预算及其执行情况等议案，经最高国家权力机关审议批准，使之变成指导社会生活和经济建设的法律性文件。这些计划、报告都必须在全国人民代表大会及其常务委员会会议上以议案的形式提出。这些议案的内容大致可以包括以下五个方面：

（1）国民经济和社会发展计划和计划执行情况。

（2）国家预算和预算的执行情况。

（3）必须由全国人民代表大会常务委员会批准和废除的同外国缔结的条约和重要协定。

（4）国务院组成人员中必须由全国人民代表大会或者全国人民代表大会常务委员会决定任免的人选。

（5）在国务院职权范围内的其他必须由全国人民代表大会或者全国人民代表大会常务委员会审议或决定的事项。

（四）对所属部委和地方各级行政机关的领导权和监督权

国务院有权对我国地方各级国家行政机关发布指示、规定任务，进行行政领导和监督；有权改变地方各级行政机关所发布的不适当的决定、命令和规章；有权确定其所属各部、各委员会、中国人民银行等中央国家行政机关的工作内容、工作制度、工作任务和所担负的职能与责任；有权改变或者撤销各部、各委员会、中国人民银行发布的不适当的决定和命令。国务院所属各部委、中国人民银行和地方各级行政机关必须接受国务院的统一领导和监督。

（五）对外交、国防、民政、文教、经济等各项工作的领导和管理权

国务院根据国家宏观计划的安排，负责组织、管理和实施我国武装力量的建设，领导和管理经济工作和城乡建设、生态文明建设；通过组织设置民政部、公安部、司法部、教育部、科学技术部、文化和旅游部、国家卫生健康委员会等，领导和管理国家民政、公安、司法行政等工作；通过国家计划等宏观调控手段和其他经济手段，组织、指导和监督国有企业、集体经济和其他各种经济组织依法进行生产和经营活动；领导和管理民族事务，保障各民族的平等权利和民族自治地方的自治权利；保护华侨的正当权利和利益；领导和管理国家的对外事务；等等。

（六）行政人员的任免、奖惩权

国务院有权依照《宪法》《国务院组织法》《地方各级人民代表大会和地方各级人民政府组织法》《公务员法》等有关法律和行政法规，任免国家行政机关的领导人员，奖励先进的工作人员，惩罚违反法纪、造成一定后果的人员。

（七）部门规章制定权

国务院组成部门和具有行政管理职能的直属机构以及法律规定的机构，可以根据法律和国务院的行政法规、决定、命令，在本部门的权限范围内，制定规章。

参考资料

国务院任免国家工作人员

（2023 年 12 月 9 日）

任命蒲淳为国家认证认可监督管理委员会主任。

免去张广军的科学技术部副部长职务；免去曹宇的国家金融监督管理总局副局长职务。

（八）行政区划的决定权与紧急状态的决定权

批准省、自治区、直辖市的区域划分，批准自治州、县、自治县、市的建置和区域划分；依照法律规定决定省、自治区、直辖市的范围内部分地区进入紧急状态。这是根据 2004 年修宪时《宪法修正案》第 29 条所作的修改。

参考资料

2012 年 6 月 21 日，国务院正式批准撤销海南省西沙群岛、南沙群岛、中沙群岛办事处，将以前设立的县级三沙市升格为地级三沙市，管辖西沙群岛、中沙群岛、南沙群岛的岛礁及其海域。三沙市人民政府驻西沙永兴岛。此次设立地级三沙市，是中国对海南省西沙群岛、中沙群岛、南沙群岛的岛礁及其海域行政管理体制的调整和完善。设立三沙市有利于进一步加强中国对西沙群岛、中沙群岛、南沙群岛的岛礁及其海域的行政管理和开发建设，保护南海海洋环境。

2012 年 7 月 21 日，西、南、中沙群岛 1 100 多名选民直接选举三沙市第一届人大代表。22 日，海南省三沙市第一届人民代表大会代表名单公布，共有 45 名代表当选。23 日，三沙市第一届人民代表大会第一次会议闭幕，会议选举产生了市一级国家权力机构。

（九）最高国家权力机关授予的其他职权

这主要是指全国人民代表大会及其常务委员会以决议形式，将某些属于全国性的行政工作任务，或者某些特别重要的其他临时性工作，授权由国务院办理。

五、国务院组成部门

（一）部、委员会、中国人民银行、审计署

国务院是全面执行全国人民代表大会及其常务委员会的决定，领导、管理我国政治、经济、教育、科学、技术等各项事业的最高行政机关。为了完成全国范围内的各项组织管理任务，必须设立相应的组织机构。国务院所属各部、各委员会、中国人民银行、审计署，就是这样的部门。国务院各部、各委员会、中国人民银行、审计署是主管特定方面工作的行政机关。所属各部、各委员会受国务院的统一领导。各部、各委员会、中国人民银行、审计署在工作中的方针、政策、计划和重大行政措施，应向国务院请示报告，由国务院决定。

国务院组成部门确定或者调整后，由全国人民代表大会或者全国人民代表大会常务委员会公布。国务院组成部门设部长（主任、行长、审计长）一人，副部长（副主任、副行

长、副审计长）二至四人；委员会可以设委员五至十人。

国务院组成部门实行部长（主任、行长、审计长）负责制。

（二）关于审计署的特别规定

审计署是一个具有特殊性的国务院组成部门，我国《宪法》第 91 条专门为其职责作出了特别规定。根据法条规定，国务院设立审计机关，对国务院各部门和地方各级政府的财政收支，对国家的财政金融机构和企业事业组织的财务收支，进行审计监督。

审计署对国务院各部门和地方各级人民政府及其各部门的财政收支，国有的金融机构和企业事业组织的财务收支，以及其他依照《审计法》规定应当接受审计的财政收支、财务收支的真实、合法和效益依法进行审计监督，以维护国家财政经济秩序，促进廉政建设，保障国民经济健康发展。

为了保证审计署能够顺利地履行宪法规定的职责，审计署在国务院总理领导下，依照法律规定，独立行使审计监督权，不受其他行政机关、社会团体和个人的干涉。

审计长是审计署的行政首长。审计署在国务院总理领导下，依照法律规定，独立行使审计监督权，不受其他行政机关、社会团体和个人的非法干涉，对中央预算执行情况进行审计监督，向国务院总理提出审计结果报告。国务院应当每年向全国人民代表大会常务委员会提出审计机关对预算执行和其他财政收支的审计工作报告。

参考资料

据审计署官网 2023 年 6 月 26 日发布的 2023 年第 2 号公告：中央部门单位 2022 年度预算执行等情况审计结果

2022 年 11 月至 2023 年 2 月，审计署重点审计了 41 个部门及所属 188 家单位财政预算拨款 2 285.59 亿元，对相关事项进行了延伸，并重点关注行政事业性国有资产管理使用情况。结果表明，部门本级预算执行总体相对规范，所属单位违反财经纪律行为时有发生，国有资产管理不够严格高效。

（三）国务院直属机构和办事机构

根据《国务院组织法》第 13 条的规定，国务院可以根据工作需要和优化协同高效精简的原则，按照规定程序设立若干直属机构，如海关总署、国家金融监督管理总局、国家国际发展合作署等主管各项专门业务；设立若干办事机构，如国务院研究室、国务院港澳事务办公室等协助总理办理专门事项。每个机构设负责人二至五人，由国务院任免。国务院直属机构的负责人和办事机构的负责人不是国务院的组成人员，但可以列席国务院全体会议。

第五节　中央军事委员会

一、中央军事委员会的性质和地位

我国《宪法》第 93 条第 1 款规定：“中华人民共和国中央军事委员会领导全国武装力量。”因此，中央军事委员会是全国武装力量的最高领导机关。根据马克思主义的国家学说，武装力量是国家机器的重要组成部分，在国家生活中起着极为重要的作用。我国《国防法》第 20 条规定：“中华人民共和国的武装力量属于人民。”第 22 条又规定：“中华人民共和国的武装力量，由中国人民解放军、中国人民武装警察部队、民兵组成。”我国的武装力量是人民民主专政的坚强柱石，在国家体制中居于重要地位，这种地位理应在国家根本法中加以确认。现行《宪法》规定设置中央军事委员会作为我国国家机构的一部分，不仅明确了武装力量在国家机构中的地位，而且对中央国家机关分工行使国家权力，加强武装力量的建设，都具有重要意义。

中国共产党缔造和领导的人民解放军，在中华人民共和国成立以后，就是国家的军队。1982 年《宪法》总结了新中国成立以来的历史经验，根据我国现在的实际情况和需要，恰当地规定了军队在国家体制中的地位。当然，在中央军事委员会成立以后，中国共产党对军队的领导并没有改变。《宪法》序言中明确肯定了中国共产党在国家生活中的领导作用，也包括中国共产党对军队的领导。

二、中央军事委员会的组成和任期

中央军事委员会由主席、副主席若干人、委员若干人组成。中央军事委员会主席由全国人民代表大会选举产生。全国人民代表大会根据中央军事委员会主席的提名，决定中央军事委员会其他组成人员的人选。全国人民代表大会有权罢免中央军事委员会主席和其他组成人员。在全国人民代表大会闭会期间，全国人民代表大会常务委员会根据中央军事委员会主席的提名，决定中央军事委员会其他组成人员的人选。中央军事委员会每届任期同全国人民代表大会每届任期相同。但现行《宪法》对中央军事委员会主席任届未作限制性规定。

参考资料

2016 年 1 月，中央军事委员会机关调整组建，按照“军委管总、战区主战、军种主建”的总原则，把总部制改为多部门制，由原来的总参谋部、总政治部、总后勤部、总装备部 4 个总部，改为军委办公厅、军委联合参谋部、军委政治工作部、军委后勤保障部、军委装备发展部、军委训练管理部、军委国防动员部、军委纪律检查委员会、军委政法委员会、军委科学技术委员会、军委战略规划办公室、军委改革和编制办公室、军委国际军事合作办公室、军委审计署、军委机关事务管理总局 15 个职能部门。

三、中央军事委员会的职权

现行《宪法》没有规定中央军事委员会的具体职权，2020 年 12 月 26 日修订、2021 年 1 月 1 日起施行的《中华人民共和国国防法》对中央军事委员会的职权作了规定。该法规定了中央军事委员会的 12 项职权：

（1）统一指挥全国武装力量。

（2）决定军事战略和武装力量的作战方针。

（3）领导和管理中国人民解放军、中国人民武装警察部队的建设，制订规划、计划并组织实施。

（4）向全国人民代表大会或者全国人民代表大会常务委员会提出议案。

（5）根据宪法和法律，制定军事法规，发布决定和命令。

（6）决定中国人民解放军、中国人民武装警察部队的体制和编制，规定中央军事委员会机关部门、战区、军兵种和中国人民武装警察部队等单位的任务和职责。

（7）依照法律、军事法规的规定，任免、培训、考核和奖惩武装力量成员。

（8）决定武装力量的武器装备体制，制定武器装备发展规划、计划，协同国务院领导和管理国防科研生产。

（9）会同国务院管理国防经费和国防资产。

（10）领导和管理人民武装动员、预备役工作。

（11）组织开展国际军事交流与合作。

（12）法律规定的其他职权。

此外《中华人民共和国国防法》还规定，国务院和中央军事委员会建立协调机制，解决国防事务的重大问题。中央国家机关与中央军事委员会机关有关部门可以根据情况召开会议，协调解决有关国防事务的问题。

参考资料

中共中央决定调整中国人民武装警察部队领导指挥体制。

根据中共中央印发的《中共中央关于调整中国人民武装警察部队领导指挥体制的决定》（以下简称《决定》），自 2018 年 1 月 1 日零时起，武警部队由党中央、中央军委集中统一领导，实行中央军委—武警部队—部队领导指挥体制。

《决定》明确，武警部队归中央军委建制，不再列国务院序列。武警部队建设，按照中央军委规定的建制关系组织领导。中央和国家机关有关部门、地方各级党委和政府与武警部队各级相应建立任务需求和工作协调机制。

参考资料

颁授勋章是中国人民解放军一项重要的荣誉激励制度，1955 年国家决定，对在土地革命战争时期的人民军队有功人员，授予八一勋章和奖章。其中，勋章每种分为一、二、三级，奖章不分级。

2017 年 6 月，经中央军委主席习近平批准，我军新设立“八一勋章”。新设立的“八一勋章”，是由中央军委决定、中央军委主席签发证书并颁授的军队最高荣誉，授予在维护国家主权、安全、发展利益，推进国防和军队现代化建设中建立卓越功勋的军队人员。

四、中央军事委员会的领导体制

中央军事委员会实行主席负责制。中央军事委员会主席有权对中央军事委员会职权范围内的事务作出最后决策。当然，中央军事委员会是作为一个集体来领导我国的武装力量的，主席负责制并不否定民主集中制。中央军事委员会主席在对重大问题作出决策之前，必须进行集体研究和讨论，然后再集中正确的意见作出决策。同时，实行主席负责制还因为现代化战争瞬息万变，要求机动、灵活。因此国家最高军事指挥机关必须实行全面有效、高度集中的指挥，以便应付各种复杂的军事局面，对各种突然出现的军事动向作出果断、迅速反应。只有采取主席负责制，才能使中央军事委员会主席和中央军事委员会具备应有的权威性，以适应现代化战争的需要。

中央军事委员会主席对全国人民代表大会和全国人民代表大会常务委员会负责，从而确认中央军事委员会在中央国家机关体系中从属于代表全国人民的最高国家权力机关，也确认了我国的武装力量从属于人民。

参考资料

2016年4月20日上午，中共中央总书记、国家主席、中央军委主席、军委联指总指挥习近平到军委联合作战指挥中心视察。这是习近平首次以“军委联指总指挥”的身份，视察军委联合作战指挥中心。

第六节　国家监察委员会

一、国家监察委员会的性质和任务

中华人民共和国国家监察委员会是最高监察机关，负责全国监察工作。

在现行《宪法》第三章“国家机构”中增加“监察委员会”一节，以加强对公权力监督，是我国从历史传统和现实国情出发，对我国政治体制的重大调整，是对中国历史上监察制度的一种借鉴和对国家监察制度的重大顶层设计，是对反腐败机制的一种新探索。这一改革体现了党的主张和人民意志，反映了党的十八大以来国家监察体制改革的成果，有利于坚持和加强党对反腐败工作的统一领导，丰富和完善全国人民代表大会制度，为推进国家治理体系和治理能力现代化提供重要保证，也为深化国家监察体制改革、保证监察委员会履职尽责提供了根本遵循。

二、国家监察委员会的组成和任期

国家监察委员会由主任、副主任若干人、委员若干人组成，主任由全国人民代表大会选举，副主任、委员由国家监察委员会主任提请，全国人民代表大会常务委员会任免。

国家监察委员会主任每届任期同全国人民代表大会每届任期相同，连续任职不得超过两届。

三、国家监察委员会的领导体制和工作机制

中华人民共和国国家监察委员会是最高监察机关，国家监察委员会领导地方各级监察

委员会的工作。上级监察委员会领导下级监察委员会的工作。

国家监察委员会对全国人民代表大会及其常务委员会负责，并接受其监督。

四、国家监察工作的原则和方针

国家监察工作严格遵照宪法和法律，以事实为根据，以法律为准绳；在适用法律上一律平等，保障当事人的合法权益；权责对等，严格监督；惩戒与教育相结合，宽严相济。

国家监察工作坚持标本兼治、综合治理，强化监督问责，严厉惩治腐败；深化改革、健全法制，有效制约和监督权力；加强法治教育和道德教育，弘扬中华优秀传统文化，构建不敢腐、不能腐、不想腐的长效机制。

【本章小结】

1. 国家机构是统治阶级为了行使国家权力，实现国家职能而建立的国家机关的总和。从纵向上看，它包括中央国家机关和地方国家机关；从横向上看，它包括权力机关、行政机关、军事领导机关、监察机关、审判机关、检察机关等。

2. 我国的国家机构是社会主义国家的国家机构，在组织与活动中遵循民主集中制，社会主义法治，精简、效率，联系群众、为人民服务，责任制，民族平等，坚持党对国家机构的领导等原则。

3. 我国的中央国家机构由全国人民代表大会及全国人民代表大会常务委员会、国家主席、中央军事委员会、国务院、国家监察委员会、最高人民法院和最高人民检察院等机关组成，它们在我国国家机关体系中占有举足轻重的地位，我国《宪法》及有关法律明确规定了它们的性质、地位、组成、任期、权限和工作方式等。

【练习题】

一、名词解释

国家机构　专门委员会　基本法律　责任制原则　言论免责权　特赦　总理负责制

二、思考题

1. 什么是国家机构？
2. 现行《宪法》扩大了全国人民代表大会常务委员会哪些职权？具有什么意义？
3. 全国人大常委会委员长会议处理常委会的重要日常工作有哪些？
4. 总理负责制的具体内容有哪些？
5. 简述中央军事委员会的组成和职权。
6. 简述国家主席的职权。
7. 简述国家监察委员会的领导体制和工作机制。
8. 简述国家监察工作的原则和方针。

三、讨论题

1. 《未成年人网络保护条例》已经 2023 年 9 月 20 日国务院第 15 次常务会议通过，

2023 年 10 月 16 日，国务院总理李强签署中华人民共和国国务院第 766 号令，予以公布，自 2024 年 1 月 1 日起施行。

讨论：

（1）国务院的性质是什么？

（2）与本例相关的《宪法》第 89 条规定的内容是什么？

（3）全国人大和国务院的关系是什么？

讨论要点提示：

（1）我国《宪法》第 85 条规定："中华人民共和国国务院，即中央人民政府，是最高国家权力机关的执行机关，是最高国家行政机关。"

（2）《宪法》第 89 条规定国务院行使的职权："（一）根据宪法和法律，规定行政措施，制定行政法规，发布决定和命令……"

（3）在我国，全国人民代表大会是最高国家权力机关，国务院从属于全国人民代表大会，通过领导和管理各方面的行政工作来执行全国人民代表大会及其常委会通过的法律和决议。国务院根据宪法的规定，通过并公布了《未成年人网络保护条例》，充分体现了国务院在《宪法》规定范围内行使职权，也体现了我国《宪法》在现实生活中的权威性和最高法律效力。

2. 2020 年 5 月 28 日，第十三届全国人大三次会议表决通过了《中华人民共和国民法典》，由国家主席令第 45 号公布，自 2021 年 1 月 1 日起施行。它是新中国成立以来第一部以"法典"命名的法律，是一部固根本、稳预期、利长远的基础性法律。

讨论：

（1）《民法典》的性质是什么？其制定的程序是什么？

（2）现行《宪法》第 58 条规定的内容是什么？

（3）《民法典》由国家主席令第 45 号公布的宪法依据是什么？

讨论要点提示：

（1）《民法典》是国家的基本法律。按照《宪法》规定，它应由全国人大制定。

（2）现行《宪法》第 58 条规定："全国人民代表大会和全国人民代表大会常务委员会行使国家立法权。"这是国家对最高国家权力机关的要求。《民法典》属于国家的基本法律，它的制定是在《宪法》规定的最高国家权力机关的职权范围内和立法程序规定的前提下进行的。

（3）国家主席签署第 45 号主席令，体现了国家主席行使的《宪法》第 80 条赋予的职权，即中华人民共和国主席根据全国人民代表大会的决定和全国人民代表大会常务委员会的决定，公布法律。

在线练习

第七章　地方国家机构

【本章引言】

现代国家除了建立中央国家机关外，还要根据有利于自己进行管理的原则，把全国的领土划分成多层次的区域，建立相应的国家机关，构成地方国家机关体系。本章阐述的地方国家机关包括我国地方各级人民代表大会及县级以上地方各级人民代表大会常务委员会、地方各级人民政府、地方各级监察委员会。另外，作为有中国特色的基层群众性自治组织——居民委员会和村民委员会，也是宪法的重要内容，在此一并简要介绍。

【本章学习目标】

通过本章的学习，你应该能够：

1. 了解地方各级人民代表大会的性质、地位、组成和会议制度。
2. 了解地方各级人民政府的性质、地位、组成。
3. 了解居民委员会和村民委员会的性质和组成。

第一节　地方各级人民代表大会及县级以上地方各级人民代表大会常务委员会

一、地方各级人民代表大会

（一）地方各级人民代表大会的性质和地位

我国《宪法》第 96 条第 1 款规定："地方各级人民代表大会是地方国家权力机关。"这是关于地方各级人民代表大会的性质的规定。我国的政权是统一的，但又实行分级管理，我国各级国家权力机关就是各级人民代表大会。就全国而言，全国人民代表大会是最高的国家权力机关。对于地方来说，同级人民代表大会就是该地方的国家权力机关，它决定本行政区域内的重大事项，本级的地方国家行政机关、监察机关、审判机关和检察机关都由它产生，对它负责，受它监督。它们是各该行政区域内的人民行使地方国家权力的机关。

地方各级人民代表大会是由下级代表大会的代表或选民选举产生的，具有一定的自主性，地方各级人民代表大会之间、地方各级人民代表大会与全国人民代表大会之间并不存在领导与被领导的关系，上级人民代表大会不能对下级人民代表大会发号施令，它们之间只是一种监督与被监督的关系。

（二）地方各级人民代表大会的组成和任期

地方各级人民代表大会由人民代表组成。人民代表通过间接选举或者直接选举的方式产生。凡省、自治区、直辖市、自治州、设区的市的人民代表大会代表，均由下一级人民代表大会选举产生；县、自治县、不设区的市、市辖区、乡、民族乡、镇的人民代表大会代表则由选民直接选举产生。地方各级人民代表大会的代表名额和代表产生办法由《选举法》规定。各行政区域内的少数民族应当有适当的代表名额。根据1993年、2004年修宪的规定，地方各级人民代表大会的每届任期都改成了5年，与全国人民代表大会的任期保持一致，这对于协调各级经济社会发展规划、计划和人事安排是有利的。

（三）地方各级人民代表大会的职权

根据我国《宪法》《立法法》《地方各级人民代表大会和地方各级人民政府组织法》的规定，地方各级人民代表大会的职权可以概括为以下几项。

1. 地方性法规制定权

省、自治区、直辖市的人民代表大会可制定和颁布地方性法规，并报全国人民代表大会常务委员会和国务院备案；较大的市（含省、自治区人民政府所在地的市，经济特区所在地的市和经国务院批准的较大的市）和设区的市的人民代表大会和它们的常务委员会，在不同宪法、法律、行政法规和本省、自治区的地方性法规相抵触的前提下，可以依照法律规定制定的地方性法规，报本省、自治区人民代表大会常务委员会批准后施行。

省、自治区的人民代表大会常务委员会对报请批准的地方性法规，应当对其合法性进行审查，同宪法、法律、行政法规和本省、自治区的地方性法规不抵触的，应当在四个月内予以批准。省、自治区的人民代表大会常务委员会在对报请批准的设区的市的地方性法规进行审查时，发现其同本省、自治区的人民政府的规章相抵触的，应当作出处理决定。除省、自治区的人民政府所在地的市，经济特区所在地的市和国务院已经批准的较大的市以外，其他设区的市开始制定地方性法规的具体步骤和时间，由省、自治区的人民代表大会常务委员会综合考虑本省、自治区所辖的设区的市的人口数量、地域面积、经济社会发展情况以及立法需求、立法能力等因素确定，并报全国人民代表大会常务委员会和国务院备案。

参考资料

北京市人民代表大会常务委员会公告〔十六届〕第11号

《北京市人民代表大会常务委员会关于推进京津冀协同创新共同体建设的决定》已由北京市第十六届人民代表大会常务委员会第六次会议于2023年11月24日通过，现予公布，自公布之日起施行。

北京市第十六届人民代表大会常务委员会

2023年11月24日

参考资料

完善地方性法规、规章的权限和程序

2023年3月5日第十三届全国人民代表大会常务委员会副委员长王晨在第十四届全国人民代表大会第一次会议上做关于《中华人民共和国立法法（修正草案）》的说明时指出，根据新情况新需要，总结实践经验，对地方性法规、规章的立法权限和程序作出修改完善：一是关于设区的市可以行使地方立法权的事项，将“环境保护”修改为“生态文明建设”，并增加规定“基层治理”（修正草案第二十四条、第二十八条）。二是贯彻国家区域协调发展战略，根据地方实践经验，增加规定：省、自治区、直辖市和设区的市、自治州的人大及其常委会根据区域协调发展的需要，可以协同制定地方性法规，在本行政区域或者有关区域内实施；省、自治区、直辖市和设区的市、自治州可以建立区域协同立法工作机制（修正草案第二十五条）。三是扩大规章的制定主体，根据有关法律规定和实践需要，在部门规章制定主体中增加规定“法律规定的机构”（修正草案第二十七条）。

2. 决定权

决定权分为人事决定权和本地方重大事务决定权。

人事决定权指选举和罢免本级国家机关的负责人的权力。例如，地方各级人民代表大会分别选举并且有权罢免本级人民政府的省长和副省长、市长和副市长、县长和副县长、区长和副区长、乡长和副乡长、镇长和副镇长。县级以上的地方各级人民代表大会选举并且有权罢免本级监察委员会主任、本级人民法院院长和本级人民检察院检察长。选出或者罢免人民检察院检察长，须报上级人民检察院检察长提请该级人民代表大会常务委员会批准。

本地方重大事务决定权具体指：县级以上的地方人民代表大会审查和批准本行政区域内的国民经济和社会发展计划、预算以及它们执行情况的报告，讨论、决定本行政区域内的政治、经济、教育、科学、文化、卫生、环境和资源保护、民政、民族等工作的重大事项；乡级人民代表大会根据国家计划，决定本行政区域内的经济、文化事业和公共事业的建设计划，审查和批准本行政区域内的财政预算和预算执行情况的报告，决定本行政区域内民政工作的实施情况。

3. 监督权

监督权是指对本级人民代表大会常务委员会、人民政府、监察委员会、人民法院和人民检察院进行监督的权力。具体体现为：县级以上人民代表大会有权听取和审查本级人民代表大会常务委员会的工作报告，有权听取和审查本级人民政府和监察委员会、人民法院、人民检察院的工作报告，有权改变或者撤销本级人民代表大会常务委员会的不适当的决议，有权撤销本级人民政府的不适当的决定和命令；乡、镇人民代表大会有权听取和审查乡、民族乡、镇的人民政府的工作报告，有权撤销本级人民政府不适当的决定和命令。

4. 执行权

地方各级人民代表大会在本行政区域内保证宪法、法律、行政法规和上级人民代表大

会及其常务委员会决议的遵守和执行。此外，还应负责保护公共财产、私人合法财产，保护社会秩序，保障公民的合法权益，保障集体经济组织应有的自主权等。

5. 在职权范围内通过和发布决议

这种决议是用以指导地方性工作、处理地方性事务、解决地方性问题的决议。它必须是在宪法和法律授权的范围内发布，决议内容不得与宪法、法律及行政法规等相抵触，否则无效。

（四）会议制度

地方各级人民代表大会的工作方式是召开会议，会议每年至少举行一次。经五分之一代表提议，可以临时召集本级人民代表大会会议。县级以上的地方各级人民代表大会会议由本级人民代表大会常务委员会召集。每次会议举行预备会议，选举本次会议的主席团和秘书长，通过本次会议的议程和其他准备事项的决定。县级以上的地方各级人民代表大会举行会议的时候，由主席团主持会议。乡级人民代表大会举行会议时，选举主席团，由主席团主持会议，并负责召集下一次的本级人民代表大会会议。

（五）地方各级人民代表大会专门委员会

省、自治区、直辖市、自治州、设区的市的人民代表大会根据需要，可以设法制（政法）委员会、财政经济委员会、教育科学文化卫生委员会等专门委员会。各专门委员会受本级人民代表大会领导，在大会闭会期间，受本级人民代表大会常务委员会领导。各专门委员会在本级人民代表大会及其常务委员会的领导下，研究、审议和拟订有关议案；对属于本级人民代表大会及其常务委员会职权范围内同本委员会有关的问题，进行调查研究，提出建议。

县级以上的地方各级人民代表大会及其常务委员会可以组织对于特定问题的调查委员会。县级以上各级人民代表大会常务委员会及乡、民族乡、镇的人民代表大会可以设代表资格审查委员会。

参考资料

2016年6月8日，江西省第十二届人大常委会第二十五次会议表决通过《江西省人民代表大会常务委员会关于成立食品生产加工小作坊和食品摊贩问题调查委员会的决定》。调查委员会通过对食品生产加工小作坊和食品摊贩问题进行调查和分析，找出产生问题的原因，提出保障食品安全、加强规范管理、促进就业的建议和对策，并为制定相关地方性法规提供参考依据。

（六）地方各级人民代表大会代表

地方各级人民代表大会代表是地方各级国家权力机关的组成人员。人民代表依法享有的权利主要有：

（1）地方各级人民代表大会举行会议时，代表10人以上联名可以书面形式提出对本级人民政府和它所属各工作部门以及人民法院、人民检察院的质询案。

参考资料

质询是人大常委会组成人员对政府及其部门、人民法院、人民检察院工作中不清楚、不理解、不满意的方面提出问题，要求有关机关作出说明、解释的活动。

2023 年 4 月 28 日《云南日报》报道：

2022 年 11 月底，云南省十三届人大常委会第三十五次会议召开质询会议，对云南省招投标领域隐性壁垒等问题进行质询，省发展改革委领导班子成员接受质询并作出答复。

质询结束后，省政府及相关部门落实责任、立行立改，推动质询整改工作取得阶段性成效。省人大常委会持续跟踪问效，以抓铁有痕的力度推动整改落实，持续优化云南省营商环境。

此次质询是自 2007 年《各级人民代表大会常务委员会监督法》实施以来，省人大常委会开展的首次质询。

（2）在审议议案时，代表可以向有关的地方国家机关提出询问。

（3）代表在人民代表大会及其常务委员会会议上的发言和表决，不受法律追究。

（4）县级以上的地方各级人民代表大会代表非经本级人民代表大会常务委员会许可，不受逮捕或者刑事审判。

参考资料

据 2012 年 9 月《法制日报》报道，温州市人大常委会第四次会议对一份报告进行了表决，因赞成票未超过常委会组成人员半数，常委会决定不许可对温州市第十二届人大代表叶某某采取刑事拘留强制措施。

叶某某为浙江省永嘉县人，宣达实业有限公司董事长，温州市第十二届人大代表，在承建广西银亿科技化工有限公司年产 40 万吨硫酸项目过程中，与同为浙商的宁波银亿集团有限公司发生经济合同纠纷。2012 年 2 月，广西玉林市公安局以叶某某涉嫌对非国家工作人员行贿罪予以刑事立案，并于 6 月委托当地公安机关向温州市人大常委会递交关于要求对市人大代表叶某某采取刑事拘留强制措施的报告。温州市人大常委会表决后，对这一报告不予许可。

（5）在出席人民代表大会会议和执行代表职务的时候，国家根据需要给予代表往返的旅费和必要的物质上的便利或补贴。

地方各级人民代表在享有上述权利的同时，有义务与原选举单位或者选民保持密切联系，接受原选举单位和选民的监督，宣传法律和政策，协助本级人民政府进行工作，并且向人民代表大会及其常务委员会、人民政府反映群众的意见和要求。

地方各级人民代表大会代表的选举单位和选民有权依照法律规定的程序随时撤换自己选出的代表。

二、县级以上地方各级人民代表大会常务委员会

（一）常务委员会的性质和地位

县级以上的地方各级人民代表大会设立常务委员会。它是本级人民代表大会的常设机

关，对本级人民代表大会负责并报告工作。乡级人民代表大会不设常务委员会，一是由于乡级人大事务较少，二是由于乡级人大代表人数较少，即使需要开会，召集起来也较为方便。

（二）常务委员会的组成和任期

省、自治区、直辖市、自治州、设区的市的人民代表大会常务委员会由本级人民代表大会在代表中选举主任、副主任若干人、秘书长、委员若干人组成。县、自治县、不设区的市、市辖区的人民代表大会常务委员会由本级人民代表大会在代表中选举主任、副主任若干人和委员若干人组成。名额按照《地方各级人民代表大会和地方各级人民政府组织法》的规定确定。

常务委员会的组成人员不得担任国家行政机关、监察机关、审判机关和检察机关的职务。如果担任上述职务，必须向常务委员会辞去常务委员职务。

常务委员会每届任期与本级人民代表大会每届任期相同。它行使职权到下届本级人民代表大会选出新的常务委员会止。

（三）常务委员会的职权

县级以上地方各级人民代表大会常务委员会的职权可以概括为以下几个方面：

（1）在本行政区域内，保证宪法、法律、行政法规和上级人民代表大会及其常务委员会决议的遵守和执行。

参考资料

安徽省人民代表大会常务委员会

公　告

（第六十四号）

《安徽省人民代表大会常务委员会关于修改和废止部分地方性法规的决定》已经2022年3月25日安徽省第十三届人民代表大会常务委员会第三十三次会议通过，现予公布，自公布之日起施行。

安徽省人民代表大会常务委员会

2022年3月25日

安徽省人民代表大会常务委员会
关于修改和废止部分地方性法规的决定

（2022年3月25日安徽省第十三届人民代表大会常务委员会第三十三次会议通过）

为了保证法律、行政法规在我省的有效实施，维护社会主义法制的统一和尊严，实现立法和改革决策相衔接，主动适应经济社会高质量发展的法治需要，安徽省人民代表大会常务委员会决定对《安徽省港口条例》等14件地方性法规作出修改，废止《安徽省收费管理条例》等5件地方性法规。（略）

（2）领导或者主持本级人民代表大会代表的选举；召集本级人民代表大会会议。

（3）讨论、决定本行政区域内政治、经济、教育、科学、文化、卫生、环境和资源保护、民政、民族工作的重大事项；根据本级人民政府的建议，决定对本行政区域内的国民经济和社会发展计划、预算的部分变更；按照法律规定任免国家行政机关、监察委员会、人民法院和人民检察院的有关工作人员；决定授予地方的荣誉称号。

参考资料

根据《中华人民共和国全国人民代表大会和地方各级人民代表大会选举法》的规定，2015 年 5 月 29 日，辽宁省第十二届人民代表大会常务委员会第十九次会议通过决议，接受高宝玉辞去第十二届全国人民代表大会代表职务。

（4）监督本级人民政府、监察委员会、人民法院、人民检察院的工作；撤销本级人民政府的不适当的决定和命令；撤销下一级人民代表大会不适当的决议；依照法律规定的权限决定国家机关工作人员的任免，罢免和补选上一级人民代表大会的个别代表；受理群众对国家工作人员的申诉和意见。

参考资料

据2013 年 6 月 7 日《华西都市报》报道，2011 年 1 月 7 日，广安市岳池县第十五届人大常委会举行第三十七次会议。会议审议并通过了县人民政府关于《岳池县中央商务区规划用地方案》。岳池中央商务区建设逐渐展开。然后，在该项目实施过程中，岳池县人大常委会组织人员实地调研发现，工程建设方有更改设计、违规建设等情况。2012 年 11 月，在广安市岳池县第十六届人大常委会第七次会议上，《岳池县人民政府关于中央商务区规划实施情况的报告》未获得通过。会议要求县人民政府加强监管，严格执行经过审议批准的方案，对发现的问题进行限时整改。此后，岳池县人民政府按照《岳池县中央商务区规划用地方案》所确定的用地规模、范围和性质，细化了工程实施方案，同时成立了由执法、建管等部门组成的工作小组，每周定期巡查，发现问题当即督促整改。岳池县人大常委会还与县人民政府一道，组织力量，实地监管，使项目建设回到了规范轨道上来。2013 年 5 月 22 日，在岳池县第十六届人大常委会第十次会议上，一位副县长汇报中央商务区建设进度及落实人大常委会审议意见情况，人大常委们审议并通过了县人民政府《关于中央商务区建设进度和落实县人大常委会审议意见情况的报告》。“这样提高了政府依法行政的水平”，岳池当地群众对此予以好评。

（四）会议制度

常务委员会会议由主任召集，每两个月至少举行一次。

县级以上的地方各级人民代表大会常务委员会主任会议可以向本级人民代表大会常务委员会提出属于常务委员会职权范围内的议案，由常务委员会会议审议。

县级以上的地方各级人民政府、人民代表大会各专门委员会，可以向本级人民代表大会常务委员会提出属于常务委员会职权范围内的议案，省、自治州、设区的市的人民代表大会常务委员会组成人员 5 人以上联名，县级人民代表大会常务委员会组成人员 3 人以上联名，也可以向本级人民代表大会常务委员会提出议案，由主任会议决定是否提请常务委员会会议审议，或者先交有关的专门委员会审议、提出报告，再决定是否提请常务委员会会议审议。常务委员会召开会议期间，常务委员会的组成人员按法定人数联名书面提出对本级人民政府、监察委员会、人民法院、人民检察院的质询案，由主任会议决定交受质询机关答复。

主任会议由常务委员会主任、副主任、秘书长组成（县级由主任、副主任组成），处理常务委员会的重要日常工作。

县级以上的地方各级人民代表大会常务委员会设立代表资格审查委员会，并根据工作需要，设立办事机构。

乡、民族乡、镇的人民代表大会设主席，并可以设副主席一人至两人。主席、副主席从本级人民代表大会代表中选出，任期同本级人大每届任期相同。在本级人民代表大会闭会期间，主席、副主席负责联系本级人民代表大会代表，组织代表开展工作，并反映代表和群众对本级人民政府工作的建议、批评和意见。

第二节　地方各级人民政府

一、地方各级人民政府的性质和地位

我国《宪法》第 105 条规定："地方各级人民政府是地方各级国家权力机关的执行机关，是地方各级国家行政机关。"这一规定表明，就其性质来说，地方各级人民政府是地方各级国家行政机关；就其地位来说，地方各级人民政府从属于地方各级人民代表大会，它们不是权力机关，而是权力机关的执行机关；就其行使的权力来说，它们行使的是行政权，而不是立法权或司法权。

地方各级人民政府作为地方各级国家权力机关的执行机关，对于本级人民代表大会及其常务委员会所制定的地方性法规和通过的决议，必须贯彻执行；作为地方行政机关，对于上级行政机关的决定和命令也必须贯彻执行；地方各级人民政府要对本级人民代表大会和上一级人民政府负责并报告工作，县级以上人民政府在本级人民代表大会闭会期间还要对本级人民代表大会常务委员会负责并报告工作。地方各级人民政府都是国务院统一领导下的国家行政机关，必须服从国务院的统一领导。

二、地方各级人民政府的组成和任期

省、自治区、直辖市、自治州、设区的市的人民政府分别由省长、副省长，自治区主席、副主席，市长、副市长，州长、副州长和秘书长、厅长、局长、委员会主任等组成。县、自治县、不设区的市、市辖区的人民政府分别由县长、副县长，市长、副市长，区长、副区长和局长、科长等组成。乡、民族乡的人民政府设乡长、副乡长。民族乡的乡长由建立民族乡的少数民族公民担任。镇人民政府设镇长和副镇长。省长、副省长，自治区主席、副主席，市长、副市长，州长、副州长，县长、副县长，区长、副区长，乡长、副乡长，镇长、副镇长，分别由本级人民代表大会选举产生。县级以上人民代表大会常务委员会根据省长、自治区主席、市长、州长、县长、区长的提名，决定本级人民政府秘书长、厅长、局长、委员会主任、科长的任免，报上一级人民政府备案。

地方各级人民政府每届任期 5 年，与本级人民代表大会任期相同。

三、地方各级人民政府的职权

地方各级人民政府的职权，可以概括为以下几个方面：

（1）省、自治区、直辖市以及省、自治区的人民政府所在地的市和经国务院批准的较大的市的人民政府，可以依法制定规章。

参考资料

北京市人民政府令第 310 号，《北京市单位消防安全主体责任规定》已经 2023 年 7 月 4 日市政府第 22 次常务会议审议通过，现予公布，自 2023 年 9 月 1 日起施行。

市长　殷勇

2023 年 7 月 19 日

（2）执行本级权力机关的决定和上级行政机关的决定和命令；规定行政措施，发布决定和命令；执行国民经济和社会发展计划、预算；办理上级人民政府交办的其他事项。

（3）管理本行政区域内的经济、教育、科学、文化、卫生、体育事业、城乡建设事业和财政、民政、公安、民族事务、司法行政、监察、计划生育等行政工作。

（4）依法保护和保障公民各方面的权利。如：保护社会主义公共财产；保护公民私人的合法财产；维护社会秩序；保障公民的人身权利、民主权利和其他权利；保障农村集体经济组织应有的自主权；保障少数民族的权利和尊重少数民族的风俗习惯；保障男女平等、同工同酬和婚姻自由等公民的各项权利。

（5）县级以上地方各级人民政府领导并监督其下属工作部门和下级人民政府的工作任免、考核、奖惩行政机关工作人员。

参考资料

部分基层政府对一般行为活动的治理引起关注

据澎湃新闻等媒体报道，2023 年 1 月至 5 月，南京市玄武区已督促 10 栋不洁楼宇开展外立面清洗工作，清洗面积共约 5 000 平方米。据悉，楼宇责任人拒不清洗大楼可被处罚 5 000 元到 3 万元。

2023 年 6 月 11 日，因未经报备许可，擅自组织人员在村居河道进行民间划龙舟行为，温州瑞安市两人被警方行政拘留。2023 年 4 月，瑞安市政府发布通告，决定 2023 年继续在全市范围内禁止民间划龙舟活动。

2023 年 11 月 14 日，网传四川省凉山彝族自治州普格县一份有关人居环境罚款标准的通知引发关注。通知内容显示，碗筷不洗罚 10 元、摆放不整齐罚 3～10 元、被子未叠放罚款 10 元……检查地点涉及厨房、卫生间等多个场所，明确了 14 种脏乱差行为的罚款标准。

四、地方各级人民政府的领导制度

地方各级人民政府分别实行省长、自治区主席、市长、州长、县长、区长、乡长、镇长负责制。省长、自治区主席、市长、州长、县长、区长、乡长、镇长分别主持地方各级人民政府的工作。

县级以上的地方各级人民政府会议分为全体会议和常务会议。全体会议由本级人民政府全体成员组成。省、自治区、直辖市、自治州、设区的市的人民政府常务会议，分别由省长、副省长，自治区主席、副主席，市长、副市长，州长、副州长和秘书长组成。县、自治县、不设区的市、市辖区的人民政府常务会议，分别由县长、副县长，市长、副市长，区长、副区长组成。省长、自治区主席、市长、州长、县长、区长召集和主持本级人民政府全体会议和常务会议。政府工作中的重大问题，须经政府常务会议或者全体会议讨论决定。

五、地方各级人民政府所属工作部门

地方各级人民政府根据工作需要和精干的原则，设立必要的工作部门。这些工作部门可称作厅、局、委员会、办公室、科等。但乡级人民政府一般不设工作部门。

县级以上的地方各级人民政府设立审计机关，对本级人民政府和政府各部门的财政收支，对本区域内的财政金融机构和企业事业组织的财务收支，进行审计监督。地方各级审计机关依照法律规定独立行使审计监督权，对本级人民政府和上一级审计机关负责。

省、自治区、直辖市的人民政府的厅、局、委员会等工作部门的设立、增加、减少或者合并，由本级人民政府报请国务院批准。自治州、县、自治县、市、市辖区的人民政府的局、科等工作部门的设立、增加、减少或者合并，由本级人民政府报请上一级人民政府批准。

地方各级人民政府所属各工作部门受本级人民政府的统一领导，并受上级人民政府主管部门的领导或者业务指导。

六、地方各级人民政府的派出机关

省、自治区的人民政府在必要的时候，经国务院批准，可以设立若干派出机关，如20世纪70年代中期至80年代中期设立的“行政公署”。80年代中期和90年代末的行政体制改革后，全国普遍实行“市地合并”，行政公署就不多了。县、自治县的人民政府在必要的时候，经省、自治区、直辖市的人民政府批准，可以设立若干区公所，作为它的派出机关，代表县人民政府领导乡、镇人民政府。区公所在现实中多已不复存在。市辖区、不设区的市的人民政府，经上一级人民政府批准，可以设立若干街道办事处，作为它的派出机关，代表区人民政府、市人民政府分片管理若干街道的行政事务。

第三节　地方各级监察委员会

一、监察委员会的性质和地位

现行《宪法》第123条规定“中华人民共和国各级监察委员会是国家的监察机关”，这一规定明确了监察委员会的性质和地位，监察委员会是行使国家监察职能的专责机关，

与党的纪律检查委员会合署办公，实现党性和人民性的高度统一；监察委员会是实现党和国家自我监督的政治机关，不是行政机关、司法机关；监察委员会依法行使的监察权，不是行政监察、反贪反渎、预防腐败职能的简单叠加，而是在党直接领导下，代表党和国家对所有行使公权力的公职人员进行监察，调查职务违法和职务犯罪，开展廉政建设和反腐败工作的国家机关。

二、监察委员会的名称、组织系统和任务、人员组成以及任期任届

（一）名称

现行《宪法》第124条第1款规定："中华人民共和国设立国家监察委员会和地方各级监察委员会。"

国家一级监察委员会名称前冠以"国家"，体现由行政监察"小监察"变为国家监察"大监察"，表明了最高一级国家机构的地位；地方各级监察委员会名称采用行政区划＋"监察委员会"的表述方式。

（二）组织系统和任务

地方各级监察委员会和国家监察委员会依照法律规定独立行使监察权。地方各级监察委员会分为省级监察委员会、市级监察委员会、县级监察委员会；地方各级监察委员会由本级人民代表大会产生，负责本行政区域内的监察工作。

（三）人员组成

监察委员会由下列人员组成：主任，副主任若干人，委员若干人。

监察委员会主任由本级人民代表大会选举产生，副主任和委员由主任提请本级人民代表大会常务委员会任免。

各级监察委员会可以向本级中国共产党机关、国家机关、法律法规授权或者委托管理公共事务的组织和单位以及所管辖的行政区域、国有企业等派驻或者派出监察机构、监察专员。监察机构、监察专员对派驻或者派出它的监察委员会负责。

（四）任期任届

现行《宪法》第124条第3款规定："监察委员会主任每届任期同本级人民代表大会每届任期相同。国家监察委员会主任连续任职不得超过两届。"

三、监察委员会的职能职责权限和监察范围

（一）职能职责权限

（1）监察机关的职能是依照监察法对所有行使公权力的公职人员进行监察，调查职务违法和职务犯罪，开展廉政建设和反腐败工作，维护宪法和法律的尊严。

（2）监察机关的职责是依照监察法和有关法律规定履行监督、调查、处置职责。

（3）监察权限：一是监察机关在调查职务违法和职务犯罪时，可以采取谈话、讯问、询问、查询、冻结、调取、查封、扣押、搜查、勘验检查、鉴定等措施。二是被调查人涉嫌贪污贿赂、失职渎职等严重职务违法或者职务犯罪，监察机关已经掌握其部分违法犯罪事实及证据，仍有重要问题需要进一步调查，并有涉及案情重大、复杂，可能逃跑、自杀，可能串供或者伪造、隐匿、毁灭证据，可能有其他妨碍调查行为等情形之一的，经监

察机关依法审批，可以将其留置在特定场所；留置场所的设置和管理依照国家有关规定执行。三是监察机关需要采取技术调查、通缉、限制出境措施的，经过严格的批准手续，按照规定交有关机关执行。

（二）监察范围

依照《监察法》第 15 条的规定，监察机关对下列公职人员和有关人员进行监察：

（1）中国共产党的机关、人民代表大会及其常务委员会机关、人民政府、监察委员会、人民法院、人民检察院、中国人民政治协商会议各级委员会机关、民主党派机关和工商业联合会机关的公务员，以及参照《中华人民共和国公务员法》管理的人员；

（2）法律、法规授权或者受国家机关依法委托管理公共事务的组织中从事公务的人员；

（3）国有企业管理人员；

（4）公办的教育、科研、文化、医疗卫生、体育等单位中从事管理的人员；

（5）基层群众性自治组织中从事管理的人员；

（6）其他依法履行公职的人员。

四、监察委员会的领导体制和工作机制

现行《宪法》第 125 条规定：“中华人民共和国国家监察委员会是最高监察机关。国家监察委员会领导地方各级监察委员会的工作”。第 126 条规定：“国家监察委员会对全国人民代表大会和全国人民代表大会常务委员会负责。地方各级监察委员会对产生它的国家权力机关和上一级监察委员会负责。”

对上述规定应当统一、完整、准确理解和把握。一方面，为保证党对反腐败工作的集中统一领导，党的纪律检查机关同监察委员会合署办公，履行纪检、监察两项职责，在领导体制上与纪委的双重领导体制高度一致。监察委员会在行使权限时，重要事项需由同级党委批准；国家监察委员会领导地方各级监察委员会的工作，上级监察委员会领导下级监察委员会的工作，地方各级监察委员会要对上一级监察委员会负责。另一方面，监察委员会由本级人大产生，要对本级人大及其常委会负责。

五、监察委员会与审判机关、检察机关、执法部门的关系

现行《宪法》第 127 条规定：“监察委员会依照法律规定独立行使监察权，不受行政机关、社会团体和个人的干涉。监察机关办理职务违法和职务犯罪案件，应当与审判机关、检察机关、执法部门互相配合，互相制约。”

审判机关指的是各级人民法院；检察机关指的是各级人民检察院；执法部门包括公安机关、国家安全机关、审计机关、行政执法机关等。监察机关履行监督、调查、处置职责，行使调查权限，是依据法律授权，行政机关、社会团体和个人无权干涉。同时，监察机关在工作中需要协助的，有关机关和单位应当根据监察机关的要求依法予以协助。

监察委员会成立后，对涉嫌职务犯罪的行为，监察委员会调查终结后移送检察机关依法审查、提起公诉，由人民法院负责审判；对监察机关移送的案件，检察机关经审查后认

为需要补充核实的，应退回监察机关进行补充调查，必要时还可自行补充侦查。

参考资料

国家监察体制改革是建立中国特色监察体系的创制之举，2016 年 11 月，国家监察体制改革以北京市、山西省、浙江省为首批试点，为全国其他地区提供可复制可推广的经验。党的十九大对深化国家监察体制改革作出战略部署，提出将试点工作在全国推开，组建国家、省、市、县监察委员会。2017 年 10 月 23 日，中央办公厅印发《关于在全国各地推开国家监察体制改革试点方案》。随后，第十二届全国人大常委会第三十次会议通过在全国各地推开国家监察体制改革试点工作的决定，截至 2018 年 3 月，国家、省、市、县四级监察委员会全部组建完成。

第四节　居民委员会和村民委员会

基层群众性自治组织——居民委员会和村民委员会首见于 1982 年《宪法》。

依据我国《宪法》第 111 条的规定，城市和农村按居民居住地区设立的居民委员会或者村民委员会是基层群众性自治组织。这说明，居民委员会和村民委员会在性质上不是一级国家机关，也不是基层政权的派出机构，而是群众性的基层自治组织，是居民或村民自我管理、自我教育、自我服务的基层群众性自治组织。

设立城市居民委员会和农村村民委员会，有利于由城市居民或农村村民依法处理群众自己的事情，全面推进社会主义经济建设、政治建设、文化建设、社会建设、生态文明建设。

居民委员会、村民委员会同基层政权的相互关系由法律规定。按照《中华人民共和国城市居民委员会组织法》和《中华人民共和国村民委员会组织法》的规定，这种相互关系是基层政权指导、支持和帮助居民委员会和村民委员会的工作。不设区的市、市辖区的人民政府或者它的派出机关对居民委员会的工作给予指导、支持和帮助，居民委员会协助不设区的市、市辖区的人民政府或者它的派出机关开展工作；乡、民族乡、镇的人民政府对村民委员会的工作给予指导、支持和帮助，村民委员会协助乡、民族乡、镇的人民政府开展工作。

居民委员会和村民委员会的任务是：

（1）宣传宪法、法律、法规和国家的政策，维护居民和村民的合法权益，教育居民和村民履行法定义务，爱护公共财产，开展多种形式的社会主义精神文明建设活动。

（2）办理本居住地区居民和村民的公共事务和公益事业。

（3）调解民间纠纷，促进团结和家庭和睦。

（4）协助人民政府和公安机关维护社会治安和社会秩序。

（5）协助人民政府或它的派出机关做好公共卫生、计划生育、优抚救济、青少年教育等工作。

（6）作为人民政府联系群众的桥梁和纽带，向人民政府反映居民和村民的意见、要求和提出建议。

多民族居住地区的居民委员会和村民委员会，应当教育群众互相尊重、互相帮助，加强民族团结。

居民委员会根据居民居住状况，按照便于居民自治的原则，一般在 100 户至 700 户的范围内设立。它的设立、撤销、规模调整，由不设区的市、市辖区的人民政府决定。

村民委员会根据村民居住状况、人口多少，按照便于群众自治的原则设立。村民委员会一般设在自然村，几个自然村可以联合设立村民委员会，大的自然村可以设立几个村民委员会。村民委员会的设立、撤销、范围调整，由乡、民族乡、镇的人民政府提出，经村民会议讨论同意后，报县级人民政府批准。

居民委员会由主任、副主任和委员（5 至 9 人）组成，村民委员会由主任、副主任和委员（3 至 7 人）组成。

居民委员会主任、副主任和委员，由本居住地区全体有选举权的居民或者由每户派代表选举产生；根据居民意见，也可以由每个居民小组选举代表 2 至 3 人选举产生。村民委员会主任、副主任和委员，由村民直接选举产生。

居民委员会对居民会议负责并报告工作，村民委员会对村民会议负责并报告工作。居民委员会和村民委员会每届任期都是 5 年，其成员可以连选连任。居民委员会和村民委员会根据需要设立人民调解、治安保卫、公共卫生等委员会。居民委员会和村民委员会的成员可以兼任下属的委员会的成员。居民较少的居民委员会和人口少的村的村民委员会可以不设下属的委员会。

【本章小结】

1. 地方国家机构是国家机构的重要组成部分，它包括一般地方的国家机关、民族区域自治地方的国家机关和特别行政区的国家机关。本章叙述的主要是一般地方的国家机关。

2. 地方国家机构由地方各级人民代表大会及县级以上地方各级人民代表大会常务委员会、地方各级人民政府、地方各级监察委员会、地方各级人民法院和地方各级人民检察院构成。我国宪法和法律明确规定了它们的性质、地位、组成、任期、职责及工作方式等内容。

3. 居民委员会和村民委员会分别是城市居民和农村村民自我管理、自我教育、自我服务的基层群众性自治组织。宪法和有关法律明确规定了村民委员会和居民委员会的性质、组成、任务、工作原则及方式等内容。

【练习题】

一、名词解释

监察委员会　居民委员会　村民委员会

二、思考题

1. 地方各级人民代表大会及县级以上地方各级人民代表大会常务委员会有哪些职权？
2. 地方各级人民政府的性质和组成是怎样的？
3. 地方各级监察机关的监察权限有哪些？

4. 简述监察委员会与审判机关、检察机关、执法部门的关系。

5. 居民委员会和村民委员会的性质、组成和任期是怎样的？

三、讨论题

2023 年 9 月 27 日《黄山日报》报道，9 月 26 日上午，市八届人大三次会议圆满完成各项议程，在市委市政府会堂胜利闭幕。

会议以无记名投票的方式选举黄山市人民政府市长。何毅全票当选为黄山市人民政府市长。

黄山市人民政府现有市长 1 人、副市长 6 人、秘书长 1 人。

讨论：

（1）设立国家机关的根据及宗旨是什么？它有什么特点？

（2）该市市政府成员组成人数符合现行宪法的什么原则？

讨论要点提示：

（1）在我国，国家机关是为实现国家权力和职能而设立的，其宗旨是全心全意为人民服务，因而它应该是精简、高效和充满活力的。

（2）该市市政府成员组成人数符合我国《宪法》第 27 条规定“一切国家机关实行精简的原则”，有利于“不断提高工作质量和工作效率”。

在线练习

第八章　人民法院与人民检察院

【本章引言】

人民法院与人民检察院是国家的审判机关与法律监督机关。人民法院与人民检察院的相关制度构成了我国司法制度的重要内容。司法制度是政治制度的重要组成部分，司法公正是社会公正的重要保障，审判机关与法律监督机关应当努力让人民群众在每一个司法案件中感受到公平正义。司法体制和工作机制改革最终是以宪法为基础，实现宪法对司法制度所提出的价值要求。

【本章学习目标】

通过本章的学习，你应该能够：

1. 了解人民法院与人民检察院的性质、任务、设置。
2. 理解人民法院与人民检察院在领导体制、职权行使上的差别。
3. 把握人民法院、人民检察院与公安机关的相互关系。

第一节　人民法院

一、人民法院的性质和任务

我国现行《宪法》第128条规定："中华人民共和国人民法院是国家的审判机关。"人民法院是国家的审判机关，依法行使审判权和法律规定的其他职权。

人民法院的任务是通过审判刑事案件、民事案件、行政案件以及法律规定的其他案件，惩罚犯罪，保障无罪的人不受刑事追究，解决民事、行政纠纷，保护个人和组织的合法权益，监督行政机关依法行使职权，维护国家安全和社会秩序，维护社会公平正义，维护国家法制统一、尊严和权威，保障中国特色社会主义建设的顺利进行。

参考资料

《2023年全国法院司法统计公报》显示，2023年，全国审理一审、二审、再审、执行等各类案件收案 33 575 560 件，结案 33 269 903 件。受理各类案件一审刑事案件 1 229 811 件，审结 1 243 255 件；受理一审民事案件 17 530 542 件，审结 17 477 181 件；受理一审行政案件 298 711 件，审结 295 965 件。

二、人民法院的设置和职权

（一）人民法院的组织系统

人民法院分为最高人民法院、地方各级人民法院和专门人民法院。

最高人民法院是国家的最高审判机关，全国只有一所，设在北京。最高人民法院设刑事审判庭、民事审判庭、行政审判庭、环境资源审判庭、审判监督庭等审判庭。为依法及时公正审理跨行政区域重大行政和民商事等案件，推动审判工作重心下移、就地解决纠纷、方便当事人诉讼，根据全国人大常委会的授权，最高人民法院先后设立了六个巡回法庭，分别是 2015 年在深圳设立第一巡回法庭、在沈阳设立第二巡回法庭，2016 年在南京设立第三巡回法庭、在郑州设立第四巡回法庭、在重庆设立第五巡回法庭、在西安设立第六巡回法庭。巡回法庭的判决和裁定即最高人民法院的判决和裁定。为进一步统一知识产权案件裁判标准，依法平等保护各类市场主体合法权益，加大知识产权司法保护力度，优化科技创新法治环境，加快实施创新驱动发展战略，经党中央批准，根据全国人大常委会《关于专利等知识产权案件诉讼程序若干问题的决定》，最高人民法院设立知识产权法庭并于 2019 年 1 月 1 日挂牌办公，作为最高人民法院派出的常设审判机构，设在北京市，主要审理全国范围内的专利等技术类知识产权上诉案件和垄断上诉案件。

地方各级人民法院包括高级人民法院、中级人民法院、基层人民法院。高级人民法院包括省高级人民法院、自治区高级人民法院和直辖市高级人民法院。中级人民法院包括省、自治区辖市的中级人民法院，在直辖市内设立的中级人民法院，自治州中级人民法院，在省、自治区内按地区设立的中级人民法院。基层人民法院包括县、自治县人民法院，不设区的市人民法院，市辖区人民法院。

专门人民法院包括军事法院、海事法院、知识产权法院、金融法院等。

（二）人民法院的职权

1. 基层人民法院

基层人民法院的职权是审理第一审案件，法律另有规定的除外。除审判第一审案件外，还可以对人民调解委员会的调解工作进行业务指导。

基层人民法院为管辖和方便当地居民诉讼，根据地区、人口和案件情况可以设立若干人民法庭。人民法庭是基层人民法院的组成部分，它的判决和裁定就是基层人民法院的判决和裁定。

2. 中级人民法院

中级人民法院审判的案件包括法律规定由它管辖的第一审案件，基层人民法院报请审理的第一审案件，上级人民法院指定管辖的第一审案件，对基层人民法院判决和裁定的上诉和抗诉案件，按照审判监督程序提出的再审案件。

3. 高级人民法院

高级人民法院审判的案件包括法律规定由其管辖的第一审案件，下级人民法院报请审理的第一审案件，对中级人民法院判决和裁定的上诉和抗诉案件，按照审判监督程序提出的再审案件，中级人民法院报请复核的死刑案件。

4. 最高人民法院

最高人民法院监督地方各级人民法院和专门人民法院的审判工作，对全国人大及其常委会负责。它审判的案件包括法律规定由它管辖的第一审案件，对高级人民法院判决和裁定不服的上诉和抗诉案件，按照全国人大常委会的规定提起的上诉、抗诉案件，按照审判监督程序提出的再审案件，高级人民法院报请复核的死刑案件。最高人民法院可以向全国人大及其常委会提出议案，向全国人大常委会提出法律解释要求，向全国人大常委会提出对行政法规、地方性法规、自治条例和单行条例进行审查的要求，对属于审判工作中具体适用法律的问题进行解释，发布指导性案例，指定下级人民法院对案件进行管辖，以及法律规定的其他职权。

（三）人民法院的领导体制

根据现行《宪法》和《人民法院组织法》的规定，最高人民法院对全国人大和全国人大常委会负责并报告工作。地方各级人民法院对本级人大及其常委会负责并报告工作。

最高人民法院是国家的最高审判机关。最高人民法院监督地方各级人民法院和专门人民法院的审判工作，上级人民法院监督下级人民法院的审判工作。下级人民法院的审判工作受上级人民法院监督。上下级人民法院之间的关系是审判监督关系，而非领导关系。这种监督主要是通过案件的审理进行，即上级法院可以在一定情况下提审下级人民法院的案件，可以再审，或者在上诉案件中纠正下级人民法院的判决，而不是通过指示或命令进行监督。这种监督关系，符合审判权自身的特点，有助于保障各级人民法院在法律上的独立性。

三、人民法院的人员与审判组织

（一）人民法院的组成人员与其他人员

人民法院的审判人员由院长、副院长、审判委员会委员和审判员等人员组成。各级人民法院院长任期与产生它的人大每届任期相同。《宪法》第 129 条第 2 款规定："最高人民法院院长每届任期同全国人民代表大会每届任期相同，连续任职不得超过两届。"

各级人民法院一般内设刑事审判庭、民事审判庭和行政审判庭，审判庭设庭长、副庭长。

最高人民法院院长由全国人大选举和罢免，副院长、审判委员会委员、庭长、副庭长和审判员以及巡回法庭庭长、副庭长由最高人民法院院长提请全国人大常委会任免。地方各级人民法院院长由地方各级人大选举和罢免，副院长、审判委员会委员、庭长、副庭长和审判员由本院院长提请本级人大常委会任免。在省、自治区内按地区设立的和在直辖市内设立的中级人民法院院长，由省、自治区、直辖市人大常委会根据主任会议的提名决定任免，副院长、审判委员会委员、庭长、副庭长和审判员由高级人民法院院长提请省、自治区、直辖市的人大常委会任免。

根据现行《法官法》的规定，担任法官必须具备下列条件：（1）具有中华人民共和国国籍。（2）拥护中华人民共和国宪法，拥护中国共产党领导和社会主义制度。（3）具有良好的政治、业务素质和道德品行。（4）具有正常履行职责的身体条件。（5）具备普通高等学校法学类本科学历并获得学士及以上学位；或者普通高等学校非法学类本科及以上学历并获得法律硕士、法学硕士及以上学位；或者普通高等学校非法学类本科及以上学历，获得其他相应学位，并具有法律专业知识。（6）从事法律工作满五年。其中获得法律硕士、法学硕士学位，或者获得法学博士学位的，从事法律工作的年限可以分别放宽至四年、三年。（7）初任法官应当通过国家统一法律职业资格考试取得法律职业资格。对于学历条件确有困难的地方，经最高人民法院审核确定，在一定期限内，可以将担任法官的学历条件放宽为高等学校本科毕业。

因犯罪受过刑事处罚的，被开除公职的，被吊销律师、公证员执业证书或者被仲裁委员会除名的，有法律规定的其他情形的，不得担任法官。

人民法院的法官、审判辅助人员和司法行政人员实行分类管理。法官实行员额制。法官员额根据案件数量、经济社会发展情况、人口数量和人民法院审级等因素确定。

初任法官采用考试、考核的办法，按照德才兼备的标准，从具备法官条件的人员中择优提出人选。人民法院可以根据审判工作需要，从律师或者法学教学、研究人员等从事法律职业的人员中公开选拔法官。省、自治区、直辖市设立法官遴选委员会，负责初任法官人选专业能力的审核。上级人民法院的法官一般从下级人民法院的法官中择优遴选。

人民法院的院长应当具有法学专业知识和法律职业经历。副院长、审判委员会委员应当从法官、检察官或者其他具备法官条件的人员中产生。

人民法院的法官助理在法官指导下负责审查案件材料、草拟法律文书等审判辅助事务。符合法官任职条件的法官助理，经遴选后可以按照法官任免程序任命为法官。

人民法院的书记员办理法庭审理记录等审判辅助事务。

人民法院的司法警察办理法庭警戒、人员押解和看管等警务保障事项。司法警察依照《人民警察法》管理。

人民法院根据需要可以设司法技术人员，办理诉讼活动中的技术性事项。

（二）人民法院的审判组织

人民法院审理案件，根据需要可以组成合议庭审判，也可以由法官一人独任审判。合议庭和独任庭审判的案件适用范围由法律规定。合议庭由法官组成，或者由法官和人民陪审员组成，成员应当是三人以上单数。合议制原则是民主集中制的集体领导原则在司法审判活动中的体现。

《国家赔偿法》第29条规定：中级以上的人民法院设立赔偿委员会，由人民法院三名以上审判员组成，组成人员的人数应当为单数。赔偿委员会作出的赔偿决定，是发生法律效力的决定，必须执行。

各级人民法院设立审判委员会，实行民主集中制。审判委员会的任务是总结审判工作经验，讨论决定重大、疑难、复杂案件的法律适用，讨论决定本院已经发生法律效力的判决、裁定、调解书是否应当再审，讨论决定其他有关审判工作的重大问题。审判委员会召开全体会议和专业委员会会议，应当有其组成人员的过半数出席。本级人民检察院检察长或者检察长委托的副检察长可以列席。

四、人民法院的审判制度和审判工作原则

（一）人民法院的审判制度

1. 审级制度

我国人民法院审判案件，实行四级两审终审制。除最高人民法院审理一审案件的判决

和裁定为终审判决和裁定外，地方各级人民法院按照第一审程序对案件所作出的判决和裁定，当事人和人民检察院都可以向上级人民法院提起上诉或抗诉。上一级人民法院按照第二审程序审理后作出的判决和裁定除应由最高人民法院核准的死刑案件外，都是终审的判决和裁定，不得上诉。如果地方各级人民法院按照第一审程序对案件所作出的判决和裁定，当事人在上诉期内不上诉的，人民检察院不抗诉的，第一审的判决和裁定就是终审的判决和裁定。

2. 审判监督制度

为了保证案件的正确处理，纠正错案，我国还规定了对已发生法律效力的错误判决和裁定的审判监督程序。根据现行宪法和法律的规定，审判监督可以分为人民法院的审判监督、人民检察院的审判监督及当事人的申诉。

（1）人民法院的审判监督。各级人民法院院长对本院已经发生法律效力的判决和裁定，如果发现在认定事实和适用法律上确有错误，必须提交审判委员会处理；最高人民法院对各级人民法院、上级人民法院对下级人民法院已发生法律效力的判决和裁定，如发现确有错误，有权提审或指定下级人民法院再审。

（2）人民检察院的审判监督。最高人民检察院对各级人民法院、上级人民检察院对下级人民法院已发生法律效力的判决和裁定，如发现确有错误，有权依照审判监督程序提出抗诉。

（3）当事人的申诉。当事人如果不服人民法院已经发生法律效力的判决和裁定，有权向人民法院提出申诉，请求重新审理案件。各级人民法院对当事人的申诉，应当认真负责处理。

当然，对于审判监督制度应当有所限制。审判监督制度追求的是审判的公正性，希望能确保判决的正确无误，但它也伤害了判决的既判力，损害了法的安定性，使得终审判决可能永远都不能成为“终审”。故而，审判监督制度应当在审判的公正性与法的安定性之间寻求合理的调适。

3. 陪审制度

1954 年《宪法》第 75 条规定，人民法院审判案件依照法律实行人民陪审员制度。这一规定体现了我国司法制度的民主性，扩大了人民群众参与司法的途径，提高了人民群众的法律意识，为建立我国的人民陪审员制度提供了宪法依据。为了保障公民依法参加审判活动，促进司法公正，提升司法公信，2018 年 4 月 27 日第十三届全国人大常务委员会第二次会议通过了《人民陪审员法》。2019 年，最高人民法院制定了《关于适用〈中华人民共和国人民陪审员法〉若干问题的解释》（法释〔2019〕5 号），依法保障和规范人民陪审员参加审判活动。

人民陪审员应当具备以下条件：（1）拥护中华人民共和国宪法；（2）年满 28 周岁；（3）遵纪守法、品行良好，公道正派；（4）具有正常履行职责的身体条件。担任人民陪审员，一般应当具有高中以上文化程度。符合担任人民陪审员条件的公民可以由其所在单位或者户籍所在地的基层组织向基层人民法院推荐，或者本人提出申请，由基层人民法院会同同级人民政府司法行政机关进行审查，并由基层人民法院院长提出人民陪审员人选，提请同级人大常委会任命。但是，人大常委会的组成人员，监察委员会、人民法院、人民检察院、公安机关、国家安全机关、司法行政机关的工作人员，律师、公证员、仲裁员、基层法律服务工作者以及其他因职务原因不适宜担任人民陪审员的人员，不能担任人民陪审员。受过刑事处罚的，被开除公职的，被吊销律师、公证员执业证书的，被纳入失信被执行人名单的，因受惩戒被免除人民陪审员职务的，其他有严重违法违纪行为，可能影响司法公信的，不得担任人民陪审员。人民陪审员的任期为五年，一般不得连任。

人民陪审员依法参加人民法院的审判活动，除法律另有规定外，同法官有同等权利。由法官担任审判长，审判长应当履行与案件审判相关的指引、提示义务，但不得妨碍人民陪审员对案件的独立判断。合议庭评议案件，审判长应当对本案中涉及的事实认定、证据规则、法律规定等事项及应当注意的问题，向人民陪审员进行必要的解释和说明。人民陪审员参加三人合议庭审判案件，对事实认定、法律适用，独立发表意见，行使表决权。人民陪审员参加七人合议庭审判案件，对事实认定，独立发表意见，并与法官共同表决；对法律适用，可以发表意见，但不参加表决。合议庭评议案件，实行少数服从多数的原则。人民陪审员同合议庭其他组成人员意见分歧的，应当将其意见写入笔录。合议庭组成人员意见有重大分歧的，人民陪审员或者法官可以要求合议庭将案件提请院长决定是否提交审判委员会讨论决定。

人民陪审员的人身和住所安全受法律保护。人民陪审员参加审判活动期间，所在单位不得克扣或者变相克扣其工资、奖金及其他福利待遇。人民陪审员参加审判活动期间，由人民法院依照有关规定按实际工作日给予补助。人民陪审员因参加审判活动而支出的交通、就餐等费用，由人民法院依照有关规定给予补助。

4. 回避制度

回避制度是一项为了保证诉讼活动的正常进行，从而使案件得到客观公正处理的司法制度。其具体内容是：根据法律的规定，当事人如果认为审判人员因与本案有利害关系或者其他关系不能公平审判时，有权请求审判人员回避，审判人员是否应当回避，由本院院长决定；审判人员如果认为自己与本案有利害关系或其他关系，需要回避时，可以报告本院院长决定；院长的回避由审判委员会决定。

（二）人民法院审判工作的基本原则

1. 依法独立审判原则

我国《宪法》第 131 条和《人民法院组织法》第 4 条都规定：“人民法院依照法律规定独立行使审判权，不受行政机关、社会团体和个人的干涉。”人民法院依法独立行使审判权是人民法院审判公正性的重要保证。其基本含义包括：一是人民法院只能依照法律来审理案件，除此之外，不服从任何行政机关、社会团体和个人有关处理具体案件的指示和命令；二是任何行政机关、社会团体和个人不得参与人民法院审理案件的活动；三是我国独立行使审判权的主体是人民法院。

为了保证人民法院依照法律规定独立行使审判权，《法官法》第 22 条还规定：“法官不得兼任人民代表大会常务委员会的组成人员，不得兼任行政机关、监察机关、检察机关的职务，不得兼任企业或者其他营利性组织、事业单位的职务，不得兼任律师、仲裁员和公证员。”人民法院设立法官权益保障委员会，维护法官合法权益，保障法官依法履行职责。《人民法院组织法》还规定，任何单位或者个人不得要求法官从事超出法定职责范围的事务。干预司法活动、插手具体案件处理或过问案件情况的，办案人员应当全面如实记录并报告。有违法违纪情形的，由有关机关根据情节轻重追究行为人的责任。

当然，人民法院依照法律规定独立行使审判权，不受行政机关、社会团体和个人的干涉，并不意味着人民法院行使审判权可以不受任何监督。人民法院依法行使审判权的独立性只是相对的，因为：第一，人民法院必须服从党的领导。党从政治思想、路线、方针和政策上对人民法院进行领导，但党对人民法院的领导并不等于党委可以直接参与具体案件的审判，而主要是监督人民法院严格依法办事。第二，人民法院要对本级人大及其常委会负责并报告工作，受本级人大及其常委会监督。第三，上级人民法院监督下级人民法院的工作。第四，人民检察院作为国家法律监督机关，有权监督人民法院的审判工作。

2. 公平公正公开审判原则

《人民法院组织法》第5条规定："人民法院审判案件在适用法律上一律平等，不允许任何组织和个人有超越法律的特权，禁止任何形式的歧视。"公民在适用法律上一律平等的原则，是我国宪法的平等原则在人民法院审判工作中的具体体现。这一原则也体现了宪法规定的公民平等权的要求。

《人民法院组织法》第6条规定："人民法院坚持司法公正，以事实为根据，以法律为准绳，遵守法定程序，依法保护个人和组织的诉讼权利和其他合法权益，尊重和保障人权。"在程序上，我国《宪法》第130条特别规定："被告人有权获得辩护。"这主要是针对刑事诉讼中被告人被提起公诉而规定的。《刑事诉讼法》第11条规定："被告人有权获得辩护，人民法院有义务保证被告人获得辩护。"

我国《宪法》第130条规定："人民法院审理案件，除法律规定的特别情况外，一律公开进行。"《人民法院组织法》第7条规定："人民法院实行司法公开，法律另有规定的除外。"一般有关国家秘密或者个人隐私的案件，不公开审理；涉及商业秘密的案件，当事人申请不公开审理的，可以不公开审理。公开审判是原则，不公开审判是例外。公开审判有利于人民监督法院的审判工作，同时也有利于提高群众的法律意识，增强他们遵纪守法的观念，起到普及和宣传法律的作用。

3. 司法责任原则

《人民法院组织法》第8条规定："人民法院实行司法责任制，建立健全权责统一的司法权力运行机制。"根据"谁办案谁负责"的要求，合议庭审理案件，法官对案件的事实认定和法律适用负责；法官独任审理案件，独任法官对案件的事实认定和法律适用负责。

第二节　人民检察院

一、人民检察院的性质和任务

根据现行《宪法》第134条和《人民检察院组织法》的规定，中华人民共和国人民检察院是国家的法律监督机关。法律监督是国家为了统一实施法律而实行的一种专门监督。这种保障宪法和法律统一实施的权力，就是通常所说的检察权。检察机关对国家法律的监督不同于其他国家机关的监督。检察机关的监督包括三个方面：一是对公安机关（国家安全机关）的侦查活动、人民法院的审判活动是否合法，对刑事判决、裁定的执行和监狱、看守所及劳动改造机关的活动是否合法，实行监督；二是对国家机关、国家机关工作人员是否遵守法律实行监督；三是对公民是否遵守法律实行监督。

根据《人民检察院组织法》的规定，人民检察院的基本任务是：通过行使检察权，追诉犯罪，维护国家安全和社会秩序，维护个人和组织的合法权益，维护国家利益和社会公共利益，保障法律正确实施，维护社会公平正义，维护国家法制统一、尊严和权威，保障中国特色社会主义建设的顺利进行。

参考资料

根据2023年最高人民检察院工作报告，2018年至2022年，全国检察机关共办理各类案件1 733.6万件，比前五年上升40%；其中，2022年受理审查逮捕83.7万人，受理审查起诉209.2万人，比2018年分别下降38.6%、上升2.8%；办理民事案件31.6万件、行政案件7.8万件、公益诉讼案件19.5万件，比2018年分别上升1.5倍、3.3倍和72.6%。最高人民检察院制定司法解释和司法解释性质文件170件，制发指导性案例136件，比前五年分别上升78.9%和3.5倍。

二、人民检察院的组织系统和领导体制

（一）组织系统

根据我国《人民检察院组织法》的规定，中华人民共和国设立最高人民检察院、地方各级人民检察院和专门人民检察院。

最高人民检察院是国家最高检察机关。

地方各级人民检察院包括：（1）省级人民检察院，包括省、自治区、直辖市人民检察院；（2）设区的市级人民检察院，包括省、自治区辖市人民检察院，自治州人民检察院，省、自治区、直辖市人民检察院分院；（3）基层人民检察院，包括县、自治县、不设区的市、市辖区人民检察院。专门人民检察院包括军事检察院等。

省级人民检察院和设区的市级人民检察院根据检察工作需要，经最高人民检察院和省级有关部门同意，并提请本级人大常委会批准，可以在辖区内特定区域设立人民检察院，作为派出机构。经上一级人民检察院和有关部门的批准，人民检察院可以在监狱、看守所等场所设立检察室，行使派出它的人民检察院的部分职权，也可以对上述场所进行巡回检察。

（二）领导体制

根据现行《宪法》和《人民检察院组织法》的规定，最高人民检察院领导地方各级人民检察院和专门人民检察院的工作，上级人民检察院领导下级人民检察院的工作。最高人民检察院对全国人大和全国人大常委会负责。地方各级人民检察院对产生它的国家权力机关和上级人民检察院负责。各级人民检察院的这种领导体制有利于保障检察机关高效、迅速地排除干扰，统一行使检察权。

人民检察院的内部领导关系是：检察长领导本院检察工作，管理本院行政事务。副检察长协助检察长工作。

三、人民检察院的人员与办案组织

（一）组成人员和其他人员

人民检察院由检察长一人、副检察长、检察委员会委员和检察员等人员组成。人民检

察院检察长任期与产生它的人大每届任期相同。《宪法》第 135 条第 2 款规定："最高人民检察院检察长每届任期同全国人民代表大会每届任期相同，连续任职不得超过两届。"

最高人民检察院检察长由全国人大选举和罢免。最高人民检察院副检察长、检察委员会委员、检察员和军事检察院检察长由最高人民检察院检察长提请全国人大常委会任免。地方各级人民检察院检察长由本级人大选举和罢免，副检察长、检察委员会委员和检察员由检察长提请本级人大常委会任免。地方各级人民检察院检察长的任免，须报上一级人民检察院检察长提请本级人大常委会批准。省、自治区、直辖市人民检察院分院检察长、副检察长、检察委员会委员和检察员，由省、自治区、直辖市人民检察院检察长提请本级人大常委会任免。

检察官实行员额制。检察官员额根据案件数量、经济社会发展情况、人口数量和人民检察院层级等因素确定。

根据现行《检察官法》的规定，担任检察官必须具备下列条件：(1) 具有中华人民共和国国籍。(2) 拥护中华人民共和国宪法，拥护中国共产党领导和社会主义制度。(3) 具有良好的政治、业务素质和道德品行。(4) 具有正常履行职责的身体条件。(5) 具备普通高等学校法学类本科学历并获得学士及以上学位；或者普通高等学校非法学类本科及以上学历并获得法律硕士、法学硕士及以上学位；或者普通高等学校非法学类本科及以上学历，获得其他相应学位，并具有法律专业知识。(6) 从事法律工作满五年。其中获得法律硕士、法学硕士学位，或者获得法学博士学位的，从事法律工作的年限可以分别放宽至四年、三年。(7) 初任检察官应当通过国家统一法律职业资格考试取得法律职业资格。学历条件确有困难的地方，经最高人民检察院审核确定，在一定期限内，可以将担任检察官的学历条件放宽为高等学校本科毕业。因犯罪受过刑事处罚的，被开除公职的，被吊销律师、公证员执业证书或者被仲裁委员会除名的，有法律规定的其他情形的，不得担任检察官。初任检察官采用严格考核的办法，按照德才兼备的标准，从具备检察官条件的人员中择优提出人选。初任检察官应当由检察官遴选委员会进行专业能力审核。上级人民检察院的检察官一般从下级人民检察院的检察官中择优遴选。

检察长应当具有法学专业知识和法律职业经历。副检察长、检察委员会委员应当从检察官、法官或者其他具备检察官、法官条件的人员中产生。

人民检察院的检察官助理在检察官指导下负责审查案件材料、草拟法律文书等检察辅助事务。符合检察官任职条件的检察官助理，经遴选后可以按照检察官任免程序任命为检察官。

人民检察院的书记员办理案件记录等检察辅助事务。

人民检察院的司法警察办理办案场所警戒、人员押解和看管等警务保障事项。司法警察依照《人民警察法》管理。

人民检察院根据需要可以设检察技术人员，办理与检察工作有关的事项。

（二）办案组织

人民检察院办理案件，根据需要，可以由两名以上检察官组成办案组办理，也可以由一名检察官独任办理。检察官办案组设主任检察官一名，负责组织、指挥办案组办理案件。

检察官在检察长领导下开展工作，重大办案事项由检察长决定。检察官在职权范围内对案件处理作出决定，并承担相应责任。检察长可以将部分职权委托检察官行使，可以授权检察官签发法律文书。

为了保证集体领导，在各级人民检察院设立检察委员会，在检察长主持下，按照民主集中制原则，总结检察工作经验，讨论决定重大、疑难、复杂案件，讨论决定其他有关检察工作的重大问题。最高人民检察院对属于检察工作中具体应用法律的问题进行解释、发布指导性案例，应当由检察委员会讨论通过。检察官可以就重大案件和其他重大问题，提请检察长决定。检察长可以根据案件情况，提交检察委员会讨论决定。地方各级人民检察院的检察长不同意本院检察委员会多数人的意见，属于办理案件的，可以报请上一级人民检察院决定；属于重大事项的，可以报请上一级人民检察院或者本级人大常委会决定。

四、人民检察院的职权与行使原则

（一）人民检察院的职权

1. 法纪监督

（1）人民检察院对于叛国案、分裂国家案以及严重破坏国家的政策、法律、政令统一实施的重大犯罪案件，行使检察权。这也称特种法纪监督。

（2）人民检察院对于直接受理的刑事案件（如侵犯公民的人身权利、民主权利的案件，以及认为需要由自己直接受理的其他案件）进行侦查。这也叫作普通法纪监督。

2. 侦查监督

侦查监督是指人民检察院对于公安机关侦查的案件进行审查，批准或者决定是否逮捕犯罪嫌疑人；对于公安机关的侦查活动是否合法，实行监督。如发现公安机关的侦查活动有违法情况时，应当通知公安机关予以纠正。

3. 提起公诉和审判监督

人民检察院向人民法院提起公诉，法院开庭审理时，检察官必须出庭支持公诉。在诉讼过程中，人民检察院向法院提交有关证据，该过程中人民检察院的身份是国家公诉人。审判监督是指人民检察院对人民法院的全部审判活动是否合法，对人民法院的判决和裁定是否正确，实行监督。

2017 年 6 月 27 日，全国人大常委会修改《民事诉讼法》和《行政诉讼法》，正式确立了检察机关提起公益诉讼制度。第一，人民检察院在履行职责中发现破坏生态环境和资源保护、食品药品安全领域侵害众多消费者合法权益等损害社会公共利益的行为，在没有相关机关和组织或者相关机关和组织不提起诉讼的情况下，可以向人民法院提起诉讼。相关机关或者组织提起诉讼的，人民检察院可以支持起诉。第二，人民检察院在履行职责中发现生态环境和资源保护、食品药品安全、国有财产保护、国有土地使用权出让等领域负有监督管理职责的行政机关违法行使职权或者不作为，致使国家利益或者社会公共利益受到侵害的，应当向行政机关提出检察建议，督促其依法履行职责。行政机关不依法履行职责的，人民检察院依法向人民法院提起诉讼。

4. 监所监督

监所监督是指人民检察院对于刑事案件的判决、裁定的执行和监狱、看守所的执法活动是否合法，实行监督。如有违法情况时，应当通知主管机关纠正。

人民检察院行使的上述职权，构成了国家检察权的全部内容。按法律监督的分类，除法纪监督外，侦查监督、审判监督和监所监督又叫作司法监督。

（二）人民检察院职权的行使原则

1. 依法独立检察原则

我国《宪法》第 136 条和《人民检察院组织法》第 4 条都规定：“人民检察院依照法律规定独立行使检察权，不受行政机关、社会团体和个人的干涉。”人民检察院依法独立行使检察权是人民检察院法律监督的重要保证。

为了保证人民检察院依照法律规定独立行使检察权，《检察官法》第 23 条还规定：“检察官不得兼任人民代表大会常务委员会的组成人员，不得兼任行政机关、监察机关、审判机关的职务，不得兼任企业或者其他营利性组织、事业单位的职务，不得兼任律师、仲裁员和公证员。”人民检察院设立检察官权益保障委员会，维护检察官合法权益，保障检察官依法履行职责。任何单位或者个人不得要求检察官从事超出法定职责范围的事务。对任何干涉检察官办理案件的行为，检察官有权拒绝并予以全面如实记录和报告；有违纪违法情形的，由有关机关根据情节轻重追究有关责任人员、行为人的责任。

当然，人民检察院依照法律规定独立行使检察权，不受行政机关、社会团体和个人的干涉，并不意味着人民检察院行使检察权可以不受任何机关的监督。人民检察院依法行使检察权的独立性只是相对的，人民检察院必须服从党的领导，要对本级人大及其常务委员会负责并报告工作，受本级人大及其常委会监督，还要受上级人民检察院的领导。

2. 公平公正公开原则

我国《人民检察院组织法》第 5 条规定：“人民检察院行使检察权在适用法律上一律平等，不允许任何组织和个人有超越法律的特权，禁止任何形式的歧视。”这是我国宪法的平等原则在人民检察院法律监督工作中的具体体现。

《人民检察院组织法》第 6 条规定：“人民检察院坚持司法公正，以事实为根据，以法律为准绳，遵守法定程序，尊重和保障人权。”

《人民检察院组织法》第 7 条规定：“人民检察院实行司法公开，法律另有规定的除外。”人民检察院应当坚持司法公开，应当接受人民群众监督，保障人民群众对人民检察院工作依法享有知情权、参与权和监督权。

3. 司法责任制原则

《人民检察院组织法》第 8 条规定：“人民检察院实行司法责任制，建立健全权责统一的司法权力运行机制。”根据司法责任制有关“谁决定谁负责”的要求，检察官对其职权范围内就案件作出的决定负责；检察长、检察委员会对案件作出决定的，承担相应责任。

五、人民法院、人民检察院和公安机关的相互关系

我国《宪法》第 140 条规定：“人民法院、人民检察院和公安机关办理刑事案件，应当分工负责，互相配合，互相制约，以保证准确有效地执行法律。”分工负责、互相配合、互相制约的宪法原则体现了我国国家权力特别是公检法三机关之间关系的本质要求，应该成为协调检法关系的宪法原则。具体来说，可以从下面三个方面来加以理解：

第一，分工负责是前提，以保障各自权力的独立性。只有各自职责明确，才能够在相对独立的环境中发挥各自的功能，而不是以一个机关取代另一个机关，不得越位缺位，不得越俎代庖。检察院和法院的性质和地位都是由宪法所规定的，也是由宪法所保障的。否

定检察院的宪法地位是不符合现行宪法体制的，但检察院也不能以履行法律监督职责为名来侵犯法院的审判权，换言之，法律监督是有限度的，它要以尊重法院的宪法地位为前提，而不能影响法院的独立性。

第二，互相配合是基础，以保障国家权力的有效性。只有相互配合而不是互设障碍、故意刁难，才能实现国家权力运转的有效性，才能实现检察院的法律监督职责。这种相互配合不是“公检法三家流水作业”，而是主要体现在程序的衔接上。

第三，相互制约是核心，以保障法律适用的公正性。为了防止权力的滥用，为了确保审判权和检察权的公正行使，这种监督制约是必不可少的。这种制约是“互相”制约，也就是说是双向制约而不是单向制约。公检法之间相互制约是核心问题，没有这种制约，所谓的分工负责就失去了意义，相互配合也会严重变质，法律适用的公正性亦将无从保障。当然，制约本身不是目的，而在于通过检察权与审判权之间的相互制约来保障法律适用的公正性。解决权力冲突的关键在于正确理解宪法精神，始终把公民权利保障的价值放在首位。强调相互制约有助于体现权力监督的宪法精神，建立以制约为核心的三机关的关系。

分工负责、互相配合、互相制约的宪法原则是一个完整体系，而不能孤立地理解。这一原则强调了法院和检察院各自的宪法地位，强调了各自的独立性，强调了法律监督权与审判权之间的合理协调和平衡。既不是强调法律监督权而否定审判权的独立性，也不是强调审判权而否定法律监督权的实效性，力求在两者之间寻求一个合理平衡，努力保持两种权力的属性而又不失有效性。

【本章小结】

1. 人民法院是国家的审判机关，依照法律规定独立行使审判权。国家设立最高人民法院、高级人民法院、中级人民法院和基层人民法院，以及专门人民法院。上级人民法院监督下级人民法院。国家实行四级两审制。人民法院的审判人员由院长、副院长、审判委员会委员和审判员等人员组成，由合议庭或独任制法官依照法律规定审理案件。

2. 人民检察院是国家的法律监督机关，依照法律规定独立行使检察权。国家设立最高人民检察院、地方各级人民检察院和专门人民检察院。上级检察机关领导下级检察机关。人民检察院由检察长、副检察长、检察委员会委员和检察员组成，由办案组或检察官一人办理案件。

3. 人民法院、人民检察院和公安机关办理刑事案件，应当分工负责，互相配合，互相制约。

【练习题】

一、名词解释

四级两审终审制　审判权　检察权　陪审制度

二、思考题

1. 人民法院的性质和任务是什么？
2. 人民陪审员的法律地位是什么？
3. 人民法院的上下级之间关系是什么？
4. 人民检察院的性质和任务是什么？

5. 人民检察院的上下级之间关系是什么?

6. 人民法院、人民检察院和公安机关之间的关系是什么?

三、讨论题

2007 年 1 月 24 日，湖南省衡阳市十二届人大五次会议对包括中级人民法院工作报告在内的 6 个报告进行表决。中级人民法院工作报告因无法获得与会代表数过半赞成而未能通过。市人大依据《代表法》第 22 条“代表有权依照法律规定的程序提议临时召集本级人民代表大会会议”和《地方各级人民代表大会和地方各级人民政府组织法》第 11 条“经过五分之一以上代表提议，可以临时召集本级人民代表大会会议”的规定，依据法定程序于 3 个月后临时召集人代会会议，并且专门开了主任会议，要求中院开门整改。4 月 29 日，衡阳市第十二届人大临时会议以举手表决的方式，全票通过衡阳市中级人民法院工作报告。

讨论：

(1) 人民法院向人大作工作报告，有无依据?

(2) 人大就法院的工作报告表决有无根据? 能否否决法院的工作报告?

(3) 人大是否需要重新审议法院的工作报告?

讨论要点提示：

(1) 人民法院向人大作工作报告，《宪法》中没有规定，但《人民法院组织法》作出了规定。

(2) 人大就法院的工作报告表决并无根据。人大能否否决法院的工作报告，关键要看人大与法院之间的关系，同时也要注意法院审判权的相对独立性。否决工作报告的做法及其后的法律后果尚需法律明确。

(3) 法律上没有规定人大需重新审议法院的工作报告。要想纠正法院过去的工作，需要通过法律监督的法定程序，重新审议法院的工作报告不是纠正错误的法定途径。

在线练习

附录　中华人民共和国宪法

中华人民共和国宪法

（1982 年 12 月 4 日中华人民共和国第五届全国人民代表大会第五次会议通过）

目录

序　言

中国是世界上历史最悠久的国家之一。中国各族人民共同创造了光辉灿烂的文化，具有光荣的革命传统。

一八四〇年以后，封建的中国逐渐变成半殖民地、半封建的国家。中国人民为国家独立、民族解放和民主自由进行了前仆后继的英勇奋斗。

二十世纪，中国发生了翻天覆地的伟大历史变革。

一九一一年孙中山先生领导的辛亥革命，废除了封建帝制，创立了中华民国。但是，中国人民反对帝国主义和封建主义的历史任务还没有完成。

一九四九年，以毛泽东主席为领袖的中国共产党领导中国各族人民，在经历了长期的艰难曲折的武装斗争和其他形式的斗争以后，终于推翻了帝国主义、封建主义和官僚资本主义的统治，取得了新民主主义革命的伟大胜利，建立了中华人民共和国。从此，中国人民掌握了国家的权力，成为国家的主人。

中华人民共和国成立以后，我国社会逐步实现了由新民主主义到社会主义的过渡。生产资料私有制的社会主义改造已经完成，人剥削人的制度已经消灭，社会主义制度已经确立。工人阶级领导的、以工农联盟为基础的人民民主专政，实质上即无产阶级专政，得到巩固和发展。中国人民和中国人民解放军战胜了帝国主义、霸权主义的侵略、破坏和武装挑衅，维护了国家的独立和安全，增强了国防。经济建设取得了重大的成就，独立的、比较完整的社会主义工业体系已经基本形成，农业生产显著提高。教育、科学、文化等事业有了很大的发展，社会主义思想教育取得了明显的成效。广大人民的生活有了较大的改善。

中国新民主主义革命的胜利和社会主义事业的成就，都是中国共产党领导中国各族人民，在马克思列宁主义、毛泽东思想的指引下，坚持真理，修正错误，战胜许多艰难险阻而取得的。今后国家的根本任务是集中力量进行社会主义现代化建设。中国各族人民将继续在中国共产党领导下，在马克思列宁主义、毛泽东思想指引下，坚持人民民主专政，坚持社会主义道路，不断完善社会主义的各项制度，发展社会主义民主，健全社会主义法制，自力更生，艰苦奋斗，逐步实现工业、农业、国防和科学技术的现代化，把我国建设成为高度文明、高度民主的社会主义国家。

在我国，剥削阶级作为阶级已经消灭，但是阶级斗争还将在一定范围内长期存在。中国人民对敌视和破坏我国社会主义制度的国内外的敌对势力和敌对分子，必须进行斗争。

台湾是中华人民共和国的神圣领土的一部分。完成统一祖国的大业是包括台湾同胞在内的全中国人民的神圣职责。

社会主义的建设事业必须依靠工人、农民和知识分子，团结一切可以团结的力量。在长期的革命和建设过程中，已经结成由中国共产党领导的，有各民主党派和各人民团体参加的，包括全体社会主义劳动者、拥护社会主义的爱国者和拥护祖国统一的爱国者的广泛的爱国统一战线，这个统一战线将继续巩固和发展。中国人民政治协商会议是有广泛代表性的统一战线组织，过去发挥了重要的历史作用，今后在国家政治生活、社会生活和对外友好活动中，在进行社会主义现代化建设、维护国家的统一和团结的斗争中，将进一步发挥它的重要作用。

中华人民共和国是全国各族人民共同缔造的统一的多民族国家。平等、团结、互助的社会主义民族关系已经确立，并将继续加强。在维护民族团结的斗争中，要反对大民族主义，主要是大汉族主义，也要反对地方民族主义。国家尽一切努力，促进全国各民族的共同繁荣。

中国革命和建设的成就是同世界人民的支持分不开的。中国的前途是同世界的前途紧密地联系在一起的。中国坚持独立自主的对外政策，坚持互相尊重主权和领土完整、互不侵犯、互不干涉内政、平等互利、和平共处的五项原则，发展同各国的外交关系和经济、文化的交流；坚持反对帝国主义、霸权主义、殖民主义，加强同世界各国人民的团结，支持被压迫民族和发展中国家争取和维护民族独立、发展民族经济的正义斗争，为维护世界和平和促进人类进步事业而努力。

本宪法以法律的形式确认了中国各族人民奋斗的成果，规定了国家的根本制度和根本任务，是国家的根本法，具有最高的法律效力。全国各族人民、一切国家机关和武装力量、各政党和各社会团体、各企业事业组织，都必须以宪法为根本的活动准则，并且负有维护宪法尊严、保证宪法实施的职责。

第一章 总 纲

第一条 中华人民共和国是工人阶级领导的、以工农联盟为基础的人民民主专政的社会主义国家。

社会主义制度是中华人民共和国的根本制度。禁止任何组织或者个人破坏社会主义制度。

第二条 中华人民共和国的一切权力属于人民。

人民行使国家权力的机关是全国人民代表大会和地方各级人民代表大会。

人民依照法律规定，通过各种途径和形式，管理国家事务，管理经济和文化事业，管理社会事务。

第三条 中华人民共和国的国家机构实行民主集中制的原则。

全国人民代表大会和地方各级人民代表大会都由民主选举产生，对人民负责，受人民监督。

国家行政机关、审判机关、检察机关都由人民代表大会产生，对它负责，受它监督。

中央和地方的国家机构职权的划分，遵循在中央的统一领导下，充分发挥地方的主动性、积极性的原则。

第四条 中华人民共和国各民族一律平等。国家保障各少数民族的合法的权利和利益，维护和发展各民族的平等、团结、互助关系。禁止对任何民族的歧视和压迫，禁止破坏民族团结和制造民族分裂的行为。

国家根据各少数民族的特点和需要，帮助各少数民族地区加速经济和文化的发展。

各少数民族聚居的地方实行区域自治，设立自治机关，行使自治权。各民族自治地方都是中华人民共和国不可分离的部分。

各民族都有使用和发展自己的语言文字的自由，都有保持或者改革自己的风俗习惯的自由。

第五条 国家维护社会主义法制的统一和尊严。

一切法律、行政法规和地方性法规都不得同宪法相抵触。

一切国家机关和武装力量、各政党和各社会团体、各企业事业组织都必须遵守宪法和法律。一切违反宪法和法律的行为，必须予以追究。

任何组织或者个人都不得有超越宪法和法律的特权。

第六条 中华人民共和国的社会主义经济制度的基础是生产资料的社会主义公有制，即全民所有制和劳动群众集体所有制。

社会主义公有制消灭人剥削人的制度，实行各尽所能，按劳分配的原则。

第七条 国营经济是社会主义全民所有制经济，是国民经济中的主导力量。国家保障国营经济的巩固和发展。

第八条　农村人民公社、农业生产合作社和其他生产、供销、信用、消费等各种形式的合作经济，是社会主义劳动群众集体所有制经济。参加农村集体经济组织的劳动者，有权在法律规定的范围内经营自留地、自留山、家庭副业和饲养自留畜。

城镇中的手工业、工业、建筑业、运输业、商业、服务业等行业的各种形式的合作经济，都是社会主义劳动群众集体所有制经济。

国家保护城乡集体经济组织的合法的权利和利益，鼓励、指导和帮助集体经济的发展。

第九条　矿藏、水流、森林、山岭、草原、荒地、滩涂等自然资源，都属于国家所有，即全民所有；由法律规定属于集体所有的森林和山岭、草原、荒地、滩涂除外。

国家保障自然资源的合理利用，保护珍贵的动物和植物。禁止任何组织或者个人用任何手段侵占或者破坏自然资源。

第十条　城市的土地属于国家所有。

农村和城市郊区的土地，除由法律规定属于国家所有的以外，属于集体所有；宅基地和自留地、自留山，也属于集体所有。

国家为了公共利益的需要，可以依照法律规定对土地实行征用。

任何组织或者个人不得侵占、买卖、出租或者以其他形式非法转让土地。

一切使用土地的组织和个人必须合理地利用土地。

第十一条　在法律规定范围内的城乡劳动者个体经济，是社会主义公有制经济的补充。国家保护个体经济的合法的权利和利益。

国家通过行政管理，指导、帮助和监督个体经济。

第十二条　社会主义的公共财产神圣不可侵犯。

国家保护社会主义的公共财产。禁止任何组织或者个人用任何手段侵占或者破坏国家的和集体的财产。

第十三条　国家保护公民的合法的收入、储蓄、房屋和其他合法财产的所有权。

国家依照法律规定保护公民的私有财产的继承权。

第十四条　国家通过提高劳动者的积极性和技术水平，推广先进的科学技术，完善经济管理体制和企业经营管理制度，实行各种形式的社会主义责任制，改进劳动组织，以不断提高劳动生产率和经济效益，发展社会生产力。

国家厉行节约，反对浪费。

国家合理安排积累和消费，兼顾国家、集体和个人的利益，在发展生产的基础上，逐步改善人民的物质生活和文化生活。

第十五条　国家在社会主义公有制基础上实行计划经济。国家通过经济计划的综合平衡和市场调节的辅助作用，保证国民经济按比例地协调发展。

禁止任何组织或者个人扰乱社会经济秩序，破坏国家经济计划。

第十六条　国营企业在服从国家的统一领导和全面完成国家计划的前提下，在法律规定的范围内，有经营管理的自主权。

国营企业依照法律规定，通过职工代表大会和其他形式，实行民主管理。

第十七条　集体经济组织在接受国家计划指导和遵守有关法律的前提下，有独立进行经济活动的自主权。

集体经济组织依照法律规定实行民主管理，由它的全体劳动者选举和罢免管理人员，决定经营管理的重大问题。

第十八条 中华人民共和国允许外国的企业和其他经济组织或者个人依照中华人民共和国法律的规定在中国投资，同中国的企业或者其他经济组织进行各种形式的经济合作。

在中国境内的外国企业和其他外国经济组织以及中外合资经营的企业，都必须遵守中华人民共和国的法律。它们的合法的权利和利益受中华人民共和国法律的保护。

第十九条 国家发展社会主义的教育事业，提高全国人民的科学文化水平。

国家举办各种学校，普及初等义务教育，发展中等教育、职业教育和高等教育，并且发展学前教育。

国家发展各种教育设施，扫除文盲，对工人、农民、国家工作人员和其他劳动者进行政治、文化、科学、技术、业务的教育，鼓励自学成才。

国家鼓励集体经济组织、国家企业事业组织和其他社会力量依照法律规定举办各种教育事业。

国家推广全国通用的普通话。

第二十条 国家发展自然科学和社会科学事业，普及科学和技术知识，奖励科学研究成果和技术发明创造。

第二十一条 国家发展医疗卫生事业，发展现代医药和我国传统医药，鼓励和支持农村集体经济组织、国家企业事业组织和街道组织举办各种医疗卫生设施，开展群众性的卫生活动，保护人民健康。

国家发展体育事业，开展群众性的体育活动，增强人民体质。

第二十二条 国家发展为人民服务、为社会主义服务的文学艺术事业、新闻广播电视事业、出版发行事业、图书馆博物馆文化馆和其他文化事业，开展群众性的文化活动。

国家保护名胜古迹、珍贵文物和其他重要历史文化遗产。

第二十三条 国家培养为社会主义服务的各种专业人才，扩大知识分子的队伍，创造条件，充分发挥他们在社会主义现代化建设中的作用。

第二十四条 国家通过普及理想教育、道德教育、文化教育、纪律和法制教育，通过在城乡不同范围的群众中制定和执行各种守则、公约，加强社会主义精神文明的建设。

国家提倡爱祖国、爱人民、爱劳动、爱科学、爱社会主义的公德，在人民中进行爱国主义、集体主义和国际主义、共产主义的教育，进行辩证唯物主义和历史唯物主义的教育，反对资本主义的、封建主义的和其他的腐朽思想。

第二十五条 国家推行计划生育，使人口的增长同经济和社会发展计划相适应。

第二十六条 国家保护和改善生活环境和生态环境，防治污染和其他公害。

国家组织和鼓励植树造林，保护林木。

第二十七条 一切国家机关实行精简的原则，实行工作责任制，实行工作人员的培训和考核制度，不断提高工作质量和工作效率，反对官僚主义。

一切国家机关和国家工作人员必须依靠人民的支持，经常保持同人民的密切联系，倾听人民的意见和建议，接受人民的监督，努力为人民服务。

第二十八条 国家维护社会秩序，镇压叛国和其他反革命的活动，制裁危害社会治安、破坏社会主义经济和其他犯罪的活动，惩办和改造犯罪分子。

第二十九条　中华人民共和国的武装力量属于人民。它的任务是巩固国防，抵抗侵略，保卫祖国，保卫人民的和平劳动，参加国家建设事业，努力为人民服务。

国家加强武装力量的革命化、现代化、正规化的建设，增强国防力量。

第三十条　中华人民共和国的行政区域划分如下：

（一）全国分为省、自治区、直辖市；

（二）省、自治区分为自治州、县、自治县、市；

（三）县、自治县分为乡、民族乡、镇。

直辖市和较大的市分为区、县。自治州分为县、自治县、市。

自治区、自治州、自治县都是民族自治地方。

第三十一条　国家在必要时得设立特别行政区。在特别行政区内实行的制度按照具体情况由全国人民代表大会以法律规定。

第三十二条　中华人民共和国保护在中国境内的外国人的合法权利和利益，在中国境内的外国人必须遵守中华人民共和国的法律。

中华人民共和国对于因为政治原因要求避难的外国人，可以给予受庇护的权利。

第二章　公民的基本权利和义务

第三十三条　凡具有中华人民共和国国籍的人都是中华人民共和国公民。

中华人民共和国公民在法律面前一律平等。

任何公民享有宪法和法律规定的权利，同时必须履行宪法和法律规定的义务。

第三十四条　中华人民共和国年满十八周岁的公民，不分民族、种族、性别、职业、家庭出身、宗教信仰、教育程度、财产状况、居住期限，都有选举权和被选举权；但是依照法律被剥夺政治权利的人除外。

第三十五条　中华人民共和国公民有言论、出版、集会、结社、游行、示威的自由。

第三十六条　中华人民共和国公民有宗教信仰自由。

任何国家机关、社会团体和个人不得强制公民信仰宗教或者不信仰宗教，不得歧视信仰宗教的公民和不信仰宗教的公民。

国家保护正常的宗教活动。任何人不得利用宗教进行破坏社会秩序、损害公民身体健康、妨碍国家教育制度的活动。

宗教团体和宗教事务不受外国势力的支配。

第三十七条　中华人民共和国公民的人身自由不受侵犯。

任何公民，非经人民检察院批准或者决定或者人民法院决定，并由公安机关执行，不受逮捕。

禁止非法拘禁和以其他方法非法剥夺或者限制公民的人身自由，禁止非法搜查公民的身体。

第三十八条　中华人民共和国公民的人格尊严不受侵犯。禁止用任何方法对公民进行侮辱、诽谤和诬告陷害。

第三十九条　中华人民共和国公民的住宅不受侵犯。禁止非法搜查或者非法侵入公民的住宅。

第四十条　中华人民共和国公民的通信自由和通信秘密受法律的保护。除因国家安全或者追查刑事犯罪的需要，由公安机关或者检察机关依照法律规定的程序对通信进行检查外，任何组织或者个人不得以任何理由侵犯公民的通信自由和通信秘密。

第四十一条　中华人民共和国公民对于任何国家机关和国家工作人员，有提出批评和建议的权利；对于任何国家机关和国家工作人员的违法失职行为，有向有关国家机关提出申诉、控告或者检举的权利，但是不得捏造或者歪曲事实进行诬告陷害。

对于公民的申诉、控告或者检举，有关国家机关必须查清事实，负责处理。任何人不得压制和打击报复。

由于国家机关和国家工作人员侵犯公民权利而受到损失的人，有依照法律规定取得赔偿的权利。

第四十二条　中华人民共和国公民有劳动的权利和义务。

国家通过各种途径，创造劳动就业条件，加强劳动保护，改善劳动条件，并在发展生产的基础上，提高劳动报酬和福利待遇。

劳动是一切有劳动能力的公民的光荣职责。国营企业和城乡集体经济组织的劳动者都应当以国家主人翁的态度对待自己的劳动。国家提倡社会主义劳动竞赛，奖励劳动模范和先进工作者。国家提倡公民从事义务劳动。

国家对就业前的公民进行必要的劳动就业训练。

第四十三条　中华人民共和国劳动者有休息的权利。

国家发展劳动者休息和休养的设施，规定职工的工作时间和休假制度。

第四十四条　国家依照法律规定实行企业事业组织的职工和国家机关工作人员的退休制度。退休人员的生活受到国家和社会的保障。

第四十五条　中华人民共和国公民在年老、疾病或者丧失劳动能力的情况下，有从国家和社会获得物质帮助的权利。国家发展为公民享受这些权利所需要的社会保险、社会救济和医疗卫生事业。

国家和社会保障残废军人的生活，抚恤烈士家属，优待军人家属。

国家和社会帮助安排盲、聋、哑和其他有残疾的公民的劳动、生活和教育。

第四十六条　中华人民共和国公民有受教育的权利和义务。

国家培养青年、少年、儿童在品德、智力、体质等方面全面发展。

第四十七条　中华人民共和国公民有进行科学研究、文学艺术创作和其他文化活动的自由。国家对于从事教育、科学、技术、文学、艺术和其他文化事业的公民的有益于人民的创造性工作，给以鼓励和帮助。

第四十八条　中华人民共和国妇女在政治的、经济的、文化的、社会的和家庭的生活等各方面享有同男子平等的权利。

国家保护妇女的权利和利益，实行男女同工同酬，培养和选拔妇女干部。

第四十九条　婚姻、家庭、母亲和儿童受国家的保护。

夫妻双方有实行计划生育的义务。

父母有抚养教育未成年子女的义务，成年子女有赡养扶助父母的义务。

禁止破坏婚姻自由，禁止虐待老人、妇女和儿童。

第五十条　中华人民共和国保护华侨的正当的权利和利益，保护归侨和侨眷的合法的权利和利益。

第五十一条　中华人民共和国公民在行使自由和权利的时候，不得损害国家的、社会的、集体的利益和其他公民的合法的自由和权利。

第五十二条　中华人民共和国公民有维护国家统一和全国各民族团结的义务。

第五十三条　中华人民共和国公民必须遵守宪法和法律，保守国家秘密，爱护公共财产，遵守劳动纪律，遵守公共秩序，尊重社会公德。

第五十四条　中华人民共和国公民有维护祖国的安全、荣誉和利益的义务，不得有危害祖国的安全、荣誉和利益的行为。

第五十五条　保卫祖国、抵抗侵略是中华人民共和国每一个公民的神圣职责。

依照法律服兵役和参加民兵组织是中华人民共和国公民的光荣义务。

第五十六条　中华人民共和国公民有依照法律纳税的义务。

第三章　国家机构

第一节　全国人民代表大会

第五十七条　中华人民共和国全国人民代表大会是最高国家权力机关。它的常设机关是全国人民代表大会常务委员会。

第五十八条　全国人民代表大会和全国人民代表大会常务委员会行使国家立法权。

第五十九条　全国人民代表大会由省、自治区、直辖市和军队选出的代表组成。各少数民族都应当有适当名额的代表。

全国人民代表大会代表的选举由全国人民代表大会常务委员会主持。

全国人民代表大会代表名额和代表产生办法由法律规定。

第六十条　全国人民代表大会每届任期五年。

全国人民代表大会任期届满的两个月以前，全国人民代表大会常务委员会必须完成下届全国人民代表大会代表的选举。如果遇到不能进行选举的非常情况，由全国人民代表大会常务委员会以全体组成人员的三分之二以上的多数通过，可以推迟选举，延长本届全国人民代表大会的任期。在非常情况结束后一年内，必须完成下届全国人民代表大会代表的选举。

第六十一条　全国人民代表大会会议每年举行一次，由全国人民代表大会常务委员会召集。如果全国人民代表大会常务委员会认为必要，或者有五分之一以上的全国人民代表大会代表提议，可以临时召集全国人民代表大会会议。

全国人民代表大会举行会议的时候，选举主席团主持会议。

第六十二条　全国人民代表大会行使下列职权：

（一）修改宪法；

（二）监督宪法的实施；

（三）制定和修改刑事、民事、国家机构的和其他的基本法律；

（四）选举中华人民共和国主席、副主席；

（五）根据中华人民共和国主席的提名，决定国务院总理的人选；根据国务院总理的提名，决定国务院副总理、国务委员、各部部长、各委员会主任、审计长、秘书长的人选；

（六）选举中央军事委员会主席；根据中央军事委员会主席的提名，决定中央军事委员会其他组成人员的人选；

（七）选举最高人民法院院长；

（八）选举最高人民检察院检察长；

（九）审查和批准国民经济和社会发展计划和计划执行情况的报告；

（十）审查和批准国家的预算和预算执行情况的报告；

（十一）改变或者撤销全国人民代表大会常务委员会不适当的决定；

（十二）批准省、自治区和直辖市的建置；

（十三）决定特别行政区的设立及其制度；

（十四）决定战争和和平的问题；

（十五）应当由最高国家权力机关行使的其他职权。

第六十三条 全国人民代表大会有权罢免下列人员：

（一）中华人民共和国主席、副主席；

（二）国务院总理、副总理、国务委员、各部部长、各委员会主任、审计长、秘书长；

（三）中央军事委员会主席和中央军事委员会其他组成人员；

（四）最高人民法院院长；

（五）最高人民检察院检察长。

第六十四条 宪法的修改，由全国人民代表大会常务委员会或者五分之一以上的全国人民代表大会代表提议，并由全国人民代表大会以全体代表的三分之二以上的多数通过。

法律和其他议案由全国人民代表大会以全体代表的过半数通过。

第六十五条 全国人民代表大会常务委员会由下列人员组成：

委员长，

副委员长若干人，

秘书长，

委员若干人。

全国人民代表大会常务委员会组成人员中，应当有适当名额的少数民族代表。

全国人民代表大会选举并有权罢免全国人民代表大会常务委员会的组成人员。

全国人民代表大会常务委员会的组成人员不得担任国家行政机关、审判机关和检察机关的职务。

第六十六条 全国人民代表大会常务委员会每届任期同全国人民代表大会每届任期相同，它行使职权到下届全国人民代表大会选出新的常务委员会为止。

委员长、副委员长连续任职不得超过两届。

第六十七条 全国人民代表大会常务委员会行使下列职权：

（一）解释宪法，监督宪法的实施；

（二）制定和修改除应当由全国人民代表大会制定的法律以外的其他法律；

（三）在全国人民代表大会闭会期间，对全国人民代表大会制定的法律进行部分补充和修改，但是不得同该法律的基本原则相抵触；

（四）解释法律；

（五）在全国人民代表大会闭会期间，审查和批准国民经济和社会发展计划、国家预算在执行过程中所必须作的部分调整方案；

（六）监督国务院、中央军事委员会、最高人民法院和最高人民检察院的工作；

（七）撤销国务院制定的同宪法、法律相抵触的行政法规、决定和命令；

（八）撤销省、自治区、直辖市国家权力机关制定的同宪法、法律和行政法规相抵触的地方性法规和决议；

（九）在全国人民代表大会闭会期间，根据国务院总理的提名，决定部长、委员会主任、审计长、秘书长的人选；

（十）在全国人民代表大会闭会期间，根据中央军事委员会主席的提名，决定中央军事委员会其他组成人员的人选；

（十一）根据最高人民法院院长的提请，任免最高人民法院副院长、审判员、审判委员会委员和军事法院院长；

（十二）根据最高人民检察院检察长的提请，任免最高人民检察院副检察长、检察员、检察委员会委员和军事检察院检察长，并且批准省、自治区、直辖市的人民检察院检察长的任免；

（十三）决定驻外全权代表的任免；

（十四）决定同外国缔结的条约和重要协定的批准和废除；

（十五）规定军人和外交人员的衔级制度和其他专门衔级制度；

（十六）规定和决定授予国家的勋章和荣誉称号；

（十七）决定特赦；

（十八）在全国人民代表大会闭会期间，如果遇到国家遭受武装侵犯或者必须履行国际间共同防止侵略的条约的情况，决定战争状态的宣布；

（十九）决定全国总动员或者局部动员；

（二十）决定全国或者个别省、自治区、直辖市的戒严；

（二十一）全国人民代表大会授予的其他职权。

第六十八条　全国人民代表大会常务委员会委员长主持全国人民代表大会常务委员会的工作，召集全国人民代表大会常务委员会会议。副委员长、秘书长协助委员长工作。

委员长、副委员长、秘书长组成委员长会议，处理全国人民代表大会常务委员会的重要日常工作。

第六十九条　全国人民代表大会常务委员会对全国人民代表大会负责并报告工作。

第七十条　全国人民代表大会设立民族委员会、法律委员会、财政经济委员会、教育科学文化卫生委员会、外事委员会、华侨委员会和其他需要设立的专门委员会。在全国人民代表大会闭会期间，各专门委员会受全国人民代表大会常务委员会的领导。

各专门委员会在全国人民代表大会和全国人民代表大会常务委员会领导下，研究、审议和拟订有关议案。

第七十一条　全国人民代表大会和全国人民代表大会常务委员会认为必要的时候，可以组织关于特定问题的调查委员会，并且根据调查委员会的报告，作出相应的决议。

调查委员会进行调查的时候，一切有关的国家机关、社会团体和公民都有义务向它提供必要的材料。

第七十二条　全国人民代表大会代表和全国人民代表大会常务委员会组成人员，有权依照法律规定的程序分别提出属于全国人民代表大会和全国人民代表大会常务委员会职权范围内的议案。

第七十三条 全国人民代表大会代表在全国人民代表大会开会期间，全国人民代表大会常务委员会组成人员在常务委员会开会期间，有权依照法律规定的程序提出对国务院或者国务院各部、各委员会的质询案。受质询的机关必须负责答复。

第七十四条 全国人民代表大会代表，非经全国人民代表大会会议主席团许可，在全国人民代表大会闭会期间非经全国人民代表大会常务委员会许可，不受逮捕或者刑事审判。

第七十五条 全国人民代表大会代表在全国人民代表大会各种会议上的发言和表决，不受法律追究。

第七十六条 全国人民代表大会代表必须模范地遵守宪法和法律，保守国家秘密，并且在自己参加的生产、工作和社会活动中，协助宪法和法律的实施。

全国人民代表大会代表应当同原选举单位和人民保持密切的联系，听取和反映人民的意见和要求，努力为人民服务。

第七十七条 全国人民代表大会代表受原选举单位的监督。原选举单位有权依照法律规定的程序罢免本单位选出的代表。

第七十八条 全国人民代表大会和全国人民代表大会常务委员会的组织和工作程序由法律规定。

第二节 中华人民共和国主席

第七十九条 中华人民共和国主席、副主席由全国人民代表大会选举。

有选举权和被选举权的年满四十五周岁的中华人民共和国公民可以被选为中华人民共和国主席、副主席。

中华人民共和国主席、副主席每届任期同全国人民代表大会每届任期相同，连续任职不得超过两届。

第八十条 中华人民共和国主席根据全国人民代表大会的决定和全国人民代表大会常务委员会的决定，公布法律，任免国务院总理、副总理、国务委员、各部部长、各委员会主任、审计长、秘书长，授予国家的勋章和荣誉称号，发布特赦令，发布戒严令，宣布战争状态，发布动员令。

第八十一条 中华人民共和国主席代表中华人民共和国，接受外国使节；根据全国人民代表大会常务委员会的决定，派遣和召回驻外全权代表，批准和废除同外国缔结的条约和重要协定。

第八十二条 中华人民共和国副主席协助主席工作。

中华人民共和国副主席受主席的委托，可以代行主席的部分职权。

第八十三条 中华人民共和国主席、副主席行使职权到下届全国人民代表大会选出的主席、副主席就职为止。

第八十四条 中华人民共和国主席缺位的时候，由副主席继任主席的职位。

中华人民共和国副主席缺位的时候，由全国人民代表大会补选。

中华人民共和国主席、副主席都缺位的时候，由全国人民代表大会补选；在补选以前，由全国人民代表大会常务委员会委员长暂时代理主席职位。

第三节　国务院

第八十五条　中华人民共和国国务院，即中央人民政府，是最高国家权力机关的执行机关，是最高国家行政机关。

第八十六条　国务院由下列人员组成：

总理，

副总理若干人，

国务委员若干人，

各部部长，

各委员会主任，

审计长，

秘书长。

国务院实行总理负责制。各部、各委员会实行部长、主任负责制。

国务院的组织由法律规定。

第八十七条　国务院每届任期同全国人民代表大会每届任期相同。

总理、副总理、国务委员连续任职不得超过两届。

第八十八条　总理领导国务院的工作。副总理、国务委员协助总理工作。

总理、副总理、国务委员、秘书长组成国务院常务会议。

总理召集和主持国务院常务会议和国务院全体会议。

第八十九条　国务院行使下列职权：

（一）根据宪法和法律，规定行政措施，制定行政法规，发布决定和命令；

（二）向全国人民代表大会或者全国人民代表大会常务委员会提出议案；

（三）规定各部和各委员会的任务和职责，统一领导各部和各委员会的工作，并且领导不属于各部和各委员会的全国性的行政工作；

（四）统一领导全国地方各级国家行政机关的工作，规定中央和省、自治区、直辖市的国家行政机关的职权的具体划分；

（五）编制和执行国民经济和社会发展计划和国家预算；

（六）领导和管理经济工作和城乡建设；

（七）领导和管理教育、科学、文化、卫生、体育和计划生育工作；

（八）领导和管理民政、公安、司法行政和监察等工作；

（九）管理对外事务，同外国缔结条约和协定；

（十）领导和管理国防建设事业；

（十一）领导和管理民族事务，保障少数民族的平等权利和民族自治地方的自治权利；

（十二）保护华侨的正当的权利和利益，保护归侨和侨眷的合法的权利和利益；

（十三）改变或者撤销各部、各委员会发布的不适当的命令、指示和规章；

（十四）改变或者撤销地方各级国家行政机关的不适当的决定和命令；

（十五）批准省、自治区、直辖市的区域划分，批准自治州、县、自治县、市的建置和区域划分；

（十六）决定省、自治区、直辖市的范围内部分地区的戒严；

（十七）审定行政机构的编制，依照法律规定任免、培训、考核和奖惩行政人员；

（十八）全国人民代表大会和全国人民代表大会常务委员会授予的其他职权。

第九十条 国务院各部部长、各委员会主任负责本部门的工作；召集和主持部务会议或者委员会会议、委务会议，讨论决定本部门工作的重大问题。

各部、各委员会根据法律和国务院的行政法规、决定、命令，在本部门的权限内，发布命令、指示和规章。

第九十一条 国务院设立审计机关，对国务院各部门和地方各级政府的财政收支，对国家的财政金融机构和企业事业组织的财务收支，进行审计监督。

审计机关在国务院总理领导下，依照法律规定独立行使审计监督权，不受其他行政机关、社会团体和个人的干涉。

第九十二条 国务院对全国人民代表大会负责并报告工作；在全国人民代表大会闭会期间，对全国人民代表大会常务委员会负责并报告工作。

第四节 中央军事委员会

第九十三条 中华人民共和国中央军事委员会领导全国武装力量。

中央军事委员会由下列人员组成：

主席，

副主席若干人，

委员若干人。

中央军事委员会实行主席负责制。

中央军事委员会每届任期同全国人民代表大会每届任期相同。

第九十四条 中央军事委员会主席对全国人民代表大会和全国人民代表大会常务委员会负责。

第五节 地方各级人民代表大会和地方各级人民政府

第九十五条 省、直辖市、县、市、市辖区、乡、民族乡、镇设立人民代表大会和人民政府。

地方各级人民代表大会和地方各级人民政府的组织由法律规定。

自治区、自治州、自治县设立自治机关。自治机关的组织和工作根据宪法第三章第五节、第六节规定的基本原则由法律规定。

第九十六条 地方各级人民代表大会是地方国家权力机关。

县级以上的地方各级人民代表大会设立常务委员会。

第九十七条 省、直辖市、设区的市的人民代表大会代表由下一级的人民代表大会选举；县、不设区的市、市辖区、乡、民族乡、镇的人民代表大会代表由选民直接选举。

地方各级人民代表大会代表名额和代表产生办法由法律规定。

第九十八条 省、直辖市、设区的市的人民代表大会每届任期五年。县、不设区的市、市辖区、乡、民族乡、镇的人民代表大会每届任期三年。

第九十九条 地方各级人民代表大会在本行政区域内，保证宪法、法律、行政法规的遵守和执行；依照法律规定的权限，通过和发布决议，审查和决定地方的经济建设、文化建设和公共事业建设的计划。

县级以上的地方各级人民代表大会审查和批准本行政区域内的国民经济和社会发展计划、预算以及它们的执行情况的报告；有权改变或者撤销本级人民代表大会常务委员会不适当的决定。

民族乡的人民代表大会可以依照法律规定的权限采取适合民族特点的具体措施。

第一百条 省、直辖市的人民代表大会和它们的常务委员会，在不同宪法、法律、行政法规相抵触的前提下，可以制定地方性法规，报全国人民代表大会常务委员会备案。

第一百零一条 地方各级人民代表大会分别选举并且有权罢免本级人民政府的省长和副省长、市长和副市长、县长和副县长、区长和副区长、乡长和副乡长、镇长和副镇长。

县级以上的地方各级人民代表大会选举并且有权罢免本级人民法院院长和本级人民检察院检察长。选出或者罢免人民检察院检察长，须报上级人民检察院检察长提请该级人民代表大会常务委员会批准。

第一百零二条 省、直辖市、设区的市的人民代表大会代表受原选举单位的监督；县、不设区的市、市辖区、乡、民族乡、镇的人民代表大会代表受选民的监督。

地方各级人民代表大会代表的选举单位和选民有权依照法律规定的程序罢免由他们选出的代表。

第一百零三条 县级以上的地方各级人民代表大会常务委员会由主任、副主任若干人和委员若干人组成，对本级人民代表大会负责并报告工作。

县级以上的地方各级人民代表大会选举并有权罢免本级人民代表大会常务委员会的组成人员。

县级以上的地方各级人民代表大会常务委员会的组成人员不得担任国家行政机关、审判机关和检察机关的职务。

第一百零四条 县级以上的地方各级人民代表大会常务委员会讨论、决定本行政区域内各方面工作的重大事项；监督本级人民政府、人民法院和人民检察院的工作；撤销本级人民政府的不适当的决定和命令；撤销下一级人民代表大会的不适当的决议；依照法律规定的权限决定国家机关工作人员的任免；在本级人民代表大会闭会期间，罢免和补选上一级人民代表大会的个别代表。

第一百零五条 地方各级人民政府是地方各级国家权力机关的执行机关，是地方各级国家行政机关。

地方各级人民政府实行省长、市长、县长、区长、乡长、镇长负责制。

第一百零六条 地方各级人民政府每届任期同本级人民代表大会每届任期相同。

第一百零七条 县级以上地方各级人民政府依照法律规定的权限，管理本行政区域内的经济、教育、科学、文化、卫生、体育事业、城乡建设事业和财政、民政、公安、民族事务、司法行政、监察、计划生育等行政工作，发布决定和命令，任免、培训、考核和奖惩行政工作人员。

乡、民族乡、镇的人民政府执行本级人民代表大会的决议和上级国家行政机关的决定和命令，管理本行政区域内的行政工作。

省、直辖市的人民政府决定乡、民族乡、镇的建置和区域划分。

第一百零八条 县级以上的地方各级人民政府领导所属各工作部门和下级人民政府的

工作，有权改变或者撤销所属各工作部门和下级人民政府的不适当的决定。

第一百零九条　县级以上的地方各级人民政府设立审计机关。地方各级审计机关依照法律规定独立行使审计监督权，对本级人民政府和上一级审计机关负责。

第一百一十条　地方各级人民政府对本级人民代表大会负责并报告工作。县级以上的地方各级人民政府在本级人民代表大会闭会期间，对本级人民代表大会常务委员会负责并报告工作。

地方各级人民政府对上一级国家行政机关负责并报告工作。全国地方各级人民政府都是国务院统一领导下的国家行政机关，都服从国务院。

第一百一十一条　城市和农村按居民居住地区设立的居民委员会或者村民委员会是基层群众性自治组织。居民委员会、村民委员会的主任、副主任和委员由居民选举。居民委员会、村民委员会同基层政权的相互关系由法律规定。

居民委员会、村民委员会设人民调解、治安保卫、公共卫生等委员会，办理本居住地区的公共事务和公益事业，调解民间纠纷，协助维护社会治安，并且向人民政府反映群众的意见、要求和提出建议。

第六节　民族自治地方的自治机关

第一百一十二条　民族自治地方的自治机关是自治区、自治州、自治县的人民代表大会和人民政府。

第一百一十三条　自治区、自治州、自治县的人民代表大会中，除实行区域自治的民族的代表外，其他居住在本行政区域内的民族也应当有适当名额的代表。

自治区、自治州、自治县的人民代表大会常务委员会中应当有实行区域自治的民族的公民担任主任或者副主任。

第一百一十四条　自治区主席、自治州州长、自治县县长由实行区域自治的民族的公民担任。

第一百一十五条　自治区、自治州、自治县的自治机关行使宪法第三章第五节规定的地方国家机关的职权，同时依照宪法、民族区域自治法和其他法律规定的权限行使自治权，根据本地方实际情况贯彻执行国家的法律、政策。

第一百一十六条　民族自治地方的人民代表大会有权依照当地民族的政治、经济和文化的特点，制定自治条例和单行条例。自治区的自治条例和单行条例，报全国人民代表大会常务委员会批准后生效。自治州、自治县的自治条例和单行条例，报省或者自治区的人民代表大会常务委员会批准后生效，并报全国人民代表大会常务委员会备案。

第一百一十七条　民族自治地方的自治机关有管理地方财政的自治权。凡是依照国家财政体制属于民族自治地方的财政收入，都应当由民族自治地方的自治机关自主地安排使用。

第一百一十八条　民族自治地方的自治机关在国家计划的指导下，自主地安排和管理地方性的经济建设事业。

国家在民族自治地方开发资源、建设企业的时候，应当照顾民族自治地方的利益。

第一百一十九条　民族自治地方的自治机关自主地管理本地方的教育、科学、文化、卫生、体育事业，保护和整理民族的文化遗产，发展和繁荣民族文化。

第一百二十条　民族自治地方的自治机关依照国家的军事制度和当地的实际需要，经国务院批准，可以组织本地方维护社会治安的公安部队。

第一百二十一条　民族自治地方的自治机关在执行职务的时候，依照本民族自治地方自治条例的规定，使用当地通用的一种或者几种语言文字。

第一百二十二条　国家从财政、物资、技术等方面帮助各少数民族加速发展经济建设和文化建设事业。

国家帮助民族自治地方从当地民族中大量培养各级干部、各种专业人才和技术工人。

第七节　人民法院和人民检察院

第一百二十三条　中华人民共和国人民法院是国家的审判机关。

第一百二十四条　中华人民共和国设立最高人民法院、地方各级人民法院和军事法院等专门人民法院。

最高人民法院院长每届任期同全国人民代表大会每届任期相同，连续任职不得超过两届。

人民法院的组织由法律规定。

第一百二十五条　人民法院审理案件，除法律规定的特别情况外，一律公开进行。被告人有权获得辩护。

第一百二十六条　人民法院依照法律规定独立行使审判权，不受行政机关、社会团体和个人的干涉。

第一百二十七条　最高人民法院是最高审判机关。

最高人民法院监督地方各级人民法院和专门人民法院的审判工作，上级人民法院监督下级人民法院的审判工作。

第一百二十八条　最高人民法院对全国人民代表大会和全国人民代表大会常务委员会负责。地方各级人民法院对产生它的国家权力机关负责。

第一百二十九条　中华人民共和国人民检察院是国家的法律监督机关。

第一百三十条　中华人民共和国设立最高人民检察院、地方各级人民检察院和军事检察院等专门人民检察院。

最高人民检察院检察长每届任期同全国人民代表大会每届任期相同，连续任职不得超过两届。

人民检察院的组织由法律规定。

第一百三十一条　人民检察院依照法律规定独立行使检察权，不受行政机关、社会团体和个人的干涉。

第一百三十二条　最高人民检察院是最高检察机关。

最高人民检察院领导地方各级人民检察院和专门人民检察院的工作，上级人民检察院领导下级人民检察院的工作。

第一百三十三条　最高人民检察院对全国人民代表大会和全国人民代表大会常务委员会负责。地方各级人民检察院对产生它的国家权力机关和上级人民检察院负责。

第一百三十四条　各民族公民都有用本民族语言文字进行诉讼的权利。人民法院和人民检察院对于不通晓当地通用的语言文字的诉讼参与人，应当为他们翻译。

在少数民族聚居或者多民族共同居住的地区，应当用当地通用的语言进行审理；起诉书、判决书、布告和其他文书应当根据实际需要使用当地通用的一种或者几种文字。

第一百三十五条 人民法院、人民检察院和公安机关办理刑事案件，应当分工负责，互相配合，互相制约，以保证准确有效地执行法律。

第四章 国旗、国徽、首都

第一百三十六条 中华人民共和国国旗是五星红旗。

第一百三十七条 中华人民共和国国徽，中间是五星照耀下的天安门，周围是谷穗和齿轮。

第一百三十八条 中华人民共和国首都是北京。

中华人民共和国宪法修正案

（1988 年 4 月 12 日第七届全国人民代表大会第一次会议通过）

第一条 宪法第十一条增加规定：“国家允许私营经济在法律规定的范围内存在和发展。私营经济是社会主义公有制经济的补充。国家保护私营经济的合法的权利和利益，对私营经济实行引导、监督和管理。”

第二条 宪法第十条第四款：“任何组织或者个人不得侵占、买卖、出租或者以其他形式非法转让土地。”修改为：“任何组织或者个人不得侵占、买卖或者以其他形式非法转让土地。土地的使用权可以依照法律的规定转让。”

中华人民共和国宪法修正案

（1993 年 3 月 29 日第八届全国人民代表大会第一次会议通过）

第三条 宪法序言第七自然段后两句：“今后国家的根本任务是集中力量进行社会主义现代化建设。中国各族人民将继续在中国共产党领导下，在马克思列宁主义、毛泽东思想指引下，坚持人民民主专政，坚持社会主义道路，不断完善社会主义的各项制度，发展社会主义民主，健全社会主义法制，自力更生，艰苦奋斗，逐步实现工业、农业、国防和科学技术的现代化，把我国建设成为高度文明、高度民主的社会主义国家。”修改为：“我国正处于社会主义初级阶段。国家的根本任务是，根据建设有中国特色社会主义的理论，集中力量进行社会主义现代化建设。中国各族人民将继续在中国共产党领导下，在马克思列宁主义、毛泽东思想指引下，坚持人民民主专政，坚持社会主义道路，坚持改革开放，不断完善社会主义的各项制度，发展社会主义民主，健全社会主义法制，自力更生，艰苦奋斗，逐步实现工业、农业、国防和科学技术的现代化，把我国建设成为富强、民主、文明的社会主义国家。”

第四条 宪法序言第十自然段末尾增加：“中国共产党领导的多党合作和政治协商制

度将长期存在和发展。”

第五条　宪法第七条：“国营经济是社会主义全民所有制经济，是国民经济中的主导力量。国家保障国营经济的巩固和发展。”修改为：“国有经济，即社会主义全民所有制经济，是国民经济中的主导力量。国家保障国有经济的巩固和发展。”

第六条　宪法第八条第一款：“农村人民公社、农业生产合作社和其他生产、供销、信用、消费等各种形式的合作经济，是社会主义劳动群众集体所有制经济。参加农村集体经济组织的劳动者，有权在法律规定的范围内经营自留地、自留山、家庭副业和饲养自留畜。”修改为：“农村中的家庭联产承包为主的责任制和生产、供销、信用、消费等各种形式的合作经济，是社会主义劳动群众集体所有制经济。参加农村集体经济组织的劳动者，有权在法律规定的范围内经营自留地、自留山、家庭副业和饲养自留畜。”

第七条　宪法第十五条：“国家在社会主义公有制基础上实行计划经济。国家通过经济计划的综合平衡和市场调节的辅助作用，保证国民经济按比例地协调发展。”“禁止任何组织或者个人扰乱社会经济秩序，破坏国家经济计划。”修改为：“国家实行社会主义市场经济。”“国家加强经济立法，完善宏观调控。”“国家依法禁止任何组织或者个人扰乱社会经济秩序。”

第八条　宪法第十六条：“国营企业在服从国家的统一领导和全面完成国家计划的前提下，在法律规定的范围内，有经营管理的自主权。”“国营企业依照法律规定，通过职工代表大会和其他形式，实行民主管理。”修改为：“国有企业在法律规定的范围内有权自主经营。”“国有企业依照法律规定，通过职工代表大会和其他形式，实行民主管理。”

第九条　宪法第十七条：“集体经济组织在接受国家计划指导和遵守有关法律的前提下，有独立进行经济活动的自主权。”“集体经济组织依照法律规定实行民主管理，由它的全体劳动者选举和罢免管理人员，决定经营管理的重大问题。”修改为：“集体经济组织在遵守有关法律的前提下，有独立进行经济活动的自主权。”“集体经济组织实行民主管理，依照法律规定选举和罢免管理人员，决定经营管理的重大问题。”

第十条　宪法第四十二条第三款：“劳动是一切有劳动能力的公民的光荣职责。国营企业和城乡集体经济组织的劳动者都应当以国家主人翁的态度对待自己的劳动。国家提倡社会主义劳动竞赛，奖励劳动模范和先进工作者。国家提倡公民从事义务劳动。”修改为：“劳动是一切有劳动能力的公民的光荣职责。国有企业和城乡集体经济组织的劳动者都应当以国家主人翁的态度对待自己的劳动。国家提倡社会主义劳动竞赛，奖励劳动模范和先进工作者。国家提倡公民从事义务劳动。”

第十一条　宪法第九十八条：“省、直辖市、设区的市的人民代表大会每届任期五年。县、不设区的市、市辖区、乡、民族乡、镇的人民代表大会每届任期三年。”修改为：“省、直辖市、县、市、市辖区的人民代表大会每届任期五年。乡、民族乡、镇的人民代表大会每届任期三年。”

中华人民共和国宪法修正案

（1999 年 3 月 15 日第九届全国人民代表大会第二次会议通过）

第十二条　宪法序言第七自然段：“中国新民主主义革命的胜利和社会主义事业的成

就，都是中国共产党领导中国各族人民，在马克思列宁主义、毛泽东思想的指引下，坚持真理，修正错误，战胜许多艰难险阻而取得的。我国正处于社会主义初级阶段。国家的根本任务是，根据建设有中国特色社会主义的理论，集中力量进行社会主义现代化建设。中国各族人民将继续在中国共产党领导下，在马克思列宁主义、毛泽东思想指引下，坚持人民民主专政，坚持社会主义道路，坚持改革开放，不断完善社会主义的各项制度，发展社会主义民主，健全社会主义法制，自力更生，艰苦奋斗，逐步实现工业、农业、国防和科学技术的现代化，把我国建设成为富强、民主、文明的社会主义国家。”修改为：“中国新民主主义革命的胜利和社会主义事业的成就，是中国共产党领导中国各族人民，在马克思列宁主义、毛泽东思想的指引下，坚持真理，修正错误，战胜许多艰难险阻而取得的。我国将长期处于社会主义初级阶段。国家的根本任务是，沿着建设有中国特色社会主义的道路，集中力量进行社会主义现代化建设。中国各族人民将继续在中国共产党领导下，在马克思列宁主义、毛泽东思想、邓小平理论指引下，坚持人民民主专政，坚持社会主义道路，坚持改革开放，不断完善社会主义的各项制度，发展社会主义市场经济，发展社会主义民主，健全社会主义法制，自力更生，艰苦奋斗，逐步实现工业、农业、国防和科学技术的现代化，把我国建设成为富强、民主、文明的社会主义国家。”

第十三条 宪法第五条增加一款，作为第一款，规定：“中华人民共和国实行依法治国，建设社会主义法治国家。”

第十四条 宪法第六条：“中华人民共和国的社会主义经济制度的基础是生产资料的社会主义公有制，即全民所有制和劳动群众集体所有制。”“社会主义公有制消灭人剥削人的制度，实行各尽所能，按劳分配的原则。”修改为：“中华人民共和国的社会主义经济制度的基础是生产资料的社会主义公有制，即全民所有制和劳动群众集体所有制。社会主义公有制消灭人剥削人的制度，实行各尽所能、按劳分配的原则。”“国家在社会主义初级阶段，坚持公有制为主体、多种所有制经济共同发展的基本经济制度，坚持按劳分配为主体、多种分配方式并存的分配制度。”

第十五条 宪法第八条第一款：“农村中的家庭联产承包为主的责任制和生产、供销、信用、消费等各种形式的合作经济，是社会主义劳动群众集体所有制经济。参加农村集体经济组织的劳动者，有权在法律规定的范围内经营自留地、自留山、家庭副业和饲养自留畜。”修改为：“农村集体经济组织实行家庭承包经营为基础、统分结合的双层经营体制。农村中的生产、供销、信用、消费等各种形式的合作经济，是社会主义劳动群众集体所有制经济。参加农村集体经济组织的劳动者，有权在法律规定的范围内经营自留地、自留山、家庭副业和饲养自留畜。”

第十六条 宪法第十一条：“在法律规定范围内的城乡劳动者个体经济，是社会主义公有制经济的补充。国家保护个体经济的合法的权利和利益。”“国家通过行政管理，指导、帮助和监督个体经济。”“国家允许私营经济在法律规定的范围内存在和发展。私营经济是社会主义公有制经济的补充。国家保护私营经济的合法的权利和利益，对私营经济实行引导、监督和管理。”修改为：“在法律规定范围内的个体经济、私营经济等非公有制经济，是社会主义市场经济的重要组成部分。”“国家保护个体经济、私营经济的合法的权利和利益。国家对个体经济、私营经济实行引导、监督和管理。”

第十七条 宪法第二十八条：“国家维护社会秩序，镇压叛国和其他反革命的活动，制裁危害社会治安、破坏社会主义经济和其他犯罪的活动，惩办和改造犯罪分子。”修改为：“国家维护社会秩序，镇压叛国和其他危害国家安全的犯罪活动，制裁危害社会治安、破坏社会主义经济和其他犯罪的活动，惩办和改造犯罪分子。”

中华人民共和国宪法修正案

（2004 年 3 月 14 日第十届全国人民代表大会第二次会议通过）

第十八条　宪法序言第七自然段中“在马克思列宁主义、毛泽东思想、邓小平理论指引下”修改为“在马克思列宁主义、毛泽东思想、邓小平理论和‘三个代表’重要思想指引下”，“沿着建设有中国特色社会主义的道路”修改为“沿着中国特色社会主义道路”，“逐步实现工业、农业、国防和科学技术的现代化”之后增加“推动物质文明、政治文明和精神文明协调发展”。这一自然段相应地修改为：“中国新民主主义革命的胜利和社会主义事业的成就，是中国共产党领导中国各族人民，在马克思列宁主义、毛泽东思想的指引下，坚持真理，修正错误，战胜许多艰难险阻而取得的。我国将长期处于社会主义初级阶段。国家的根本任务是，沿着中国特色社会主义道路，集中力量进行社会主义现代化建设。中国各族人民将继续在中国共产党领导下，在马克思列宁主义、毛泽东思想、邓小平理论和‘三个代表’重要思想指引下，坚持人民民主专政，坚持社会主义道路，坚持改革开放，不断完善社会主义的各项制度，发展社会主义市场经济，发展社会主义民主，健全社会主义法制，自力更生，艰苦奋斗，逐步实现工业、农业、国防和科学技术的现代化，推动物质文明、政治文明和精神文明协调发展，把我国建设成为富强、民主、文明的社会主义国家。”

第十九条　宪法序言第十自然段第二句“在长期的革命和建设过程中，已经结成由中国共产党领导的，有各民主党派和各人民团体参加的，包括全体社会主义劳动者、拥护社会主义的爱国者和拥护祖国统一的爱国者的广泛的爱国统一战线，这个统一战线将继续巩固和发展。”修改为：“在长期的革命和建设过程中，已经结成由中国共产党领导的，有各民主党派和各人民团体参加的，包括全体社会主义劳动者、社会主义事业的建设者、拥护社会主义的爱国者和拥护祖国统一的爱国者的广泛的爱国统一战线，这个统一战线将继续巩固和发展。”

第二十条　宪法第十条第三款“国家为了公共利益的需要，可以依照法律规定对土地实行征用。”修改为：“国家为了公共利益的需要，可以依照法律规定对土地实行征收或者征用并给予补偿。”

第二十一条　宪法第十一条第二款“国家保护个体经济、私营经济的合法的权利和利益。国家对个体经济、私营经济实行引导、监督和管理。”修改为：“国家保护个体经济、私营经济等非公有制经济的合法的权利和利益。国家鼓励、支持和引导非公有制经济的发展，并对非公有制经济依法实行监督和管理。”

第二十二条　宪法第十三条“国家保护公民的合法的收入、储蓄、房屋和其他合法财产的所有权。”“国家依照法律规定保护公民的私有财产的继承权。”修改为：“公民的合法的私有财产不受侵犯。”“国家依照法律规定保护公民的私有财产权和继承权。”“国家为了公共利益的需要，可以依照法律规定对公民的私有财产实行征收或者征用并给予补偿。”

第二十三条 宪法第十四条增加一款，作为第四款：“国家建立健全同经济发展水平相适应的社会保障制度。”

第二十四条 宪法第三十三条增加一款，作为第三款：“国家尊重和保障人权。”第三款相应地改为第四款。

第二十五条 宪法第五十九条第一款“全国人民代表大会由省、自治区、直辖市和军队选出的代表组成。各少数民族都应当有适当名额的代表。”修改为：“全国人民代表大会由省、自治区、直辖市、特别行政区和军队选出的代表组成。各少数民族都应当有适当名额的代表。”

第二十六条 宪法第六十七条全国人民代表大会常务委员会职权第二十项“（二十）决定全国或者个别省、自治区、直辖市的戒严”修改为“（二十）决定全国或者个别省、自治区、直辖市进入紧急状态”。

第二十七条 宪法第八十条“中华人民共和国主席根据全国人民代表大会的决定和全国人民代表大会常务委员会的决定，公布法律，任免国务院总理、副总理、国务委员、各部部长、各委员会主任、审计长、秘书长，授予国家的勋章和荣誉称号，发布特赦令，发布戒严令，宣布战争状态，发布动员令。”修改为：“中华人民共和国主席根据全国人民代表大会的决定和全国人民代表大会常务委员会的决定，公布法律，任免国务院总理、副总理、国务委员、各部部长、各委员会主任、审计长、秘书长，授予国家的勋章和荣誉称号，发布特赦令，宣布进入紧急状态，宣布战争状态，发布动员令。”

第二十八条 宪法第八十一条“中华人民共和国主席代表中华人民共和国，接受外国使节；根据全国人民代表大会常务委员会的决定，派遣和召回驻外全权代表，批准和废除同外国缔结的条约和重要协定。”修改为：“中华人民共和国主席代表中华人民共和国，进行国事活动，接受外国使节；根据全国人民代表大会常务委员会的决定，派遣和召回驻外全权代表，批准和废除同外国缔结的条约和重要协定。”

第二十九条 宪法第八十九条国务院职权第十六项“（十六）决定省、自治区、直辖市的范围内部分地区的戒严”修改为“（十六）依照法律规定决定省、自治区、直辖市的范围内部分地区进入紧急状态”。

第三十条 宪法第九十八条“省、直辖市、县、市、市辖区的人民代表大会每届任期五年。乡、民族乡、镇的人民代表大会每届任期三年。”修改为：“地方各级人民代表大会每届任期五年。”

第三十一条 宪法第四章章名“国旗、国徽、首都”修改为“国旗、国歌、国徽、首都”。宪法第一百三十六条增加一款，作为第二款：“中华人民共和国国歌是《义勇军进行曲》。”

中华人民共和国宪法修正案

（2018 年 3 月 11 日第十三届全国人民代表大会第一次会议通过）

第三十二条 宪法序言第七自然段中“在马克思列宁主义、毛泽东思想、邓小平理论和‘三个代表’重要思想指引下”修改为“在马克思列宁主义、毛泽东思想、邓小平理论、‘三个代表’重要思想、科学发展观、习近平新时代中国特色社会主义思想指引下”；“健全社会主义法制”修改为“健全社会主义法治”；在“自力更生，艰苦奋斗”前增写“贯彻新发展理念”；“推动物质文明、政治文明和精神文明协调发展，把我国建设成为富强、民主、文明的社会主义国家”修改为“推动物质文明、政治文明、精神文明、社会文明、生态文明协调发展，把我国建设成为富强民主文明和谐美丽的社会主义现代化强国，实现中华民族伟大复兴”。这一自然段相应修改为：“中国新民主主义革命的胜利和社会主义事业的成就，是中国共产党领导中国各族人民，在马克思列宁主义、毛泽东思想的指引下，坚持真理，修正错误，战胜许多艰难险阻而取得的。我国将长期处于社会主义初级阶段。国家的根本任务是，沿着中国特色社会主义道路，集中力量进行社会主义现代化建设。中国各族人民将继续在中国共产党领导下，在马克思列宁主义、毛泽东思想、邓小平理论、‘三个代表’重要思想、科学发展观、习近平新时代中国特色社会主义思想指引下，坚持人民民主专政，坚持社会主义道路，坚持改革开放，不断完善社会主义的各项制度，发展社会主义市场经济，发展社会主义民主，健全社会主义法治，贯彻新发展理念，自力更生，艰苦奋斗，逐步实现工业、农业、国防和科学技术的现代化，推动物质文明、政治文明、精神文明、社会文明、生态文明协调发展，把我国建设成为富强民主文明和谐美丽的社会主义现代化强国，实现中华民族伟大复兴。”

第三十三条 宪法序言第十自然段中“在长期的革命和建设过程中”修改为“在长期的革命、建设、改革过程中”；“包括全体社会主义劳动者、社会主义事业的建设者、拥护社会主义的爱国者和拥护祖国统一的爱国者的广泛的爱国统一战线”修改为“包括全体社会主义劳动者、社会主义事业的建设者、拥护社会主义的爱国者、拥护祖国统一和致力于中华民族伟大复兴的爱国者的广泛的爱国统一战线”。这一自然段相应修改为：“社会主义的建设事业必须依靠工人、农民和知识分子，团结一切可以团结的力量。在长期的革命、建设、改革过程中，已经结成由中国共产党领导的，有各民主党派和各人民团体参加的，包括全体社会主义劳动者、社会主义事业的建设者、拥护社会主义的爱国者、拥护祖国统一和致力于中华民族伟大复兴的爱国者的广泛的爱国统一战线，这个统一战线将继续巩固和发展。中国人民政治协商会议是有广泛代表性的统一战线组织，过去发挥了重要的历史作用，今后在国家政治生活、社会生活和对外友好活动中，在进行社会主义现代化建设、维护国家的统一和团结的斗争中，将进一步发挥它的重要作用。中国共产党领导的多党合作和政治协商制度将长期存在和发展。”

第三十四条 宪法序言第十一自然段中“平等、团结、互助的社会主义民族关系已经确立，并将继续加强。”修改为：“平等团结互助和谐的社会主义民族关系已经确立，并将继续加强。”

第三十五条 宪法序言第十二自然段中“中国革命和建设的成就是同世界人民的支持分不开的”修改为“中国革命、建设、改革的成就是同世界人民的支持分不开的”；“中国坚持独立自主的对外政策，坚持互相尊重主权和领土完整、互不侵犯、互不干涉内政、平等互利、和平共处的五项原则”后增加“坚持和平发展道路，坚持互利共赢开放战略”；“发展同各国的外交关系和经济、文化的交流”修改为“发展同各国的外交关系和经济、文化交流，推动构建人类命运共同体”。这一自然段相应修改为：“中国革命、建设、改革的成就是同世界人民的支持分不开的。中国的前途是同世界的前途紧密地联系在一起的。中国坚持独立自主的对外政策，坚持互相尊重主权和领土完整、互不侵犯、互不干涉内政、平等互利、和平共处的五项原则，坚持和平发展道路，坚持互利共赢开放战略，发展同各国的外交关系和经济、文化交流，推动构建人类命运共同体；坚持反对帝国主义、霸权主义、殖民主义，加强同世界各国人民的团结，支持被压迫民族和发展中国家争取和维护民族独立、发展民族经济的正义斗争，为维护世界和平和促进人类进步事业而努力。”

第三十六条　宪法第一条第二款“社会主义制度是中华人民共和国的根本制度。”后增写一句，内容为：“中国共产党领导是中国特色社会主义最本质的特征。”

第三十七条　宪法第三条第三款“国家行政机关、审判机关、检察机关都由人民代表大会产生，对它负责，受它监督。”修改为：“国家行政机关、监察机关、审判机关、检察机关都由人民代表大会产生，对它负责，受它监督。”

第三十八条　宪法第四条第一款中“国家保障各少数民族的合法的权利和利益，维护和发展各民族的平等、团结、互助关系。”修改为：“国家保障各少数民族的合法的权利和利益，维护和发展各民族的平等团结互助和谐关系。”

第三十九条　宪法第二十四条第二款中“国家提倡爱祖国、爱人民、爱劳动、爱科学、爱社会主义的公德”修改为“国家倡导社会主义核心价值观，提倡爱祖国、爱人民、爱劳动、爱科学、爱社会主义的公德”。这一款相应修改为：“国家倡导社会主义核心价值观，提倡爱祖国、爱人民、爱劳动、爱科学、爱社会主义的公德，在人民中进行爱国主义、集体主义和国际主义、共产主义的教育，进行辩证唯物主义和历史唯物主义的教育，反对资本主义的、封建主义的和其他的腐朽思想。”

第四十条　宪法第二十七条增加一款，作为第三款：“国家工作人员就职时应当依照法律规定公开进行宪法宣誓。”

第四十一条　宪法第六十二条“全国人民代表大会行使下列职权”中增加一项，作为第七项“（七）选举国家监察委员会主任”，第七项至第十五项相应改为第八项至第十六项。

第四十二条　宪法第六十三条“全国人民代表大会有权罢免下列人员”中增加一项，作为第四项“（四）国家监察委员会主任”，第四项、第五项相应改为第五项、第六项。

第四十三条　宪法第六十五条第四款“全国人民代表大会常务委员会的组成人员不得担任国家行政机关、审判机关和检察机关的职务。”修改为：“全国人民代表大会常务委员会的组成人员不得担任国家行政机关、监察机关、审判机关和检察机关的职务。”

第四十四条　宪法第六十七条“全国人民代表大会常务委员会行使下列职权”中第六项“（六）监督国务院、中央军事委员会、最高人民法院和最高人民检察院的工作”修改为“（六）监督国务院、中央军事委员会、国家监察委员会、最高人民法院和最高人民检察院的工作”；增加一项，作为第十一项“（十一）根据国家监察委员会主任的提请，任免国家监察委员会副主任、委员”，第十一项至第二十一项相应改为第十二项至第二十二项。

宪法第七十条第一款中“全国人民代表大会设立民族委员会、法律委员会、财政经济委员会、教育科学文化卫生委员会、外事委员会、华侨委员会和其他需要设立的专门委员会。”修改为：“全国人民代表大会设立民族委员会、宪法和法律委员会、财政经济委员会、教育科学文化卫生委员会、外事委员会、华侨委员会和其他需要设立的专门委员会。”

第四十五条　宪法第七十九条第三款“中华人民共和国主席、副主席每届任期同全国人民代表大会每届任期相同，连续任职不得超过两届。”修改为：“中华人民共和国主席、副主席每届任期同全国人民代表大会每届任期相同。”

第四十六条　宪法第八十九条“国务院行使下列职权”中第六项“（六）领导和管理经济工作和城乡建设”修改为“（六）领导和管理经济工作和城乡建设、生态文明建设”；第八项“（八）领导和管理民政、公安、司法行政和监察等工作”修改为“（八）领导和管理民政、公安、司法行政等工作”。

第四十七条　宪法第一百条增加一款，作为第二款：“设区的市的人民代表大会和它们的常务委员会，在不同宪法、法律、行政法规和本省、自治区的地方性法规相抵触的前提下，可以依照法律规定制定地方性法规，报本省、自治区人民代表大会常务委员会批准后施行。”

第四十八条　宪法第一百零一条第二款中“县级以上的地方各级人民代表大会选举并且有权罢免本级人民法院院长和本级人民检察院检察长。”修改为：“县级以上的地方各级人民代表大会选举并且有权罢免本级监察委员会主任、本级人民法院院长和本级人民检察院检察长。”

第四十九条　宪法第一百零三条第三款“县级以上的地方各级人民代表大会常务委员会的组成人员不得担任国家行政机关、审判机关和检察机关的职务。”修改为：“县级以上的地方各级人民代表大会常务委员会的组成人员不得担任国家行政机关、监察机关、审判机关和检察机关的职务。”

第五十条　宪法第一百零四条中“监督本级人民政府、人民法院和人民检察院的工作”修改为“监督本级人民政府、监察委员会、人民法院和人民检察院的工作”。这一条相应修改为：“县级以上的地方各级人民代表大会常务委员会讨论、决定本行政区域内各方面工作的重大事项；监督本级人民政府、监察委员会、人民法院和人民检察院的工作；撤销本级人民政府的不适当的决定和命令；撤销下一级人民代表大会的不适当的决议；依照法律规定的权限决定国家机关工作人员的任免；在本级人民代表大会闭会期间，罢免和补选上一级人民代表大会的个别代表。”

第五十一条　宪法第一百零七条第一款“县级以上地方各级人民政府依照法律规定的权限，管理本行政区域内的经济、教育、科学、文化、卫生、体育事业、城乡建设事业和财政、民政、公安、民族事务、司法行政、监察、计划生育等行政工作，发布决定和命令，任免、培训、考核和奖惩行政工作人员。”修改为：“县级以上地方各级人民政府依照法律规定的权限，管理本行政区域内的经济、教育、科学、文化、卫生、体育事业、城乡建设事业和财政、民政、公安、民族事务、司法行政、计划生育等行政工作，发布决定和命令，任免、培训、考核和奖惩行政工作人员。”

第五十二条　宪法第三章“国家机构”中增加一节，作为第七节“监察委员会”；增加五条，分别作为第一百二十三条至第一百二十七条。内容如下：

第七节　监察委员会

第一百二十三条　中华人民共和国各级监察委员会是国家的监察机关。

第一百二十四条　中华人民共和国设立国家监察委员会和地方各级监察委员会。

监察委员会由下列人员组成：

主任，

副主任若干人，

委员若干人。

监察委员会主任每届任期同本级人民代表大会每届任期相同。国家监察委员会主任连续任职不得超过两届。

监察委员会的组织和职权由法律规定。

第一百二十五条　中华人民共和国国家监察委员会是最高监察机关。

国家监察委员会领导地方各级监察委员会的工作，上级监察委员会领导下级监察委员会的工作。

第一百二十六条　国家监察委员会对全国人民代表大会和全国人民代表大会常务委员会负责。地方各级监察委员会对产生它的国家权力机关和上一级监察委员会负责。

第一百二十七条　监察委员会依照法律规定独立行使监察权，不受行政机关、社会团体和个人的干涉。

监察机关办理职务违法和职务犯罪案件，应当与审判机关、检察机关、执法部门互相配合，互相制约。

第七节相应改为第八节，第一百二十三条至第一百三十八条相应改为第一百二十八条至第一百四十三条。

图书在版编目（CIP）数据

宪法/韩大元，李元起主编．-- 9 版．-- 北京 ：
中国人民大学出版社，2024. 7. --（新编 21 世纪高等职
业教育精品教材）. -- ISBN 978-7-300-32995-6

Ⅰ. D921

中国国家版本馆 CIP 数据核字第 2024A7Z305 号

“十四五”职业教育国家规划教材
“十三五”职业教育国家规划教材
教育部高职高专规划教材
全国普通高等学校优秀教材
新编 21 世纪高等职业教育精品教材 · 法律类

宪法（第九版）

主编　韩大元　李元起

Xianfa

出版发行	中国人民大学出版社		
社　　址	北京中关村大街 31 号	**邮政编码**	100080
电　　话	010－62511242（总编室）		010－62511770（质管部）
	010－82501766（邮购部）		010－62514148（门市部）
	010－62515195（发行公司）		010－62515275（盗版举报）
网　　址	http://www. crup. com. cn		
经　　销	新华书店		
印　　刷	北京昌联印刷有限公司	**版　　次**	2000 年 8 月第 1 版
开　　本	787 mm×1092 mm　1/16		2024 年 7 月第 9 版
印　　张	16	**印　　次**	2025 年 3 月第 5 次印刷
字　　数	378 000	**定　　价**	52.00 元